ALMA MATER STUDIORUM – UNIVERSITÀ DI BOLOGNA

DIPARTIMENTO DI STORIA CULTURE CIVILTÀ

Storia e culture

10

Storia e culture

Collana del Dipartimento di Storia Culture Civiltà
Alma Mater Studiorum – Università di Bologna

Le monografie pubblicate in questa collana sono sottoposte a *double blind peer review* condotta da esperti esterni al Dipartimento.

Emanuele Monaco

L'Europa di Jean Monnet

Una biografia transatlantica

viella

Prima edizione: settembre 2024
ISBN 979-12-5469-702-3

MONACO, Emanuele
L'Europa di Jean Monnet : una biografia transatlantica / Emanuele Monaco. - Roma : Viella, 2024. - 312 p. ; 21 cm. (Storia e culture / Università di Bologna, Dipartimento di Storia Culture Civiltà ; 10)
Bibliografia: p. [297]-305.
Indice dei nomi: p. [307]-312.
ISBN 979-12-5469-702-3
1. Monnet, Jean - Biografie I. Università di Bologna. Dipartimento di Storia Culture Civiltà
940.5092 (DDC WebDewey) Scheda bibliografica: Biblioteca Fondazione Bruno Kessler

viella
libreria editrice
via delle Alpi, 32
I-00198 ROMA
tel. 06 84 17 758
fax 06 85 35 39 60
www.viella.it

Indice

Ringraziamenti

Negli ultimi sette anni non ho fatto altro che leggere, studiare, ricercare, scrivere riguardo Jean Monnet e network transatlantici. È stato un viaggio straordinario, alla scoperta di personaggi storici, famosi e no, che hanno plasmato il mondo moderno, ognuno con la propria personalità, modo, senso del destino personale e di quello del proprio Paese. La ricerca storica però, a dispetto di quello che può sembrare, non è un'esperienza solitaria, ma un lavoro di gruppo. Questo libro deve molto prima di tutto ai colleghi e alle colleghe che nel passato hanno popolato le varie letterature di cui Monnet si dimostra essere uno degli anelli di collegamento, dalla storia dell'integrazione europea a quella delle relazioni transatlantiche, dalla teoria dei network alla storia politica americana, francese e inglese.

In un contesto accademico sempre più povero e competitivo, questo lavoro deriva da una tesi di dottorato scritta senza il supporto di una borsa. Ciononostante, i miei ringraziamenti vanno prima di tutto al Dipartimento di Storia, Culture e Civiltà dell'Università di Bologna, che mi ha accolto, dato supporto e guidato quando questo progetto era nella sua fase amorfa ed embrionale. Le professoresse Maria Malatesta e Marica Tolomelli, nella loro supervisione, mi hanno offerto consiglio prezioso, salvato a volte da diversi errori e offerto incoraggiamento quando sembrava che il lavoro si stesse arenando.

La natura transdisciplinare di questo lavoro, però, mi ha portato a dover contare anche su un aiuto esterno al dipartimento. Un mio ringraziamento particolare e sentito va al professor Mario del Pero, senza il quale non sarei riuscito a districarmi tra gli aspetti di questa ricerca riguardanti il mondo angloamericano. Le sue attente osservazioni, consigli e intuizioni hanno allargato la portata della ricerca archivistica e permesso di approfondire il dialogo con le varie letterature.

La vita e l'attività politica di Jean Monnet è fatta di viaggi in giro per il globo, soprattutto l'area nord-atlantica. Questo significa che chiunque voglia fare ricerca sul suo network debba seguirne le tracce in archivi da Shanghai ad Abilene, Texas. La vincita di premio di studio e *research grant* mi ha permesso di visitarne molti, riuscendo ad arricchire una già vasta collezione di documenti originali. Ringrazio la Fondazione Jean Monnet Pour l'Europe di Losanna, che, con la concessione del premio Henri Rieben, mi ha dato accesso privilegiato alle carte di Monnet, con l'aiuto imprescindibile di Mathias Walter, Philippe Klein e Vincent Bezençon. Il *research grant* della Henry Truman Presidential Library è stato un ulteriore aiuto fondamentale, permettendomi di visitare l'archivio di Independence, Missouri, e analizzare i preziosi documenti sul rapporto di Monnet con le amministrazioni americane di fine anni Quaranta, inizio Cinquanta. Borse di studio di dipartimento mi hanno poi permesso di approfondire la ricerca come Visiting Scholar presso la London School of Economics e New York University. Ringrazio particolarmente N. Piers Ludlow presso LSE, che mi ha accolto, seguito e aiutato nel mio *Dealing with Britain*. Un sentito grazie alle archiviste e archivisti della Bodleian Library di Oxford, grazie anche alla famiglia Macmillan per l'accesso alle carte personali di Harold, dei Churchill Archives di Cambridge, della British Library, dei Parlamentary Archives a Londra e dei National Archives a Kew. Un grazie anche a zia Stefania e zio Mark per aver ospitato un dottorando squattrinato in quel periodo.

Ringrazio Larry Wolff, all'epoca direttore del Center for European and Mediterranean Studies della New York University, per la supervisione durante il mio primo periodo di ricerca negli Stati Uniti, e il personale della Franklin Delano Roosevelt Presidential Library di Hyde Park (grazie soprattutto per il tour privato della casa), della Ahmerst Library di Ahmerst (MA), della Princeton University Library (NY), della Yale University Library (CT) e della Library of Congress (DC). Un sentito grazie alla professoressa Sherrill Brown Wells, biografa di Jean Monnet, che mi accolto nella sua casa di McLean (VA) e offerto indicazioni preziose per l'analisi delle fonti.

Ringrazio l'Associazione Italiana di Studi Nord-Americani per avermi fatto entrare in contatto con la piccola ma accogliente famiglia degli studi di americanistica in Italia, dandomi l'opportunità di creare belle amicizie e rapporti professionali. L'operato prezioso dell'associazione, della cui sezione Graduates ho l'onore di servire nel direttivo, è di grande sostegno alle persone giovani che si affacciano alla materia. Ringrazio anche la redazione di Jefferson – Lettere sull'America, nata dall'intuizione di Matteo Muzio. Il suo invito a far parte di questa comunità, affiatata e in crescita, di appassionati ed esperti di Stati Uniti è qualcosa per cui gli sarò sempre grato.

Un grazie agli amici e ai colleghi che mi hanno seguito, supportato e incoraggiato. Tra tutti Serena Mocci e Walter Toscano, soprattutto per le attente revisioni del presente lavoro, per il continuo confronto e il sentito affetto. Grazie alla mia famiglia per l'amore e l'incoraggiamento da quando per la prima volta dissi che volevo studiare la storia.

Infine, di certo non per importanza, un infinito grazie alla persona senza la quale non sarei qui a dare gli ultimi ritocchi a questo lavoro, il mio compagno e l'amore della mia vita, Nicola, a cui dedico il libro.

Introduzione

Nell'aprile 1950 un uomo di mezz'età dai capelli grigi e sguardo penetrante decise di lasciare per un po' Parigi per rifugiarsi sulle Alpi svizzere. Il suo Paese, la Francia, stava vivendo numerosi problemi che erano la sua costante preoccupazione. La ripresa, il conflitto sociale, la difesa nazionale, la Guerra fredda: sembrava l'inizio di una storia che aveva già vissuto decenni prima. La politica estera di Parigi stava fallendo su tutti i fronti. Le concessioni fatte alla neonata Germania Ovest su materie prime e produzione industriale, insieme alla debolezza delle nuove istituzioni dell'Ocee (poi Ocse) e del Consiglio d'Europa, stavano facendo sfuggire di mano al governo francese la guida di una possibile soluzione "europea" al problema renano. Il Regno Unito si opponeva a ogni ulteriore integrazione politica. Le relazioni Usa-Urss erano in rapido deterioramento, spingendo Washington a considerare sempre meno le preoccupazioni francesi di fronte alla necessità pressante di un riarmo tedesco. Il Quai d'Orsay era pronto ad accogliere ogni proposta che permettesse di risolvere tutti e tre questi problemi con un unico colpo di genio.

Dopo settimane di interminabili passeggiate, accompagnato da telefonate e telegrammi con i suoi amici John McCloy, Dean Acheson e John Foster Dulles, l'uomo tornò nella capitale francese con un bagaglio pieno di appunti, alcuni presi già durante la guerra, contenenti una risposta al dilemma del suo governo. Insieme a Paul Reuter ed Etienne Hirsch mise insieme una dichiarazione che Robert Schuman fece pubblicamente il 9 maggio. Nasceva così l'integrazione europea come la conosciamo. L'uomo era Jean Monnet, uno di quelli che chiamiamo oggi Padri dell'Europa, il grande architetto del Piano Schuman. Questa è la storia quasi mitica dell'origine del suo progetto più celebrato.

Come dice François Duchêne, «European integration is too young for myths»,[1] anche se evidentemente le sue istituzioni ne sono sempre disperatamente alla ricerca. Jean Monnet è senza dubbio uno di questi. Coloro, però, che decidono di studiare la sua opera in un contesto non francese vivono un'esperienza paradossale: da un lato è relativamente poco conosciuto, tanto che in ambiente anglo-americano il nome viene sempre scambiato per quello del più famoso maestro impressionista. In effetti, riferimenti a Jean Monnet si trovano solo negli scritti dei pochi storici che si occupano direttamente di integrazione europea, storia diplomatica o storia politica francese. D'altra parte, questa mancanza di interesse è bilanciata da un vero e proprio mare di documentazione in lingua inglese su Monnet e sulle sue connessioni europee e americane. Monnet stesso a un certo punto si convinse a erigere un monumento politico alla sua immagine attraverso la pubblicazione delle sue memorie, tradotte in inglese e in italiano.[2]

I motivi per cui fuori dalla Francia Monnet è un argomento di nicchia accademica sono tre: in primo luogo, il non aver mai ricoperto cariche politiche, tranne che per limitati periodi nel secondo dopoguerra. Inoltre, su di lui è calata nel tempo l'ombra del suo molto più famoso compatriota, Charles de Gaulle, qualcosa che ha sicuramente accompagnato, e, come vedremo, a volte condannato al fallimento, il suo lavoro dal 1943 al 1963. Il presidente francese ha sempre rivendicato il merito di aver posto le vere basi per la riconciliazione tra francesi e tedeschi. In patria, il lavoro di Monnet riguardo al Piano di Ricostruzione e la Ceca è stato relegato nell'ombra da questa narrazione. La terza ragione è che la misura reale della sua influenza non aveva carattere pubblico. Dopotutto la sua creazione politica più celebrata, a cui la sopramenzionata dichiarazione diede il via, non porta neanche il suo nome. Essa consisteva piuttosto nella sua abilità di creare reti di funzionari che lavoravano per lo più dietro le quinte

1. François Duchêne, *Monnet's Method*, in *Jean Monnet: The Path to European Unity* a cura di Clifford P. Hackett e Douglas Brinkley, New York, Palgrave Macmillan, 1992, p. 184.

2. Jean Monnet, *Mémoires*, Paris, Fayard, 1978; Jean Monnet, *Memoirs*, London, Collins, 1978; Jean Monnet, *Cittadino d'Europa: 75 anni di storia mondiale*, Milano, Rusconi, 1978.

del potere, pronti a prestare idee innovative nel momento in cui i governi finivano con l'essere senza.[3]

Il cosiddetto "metodo di Monnet" consisteva in un'attività laboriosa di messa in comunicazione di persone di potere, attori non statali, funzionari e organizzazioni private al fine di creare spazi di integrazione, il che è alla base del successo, e allo stesso tempo del fallimento poi dei progetti europeisti degli anni Cinquanta. Il suo sesto senso nel riconoscere il momento politico giusto, la sua capacità di coordinare e utilizzare al meglio la sua vasta rete di amici, la sua disponibilità al compromesso sono qualità quasi leggendarie per come vengono descritte dalla letteratura.

La natura reale della sua influenza stava nella capacità di trasformare, attraverso il suo profondo rapporto con persone influenti nello spazio atlantico, le relazioni tra stati. Come sostiene Duchêne Monnet «built up networks of such individuals, powerful and not so powerful on whom he could call as occasion demanded».[4] Dal riarmo della Francia in tempo di guerra al Piano di Ricostruzione, dal Victory Program al Piano Schuman, alla Ceca, sono molti i successi di Monnet che le istituzioni europee potrebbero rivendicare come leggende fondatrici. Tuttavia, ci sono anche alcuni aspetti ambigui di questa storia: Monnet era più un organizzatore che un democratico, un tecnico più che un teorico, un faccendiere più che un politico; la sua determinazione a rimanere un'eminenza grigia ebbe un impatto significativo sulle possibilità di successo dei suoi progetti e sul modo in cui si è successivamente evoluta l'integrazione europea. Cercare di tracciare il filo rosso che lega tali aspetti è il fine di questo lavoro.

Come accennato in precedenza non mancano studi sul ruolo di Monnet nel processo di integrazione europea. Si va dalle biografie enciclopediche e ben documentate come quella di Eric Roussel,[5] a quella dello storico e giornalista François Duchêne,[6] uno dei più giovani collaboratori del francese, che lo descrive come un internazionalista pragmatico che è riuscito a convincere politici, finanzieri e uomini d'affari di diversi Paesi che l'interdipendenza fosse l'unica strada possibile per le relazioni internazionali. In francese si può trovare ottimo materiale riguardo al

3. Gérard Bossuat, *Jean Monnet. La mesure d'une influence*, in «Vingtième Siècle, revue d'histoire», 51 (1996), pp. 68-84.

4. Duchêne, *Jean Monnet*, p. 35.

5. Eric Roussel, *Jean Monnet, 1888-1979*, Paris, Fayard, 1996.

6. François Duchêne, *Jean Monnet: The First Statesman of Interdependence*, New York, Norton, 1994.

ruolo internazionale di Monnet nei lavori di Gérard Bossuat e Andreas Wilkens.[7] Tuttavia, alcuni tra i lavori biografici più versatili e pregnanti sono i pochi pubblicati in inglese, come la raccolta di saggi, edita da Clifford Hackett, che mostra l'influenza di vari attori politici americani su Monnet e il loro ruolo nel processo iniziale di integrazione europea,[8] personaggi chiave come Harry Hopkins, George Ball, Robert Nathan, Dean Acheson, Dwight Eisenhower, John Foster Dulles e John McCloy. Sulla base di ricerche più recenti, la storica americana Sherrill Brown Wells[9] ha pubblicato una biografia meno enciclopedica, che si concentra principalmente sui suoi legami con gli Stati Uniti. Talmente profondi erano questi che a volte anche alcuni storici sono caduti in una certa narrazione quasi complottista resa popolare dal gaullismo, come ad esempio Thomas Schwartz che, parlando della partnership transnazionale tra Monnet e McCloy conclude, in modo piuttosto controverso, che Monnet fosse «a man whose action conformed to Washington's interests, not to those of Paris».[10]

La sua relazione con il mondo anglosassone e come questa abbia plasmato il suo modo di vedere l'Europa e pianificarne il futuro è sicuramente uno degli aspetti portanti di questo volume, che aggiunge un ulteriore elemento di complessità. Come afferma Pascaline Winand,[11] Monnet e i suoi amici contribuirono ad avviare un «cross-fertilization process» nello spazio Atlantico. Al fine di tracciare una storia di questo processo è giusto chiedersi in che misura la sua rete abbia aiutato Monnet a perseguire i suoi obiettivi, se il francese sia stato semplicemente accettato, e perché, in reti già esistenti, se possiamo considerare il suo come un gruppo di lavoro transatlantico e se possiamo ritrovare in questa storia elementi di continuità e *long durée* che possono contribuire a tracciare i confini

7. Uno tra tutti *Jean Monnet, l'Europe et Les Chemins de La Paix*. Actes Du Colloque de Paris Du 29 Au 31 Mai 1997, a cura di Gérard Bossuat e Andreas Wilkens, Paris, Publications de la Sorbonne, 1999.

8. Clifford P. Hackett, *Monnet and the Americans: The Father of a United Europe and His U.S. Supporters*, Washington (DC), Jean Monnet Council, 1995.

9. Sherrill Brown Wells, *Jean Monnet: Unconventional Statesman*, Boulder (CO), Lynne Rienner Publishers, 2011.

10. Thomas Schwartz, *The Transnational Partnership: Jean Monnet and John McCloy*, in *Monnet and the Americans*, p. 172.

11. Pascaline Winand, *Eisenhower, Kennedy and the United States of Europe*, London, Palgrave Macmillan, 1993, p. 15.

di una preistoria dell'integrazione europea. Facendo ciò, come vedremo nelle prossime pagine questo volume si inserisce in una tendenza molto recente della ricerca storica transnazionale sull'Europa del XX secolo.

I concetti di transnazionalità e di continuità nella letteratura sull'integrazione europea

L'opera storiografica riguardo all'integrazione europea, dopo decenni di sviluppo metodologico e ricerca archivistica, sta cercando di rispondere a due temi che questo volume ha cercato di affrontare attraverso un'analisi di rete dell'esperienza storica di Jean Monnet: il ruolo dello stato nazionale e la questione della continuità pre e post 1945. È quindi necessario, al fine di tracciare lo sfondo all'interno del quale si posiziona questo lavoro, fare una breve analisi del cammino della ricerca storica negli ultimi decenni.

Sette anni fa abbiamo celebrato il 60° anniversario dei Trattati di Roma. L'occasione ha anche segnato una fine simbolica del quarto decennio di studio storico sull'integrazione europea, che potremmo convenzionalmente far partire dagli anni Settanta.[12]

In quel periodo, con il processo di integrazione iniziato da poco e i cosiddetti padri fondatori ancora in vita, questo nuovo campo della ricerca era affidato agli storici delle idee, come Walter Lipgens e il team di ricercatori del nuovo Istituto Universitario Europeo di Fiesole. Lipgens e il suo gruppo esaminarono in particolare la storia soprattutto prebellica dei concetti di integrazione, in un orizzonte temporale che raramente si estendeva oltre il 1950.[13]

Questi studi non riuscivano a far luce sulle tante questioni aperte, come il complesso collegamento tra le idee di integrazione e gli sviluppi politici successivi; il compromesso tra l'idealismo dei proclami degli anni Trenta e Quaranta e il pragmatismo del dopoguerra; il ruolo di élite transnazionali preesistenti; quello di attori politici americani; le ragioni del successo di alcuni progetti di integrazione invece di altri.

12. Per un'analisi storiografica più completa si veda Emanuele Monaco, *Ampliando lo spettro. Un panorama storiografico dell'integrazione*, in «Zapruder», 51 (2020), pp. 98-107.

13. Walter Lipgens, *Die Anfänge der europäischen Einigungspolitik 1945-1950,* Stuttgart, Klett, 1977; *Documents on the History of European Integration*, a cura di Walter Lipgens, Berlin, Walter de Gruyter, 1984.

Alcune risposte sono state date durante il secondo decennio di studi, andato a coincidere con il rilancio del processo politico di integrazione a metà degli anni Ottanta, che ha visto gli storici impegnati ad analizzare la formazione di quella che fu poi chiamata Core Europe a partire da due approcci diversi, quello della storia diplomatica e quello della storia economica. Tra i maggiori esempi del primo, i due volumi di *Power in Europe*[14] andarono a esplorare come gli interessi politici a breve termine e le dinamiche classiche delle relazioni internazionali avevano determinato il processo istituzionale dell'integrazione europea negli anni Cinquanta;[15] Alan Milward e il suo gruppo invece, sempre a Fiesole, guidarono un tentativo di revisione della storia dell'integrazione,[16] sottolineando l'influenza delle necessità economiche della ricostruzione sul processo decisionale dei governi. Milward, sebbene fosse d'accordo con Lipgens sull'importanza dell'idealismo e sulla relativa debolezza post-bellica dello stato-nazione, divergeva riguardo alle conclusioni: se per i primi storici la guerra aveva rappresentato l'inizio della fine dello stato-nazione, per Milward fu proprio l'integrazione europea a venire in suo soccorso. Il valore di questi studi sta proprio nell'analisi delle motivazioni prettamente economiche che spinsero soprattutto la Francia e la Germania Ovest a promuovere il processo di integrazione. Da una parte c'era la necessità francese di mantenere sotto tutela l'industria pesante di Saae e Ruhr, oltre a quella di assumere un ruolo di leadership politica in Europa occidentale; dall'altra parte la nuova Germania aveva bisogno di ritrovare la propria sovranità nazionale all'interno dell'alleanza atlantica guidata dagli Stati Uniti. Dal punto di vista prettamente economico quindi, il governo francese assicurò il proprio programma di ricostruzione e modernizzazione industriale (guidato, non a caso, da Jean Monnet) attraverso la costituzione della Ceca, risolvendo allo stesso tempo il "problema tedesco".

14. *Power in Europe: Britain, France, Italy and Germany in a Postwar World 1945-1950*, a cura di Franz Knipping e Josef Becker, Berlin, Walter de Gruyter, 1986; *Power in Europe*, vol. II, *Great, Britain, France, Germany and Italy and the Origins of the EEC, 1952-1957*, a cura di Ennio di Nolfo, Berlin, Walter de Gruyter, 1992.

15. *Building Postwar Europe National Decision Makers and European Institutions, 1948-63*, a cura di Anne Deighton, New York, St. Martin's Press, 1995.

16. Alan S. Milward, *The Reconstruction of Western Europe, 1945-51*, London, Methuen, 1984; *The European Rescue of the Nation-State*, London, Routledge, 1992; *The Frontiers of National Sovereignty: History and Theory, 1945-1992*, London, Routledge, 1993.

Tuttavia, questi sviluppi[17] durante il cosiddetto secondo decennio condividono anche un importante limite: «a strong tendency to organise research primarily along national lines and to focus chapters on a succession of key episodes rather than considering the *longue durée*».[18] Dopotutto la ricerca era condotta da storici esperti dei sistemi politici del proprio Paese, con accesso principalmente alle relative fonti archivistiche. Questo garantiva, nel contesto delle prime conferenze europee, una discreta varietà di punti di vista nazionali, però lasciava fuori il ruolo di qualsiasi attore che non rientrasse nei processi decisionali ufficiali, come i gruppi di pressione, le élite informali e ancora una volta, le influenze extraeuropee, soprattutto statunitensi.

Ludlow dà un'ulteriore spiegazione alla mancanza di enfasi sulla *long durée* di questo secondo decennio, sottolineando il fatto che gli storici fossero limitati dai decenni che passavano tra i fatti e la pubblicazione dei documenti da parte degli archivi, impedendo un'analisi dei processi di trasformazione a lungo termine. Il primo di questi limiti, l'eccessiva dipendenza da un approccio nazionale, è stato parzialmente risolto nel corso del terzo decennio.

Tre filoni di ricerca emersero infatti durante gli anni 1990 e primi anni 2000. Il primo verteva su un'analisi a lungo necessaria della storia delle singole istituzioni europee.[19] Il secondo si concentrava sulla coopera-

17. Oltre a portare l'enfasi sullo stato nazione e sulle motivazioni a breve termine dietro i passi in ogni caso radicali del processo iniziale di integrazione, gli anni a cavallo tra gli Ottanta e i Novanta hanno visto la nascita di reti di storici dell'integrazione, attraverso le varie conferenze dal Gruppo di collegamento degli storici dell'Europa contemporanea presso la Commissione Europea, su iniziativa di René Girault, Raymond Poidevin e Robert Frank, con l'avvio della pubblicazione del Journal of European Integration History e varie collettanee. Raymond Poidevin, *Histoire des débuts de la construction européene (Mars 1948-Mai 1950)*. Actes du colloque de Strasbourg 28-30 novembre 1984, Brussels, Bruylant, 1986; *Die Anfänge des Schumans-Plan 1950*, a cura di Klaus Schwabe, Baden-Baden, Nomos, 1988; *The Relaunching of Europe and the Treaties of Rome*, a cura di Enrico Serra, Baden-Baden, Nomos, 1989; *Widening, Deepening and Acceleration: The European Economic Community, 1957-1963*, a cura di Alan S. Milward e Anne Deighton, Baden-Baden, Nomos, 1999; *Building Postwar Europe: National Decision-Makers and European Institutions, 1948-1963*, a cura di Anne Deighton, London, Palgrave Macmillan, 1995.

18. N. Piers Ludlow, *Widening, Deepening and Opening Out: Towards a Fourth Decade of European Integration History*, in *Experiencing Europe: 50 Years of European Construction 1957-2007*, a cura di Wilfried Loth, Baden-Baden, Nomos, 2009, pp. 33-44.

19. Raymond Poidevin, Dirk Spierenburg, *Histoire de la Haute Autorité de la Communauté Européenne du Charbon et de l'Acier: une expérience supranationale*, Bru-

zione bilaterale nel nuovo spazio politico europeo, in particolare franco-tedesco,[20] e sul rapporto tra i primi sei Stati membri e le istituzioni della Cee.[21] Accanto a questi due approcci, emergeva un nuovo livello di analisi prettamente transnazionale, con una valutazione precoce dei ruoli delle reti e delle influenze informali che hanno guidato l'integrazione europea, come le opere di Wolfram Kaiser e Micheal Gehler sulla Democrazia cristiana[22] o di Brigitte Leucht sul ruolo delle reti transatlantiche nei negoziati della Ceca, che prendevano a piene mani da studi pionieristici sul rapporto con gli Stati Uniti condotti da Pascaline Winand, Gérard Bossuat, Geir Lundestad, Will Hitchcock e Max Guderzo.[23]

Il terzo decennio della storia dell'integrazione europea rappresenta quindi un momento di importanti progressi. È stato un periodo in cui è diventato possibile, anche grazie alla progressiva apertura degli archivi,

xelles, Bruylant, 1993; *Inside the European Community: Actors and Policies in European Integration 1958-1972*, a cura di Antonio Varsori, Baden-Baden, Nomos, 2006.

20. Ad esempio, riguardo al rapporto tra Francia e Germania: Ulrich Lappenküper, *Deutsch-französischen Beziehungen 1949-1963*, München, Oldenbourg, 2001; Georges-Henri Soutou, *L'alliance incertaine. Les rapports politico-stratégiques franco-allemands, 1954-1996*, Paris, Fayard, 1996; *Le couple France-Allemagne et les institutions européennes*, a cura di Marie-Thérèse Bitsch, Bruxelles, Bruylant, 2001; Su Germania e Italia: Carlo Masala, *Italia und Germania: die deutsch-italienischen Beziehungen 1963-1969*, Vierow bei Greifswald, SH, 1997; su Regno Unito e Francia: Sabine Marie Decup, *France-Angleterre: les relations militaires de 1945 à 1962*, Paris, Economica, 1998; su Italia e Francia: Bruna Bagnato, *Storia di un'illusione europea. Il progetto di Unione Doganale italo-francese*, London, Lothian Foundation Press, 1995.

21. Eleonora Guasconi, *L'Europa tra continuità e cambiamento. Il vertice dell'Aja del 1969 e il rilancio della costruzione europea*, Firenze, Polistampa, 2004; N. Piers Ludlow, *The European Community and the Crises of the 1960s. Negotiating the Gaullist Challenge*, London, Routledge, 2006.

22. Wolfram Kaiser, Michael Gehler, *Transnationalism and Early European Integration. The NEI and the Geneva Circle 1947-57*, in «The Historical Journal», 44, 3 (2001), pp. 773-798; *Christian Democracy in Europe Since 1945*, a cura di Michael Gehler e Wolfram Kaiser, London, Routledge, 2004.

23. Winand, *Eisenhower, Kennedy*; Gérard Bossuat, *La France, l'aide américaine et la construction européenne, 1944-1954*, Paris, Comité pour l'histoire économique et financière de la France, 1997; Geir Lundestad, *Empire by Integration: the United States and European Integration 1945-1997,* Oxford, Oxford University Press, 1998; William Hitchcock, *France Restored: Cold War Diplomacy and the Quest for Leadership in Europe, 1944-1954*, Chapel Hill (NC), University of North Carolina Press, 1998; Massimiliano Guderzo, *Interesse nazionale e responsabilità globale. Gli Stati Uniti, l'Alleanza Atlantica e l'integrazione europea 1963-9*, Firenze, Aida, 2000.

andare oltre l'approccio nazionale, anche minando alcune narrazioni idealistiche createsi nel tempo. Tuttavia, nonostante la sua crescente complessità concettuale e narrativa, la storiografia dell'integrazione a partire dagli anni Novanta ha continuato a concentrarsi sulla cosiddetta *Core Europe*, e quasi interamente sugli sviluppi politici a partire dal 1945, disegnando confini temporali dettati dalla storiografia tradizionale, tralasciando di nuovo la questione della continuità. E questo ci porta agli ultimi decenni di studi sull'integrazione europea.

Le recenti tendenze della ricerca storica hanno per lo più messo in discussione il concetto dell'8 maggio 1945 come "anno zero" per l'Europa, uno spartiacque che nella narrazione tradizionale segna l'inizio dell'era di cooperazione e integrazione. La letteratura recente esplora forme originali di connessione tra idee e pratiche istituzionali degli anni Venti e gli sviluppi politici postbellici, utilizzando allo stesso tempo un approccio transnazionale che sembra essere sempre più la norma della ricerca storica. Si potrebbe obiettare che gli studi Lipgens avessero già un tale approccio, ma i recenti esempi non seguono la stessa traccia. Andando oltre il già esistente lavoro di storia intellettuale, lo sforzo attuale è di ritrovare vettori di continuità tra le esperienze tecniche e politiche dei cosiddetti "anni di formazione" e i progetti di cooperazione e integrazione europea e atlantica e che solo a prima vista sembrano in completa rottura con il passato. Tre linee di ricerca vanno in questa direzione. La prima è incentrata sul legame tra gli aspetti logistici dell'integrazione europea e le esperienze prebelliche;[24] la seconda su quelle organizzazioni internazionali create nel periodo precedente al 1939 che sono servite come modello o supporto logistico per le istituzioni create dopo la Seconda guerra mondiale; la terza si è concentrata sugli individui, le loro reti informali transnazionali e il processo di sostituzione dei canali ufficiali di negoziazione tra gli Stati con lo scambio diretto tra esperti e attori non statali.[25] La depoliticizzazione delle

24. *Materializing Europe: Transnational Infrastructures and the Project of Europe*, a cura di Alexander Badenoch e Andreas Fickers, New York, Palgrave Macmillan, 2010; Vincent Lagendijk, *Electrifying Europe: The Power of Europe in the Construction of Electricity Networks*, Amsterdam, Aksant, 2008; Kiran Klaus Patel, Johan Schot, *Twisted Paths to European Integration: Comparing Agriculture and Transport in a Transnational Perspective*, in «Contemporary European History», 20, 4 (2011), pp. 383-403.

25. Patricia Clavin, *Securing the World Economy: The Reinvention of the League of Nations, 1920-1946*, Oxford, Oxford University Press, 2013; Wolfram Kaiser, *Christian Democracy and the Origins of European Union*, Cambridge, Cambridge University Press,

relazioni internazionali che per alcuni ha reso le istituzioni europee così tanto tecnocratiche.

Gli individui e le loro reti transnazionali informali costituiscono pertanto un'importante traiettoria di continuità. La loro esperienza prima e durante la guerra è stata spesso lasciata alle memorie o a biografie a volte agiografiche ma, come dimostra la ricerca recente, essa spesso costituisce l'impalcatura ideale, tecnica e politica su cui è stata costruita l'integrazione europea. Il lavoro di Wim Weenick su Johan Willem Beyen è un esempio. Il ministro degli Esteri olandese è noto per essere stato uno dei padri dell'integrazione europea, l'ispiratore della creazione della Cee. Ma la sua storia tra le due guerre è fondamentale per spiegarne il ruolo. Il suo lavoro presso la Bri, la Banca creata al fine di facilitare il pagamento dei risarcimenti imposti alla Germania dal trattato di Versailles, lo mise in contatto con uno dei grandi centri di cooperazione finanziaria transatlantica. Dopo la guerra, l'istituzione avrebbe agito come agente per l'Unione Europea dei Pagamenti per lo sviluppo di standard bancari europei. Beyen con la sua rete transatlantica di banchieri ed economisti, contribuì a questi sviluppi durante il suo mandato di presidente, ponendo le basi per i futuri accordi monetari europei.[26] Come Beyen, altri attori ben noti sono stati rianalizzati e la loro storia rivalutata alla luce della loro esperienza tra le due guerre, come politici di spicco come Konrad Adenauer, Alcide De Gasperi, o pensatori come Richard Count Coudenhove-Kalergi.[27] Naturalmente non solo i personaggi più noti sono l'oggetto della ricerca di questo filone. Altri individui hanno svolto un ruolo importante nel creare traiettorie di continuità e *long durée*, come ad esempio gli esperti nei sottocomitati tecnici della Società delle Nazioni, o vari esponenti di partiti cristiano-democratici, i cui contatti hanno costituito il fondamento di molte forme di cooperazione dopo il 1945.

Tali ricerche sono strettamente collegate a studi che adottano un approccio più biografico, come lo studio di Piers Ludlow su Roy Jenkins.[28]

2007; *Europe in Exile: European Exile Communities in Britain 1940-45*, a cura di Martin Conway e José Gotovitch, New York, Berghahn Books, 2001.

26. Wim H. Weenink, *Bankier van de wereld Bouwer van Europa: Johan Willem Beyen 1897-1976*, Amsterdam, Prometheus, 2005.

27. Tra gli esempi più recenti: Wilfried Loth, *Building Europe: A History of European Unification,* Berlin, De Gruyter, 2015.

28. N. Piers Ludlow, *Roy Jenkins and the European Commission Presidency, 1976-1980: At the Heart of Europe*, Basingstoke, Palgrave Macmillan, 2016.

Tra i suoi pregi, «Ludlow's work underscores the significance of access to private papers of the relevant actors. While the official paper trail sometimes does more to hide than to reveal internal deliberations and the dynamics of European integration, such privately documented sources are often indispensable to arrive at new findings».[29] La stessa vita di Jean Monnet è stata recentemente riesaminata in una biografia di Klaus Schwabe, che si concentra sul suo rapporto con la Germania e rappresenta la prima biografia su Monnet pubblicata in tedesco. Tramite l'approccio biografico gli storici dell'integrazione europea sono riusciti a impiegare una lente globale, analizzando, attraverso la vita delle persone protagoniste, fenomeni che trascendono nazioni e che attraversano i confini degli stati nazionali.[30]

Il presente lavoro si inserisce proprio in questo filone aggiungendo alcuni piani di analisi ulteriori. Il primo vede un elemento di continuità in quel processo di apprendimento descritto da Mark Mazower, in cui i «protagonists of the post-war world were driven by a desire to avoid those that they believed the mistakes of the past».[31] Questo è un processo che trova riscontro nelle fonti archivistiche, come le lezioni evidenti che molte personalità traggono dalle esperienze nel periodo, l'abbandono di molti esperimenti tentati negli anni precedenti senza successo (come il piano Briand del 1929 e l'unione franco-britannica del 1940), e il recupero dopo la guerra di alternative in precedenza rimaste inesplorate e mai realmente considerate, presenti in rapporti, memorandum, note, diari e corrispondenze. Il secondo piano va a inquadrare quel già citato «cross-fertilization process» all'interno della letteratura esistente su quello che Mary Nolan chiama «The Transatlantic Century».[32] Gli scambi tra le due sponde settentrionali dell'Oceano Atlantico sono stati analizzati fino ad ora da un filone di ricerca storica focalizzato soprattutto sulla storia sociale. Gli *Atlantic Crossings*, soprattutto tra fine XIX secolo e la Seconda guerra mondiale, coinvolgevano individui e istituzioni, densi network che condividevano idee, esperienze e concetti. «Educa-

29. Kiran Klaus Patel, *Widening and Deepening? Recent Advances in European Integration History*, in «Neue Politische Literatur», 64, 2 (2019), pp. 327-357.

30. Si veda ad esempio *Bringing Transnational Relations Back In: Non-state actors, Domestic Structures and International Institutions*, a cura di Thomas Risse, Cambridge, Cambridge University Press, 1995.

31. Mark Mazower, *Reconstruction: The Historiographical Issues*, in «Past & Present», 210, 6 (2011), p. 25.

32. Mary Nolan, *The Transatlantic Century: Europe and America, 1890-2010*, Cambridge, Cambridge University Press, 2012.

tion and social reform, urban development and poverty, the status of labor and the rights of women were central to the multiple crossings».[33] Tuttavia, questi scambi non erano casuali. Come ci ricorda Daniel T. Rodgers,[34] servirono nuovi tipi di connessioni e contatti tra le nazioni industrializzate in Occidente, oltre a «new sorts of brokers to span these connections».[35] Questi trovarono terreno fertile in un Paese, gli Stati Uniti, particolarmente aperto, in quel momento di passaggio dal XIX al XX secolo, a nuove forme politiche e idee nuove provenienti dall'Europa. «The cosmopolitic progressives fought across a hundred fronts. But [...] in the connections they tried to forge, [...] their endevors shaped the era more than the conventional wisdom has yest comprehended».[36] La tesi del presente lavoro è che Jean Monnet rappresenti uno dei più potenti agenti o brokers di questa comunità progressista cosmopolita nello spazio nord-atlantico.

L'introduzione dei due concetti di "network" e "broker", porta ad un terzo piano di analisi, al fine di aggiungere ai primi due contesto e chiarezza. Viene condotta infatti, seguendo la biografia di Monnet, un'analisi delle reti informali da lui progressivamente create nel periodo tra il 1914 al 1963 attraverso un approccio transdisciplinare. Essendo questo un lavoro storico basato su fonti documentarie, alcune già citate, alcune nuove, scoperte proprio grazie a questo approccio, il fine non sarà un tentativo di definire teoricamente i network come agenti storici, attività che ha visto impegnati per decenni la Sociologia e le Scienze Politiche. Come si spiega

33. Ivi, p. 36. Per un'analisi più approfondita di questi processi si veda, a titolo di esempio: *The Mechanics of Internationalism: Culture, Society and Politics from the 1840s to the First World War*, a cura di Martin H. Geyer e Johannes Paulmann, London, German Historial Institute, 2001; Laurence R. Moore, *European Socialists and the American Promised Land*, New York, Oxford University Press, 1970; Kristine Hoganson, *Consumers' Imperium: The Global Production of American Domesticity, 1865-1920*, Raleigh, University of North Carolina Press, 2007; Paul A. Kramer, *Empires, Exceptions, and Anglo-Saxons: Race and Rule Between the British and United States Empires, 1880-1910*, in «Journal of American History» 88, 4 (2002), pp. 1315-1353; *Getting and Spending: European and American Consumer Societies in the Twentieth Century*, a cura di Susan Strasser, Charles McGovern e Matthias Judt, Cambridge, Cambridge University Press, 1998; Ian Tyrrell, *Transnational Nation: The United States in Global Perspective Since 1789*, New York, Palgrave Macmillan, 2007.

34. Daniel T. Rodgers, *Atlantic Crossings: Social Politics in a Progressive Age,* Cambridge (MA), Harvard University Press, 1998.

35. Ivi, p .4.

36. *Ibidem.*

nel prossimo paragrafo, ciò che qui si propone è una lente analitica che aiuti a leggere il materiale d'archivio in maniera innovativa, con il fine di dare forma allo spazio in cui si verificano i processi sopra descritti alla luce delle dinamiche belliche e dei mutevoli sviluppi geopolitici.

Un possibile approccio storico ai network

Come detto sopra, se anche altre discipline hanno già da decenni descritto il ruolo e la formazione delle reti nell'agone politico nazionale e internazionale, la scienza storica deve ancora riconoscerne appieno il valore come lente di analisi delle fonti. Come mostra Niall Ferguson,[37] le reti sono «metafore totali» della nostra vita sociale, con la sua complessità e interdipendenze, un modo per raccontare la storia dell'esperienza umana attraverso relazioni, connessioni, scambi e rapporti di fiducia.

Le ragioni relative alla reticenza di una parte della ricerca storica a fare propri strumenti di analisi delle reti sono due: in primo luogo, l'impressione è che a volte la scienza sociale sacrifichi la narrazione che emerge dalle fonti per pura velleità di complessità. In secondo luogo, l'idea che le relazioni e le reti siano un elemento di novità è discutibile. In molti studi e documenti la parola rete potrebbe facilmente essere sostituita da altre, come gruppo o élite, senza alcun cambiamento sostanziale di significato.

Tuttavia, anche se queste sono obiezioni fondate, quando si tratta di relazioni transatlantiche contemporanee e dell'integrazione europea, la necessità di andare oltre i tradizionali livelli di analisi richiede risposte analitiche meno convenzionali. Nell'epoca postbellica, in cui gli stati ripensano il loro ruolo nel governare diversi settori chiave, in cui il concetto di *governance* transnazionale si è fatto strada nella narrazione politica globale, analizzare il rapporto e il contrasto tra la fluidità delle reti informali e le gerarchie istituzionalizzate dello stato nazione è più che mai cruciali. Soprattutto nel caso delle relazioni atlantiche, «political scientists will be forgiven for thinking that at least historians would have attempted to take up this challenge long ago, possibly as part of cross-disciplinary cooperation to better understand diachronic change in governance up to the present day».[38]

37. Niall Ferguson, *The Square and the Tower. Networks, Hierarchies and the Struggle for Global Power*, London, Penguin Books, 2018.
38. Wolfram Kaiser, Brigitte Leucht, Michael Gehler, *Transnational Networks in Regional Integration*, London, Palgrave Macmillan, 2010, p. 6.

Lo scopo delle prossime pagine, quindi, è quello di affrontare la questione proponendo una possibile via "storica allo studio delle reti, partendo dagli studi di Claire Lemercier, fornendo allo stesso tempo spunti per l'utilizzo di questo strumento.

Non esiste una definizione univoca specifica di cosa sia un network. Pertanto, diverse discipline hanno scelto un diverso paradigma e insieme di strumenti. La storia non dovrebbe essere lasciata indietro in questo, e vista la sua natura di studio delle fonti, dovrebbe raggiungere un equilibrio tra teoria formale e lo sviluppo di lenti interpretative più flessibili, «neither ignoring it nor making methodology the aim of historical studies, helping us to go beyond a fashion and actually insert networks in serious historical explanations and narratives».[39]

Gli studi politologici danno grande importanza al rapporto tra reti e *governance*, sottolineando un cambiamento radicale nella definizione di quest'ultima. Da organizzazioni istituzionalizzate caratterizzate da forme gerarchiche e catene decisionali definite, il termine *governance* è andato a descrivere una «decentralized form of political communication and decision-making consisting of sets of state and non-state actors in less hierarchically or even non-hierarchically structured relationships».[40] Pertanto, le mutevoli condizioni in cui si svolgono i negoziati e il processo decisionale hanno portato alla nascita di studi sui *policy networks*, comprendenti attori statali e non statali, élite effimere con interessi comuni e valori condivisi. Un'ampia letteratura è stata costruita intorno a questo termine, e poiché i casi di studio sono molto variegati, una definizione univoca di cosa sia una rete politica è difficile da trovare. Tanja Borzel ha provato a descrivere questo *concept nomade*:

> [Networks] share a common understanding, a minimal or lowest common denominator definition of policy networks, as a set of relatively stable relationships which are of non-hierarchical and interdependent nature linking a variety of actors, who share common interests with regard to a policy and who exchange resources to pursue these shared interests acknowledging that cooperation is the best way to achieve common goals.[41]

39. Claire Lemercier, *Formal Networks Methods in History: How and Why,* in *Social Networks, Political Institutions and Rural Societies*, a cura di Georg Fertig, Turnhout, Brepols, 2015, pp. 281-310.

40. *Transnational Networks in Regional Integration*, p. 2.

41. Tanja Borzel, *Organising Babylon. On a Different Conceptions of Policy Networks*, in «Public Administration», 76 (2002), pp. 233-273, p. 245. Borzel distingue due ten-

Caratteristiche comuni di queste reti sono quindi i confini porosi tra settore pubblico e privato; la costante comunicazione tra diversi attori;[42] un certo grado di informalità; un continuo scambio di risorse;[43] una *shadow of hierarchy* tra membri.[44] Proprio questi ultimi due elementi sono le principali caratteristiche dei network, con la natura delle risorse scambiabili al loro interno che definisce anche i loro obiettivi e il loro impatto.[45] L'ampia interazione tra una moltitudine di attori e interessi diversi dipende dalle risorse di ciascuno, mentre le regole e il modello di comunicazione tra gli attori si sviluppano a mano a mano che questi interagiscono tra loro, isolandoli allo stesso tempo dal mondo esterno.[46] Come vedremo questo è sicuramente il caso della rete di relazioni di Jean Monnet e la causa del fallimento di molti dei suoi progetti.

Recentemente il concetto di rete è diventato importante soprattutto per l'analisi del processo decisionale all'interno dell'Ue e di quello di creazione di uno spazio politico europeo. Proprio applicato in quest'ultimo ambito è possibile vedere punti di incontro tra le scienze politiche e la disciplina storica. Nell'analisi della politica europea l'ambito delle reti politiche non

denze principali nella letteratura sulle reti: l'*interest intermediation* o *scuola anglosassone* e la *governance* o la *scuola tedesca.* Alla base della divergenza è la concezione delle reti come spazio di confronto tra interessi e le gerarchie statali, oppure come completamente nuovo spazio di governance che si va a sostituire allo stato. L'uso di un approccio storico ci permette di non preoccuparci di intervenire in un dibattito così teorico sulla natura del governo nella storia recente, andando invece ad analizzare, attraverso uno studio attento delle fonti, l'impatto storicamente circoscritto di un preciso gruppo di lavoro. Vedi Brigitte Leucht, *Transatlantic Policy Network and the Formation of Core Europe*, PhD Thesis, Plymouth University, 2008, p. 37.

42. Frans van Waarden, *Dimensions and Types of Policy Networks,* in «European Journal of Political Research», 21 (1992), pp. 29-52.

43. Kenneth Benson, *A Framework for Policy Analysis*, in David L. Rogers, David A. Whitten, *Interorganizational Coordination: Theory, Research and Implementation*, Ames (IA), Iowa State University Press, 1982, pp. 137-176; Rod A.W. Rhodes, *Policy Networks. A British Perspective,* in «Journal of Theoretical Politics», 2, (1990), pp. 293-317.

44. Fritz W. Scharpf, *Political Institutions, Decision Styles, and Policy Choices*, in *Political Choice: Institutions, Rules And The Limits of Rationality*, a cura di Roland M. Czada e Adrienne Windhoff, Boulder, Westview Press, 1991, pp. 60-94; Rod A.W. Rhodes, *Power-Dependence, Policy Communities and Intergovernmental Networks*, in «Public Administration Bulletin», 49 (1985), pp 4-31.

45. Martin J. Smith, *Pressure Power & Policy. State Autonomy and Policy Networks in Britain and the United States*, Hemel Hempstead, Harvester Wheatsheaf, 1993.

46. Gerry Stoker, *Governance as Theory: Five Propositions*, in «International Social Science Journal», 50 (1998), p. 22.

è una teoria, un paradigma, un concetto epistemologico, ma qualcosa di più flessibile, un approccio, un modo per valutare aspetti relazionali che emergono dalle fonti. Il fine non è quindi semplicemente dire che le relazioni sono fondamentali, al che qualsiasi persona che fa ricerca storica rimarrebbe comprensibilmente indifferente. Si tratta di cercare nelle fonti esattamente il come e il perché queste reti esistono, quali scambi avvengono, in quali ordini di grandezza, e che impatto hanno nel cambiare la narrazione di eventi storici. Nel caso di Monnet, si tratta quasi di fare un processo politico all'integrazione europea attraverso l'analisi del metodo di rete, elitario, comunitario, che l'ha resa un progetto attuabile agli occhi delle diverse anime politiche europee dopo la guerra.

A tal fine risulta utile ridefinire tre elementi analitici che aiutano nell'interpretazione delle fonti: lo scambio di risorse, l'incontro culturale e il concetto di fiducia.

Al centro dello scambio di risorse c'è spesso un attore che più di tutti esprime caratteristiche di imprenditorialità politica, e Monnet come vedremo le possiede tutte. La parola infatti è ampiamente usata per indicare l'innovazione nelle politiche pubbliche, impiegando termini presi in prestito dalle scienze economiche come la perseveranza, la capacità di creare opportunità, uno spirito competitivo e un pensiero strategico. In breve gli imprenditori politici sono attori che, usando le parole di Dimitrios Christopoulos, «can respond to exceptional challenges and rise above their peers by means of their strategic thinking, forethought and ability to manipulate their environment».[47] Essi influenzano la politica utilizzando le loro capacità personali e relazionali, creando reti con cui raggiungere obiettivi diversi, hanno un distinto ruolo di intermediazione, sono in grado di creare legami e innescare il dialogo tra diverse entità e hanno attributi relazionali unici che consentono loro di controllare il flusso di scambio all'interno della rete.

Questo tipo di attore potrebbe quindi essere definito dalla capacità di stabilire delle comunità a sé stanti. Le caratteristiche principali di queste comunità sono un insieme condiviso di principi, una visione del mondo e uno sforzo politico comune. Questo concetto aggiunge un altro elemento

47. Dimitrios Christopoulos, *Relational Attributes of Political Entrepreneurs: A Network Perspective*, in «Journal of European Public Policy», 13, 5 (2006), p. 758; vedi anche Thomas Risse-Kappen, *Bringing Transitional Relations Back In: Non-State Actors, Domestic Structures, and International Institutions*, Cambridge, Cambridge University Press, 1995, p. 23.

di analisi alle reti transnazionali, in quanto mette in evidenza il loro essere coalizioni basate su valori condivisi. Gli attori che condividono visioni del mondo e idee politiche avranno maggiori probabilità di formare relazioni di scambio tra loro; identificare la causa comune nelle fonti rende quindi possibile valutare la portata e l'impatto della loro rete.

Visto che parliamo di reti transnazionali che si formano nello spazio atlantico, esiste un secondo elemento chiave, il *cultural transfer*. Questo concetto non è nuovo nella ricerca storica, è stato adattato e reinventato in una varietà di studi culturali, letterari, sociologici e pedagogici per decenni. Nell'ambito degli studi atlantici, Brigitte Leucht suggerisce che proprio questo concetto, usato nello studio delle reti, pone una sfida all'idea di un unilaterale flusso di influenza e *soft power* proveniente dagli Stati Uniti.[48] È vero che la parola *transfer* implica altri concetti importanti come interazione, traduzione e dialogo, che sembrano contraddire le nozioni di influenza e coercizione, che sono invece usate spesso per descrivere le relazioni atlantiche contemporanee all'interno della più ampia narrazione dello sviluppo imperiale statunitense. Tuttavia, il dialogo e il *transfer* culturale non contraddicono l'esistenza di una cultura dominante e un bersaglio, anche all'interno di una rete transnazionale. Aggiungono invece un diverso livello di analisi utile quando la realtà delle reti presenta un interscambio più complesso. Quello che l'esempio di Jean Monnet mostra è esattamente questo, che in un processo di crescente influenza americana sulle relazioni internazionali a partire dagli anni Dieci, attori non statali e funzionari pubblici iniziarono un dibattito che ha attraversato le barriere politiche e culturali, producendo uno scambio euro-americano di concetti politici e giuridici che videro la luce quando i membri di questa rete si trovarono in posizioni di potere nel dopoguerra, con Monnet come collante.

Questo porta quindi all'ultimo elemento di questa analisi, vale a dire al ruolo della fiducia nella creazione di questo tipo di reti. Per usare le parole di Charles Tilly, il concetto di fiducia richiama chiaramente alla mente due immagini diverse: una epistemologica, l'altra legata alle transazioni sociali. «We can think of trust as an attitude or as a relationship, trust consists of placing valued outcomes at risk to others' malfeasance».[49] Nelle reti basate sulla fiducia, le persone assumono regolarmente tali rischi, come vedremo nel caso della politica dell'amministrazione Eisenhower riguardo alla

48. Leucht, *Transatlantic Policy Network and the Formation of Core Europe*, p. 37.
49. Charles Tilly, *Trust and Rule*, in «Theory and Society», 33, 1 (2004), p. 5.

Comunità Europea di Difesa. Riassumendo, «trust networks, then, consist of ramified interpersonal connections within which people set valued, consequential, long-term resources and enterprises at risk to the malfeasance of others».[50] Nelle reti transatlantiche, ciò che le fonti ci mostrano è che i rapporti di fiducia crescono se hanno alla base idee politiche e culturali comuni, come per esempio il rapporto privilegiato tra John Foster Dulles e Jean Monnet. Gli elementi chiave sono la reputazione degli attori, la capacità di parlare il linguaggio politico della controparte, la volontà degli altri di garantire la loro integrità e l'efficacia, il riconoscimento di un obiettivo comune.

Questi tre elementi di analisi hanno guidato la ricerca archivistica alla base del presente volume che va a ridisegnare la mappa della rete di Jean Monnet su entrambe le sponde dell'Atlantico.

Struttura

L'esame del metodo di Monnet e la sua dipendenza dalle connessioni transatlantiche rivelano importanti aspetti del suo rapporto con la politica nazionale e internazionale, oltre a mettere in luce elementi spesso ignorati dietro grandi avvenimenti del XX secolo. Wolfram Kaiser intende proprio questo quando, parlando delle reti politiche, dice «[they] could contribute to shaping partially transnational public discourses about freedom, market economy, democracy, and the Atlantic partnership, for example».[51]

Kaiser descrive un fenomeno politico che appartiene, nella sua mente e nella sua ricerca, a un periodo molto più recente nella storia europea. Il tentativo di questo lavoro è invece quello di definire questi elementi di continuità durante gli anni formativi di uno dei padri fondatori del processo di integrazione. A tal fine, attraverso l'analisi di diversi momenti della sua biografia, sono state esaminate alcune questioni rimaste in sospeso, o da rivalutare alla luce di nuovi documenti d'archivio, in merito all'esperienza politica di Monnet. Queste sono di doppia natura: la prima riguarda ambiente e modo di azione della rete di Monnet: viene in questo senso analizzato il contesto della politica internazionale durante il periodo dal 1914 al 1963 per cercare di inquadrare la creazione, diretta o casuale, di

50. *Ibidem.*

51. *Transnational Networks in Regional Integration: Governing Europe, 1945-83*, p. 10; vedi anche *The History of the European Union: Origins of a Trans- and Supranational Polity, 1950-72*, a cura di Morten Rasmussen, Abington, Routledge, 2008.

canali attraverso cui diverse idee di cooperazione transnazionale abbiano viaggiato fuori sia dai confini delle nazioni sia da quelli di mandati, funzioni e cariche dei singoli. Allo stesso modo, si è cercato di analizzare i vari progetti di Monnet per evidenziarne la loro natura di lavoro di gruppo, su scala transatlantica e a volte globale. La seconda invece riguarda un aspetto più generale dietro l'esperienza storica della rete di Jean Monnet: nello specifico, si è andati a mettere in discussione che ruolo abbiano avuto l'idealismo e la teoria politica nelle azioni di questo gruppo e quanto invece le idee di cooperazione internazionale siano state semplicemente la soluzione per correggere situazioni di conflitto a livello regionale, tradotte in un linguaggio che le élite politiche tradizionali potessero comprendere e accettare. Questo ci porta a un ulteriore elemento che viene affrontato nella seconda parte del lavoro e nelle conclusioni, cioè il carattere *atlantico* dell'europeismo di Monnet e dei suoi amici, quello che ha permesso di ancorare l'integrazione europea all'interno dello spazio della nuova alleanza con gli Stati Uniti, segnandone i primi successi ma anche i fallimenti.

Al fine di analizzare tali questioni, la ricerca archivistica ha seguito cronologicamente l'esperienza storica di Monnet, studiando la formazione del francese come un processo, in un certo tempo e spazio, con al centro relazioni e connessioni. Un'esplorazione che ha finito per inquadrare alcuni di questi attori come parte di una comunità di lavoro in continua evoluzione. In particolare, nei documenti, alcuni già pubblicati nelle biografie disponibili, altri ritrovamenti originali, si è cercato di estrarre i tratti sociali, educativi e generazionali degli attori nella rete di Monnet, come si coordinavano o venivano usati dal francese e quali strategie adottavano per influenzare la politica europea e americana.

In questo senso, il presente volume ha cercato di approfondire meglio l'universo in cui agiscono queste persone, analizza il metodo di Monnet a partire dalla rete da cui lui trasse la sua inusuale influenza. Guardando a questo gruppo come collettivo e non come un insieme di biografie incrociate, è possibile comprendere meglio la loro azione politica e sociale.

Il primo capitolo racconta la storia della prima carriera di Monnet come venditore di cognac, tracciando una premessa necessaria per la storia che si svolge nei successivi capitoli. La sua formazione così inusuale per un francese dell'epoca, così ancorata allo spazio transatlantico fin dal principio, e soprattutto il suo innamoramento per le virtù della logistica moderna lo resero la persona giusta al momento giusto quando la crisi bellica del suo Paese ebbe bisogno di soluzioni creative di cooperazione interalleata. Le sue prime esperienze lo misero a contatto con un processo di convergenza anglosassone che aveva lasciato fuori un Paese, la Francia ancora alle prese con le sfide della diplomazia del XX secolo. Il secondo capitolo evidenzia come questo portò Monnet a colmare un vuoto causato dalla mancanza di interpreti francesi del dialogo transatlantico sulla riforma delle relazioni internazionali. Proprio a causa di ciò si ritrovò in contatto con il ristretto gruppo di giovani internazionalisti incontratisi a Versailles nel 1919. Il terzo capitolo segue quindi il francese durante la sua esperienza all'interno della Società delle Nazioni, approfondendo le ragioni che hanno portato alla sua nomina, lo sforzo di costruire reti transnazionali all'interno degli ambienti bancari americani ed europei, citando il caso del salvataggio finanziario dell'Austria nel 1923.

Il riconoscimento del fallimento della Società nello stabilire una pace duratura portò molte persone che avevano partecipato alle conferenze di pace a Parigi a trovare uno scopo nel mondo degli studi legali e delle banche d'investimento. Il quarto capitolo racconta così una storia poco conosciuta. Monnet divenne un faccendiere transatlantico, un uomo che senza una qualifica riuscì a inserirsi all'interno del mondo degli investimenti internazionali, fino a essere persino chiamato ad agire come mediatore per il governo cinese. Questo fu il primo test della praticabilità del suo metodo cooperativo di risoluzione dei conflitti, qualcosa che mise la sua rete in rotta di collisione con la strategia geopolitica sia del Regno Unito sia del Giappone.

Il quinto capitolo ricostruisce invece quello che nuovo materiale d'archivio negli Stati Uniti e Gran Bretagna ci permette di descrivere come un triangolo transnazionale di influenze. Esso va a descrivere come sia stato possibile che un banchiere sconosciuto sia stato accolto all'interno della macchina politica del ministero degli Esteri francese senza avere il pedigree classico delle persone che lavoravano per il Quai d'Orsay. Vengono inoltre introdotti due personaggi chiave di questa storia, William Bullitt, che introdusse Monnet al mondo delle relazioni transatlantiche di fine anni Trenta, e Felix Frankfurter, il giudice della Corte Suprema che fece da collante tra reti nel tentativo di creare un gruppo di lavoro che aiutasse la politica estera americana a ridefinirsi dopo l'abbandono della neutralità.

Il sesto capitolo descrive poi un momento cruciale sia per la vita di Monnet sia per la storia dell'integrazione europea. La missione ad Algeri viene ricontestualizzata, sempre utilizzando nuovo materiale d'archivio, descrivendo il ruolo della politica estera americana e britannica nella lotta cesarea tra Giraud e de Gaulle, con il gruppo di Monnet e Frankfurter che agiva come un canale di intermediazione transnazionale, cercando di forgiare un'àncora liberale per la nuova Francia liberata.

Con la missione di Monnet ad Algeri comincia la seconda parte della vita di Monnet, quella più pubblica e nota, ma che va rivista alla luce dell'elemento di continuità rappresentato dal suo network di amicizie nel mondo anglo-americano. Il settimo capitolo esplora la storia del suo piano di ricostruzione della Francia postbellica e di come egli riuscì a usarlo per cambiare radicalmente il modo in cui il suo Paese immaginava i suoi rapporti economici e per posizionarlo, nei piani dell'amministrazione Truman, al centro del tentativo di risolvere una volta per tutte il "problema tedesco".

L'ottavo capitolo va invece a riscrivere la storia del più grande successo di Monnet, la creazione della Ceca, andando a rintracciare le caratteristiche del suo peculiare europeismo, tracciandone le origini e il linguaggio, risolvendo allo stesso tempo dubbi storiografici e accuse nei suoi confronti portate avanti da storici e politici nei decenni successivi.

Se da una parte questi due capitoli vanno a descrivere il decennio di maggiore influenza della rete di Monnet sulla politica francese e occidentale, l'ultimo va ad analizzare quello di maggior declino, caratterizzato dal ritorno dello stato nazione, dalla fine dello slancio sovranazionale e da un duro scontro di visioni del mondo, con Monnet e le amministrazioni Eisenhower e Kennedy da una parte e Charles de Gaulle dall'altra. I limiti del metodo elitario di Jean Monnet, unito al suo disdegno della dialettica parlamentare, oltre all'incapacità di interpretare l'opinione pubblica, emergono totalmente nel racconto dei suoi più grandi fallimenti: la mancata creazione della Comunità Europea di Difesa, il veto all'adesione del Regno Unito alla Cee e la tragica fine della Partnership Atlantica. Nei suoi ultimi anni Monnet cercò di dare una forma più ufficiale al suo metodo, con la creazione del primo think tank continentale, una creatura che però non gli sopravvisse.

I successi e i limiti del network transatlantico del francese emergono come una delle storie unificanti dei primi decenni di integrazione europea. Un gruppo di persone cresciute e formatesi nei corridoi di Versailles, nelle banche e prime istituzioni sovranazionali del primo dopoguerra, nel mondo della cooperazione interalleata e della ricostruzione negli anni Quaranta, che cercò di trovare una soluzione al problema europeo mettendo in connessione l'idealismo di quegli anni con innovative iniziative di integrazione. La strana ed eccezionale connessione di Monnet con il mondo angloamericano fu la ragione del suo grande successo quanto la fonte dei suoi fallimenti, segnando la storia passata e futura del processo di integrazione continentale per molti decenni.

Le fonti

L'accesso diretto alle fonti primarie consente di rafforzare la riflessione e le prospettive sui temi in questione, rinvigorendo il ruolo dell'archivio e del suo patrimonio nelle nuove prospettive di ricerca sulle reti transatlantiche. Attraverso un'analisi approfondita degli archivi di entrambe le sponde dell'Atlantico, si scopre una certa reciprocità tra le idee di Jean Monnet e dei suoi amici americani, in particolare intorno ai concetti di istituzioni e cooperazione internazionale.

Attualmente, la Fondation Jean Monnet pour l'Europe di Losanna e gli Archivi dell'Unione europea dell'Istituto universitario europeo sono le istituzioni con il più ampio catalogo di fonti su Jean Monnet e altri padri fondatori dell'integrazione europea. Il secondo ospita principalmente i documenti di lavoro raccolti da Duchêne per la sua biografia di Monnet, per lo più fotocopie di documenti provenienti da archivi in Europa e negli Stati Uniti. Gli Archivi della Fondation Jean Monnet pour l'Europe conservano migliaia di documenti, catalogati secondo un ordine temporale e tematico che ripercorre i vari capitoli della vita politica di Monnet. Sebbene gran parte della corrispondenza del periodo precedente al 1940 sia andata perduta durante l'occupazione tedesca della Francia, un'idea del ruolo e delle relazioni dei francesi durante gli anni tra le due guerre deriva dalle sue memorie, ricche di dettagli e riferimenti, dagli archivi personali dei suoi numerosi contatti in Europa e in America.

La maggior parte delle carte della Fondazione sono costituite dalla corrispondenza tra Monnet e i membri della sua rete nel corso dei decenni. Particolare attenzione è stata dedicata alle corrispondenze tra Jean Monnet e i suoi amici Gran Bretagna e negli Stati Uniti. A tal fine di grande interesse sono anche le interviste (registrate e dattiloscritte) condotte negli anni Settanta e Ottanta dal giornalista Leonard Tennyson e da François Duchêne. Il contributo essenziale di queste interviste è la loro capacità di rendere conto della natura e della qualità delle relazioni di Jean Monnet, in particolare con le élite politiche di Washington. Queste interviste forniscono anche approfondimenti sulla percezione di molti dei membri della rete del francese in relazione alla politica estera degli Stati Uniti. Esistono due tipi di interviste riguardanti persone associate a Jean Monnet: il primo è stato condotto da Tennyson per conto della Fondazione Jean Monnet per l'Europa a Losanna; il secondo fu su iniziativa di Duchêne le cui trascrizioni sono a Fiesole.

A questi si aggiunge la sezione dei cosiddetti *Archives Americaines*, un elenco dei molti archivi negli Stati Uniti riguardanti Monnet. Questa è il prodotto di un progetto di ricerca condotto dalla Fondazione in collaborazione con l'Istituto Universitario Europeo. È stato guidato dalla professoressa Sherill Wells del Dipartimento di Storia della George Washington University di Washington (DC). Il gruppo di collaboratori e studenti di Wells fu inviato a visitare istituzioni e archivi legati a Jean Monnet ovunque negli Stati Uniti (archivi personali, biblioteche presidenziali e universitarie). Dal febbraio 1994, gli archivi della Fondation Jean Monnet hanno acquisito un totale di 771 riferimenti a singoli faldoni e collezioni. Il presente lavoro, oltre a utilizzare avidamente questa lista, va a integrarla ulteriormente con importanti ritrovamenti, sia negli Stati Uniti sia nel Regno Unito.

Questo lavoro ha inoltre beneficiato dell'analisi di documenti provenienti dagli Archives Diplomatiques, gli archivi del ministero degli Affari Esteri francese, a La Courneuve, Parigi e gli archivi della Società delle Nazioni a Ginevra, relativi al periodo di Monnet alla Società delle Nazioni.

Tra gli archivi statunitensi, le carte citate provengono dalle seguenti istituzioni: la Ahmerst College Library (Amherst, MA), che conserva i documenti personali di Dwight Morrow e John McCloy; la Library of Congress (Washington DC), che conserva i documenti di Felix Frankfurter, Joseph Alsop e la collezione Averell Harriman, la maggior parte inediti e mai storicamente collegati a Jean Monnet; i National Archives, che custodiscono le carte del Dipartimento di Stato, specialmente il Record Group 59; la Yale University Library (New Haven, Connecticut), con i documenti conservati nel Department of Manuscripts and Archives, dalle collezioni di Dean Acheson, Walter Lippmann e William Bullitt; la Princeton University Library (Princeton, NJ), che ospita le collezioni di John Foster Dulles, che testimoniano la lunga e duratura relazione tra lui e Jean Monnet; la Franklin Delano Roosevelt Presidential Library (Hyde Park, New York). Con i documenti relativi alla missione di Monnet a Washington nel 1938, alla sua missione ad Algeri nel 1943, alle carte di Harry Hopkins e Henry Morgenthau Jr.; la Henry Truman Presidential Library (Independence, MO), che custodische le carte di Dean Acheson, tra cui la corrispondenza con Frankfurter e John McCloy.

I principali archive inglesi invece consultati sono: i National Archives (Kew), con le carte relative alla missione di Jean Monnet in Cina, alla sua nomina a Washington da parte di Churchill, ai suoi rapporti con Arthur Salter, Harold Macmillan e Roger Makins e alla corrispondenza, inedita, con il governo inglese durante il primo tentativo di adesione alla Cee; la Bodleian Library (Oxford) che custodisce le collezioni Macmillan e Sherfield. Il permesso per accedere ad alcune delle carte relative alla Seconda guerra mondiale è stato ottenuto dal Macmillan Family Fund. Molti di questi documenti, soprattutto quelli provenienti dalla Sherfield Collection, sono inediti e citati per la prima volta. Inoltre, tra le istituzioni visitate, la Winston Churchill College Library (Cambridge), che possiede raccolte di carte di molti membri del Gabinetto di Guerra, tra cui sir Arthur Salter e Lord Beaverbrook e i Parliamentary Archives (Londra). Gli archivi del Parlamento britannico contengono due fascicoli di estremo interesse ai fini di questo lavoro, la corrispondenza tra Lord Beaverbrook e i membri del British Supply Council di Washington e le carte dell'inchiesta dell'intelligence militare britannica su Monnet.

1. La lezione del cognac. Tra cooperazione bellica e dimensione atlantica

1. *La vera lezione del cognac*

La ricerca storica trova sempre nel consumo di alcol un'interessante prospettiva di analisi. Presenti fin dall'alba dei tempi, bevande intenzionalmente fermentate sono state un elemento fondamentale della civiltà per ragioni non ancora pienamente esplorate. Né la religione né l'eventuale intervento dello Stato sono riusciti a tenere gli esseri umani lontani da esse. «Ho preso più dall'alcol di quanto l'alcol abbia preso da me». Le famose parole di Churchill colpiscono sempre come una potente metafora per quello che è lo scopo della storia sociale e culturale. Jean Monnet avrebbe sicuramente sottoscritto la dichiarazione di Churchill. Non perché fosse un gran bevitore. La lezione che imparò dall'alcol o, meglio, dal commercio atlantico del cognac, si sarebbe rivelata essenziale per lo sviluppo del suo metodo politico negli anni a venire, quando sarebbe diventato "Mr. Europe".

Biografi e amici, infatti, in molte occasioni hanno parlato di una "lezione del cognac", collegando direttamente il modo di pensare di Monnet alla forte tradizione commerciale della regione del Poitou-Charentes dove nacque. Quello che emerge dagli archivi è forse una lezione un po' più sofisticata che Monnet trasse da anni di lavoro per l'azienda di famiglia, principalmente una mentalità spaziale atlantica, una fiducia nella potenza logistica delle infrastrutture e una propensione a pensare il proprio spazio in termini di reti.

La città natale di Monnet è ancora la piccola capitale mondiale del brandy e il suo passato è indissolubilmente legato al commercio. La piccola comunità rurale di Cognac era cresciuta con una mentalità di certo poco condivisa dal resto del Paese, «cosmopolitan peasants» come li chiamava Frederic Fransen.[1] All'inizio del XVIII secolo, l'*eau-de-vie* distillata nella regione era già famosa in tutto il mondo grazie al commercio marittimo. I mercanti inglesi e olandesi avevano contribuito a diffondere questo prodotto in Europa settentrionale, Asia, Canada, Stati Uniti. Tutta la città era coinvolta nella sua produzione, inclusi i Monnet.

Nelle sue stesse parole, «la società di Cognac era divisa in due categorie ben distinte: i commercianti e gli altri, cioè, i fornitori».[2] I suoi nonni appartenevano alla seconda categoria, agricoltori, legati alla terra, fornitori di grandi aziende di cognac come Martells e Hennessys. Suo padre Jean Gabriel, invece, era un venditore, un membro minore dell'aristocrazia mercantile di Cognac, una rete di produttori che aveva aiutato la città a sviluppare un'attitudine al libero scambio e una proiezione verso l'esterno. Nel 1838 avevano fondato una società cooperativa per contendere il monopolio di imprese più grandi e nel 1897 chiesero a Jean Gabriel Monnet di gestire l'attività, chiamata J.G. Monnet & Co. Da quel momento la sala da pranzo di casa Monnet divenne il luogo in cui una vasta rete di uomini d'affari, fiduciari, contabili e fornitori si riuniva regolarmente per discutere di questioni commerciali.

> Donc les gens de Cognac – Monnet disse ad Alan Watson durante un'intervista nel 1971 – s'intéressent aux conditions qui existent dans ces différent pays. Je dirais même qu'ils s'y intéressent plus qu'aux conditions qui existent en France, parce que le commerce est plus sensible à ce qui se passe à Winnipeg, au Canada, qu'à Bordeaux ou en France. Donc le gens sont tout naturellement tournés vers l'extérieur. C'est naturel.[3]

Molti stranieri vivevano nella zona dal XVI secolo, scozzesi, svedesi e irlandesi principalmente: «la maggior parte delle grandi famiglie della città erano di origini straniere».[4] Monnet stesso era orgoglioso di ricordare che la città aveva dedicato una strada a Richard Cobden, uno dei maggiori profeti inglesi del libero scambio. Pertanto, la comunità non era così

1. Frederic Fransen, *Supranational Politics of Jean Monnet: Ideas and Origins of the European Community*, Westport (CT), Greenwood Press, 2001, p. 6.

2. Monnet, *Cittadino d'Europa,* p. 27.

3. *À l'écoute de Jean Monnet*, a cura di Henri Rieben, Claire Camperio-Tixiere e Françoise Nicod, Lausanne, Fondation Jean Monnet pour l'Europe, 2004, p. 250.

4. Monnet, *Cittadino d'Europa*, p. 30.

interessata al nazionalismo come altre in una Francia pre-1914 alla disperata ricerca di vendetta per la cocente sconfitta contro la Prussia nel 1871. Niente di tutto ciò aveva importanza in una città aperta al mondo, con una mentalità spaziale così proiettata verso l'esterno. La frase *visiter le monde*, per i cittadini di Cognac significava *visiter le clients*, che fossero a Londra o a Shanghai. Soprattutto la Gran Bretagna e il suo impero erano un mercato naturale per un venditore di cognac. «Tra Cognac e Londra c'erano legami che non passavano per Parigi»,[5] qualcosa che risuonerà come un mantra nei decenni di attività politica di Monnet. Il commercio creava un legame diretto che scavalcava i modi tradizionali della politica e della diplomazia. I suoi assistenti hanno descritto questa caratteristica come provincialismo internazionalista, una curiosità "provinciale" per diversi costumi e lingue, vitale per stabilire relazioni commerciali, che lo mettevano a contatto diretto e personale con tutti quelli che incontrava.

Se c'è una cosa che sicuramente non traspare dalle biografie, è il ruolo della scuola nella sua formazione. Nelle sue memorie, afferma chiaramente quanto non gli piacesse la scuola e quanto gli mancasse il desiderio di ottenere un'istruzione specializzata di qualche tipo. I suoi assistenti e amici diedero diverse spiegazioni per questo disprezzo. Non voleva essere costretto in categorie cartesiane, o limitato da una formazione formale francese. Per i suoi biografi, la ragione della sua mancanza di entusiasmo per l'apprendimento era una mentalità non compatibile con il sistema educativo francese di *fin-de-siècle*. «Theories do not interest him» ha detto su di lui Pierre Mendes-France. «If a reporter asked him who had been his teacher» scrive Fontaine «he would reply it is a question that has never had meaning for me».[6] Questo è tra i motivi per cui è così affascinante esplorare l'origine delle sue idee politiche. Per altri, questa è da cercare nei corridoi di una biblioteca universitaria o domestica, per lui il viaggio era il luogo ideale di apprendimento. A sedici anni, dopo aver rinunciato agli studi di legge, ottenne dal padre il permesso di aiutarlo a gestire l'azienda di famiglia.

Nel 1904, dopo alcuni mesi come apprendista per J.G. Monnet & Co., fu inviato a Londra. La famiglia Monnet aveva un cliente nella città, W.H. Chaplin & Co., commercianti di vino che fungevano da come agenti per il commercio di Cognac nel Regno Unito. La famiglia Chaplin accolse il

5. Ivi, p. 34.
6. Citato in Duchêne, *Jean Monnet*, p. 34.

giovane Jean come apprendista. All'epoca la città era il centro commerciale e finanziario del globo, dove era possibile osservare le reali dimensioni del commercio globale più di quanto si fosse potuto in Francia. Lì prese nota di come si svolgevano le trattative commerciali e di come si dovessero gestire i clienti. Accompagnava Chaplin ovunque si potesse fare un accordo, che si trattasse di un ristorante, di un club, di un campo da golf o di un pub. Divenne evidente che gli uomini d'affari di Londra costituivano una comunità esclusiva fatta di rapporti personali sapientemente nutriti e studiati.

Pertanto, la sua prima esperienza all'estero diede a Monnet tre vantaggi fondamentali: una profonda comprensione della mentalità britannica, la conoscenza approfondita di una lingua vitale per l'azienda di famiglia e una capacità di pensare ai problemi con una lente logistica globale. Indipendentemente dalla politica internazionale, il rapporto tra un produttore, un venditore e un cliente aveva successo solo quando era costruito su rapporti personali solidi, fiducia e rispetto reciproco. Pensiero comune in Inghilterra, mentre in Francia prevaleva la sensazione che gli uomini d'affari fossero in qualche modo sotto l'influenza delle loro controparti, quindi persone di cui non fidarsi.

Di ritorno da Londra, rimase a Cognac solo per pochi mesi, perché suo padre lo voleva dall'altra parte dell'Atlantico per vendere il marchio Monnet in un mercato poco esplorato. A diciotto anni, iniziò il primo di molti viaggi oltreoceano, su un transatlantico diretto in Quebec, con la valigia piena di piccole botti di brandy da assaggio. Non fu un compito facile. Il proibizionismo, portato avanti dai movimenti di temperanza da decenni, era diventato un tema di scottante attualità anche in quella parte del mondo (l'Ontario aveva tenuto il suo primo referendum sulla questione nel 1894). Viaggiò in treno in tutto il Paese, visitando piccole città come Winnipeg e Calgary, riuscendo a siglare un accordo con la Hudson Bay Company nel 1911, rendendo la sua famiglia «the sole suppliers of brandy to Hbc's vast Canadian market».[7] Questo accordo fece guadagnare alla famiglia una piccola fortuna, ma lo mise anche in contatto con un'antica e potente compagnia, il cui direttore, Robert Kindersley sarebbe poi diventato il presidente del consiglio di amministrazione della banca d'investimento Lazard Brothers di Londra e uno dei governatori della Banca d'Inghilterra, un contatto che si sarebbe rivelato un bene prezioso negli anni a

7. Ivi, p. 26.

venire. La corrispondenza relativa all'accordo indica che Monnet «would come next year to take with your different travellers a thorough trip of western Canada».[8] Duchêne, nel suo libro, sottolinea che questo è forse il motivo per cui Monnet tentò, senza fortuna, di prenotare un biglietto per il viaggio inaugurale del Titanic.

Tornato dal Canada, la sua attività lo portò dall'Inghilterra alla Svezia e alla Russia, accompagnando i suoi agenti in villaggi in Grecia e in Egitto. Alcuni biografi riferiscono di un viaggio in Cina durante questi anni,[9] anche se il fatto non trova riscontro nelle carte. Da tutte queste esperienze traspare l'importanza del viaggio nella formazione del giovane Jean. Naturalmente, questo in sé non ha nulla di speciale o fuori dall'ordinario, non era l'unico in quel momento in viaggio per affari. Trygve Ugland[10] ha però sottolineato una forte differenza tra la formazione di Monnet e altre. L'esperienza diretta di come della civiltà capitalistica moderna che emergeva nell'anglosfera era un'occasione per vedere applicati per la prima volta concetti economici, politici e commerciali da lui solo immaginati e ascoltati nelle stanze chiuse dei circoli finanziari di Londra. La lezione, quindi, non era filosofica o esistenzialista, ma politica ed economica. Iniziava così il vero viaggio di Monnet, un venditore che passò in breve dalla vendita di alcolici alla sponsorizzazione di accordi commerciali e soluzioni sovranazionali ai problemi euro-atlantici.

2. *Il Canada e la lezione della logistica*

Ugland, nel suo libro sui primi viaggi di Monnet in Canada, dedica un paragrafo al valore reale del viaggio. Usa la definizione di «theoria» di Sheldon Wolin per sottolineare come il francese fosse un teorico a pieno titolo soprattutto perché era un viaggiatore.

> According to Wolin, a theorist relies on the method of comparison and seeks to draw lessons from similarities and differences observed. A theoria is formed when the disparate empirical observations are elevated to an abstract plan and into a conceptual whole [...]. The book illustrates why Monnet

8. *Ibidem.*
9. Duchêne, *Jean Monnet,* p. 31; Wells, *Jean Monnet,* p. 9.
10. Trygve Ugland, *Jean Monnet and Canada: Early Travels and the Idea of European Unity*, Toronto-Buffalo (NY), University of Toronto Press, 2011, p. 22.

> should be considered a significant theorist in term of his own theory, although unbeknownst to him, in the context of historical theory.[11]

Se Monnet doveva essere considerato un teorico non era a causa del viaggio stesso, ma per il suo particolare approccio a esso. Lo aveva trasformato in un processo di apprendimento, realizzato in un nuovo tipo di nazione, il Canada, che Ugland pensa sia stato fonte di ispirazione per i futuri piani europei di Monnet. La tentazione dietro questa idea è comprensibile. Monnet arriva a Winnipeg nel mezzo dell'esplosione del mercato del grano della fine del XIX secolo. Il Canada era una confederazione dal 1867, un accordo tra le ex colonie britanniche di Ontario e Quebec reso possibile da un grande sistema infrastrutturale di canali e ferrovie. I due territori ospitavano comunità che in Europa si ritenevano incompatibili tra loro. Tuttavia, di fronte a nuove minacce, l'espansionismo statunitense e il quasi fallimento di entrambe le colonie dopo la rimozione delle tariffe preferenziali per il grano da parte degli inglesi nel 1846, i canadesi dovettero essere creativi.

La confederazione del 1867, quindi, aveva una radice ovvia nella mente di Monnet: la necessità. Certo, è facile creare una connessione tra l'esperienza federale canadese e le idee funzionaliste di Monnet, ma storicamente non c'è alcuna prova che un tale legame sia stato da lui realmente teorizzato. Tuttavia, è sicuramente affascinante immaginare un giovanissimo Monnet che viaggia attraverso una confederazione dove due culture, inglese e francese, vivevano insieme sotto una legge comune un boom economico che sembrava non voler terminare, mentre nel Vecchio Continente gli Stati-nazione si avviavano a un conflitto che avrebbe drasticamente diminuito la loro egemonia militare, economica, politica e ideale sul mondo.

Basandosi su questo Ugland disegna poi un ulteriore parallelo tra Monnet e un teorico politico le cui idee erano realmente basate su ciò che aveva visto e sperimentato durante il suo viaggio nel Nuovo Mondo, Alexis de Tocqueville. Questo confronto è stato poi ripreso e contestualizzato anche da Mattia Frapporti nella sua tesi sul potere della logistica nell'azione politica di Monnet.[12] Quello che lo studioso canadese, e in un certo senso anche Frapporti, ha cercato di fare è riempire una metaforica biblio-

11. Ugland, *Jean Monnet and Canada,* p. 25.

12. Mattia Frapporti, *Lo spazio logistico dell'Europa unita*, Tesi di dottorato, Università di Bologna, 2016, p. 61.

teca del francese, indicando gli autori che più avrebbero risuonato nella sua esperienza (un intero paragrafo della tesi di Frapporti è dedicato all'*Émile* di Rousseau). Anche se si tratta di un esercizio letterario affascinante che rende la lettura molto colta e piacevole, il tentativo di trasformare Monnet in un teorico politico rischia di ignorare il fulcro della sua esperienza reale. Ciononostante, vale la pena esplorare il parallelo tra i suoi viaggi nordamericani e quelli di Tocqueville mettendoli in un contesto diverso.

Non è dopotutto un concetto affrettato considerare Monnet in qualche modo il Tocqueville del XX secolo. Anche se non c'è paragone tra loro in formazione, cultura e profondità analitica, il francese, come il suo connazionale settant'anni prima, dimostrò di comprendere perfettamente l'eccezionalismo americano.

> Just as Tocqueville's journey to America in 1831 convinced him that he had witnessed the future – says Ugland – it appears that Monnet's trip to Canada in 1907 formed the quintessential core of the inspiration for his lifelong fixation on European supranational unity. Although their approaches were different in a number of ways, comparisons between Tocqueville's and Monnet's encounters with America can be made.[13]

Tocqueville nella sua opera più famosa, *Democrazia in America*, era convinto, come Monnet, di aver visto il futuro. La provvidenza gli aveva dato «a light denied to our fathers that allows us to see the first causes in the destiny of the nations, that the darkness of the past had obscured».[14] La stessa luce che forse ha riempito Monnet di fiducia nel guardare alle sfide del Vecchio Mondo. «Ta vrai force, c'est la vue objective, désintéressée, complete d'un problème, et la solution que tu y donnes».[15] La stessa fiducia, o forse arroganza, che lo convinse a bussare alla porta di René Viviani pochi anni dopo, proponendo un'azione di coordinamento delle forniture belliche di Francia, Inghilterra e Italia. Il suo scopo era replicare in un'Europa in guerra la gestione congiunta di risorse e logistica che aveva fatto le fortune di Canada e Stati Uniti.

Egli, e in un certo senso anche Tocqueville, non giunse alla politica dopo una lunga preparazione teorica. La sua giovane mente fu plasmata dai viaggi non dai libri, prendendo parte forse senza volerlo a quel flus-

13. Ugland, *Jean Monnet and Canada*, p. 10.

14. Sheldon S. Wolin, *Tocqueville Between Two Worlds: The Making of a Political and Theoretical Life*, Princeton (NJ), Princeton University Press, 2001, p. 139.

15. *A l'écoute de Jean Monnet*, p. 43.

so transatlantico di idee politiche all'origine del processo di integrazione europea dopo la Seconda guerra mondiale. Per la prima volta nella sua vita, aveva sperimentato un nuovo tipo di ordinamento giuridico e federale, un nuovo mondo così diverso dagli Stati-nazione e dagli imperi. «Il federalismo canadese, come la democrazia americana per Tocqueville, fu per Monnet la scoperta di un modello ideale a cui tendere, qualcosa che implicava dimensioni spaziali sovranazionali da replicare».[16]

Questa tensione tra il nuovo e il vecchio mondo è un altro parallelo tra i due uomini. «the theoretical form that we know as Democracy in America resulted from a political insight stimulated by the contrast between the New and the Old» dice Wolin nel suo lavoro su Tocqueville. Parole che risuonano in Ugland «Monnet's ideas for Europe were clearly prompted by the contrasts between the Old and the New World».[17] Quello che aveva visto in Canada era qualcosa che non poteva sperimentare in Europa, alla fine della Belle Époque: ottimismo, il potenziale di una significativa crescita economica, la completa assenza dell'aristocrazia e di altre istituzioni feudali che ancora indugiavano nelle vecchie potenze imperiali europee. Così, ancora una volta le parole di Wolin per descrivere il lavoro di Tocqueville risuonano nell'esperienza di Monnet: «the comparison is between a society in which a certain institution barely survives as an anachronism and one in which it never existed». Anche se questo non può essere applicato interamente al Canada, la società europea doveva essere stata comunque un ricordo lontano nella mente del giovane francese. Si pensi solo al fatto straordinario di poter viaggiare in un territorio immenso e diversificato senza barriere. Durante il suo periodo a Winnipeg, viaggiò per più di tremila chilometri senza mai essere controllato o fermato. Lo stesso era impensabile in Europa, dove binari ferroviari incompatibili e controlli rendevano lo spostamento qualcosa di lungo e impegnativo. Il Canada e gli Stati Uniti apparivano pronti di fronte alle sfide del XX secolo, e lo stesso doveva avvenire in Europa.

Ciò che unisce i due uomini era anche la loro concezione del popolo americano e canadese. Per Tocqueville, l'uguaglianza nelle condizioni di partenza dei cittadini americani aveva creato un significativo spirito democratico. Monnet era rimasto colpito da altre virtù: iniziativa personale, dinamismo, fiducia in ciò che il futuro avrebbe portato.

16. Frapporti, *Lo spazio logistico dell'Europa unita*, p. 61.
17. Ugland, *Jean Monnet and Canada*, p. 10.

All'equilibrio statico della vecchia Europa si sovrapponeva nel mio animo il dinamismo di un mondo in movimento. L'uno e l'altro avevano il loro valore e la loro spiegazione. Ma l'espansione americana non aveva nemmeno bisogno di essere spiegata. Era spontanea, come la necessità. E questa spontaneità assumeva ai miei occhi di europeo l'aspetto del disordine, ma ben presto smisi di giudicare il problema in questi termini. E finii per convincermi che non si poteva progredire senza un certo disordine, o almeno con l'apparenza dell'ordine perfetto.[18]

Non gli sfuggiva poi che le persone che abitavano questi spazi fossero in maggioranza immigrate dall'Europa, quel continente sull'orlo di una guerra mondiale.

Because those whom Monnet met in Canada were immigrants, newly arrived in Europe, Monnet concluded that changes were also possible in Europe – if only the overriding context of people's lives could be modified.[19]

Frapporti analizza queste ultime parole da un punto di vista marxista, per il quale le strutture economiche canadesi avevano modificato le sovrastrutture politiche e culturali, disegnando così un parallelo con il funzionalismo nel processo di integrazione europea. Appare più accurato affermare che questi primi viaggi americani gli avevano dato una particolare percezione di ciò a cui il cambiamento avrebbe potuto somigliare. Le sue osservazioni sul Canada dipingono quasi un'immagine schumpeteriana del processo, «encouraged him to think systematically in dynamic terms of change as a normal condition of politics, an ideal based on "practical man's judgment"».[20] Sapeva che sebbene la natura umana rimanesse costante, cambiare l'ambiente e la logistica in cui le persone vivono e lavorano avrebbe influenzato i loro atteggiamenti e comportamenti.

L'ultimo aspetto che emerge da questa analisi comparativa è l'assenza di impeti ideologici. Il grande lavoro di Monnet per unire gli Stati-nazione europei non era ispirato da un sogno poco pratico di Stati Uniti d'Europa. Come vedremo, il suo scopo fu vendere piani che fossero realistici e fattibili nel breve termine, accettabili e vantaggiosi per tutte le parti coinvolte. Gill Grin ha chiamato questo modo di operare «metodo comunitario»,[21]

18. Monnet, *Cittadino d'Europa,* p. 36.
19. Ugland, *Jean Monnet and Canada*, p. 25.
20. *Ibidem.*
21. Gilles Grin, *Méthode communautaire et fédéralisme: le legs de Jean Monnet à travers ses archives,* Lausanne, Fondation Jean Monnet pour l'Europe, 2014, p. 27.

Cornelia Navari «federalismo funzionale»,[22] dando a posteriori a Monnet una certa aura di teorico politico, uno sforzo condiviso da Ugland, come accennato in precedenza. Tuttavia, Monnet non era un teorico, un attivista politico, un ideologo. Era un venditore, istruito nell'arte dell'affare, rubando l'espressione a Donald Trump, qualcuno che si rese conto abbastanza presto che le infrastrutture e la logistica, sotto il controllo delle istituzioni sovranazionali, potevano rendere gli stati economicamente interdipendenti e quindi meno inclini a impegnarsi in attività dannose per gli affari, come la guerra.

Quest'ultimo punto richiama anche un'ulteriore nozione che Monnet, e in un certo senso anche Tocqueville, aveva appreso durante i suoi viaggi nel Nuovo Mondo, l'importanza della stabilità e dell'organizzazione. Se per Tocqueville c'era uno stretto legame tra dubbio e rivoluzione, «Doubt was a primary cause and factor that contributed to modern revolutionary moments»,[23] Monnet, invece, aveva una nozione più pragmatica dei cambiamenti politici «Nel corso dei miei viaggi ho imparato che dove c'è organizzazione, è lì che si trova il vero potere».[24] Era una nozione di razionalità che ispirò il linguaggio che, vedremo, avrebbe usato per parlare con gli americani e per farsi strada nelle stanze del potere a Washington, fungendo da vero ponte tra il Vecchio e il Nuovo.

Pertanto, quando Ugland argomenta che il Canada abbia ispirato Monnet per la sua creatura più famosa, la Comunità Europea del Carbone e dell'Acciaio, descrive solo una parte della storia. Anche se è chiaro che questi primi viaggi siano stati cruciali per lo sviluppo del suo metodo, l'essenza di questa esperienza è qualcosa di molto diverso dalla semplice ricerca di modelli federali replicabili. A questo proposito Frapporti ha ragione. Una lezione che Monnet trasse dal Canada è che la mobilità organizzata e la logistica possono unire dimensioni spaziali completamente diverse per caratteristiche culturali e sociali. Ai suoi occhi, eredità di diverse tradizioni nazionali avevano segnato la storia dei territori canadesi, ma la creazione di un sistema infrastrutturale comune aveva trasformato il Paese in uno spazio logistico unito, su cui era stata costruita la nuova federazione.

22. Cornelia Navari, *Functionalism Versus Federalism: Alternative, Vision of European Unity*, in *Vision of European Unity*, a cura di Philomena Murray, Oxford, Westview Press, 1996.

23. Wolin, *Tocqueville Between Two Worlds*, p. 87.

24. Monnet, *Cittadino d'Europa*, p. 29.

Monnet non era stato convertito alla rivelazione federalista sulla via di Winnipeg. Era lì per vendere cognac. La lezione che trasse dall'esperienza fu che il commercio era uno strumento per le relazioni internazionali e che gli uomini d'affari del suo tempo avevano un ruolo da svolgere nel plasmarle. La sua biografia divenne quindi una continua formazione nomade su entrambi i lati dell'oceano.

3. *Monnet e la logistica della cooperazione alleata*

Se la vendita del cognac faceva emergere la necessità e le virtù della logistica, ancor più evidenti si dimostrarono queste in tempo di guerra. Essa era uno strumento per stabilire l'ordine in una rivoluzione spaziale resa possibile da nuove infrastrutture come le ferrovie, le innovazioni nella costruzione navale e infine l'aviazione. Monnet si inseriva perfettamente come agente dell'ordine in un mondo che attraversava una nuova globalizzazione. Nelle prossime pagine verrà approfondito il suo ruolo nel coordinamento alleato delle forniture durante la Prima guerra mondiale e come la logistica sia diventata bruscamente il centro della discussione sul futuro delle relazioni transatlantiche.

Sul ruolo della logistica nella guerra molto è stato già detto dagli storici militari. Soprattutto durante il XIX secolo, le innovazioni infrastrutturali e delle costruzioni, come le ferrovie e le navi corazzate, avevano cambiato la natura stessa della guerra. Le ferrovie permettevano un rapido movimento di truppe al fronte con poco preavviso. Gli obiettivi e le strategie erano sempre più influenzati da come un attacco poteva meglio disturbare il movimento, l'approvvigionamento e le comunicazioni del nemico. Dalla guerra civile americana e soprattutto da quella franco-prussiana del 1870, ogni stato europeo aveva pesantemente investito nelle sue infrastrutture ferroviarie. Nel 1914 l'intera mappa continentale era imbrattata da una rete di binari che spostavano decine di migliaia di passeggeri e tonnellate di merci da aree urbane e industriali a porti internazionali e viceversa. In cinquant'anni, i chilometri percorsi dai treni erano aumentati di dieci volte.[25] Ogni tratta nel 1914 poteva sostenere cinque volte il numero di treni del 1870, e la veloci-

25. Martin Van Creveld, *Supplying War: Logistics from Wallenstein to Patton*, New York, Cambridge University Press, 2004, p. 112.

tà era stata notevolmente incrementata.[26] Anche se questo rappresentava un importante passo avanti per la tattica militare e la strategia, c'erano molti limiti. Ogni Paese aveva le sue misure standard per la costruzione di binari e treni, rendendo ogni rete incompatibile con le altre. Entrare in territorio nemico significava abbandonare la propria rete di rifornimenti e trasporti. A quel punto i principali mezzi di trasporto di truppe e rifornimenti tornavano a essere le gambe di uomini e bestie. Questo costituì uno dei principali problemi dell'invasione tedesca della Francia nel 1914. I francesi avevano invece un altro problema logistico: le rotte marittime di approvvigionamento, come controllarle e difenderle, e Monnet lo sapeva.

L'incontro già citato tra il giovane Cognaçois e il primo ministro francese René Viviani è spesso raccontato dai suoi biografi come parte di un mito fondativo. Era metà settembre 1914 e la Francia stava attraversando una delle sue ore più buie. Il piano Schlieffen era in corso. Il Belgio e gran parte del Nord-est del Paese erano occupati dai tedeschi dopo un'avanzata che sembrava inarrestabile. Il 2 settembre il governo francese aveva già lasciato Parigi per Bordeaux, temendo una possibile caduta della capitale. Poi venne il miracolo della Marna. Dopo feroci combattimenti non lontano dalle strade di Parigi quello che pochi giorni prima sembrava impossibile era accaduto. I tedeschi erano stati fermati.

La logistica svolse un ruolo cruciale in questo sviluppo. Le divisioni tedesche in poche settimane avevano percorso centinaia di chilometri in territorio nemico, allungando le loro linee di rifornimento, dovendo contare sugli animali per trasportare munizioni e approvvigionamenti per le truppe, poiché i treni tedeschi non erano compatibili con i binari belgi e francesi. I francesi invece fecero affidamento sulla rete di ferrovie che circondavano la capitale, consentendo di convogliare nuove divisioni al fronte in tempi molto brevi per sostenere la controffensiva sul fianco tedesco. La conseguenza del successo del contrattacco è ben nota. Quella che era iniziata come una breve campagna ricompensata da una rapida vittoria, si trasformò in una lunga guerra, combattuta in trincee per centinaia di chilometri dalla Svizzera alla Manica.

Di fronte alla reale possibilità di anni di combattimenti, il coordinamento e il controllo della logistica dei rifornimenti erano la chiave del successo, e la Francia si trovava in una situazione difficile. Dopo la perdita dell'Alsazia e della Lorena nel 1871, il Paese aveva fatto affidamento sul suo Nord-est

26. *Ibidem.*

come fonte di leghe di metallo e carbone. Questo territorio era ora occupato dal nemico. La Francia perdeva così due terzi della sua produzione di ferro e acciaio, insieme a più della metà della sua capacità estrattiva del carbone, il che si stava trasformando in un incubo finanziario. Con gli interessi sui prestiti in rapida ascesa e una crescente dipendenza dall'importazione, la bilancia dei pagamenti era minacciata da un repentino capitombolo. Anche se il Paese era ormai dipendente dal commercio marittimo, il governo, ancora nell'ottobre 1914, aveva sequestrato solo una piccola parte della flotta mercantile, quanto necessario per una guerra breve. In più il Paese soffriva un aumento dei prezzi di ogni bene essenziale e un deficit logistico che avrebbe minato lo sforzo bellico e la stabilità del fronte interno.

Gli inglesi erano invece in una situazione diversa. L'impero, tenuto insieme da una flotta mercantile ancora intatta che viaggiava su rotte ben protette da una incontrastata Royal Navy, continuava a commerciare liberamente. Ma ora i bisogni francesi minacciavano di creare concorrenza tra gli alleati per l'accesso a forniture sempre più scarse, e questo avrebbe gonfiato ulteriormente i prezzi e le tariffe di spedizione. Ciò di cui i francesi avevano più bisogno era un coordinamento tra i due Paesi per il trasporto di materiale, sia per uso civile sia militare, evitando strutture logistiche concorrenti che potessero mettere in pericolo sia la strategia di guerra sia il rapporto tra alleati.

Con questo in mente Monnet incontrò il primo ministro a metà settembre 1914. Come accennato in precedenza, la storia sembra mitica nelle parole di Duchêne e Roussel. Il francese aveva appena visto suo fratello unirsi al suo reggimento al fronte. Egli stesso era stato respinto in quanto non idoneo al combattimento dal punto di vista medico. Soffriva di nefrite, un'infiammazione dei reni. Cercando di essere utile anche se non poteva portare una baionetta, era riuscito, nelle sue parole, «to find the man that could put to work my idea».[27] Suo padre aveva un amico, Fernand Benon, avvocato e frequente visitatore, che conosceva il primo ministro. «Open to new ideas, Benon offered to introduce the young man to the French leader».[28] Viviani era consapevole delle condizioni di cui la Francia soffriva dopo l'invasione e della necessità di coinvolgere il governo britannico nella gestione dei rifornimenti e a Bordeaux incontrò Monnet e ascoltò attentamente ciò che proponeva. Sottolineando l'importanza dell'accesso

27. Duchêne, *Jean Monnet,* p. 65.
28. *Ibidem.*

al potere economico britannico, lanciò l'idea di creare un organismo anglo-francese che potesse stimare le risorse combinate degli Alleati e prendere decisioni su come usarle. All'obiezione di Viviani che sarebbe stato difficile convincere gli inglesi, Monnet rispose che, avendo lavorato con loro in passato, era possibile far funzionare la cooperazione se i francesi fossero stati pronti a fare affidamento su di loro e "giocare lealmente". Le *Memorie* di Monnet descrivono poi un convinto Viviani che gli raccomanda di rivolgersi ad Alexandre Millerand, ministro della Guerra, per spiegargli il piano. È difficile credere che un Viviani improvvisamente convertito inviasse un giovane venditore di cognac sconosciuto a Millerand con un programma di cooperazione alleata. Molto probabilmente, il motivo per cui il primo ministro apparve convinto dalle idee di Monnet era molto più pratico. Era ancora un agente della Hudson Bay Company canadese e aveva il potere di trattare con questa allo scopo di trasportare le forniture necessarie sulla rotta atlantica. Quell'esperienza aveva sicuramente «captured the attention of key figures in a government evacuated to Bordeaux during a life-and-death crisis».[29] Dopotutto, Monnet non aveva aspettato di incontrare Viviani per mettere in atto il suo piano.

In un incontro nel 1922, il vicepresidente della Hbc, Charles Sale, parlò degli eventi del 1914 con Robert Kindersley, «credited Monnet with proposing as early as August 1914 that it should become a purchasing agent of the French government for vital civilian supplies».[30] Viviani, quindi, non stava solo incontrando un giovane sconosciuto, ma un agente di una società che all'epoca agiva come multinazionale della logistica in tutto l'Impero britannico. Ancora una volta, Charles Sale, in una lettera a Robert Kindersley, diceva che «The deal [with France] was due "entirely to [Monnet's] initiative and efforts]». Qualcosa che Kindersley stesso avrebbe ricordato a Monnet in una lettera del 1916.

> Nobody realises more fully than we do, that the large developments which have taken place in the business relations between the French government and the Hudson's Bay Company have only been made possible by your exertions. Without your kind and energetic support [...] this combination would long ago have ceased to exist.[31]

29. Duchêne, *Jean Monnet,* p. 33.

30. *Ibidem.*

31. Lettera di Robert Kindersley a Jean Monnet, 25 luglio 1916, JMDS-6, Historical Archives of the European Union, European University Institute, Fiesole.

I negoziati tra Monnet, il governo francese, rappresentato da Alexander Ribot, ministro delle Finanze, e Alexander Millerand, e Frank Charles Ingrams in rappresentanza della Hbc, durarono un mese. L'accordo fu firmato il 9 ottobre 1914. Il contratto rese Hbc l'unico fornitore in Francia di beni come prodotti agricoli e alimentari, materie prime e «other goods that the French government may decide to ask them to buy».[32] Per questo, i francesi avrebbero dovuto pagare una commissione dell'1% su ogni articolo fornito. L'idea di mettere risorse e forniture sotto un'agenzia interalleata fu momentaneamente messa da parte da Viviani, confermando così la teoria che era disposto a incontrare Monnet principalmente a causa dei suoi legami con Hbc. In ogni caso decise di mettere il giovane francese sotto la supervisione di Millerand. Si trasferirono a Londra per unirsi alla nascente Cir, la Commission Internationale de Ravitaillement. Era una versione molto limitata di ciò che Monnet aveva immaginato. Dietro questo nome operava un'organizzazione che era principalmente britannica e aveva il solo scopo di controllare l'inflazione causata dalla concorrenza tra alleati, come fu chiarito alla Camera dei Comuni da Walter Runciman, a capo del Board of Trade, il 24 febbraio 1915. Un'interrogazione era stata posta sull' Order Paper da Murray MacDonald, un deputato scozzese, in merito a «whether its operations put an unnecessary restriction» sul commercio britannico di beni con i governi alleati. La risposta intendeva rassicurare il deputato. In essa si dichiarava che il Cir era destinato a

> [...] prevent harmful competition in the same markets and a consequent inflation of prices; to place the French Government in communication with firms who are capable of carrying out orders satisfactorily and at a reasonable price, and to spread the orders in such a way as to distribute employment, and thus accelerate delivery.[33]

Come Monnet aveva già detto un anno prima, all'epoca il governo britannico aveva «una fede irrazionale nei meccanismi del commercio internazionale».[34]

32. Contratto tra il ministero della Guerra francese e la Hudson Bay Company, 9 ottobre 1914, p. 1, HAEU, JMDS-6, Historical Archives of the European Union, European University Institute, Fiesole.

33. House of Commons minutes, Sitting of 24 February 1915, vol. 70 cc. 279-80W, https://api.parliament.uk/historic-hansard/written-answers/1915/feb/24/commission-internationale-de.

34. Monnet, *Cittadino d'Europa*, p. 36.

Tuttavia, questa non era sufficiente e quando l'Italia entrò in guerra nel 1915 si rese ancor più necessaria una struttura più integrata per controllare le forniture e l'importazione di materiali. È a questo punto che entrò in scena Etienne Clémentel. Con il passare dei mesi, Viviani non riuscì più a tenere insieme il suo gabinetto, così alla fine del 1915 si dimise, scambiandosi di posto con il suo ministro della Giustizia, Aristide Briand. Briand nominò immediatamente Clémentel a capo di un ministero fondamentale, che comprendeva il controllo del commercio, l'industria, servizio postale, il trasporto marittimo e l'intera flotta mercantile francese. Poco dopo richiamò Monnet da Londra per diventare il suo *chef de cabinet*. Nel 1916 la situazione delle risorse e dei rifornimenti si stava deteriorando. Un numero crescente di navi da carico era stato affondato da u-boot tedeschi, e gli stati dell'Intesa cominciarono a soffrire di una grave carenza di materie prime. Il frumento era il bene che destava più preoccupazione. Monnet ripropose la sua idea di un'istituzione comune destinata a gestire l'approvvigionamento e la distribuzione del grano. Questa volta con successo. L'accordo fu firmato il 29 novembre 1916. Come ricorda Arthur Salter, all'epoca ufficiale britannico tra i negoziatori dell'accordo:

> A Committee, called the Wheat Executive, including representatives of France and Italy, as well as Great Britain, was formed to arrange for the wheat supplies of all countries to be bought together and allotted by agreements.[35]

Era composto da un esecutivo di tre membri in rappresentanza dell'Italia (Bernardo Attolico), della Francia (Ernest Vilgrain) e dell'Inghilterra (John Beale). Il suo compito consisteva nel valutare il fabbisogno di frumento di ciascuno dei tre Paesi, nel reperire la quantità richiesta e nel trasportarla nei siti di stoccaggio. Nelle intenzioni di Monnet, l'esecutivo avrebbe agito quanto più possibile come un'impresa commerciale. Aveva il vantaggio di lavorare autonomamente, anche senza l'accordo unanime dei governi alleati. Questo assicurò il suo successo e portò progressivamente all'inclusione di altri prodotti sotto la sua supervisione, come tutti i cereali, zucchero, carni, grassi, olio e semi.[36] Per l'epoca fu un passo enorme verso una cooperazione efficiente e diretta tra diversi Paesi europei. Si trattava a tutti gli effetti di una politica commerciale comune, di un controllo intergovernativo sull'inflazio-

35. Arthur Salter, *Allied Shipping Control: An Experiment in International Administration*, Oxford, Clarendon Press, 1921, p. 135.
36. Ivi, p. 93.

ne e sui prezzi, di un coordinamento delle rotte commerciali e delle catene di approvvigionamento e di una ripartizione delle navi da carico. La logistica, fino ad allora semplice strumento di sostegno alla politica nazionale, era divenuta la base di un'istituzione sovranazionale.

Tuttavia, aveva la debolezza di gestire principalmente rotte commerciali marittime, che nel 1917 erano sotto minaccia crescente da u-boot tedeschi. La famigerata guerra sottomarina senza restrizioni, dichiarata da Berlino nel gennaio 1917 aveva messo sotto pressione una struttura che non poteva reagire con rapidità alla perdita di navi da carico. I governi alleati dovevano trovare il modo di ampliare la cooperazione all'intero movimento di merci e forniture sulle rotte atlantiche. Come ricorda Arthus Salter nel suo libro, la situazione stava diventando difficile.

> In the autumn of 1917, the prospect was less desperate than in the spring, but the actual pressure on shipping was even greater; 17.000.000 tons of the world's tonnage had been lost and less than half had been replaced. Great Britain alone had lost 10 million tons. France and Italy had lost about 2 million tons. More tonnage was lost in the first ten months of 1917 than in the previous thirty months of the war.[37]

I sottomarini tedeschi minacciavano di tagliare le preziose rotte commerciali tra Europa e Nord America. Clémentel era desideroso di far funzionare le idee di cooperazione sue e di Monnet, così, insieme ad Arthur Salter, fece pressione sul governo britannico, che inizialmente non voleva essere coinvolto senza garanzie di intervento diretto degli Stati Uniti, per firmare la prima bozza di accordo il 3 novembre 1917. Tale progetto non conteneva alcuna menzione dell'assistenza o della partecipazione americana. Fu firmato solo da rappresentanti francesi, inglesi e italiani che promettevano di fornire secondo le possibilità di ognuno il tonnellaggio necessario, con o senza gli Stati Uniti. Fu l'inizio di quello che in seguito fu chiamato Allied Maritime Transport Council – Amtc, creato a Parigi il 29 novembre. Il governo americano inviò un rappresentante alla conferenza, a cui si erano uniti anche osservatori di Belgio, Cina, Cuba, Giappone, Grecia, Liberia, Montenegro, Portogallo, Romania e Serbia.

La nuova organizzazione era composta da due agenzie. La prima gestiva il trasporto delle truppe alleate dove erano necessarie. La seconda, sotto la supervisione delle quattro grandi potenze, si sarebbe occupata di questioni

37. *Ibidem.*

finanziarie e logistiche. Fu inoltre istituito un comitato speciale per i trasporti marittimi e le importazioni. Come ha sostenuto Nicole Piétri nel 1999, Monnet ha avuto un ruolo cruciale nel modo in cui sono stati gestiti i negoziati, cosa che rispecchiava da vicino il modo in cui aveva lavorato con l'Hbc.[38] In due memorandum inviati a Clémentel temi e strategia allora impiegati al tavolo dei negoziati erano già descritti in dettaglio. L'Amtc, nelle sue parole, citate sia da Salter che da Duchêne, era «the most advanced experiment yet made in international cooperation».[39] Ma poiché era un esperimento dovette far fronte al risentimento dei burocrati governativi per la perdita di controllo a favore di un'entità comune, gestita da un esecutivo indipendente (l'Amte). La prima riunione del consiglio non ebbe luogo fino all'11 marzo 1918. L'Amte era composto da quattro funzionari, Arthur Salter, Bernardo Attolico, George Rublee (dagli Stati Uniti) e Jean Monnet, che, poiché era la mente dietro l'intera struttura, prese per sé un ruolo esecutivo per la Francia. In un certo senso, avevano creato una delle prime istituzioni sovranazionali, in cui l'esecutivo aveva poteri di governance, e il consiglio aveva prerogative di regolamentazione, come una camera legislativa.

Come recita il verbale della prima riunione:

> Its general responsibilities are to secure the necessary Executive action to give effect to decisions by the Council, to prepare information relevant to any question that the Council may desire, to consider at any future meeting, to suggest definite proposals for the approval to the Council, and in general to take such Executive action as a desirable and practicable, in pursuance of the general duty of assisting in the allocation and most advantageous use of Allied tonnage by cooperative action.[40]

L'efficienza dell'Amtc è nei dati citati da Salter nel suo libro, che mostrano che «towards the end of the war, the Shipping Commissariat, as it became known informally, controlled 90 per cent of the world's seagoing tonnage».[41] I vantaggi pratici di avere un'istituzione comune che gestisse tutti gli aspetti del trasporto marittimo alleato rispecchiavano da vicino quelli che avrebbero poi definito la Cee e il mercato unico. Questa

38. Nicolas Petri, *Jean Monnet et les organismes interalliés durant la Première Guerre Mondiale*, in *Jean Monnet, l'Europe et Les Chemins de La Paix*.

39. Salter, *Allied Shipping Control*, p. 47; Duchêne, *Jean Monnet*, p. 57.

40. Citato in Petri, *Jean Monnet et les organismes interalliés durant la Première Guerre Mondiale*, p. 35.

41. Salter, *Allied Shipping Control*, p. 50.

agenzia permise a ogni carico di beneficiare di una continuità logistica e normativa dalla fonte alla nave, alla destinazione. Forniture e materiali non incontravano strozzature burocratiche e infrastrutturali che avrebbero rallentato o fermato il loro movimento in territorio alleato. Anche la velocità delle operazioni all'interno dell'Amtc è notevolmente dimostrata dalle fonti. Nell'ottobre 1918 il governo francese era impreparato alla sfida di nutrire e rifornire le aree nord-orientali che erano state liberate dall'occupazione tedesca nelle ultime settimane della guerra ed era sotto attacco da parte dell'Assemblea nazionale. I rifornimenti necessari potevano provenire solo dalla Gran Bretagna e dagli Stati Uniti attraverso il trasporto marittimo. In sole tre settimane mezzo milione di tonnellate di materiale britannico era pronto per l'uso, giusto in tempo perchè il governo potesse rispondere alle interrogazioni parlamentari il 15 novembre.

La cooperazione e il processo decisionale delle istituzioni interalleate erano infatti diventati particolarmente efficienti negli ultimi mesi della guerra. L'Amte e l'Amtc costituivano due reti ben oliate di individui che avevano accesso continuo alle leadership nazionali, organizzate come cerchi concentrici.[42] L'esecutivo costituiva il nucleo di questo comitato internazionale, con membri giovani (Monnet aveva ventotto anni, Salter e Attolico erano trentenni e Rubble, il più anziano, ne aveva quarantuno), con un'influenza impensabile prima della guerra. La sua stessa natura lo rendeva dipendente da relazioni personali uniche e insostituibili, come scrive lo stesso Salter nel suo libro.

> The position of members of an international committee with a dual personal capacity, national in relation to their own country, international in relation to other countries, is one of great delicacy. […] It is a problem of the utmost difficulty to know how much of this (the information from their governments and departments) can be communicated to their Allied colleagues […]. Given the proper personal relations, many things can be explained which would never be put on paper or stated in a formal meeting; Such work is only possible under conditions of personal confidence and long personal association.[43]

42. François Duchêne racconta la storia del tentativo del ministro degli Armamenti, Loucheur, un caro amico di Clemenceau, di licenziare Monnet e farlo inviare al fronte alla fine del 1917. Ci volle tutta l'influenza di Clémentel e un incontro ravvicinato tra Monnet e il nuovo primo ministro per convincerlo a confermare la missione a Londra con un decreto del gennaio 1918.

43. Salter, *Allied Shipping Control*, p. 135.

L'esperienza acquisita con la creazione di tale organizzazione aveva insegnato loro che la necessità sarebbe sempre stata la principale spinta all'integrazione. In effetti, non si può ignorare che una tale innovazione nella governance internazionale fu dovuta solamente alla situazione di emergenza durante un conflitto globale. Erano tempi eccezionali che sarebbero finiti soltanto quando la Germania si sarebbe arresa. Tuttavia, Monnet, come altri, in primo luogo David Mitrany e Arthur Salter, videro in questo primo esempio di successo di cooperazione tra alleati un'opportunità da non perdere in futuro. Le sue memorie e biografie, confermate da fonti archivistiche, parlano di un tentativo di convincere Clémentel dei vantaggi di mantenere l'Amtc per scopi di ricostruzione. Monnet «avait apporté, enfin, a Clémentel les meilleurs arguments en faveur du maintien de la coopération interalliée après la guerre, particulièrement du point de vue français». Non riuscì a convincere il governo francese, ora presieduto da Clemenceau. Condivise la sua frustrazione con Ryamond Fillioux, un ufficiale che aveva lavorato con lui a Londra.

> Au moment ou la guerre finit le maintien des arrangements interalliés deviant vital pour la France. Il est évident que la consolidation des mécaniques existantes s'impose et que nous devons éviter toutes modifications des attributions essentielles des organisations existantes.[44]

Lo stesso spirito era condiviso da David Mitrany,[45] uno dei padri del funzionalismo. Nel 1943, con il suo opuscolo *Un sistema di pace funzionante: un argomento per lo sviluppo funzionale dell'organizzazione internazionale*, sottolineava che il problema dell'epoca era quello di trovare un modo per unire interessi comuni senza eccessive interferenze nelle questioni nazionali, per lui l'unica via aperta per l'integrazione in un continente fratturato come l'Europa. Egli ricorda così l'esempio dell'Amtc.

> It was indeed characteristic of the post-Armistice period 1918-19 that even the victors hastened to undo their common economic and other machinery. Such as the Allied Shipping Control. Which had grown and served them well during the war. [...] as well as many old connections were disbanded in the

44. Telegramma di Monnet a Raymond Fillioux, 25 novembre 1918, AMB 1/1/97, Fondation Jean Monnet pour l'Europe, Lausanne.

45. Francesco Samoré, *Funzionalismo, Reticolarità*, in *Terra mobile*, a cura di Pietro Perulli, Torino, Einaudi, 2014, p. 175.

international sphere at the very time when a common constitution was being laid down for it.[46]

L'incontro del 10 marzo 1919 fu l'ultimo, con cui si concluse l'esperienza dell'Amtc. Nulla di simile sarebbe stato creato fino alla Seconda guerra mondiale. Il rapporto tra Monnet e Clémentel è una delle chiavi per capire meglio il processo attraverso il quale queste reti personali si sono fatte strada attraverso le relazioni ufficiali tra Paesi che costituivano il più grande ostacolo alla cooperazione durante la guerra. Come sottolinea Duchêne, «Clémentel was the ideal chief for Monnet».[47] Ha rappresentato la prima di molte connessioni all'interno delle seconde file del governo che hanno reso così efficace la sua azione politica. La perdita di molti dei suoi documenti personali durante l'occupazione tedesca della Francia nel 1940 significa che una vera valutazione dell'influenza che Monnet ha esercitato sul potente ministro durante gli anni 1916-18 non è pienamente possibile per comprendere se fosse solo un semplice esecutore degli ordini di Clémentel o uno degli ideatori (una cosa non esclude l'altra). Clémentel non fu solo il suo capo, ma anche la porta per le stanze di un esclusivo dibattito transnazionale, iniziato ancor prima che il primo colpo venisse sparato nel 1914, su come sarebbe stato il futuro dell'Europa e quale sarebbe stato il ruolo francese in esso.

46. David Mitrany, *A Working Peace System: An Argument for the Functional Development of International Organization*, London, Quadrangle Books, 1966, p. 13.
47. Duchêne, *Jean Monnet,* p. 37.

2. I think tank anglosassoni e la via francese alla pace

Mentre Monnet stava ancora imparando tecniche e segreti del suo mestiere, il mondo era sull'orlo di cambiamenti epocali nel campo della politica internazionale. In queste pagine si tenterà di descrivere brevemente l'evoluzione fondamentale della diplomazia atlantica prima e durante la Prima guerra mondiale. Questo permetterà di inquadrare meglio il contesto in cui il network del francese nasce e riesce a svilupparsi. Chiave di questa evoluzione, il radicale passaggio da un equilibrio globale anglo-francese a uno anglo-americano, che vide altresì crescere il ruolo dei think tank nelle relazioni internazionali. Il loro potere e il modo in cui operarono durante la guerra e soprattutto nei mesi che portarono alla Conferenza di Versailles evidenziano una possibile spiegazione dell'esclusione della Francia dal nuovo paradigma atlantico, che aprì la strada al futuro ruolo di attori non statali anglofili come Jean Monnet.

Tradizionalmente la Grande guerra del 1914-18 è considerata il vero punto di svolta della storia mondiale del XX secolo, la causa prima del progressivo spostamento di influenza e potere dall'Europa verso ovest, le Americhe, ed est, il nascente impero sovietico nato dalle ceneri della Russia zarista. Come per tutte le cosiddette pietre miliari, c'è il pericolo che facendosi influenzare da esse si vada a trascurare fenomeni e processi in atto da molti decenni. Una narrazione alternativa è quella proposta dallo storico Andrew Williams. Egli individua nel 1900 il vero punto di partenza di questo significativo spostamento di potere, concentrandosi principalmente sulla Gran Bretagna per giustificare l'importanza simbolica della data. La fine della Guerra boera nel 1902 e la morte della regina Vittoria, nel 1901, conferiscono alla fine del secolo le caratteristiche di un vero e proprio momento di passaggio, un lento «handover of power from Greater Britain to the American Imperium».[1] Se allarghiamo lo sguardo ad altri Paesi, però, anche questa data sembra essere troppo arbitraria e svuotata di importanza e significato.

1. *Gli Stati Uniti e la tentazione imperiale*

Per gli Stati Uniti, il periodo tra la fine della Guerra civile nel 1865 e il crescente coinvolgimento negli affari latinoamericani negli anni Novanta del XIX secolo, culminato nella guerra ispano-americana del 1898, segnò il vero punto di svolta sia nella politica interna sia in quella estera.

I trent'anni successivi alla Guerra civile portarono un drastico cambiamento nel modo in cui gli Stati Uniti affermarono il loro ruolo e la loro influenza sulla scena mondiale. Il Paese si pose tre obiettivi significativi: terminare la colonizzazione delle aree a ovest del Mississippi, anche a costo di guerre brutali e sanguinose contro le nazioni native, ricostruire il Sud unificando il Paese attraverso grandi progetti infrastrutturali e, infine, rafforzare la marina, per promuovere gli interessi commerciali nel Pacifico. Soprattutto quest'ultima impresa avrebbe messo gli Usa in aperta competizione con le potenze europee che cercavano di affermare la propria presenza imperiale in Asia. Questo corso degli eventi comportò naturalmente un arresto temporaneo dell'espansione e dell'acquisizione di nuovi territori nell'emisfero occidentale, tranne nel caso dell'acquisto dell'Alaska dalla Russia nel 1867. In quell'occasione, le ragioni strategiche ed economiche prevalsero sulle forti resistenze della Camera dei Rappresentanti di fronte a un tale onere finanziario (7,2 milioni di dollari) su un bilancio già appesantito dalle spese di guerra. Ciò diede agli Stati Uniti la forza strategica e ideologica per impegnarsi in modo più spregiudicato, soprattutto a seguito dei cambiamenti avvenuti nell'ultimo decennio del XIX secolo. La crisi economica del 1893 e le tensioni in America Latina offrirono agli Stati Uniti l'opportunità di rafforzare la loro vocazione imperiale. La recessione e le difficoltà economiche dell'ultimo decennio del secolo, causate dallo scoppio della bolla delle ferrovie, furono accompagnate anche da disor-

1. Andrew Williams, *France, Britain and the United States in the Twentieth century 1900-1940*, London, Palgrave Macmillan, 2014, p. 24.

dini sociali e razziali, portati dalla fine della Ricostruzione e da un'ondata migratoria senza precedenti dall'Europa meridionale e centrale. L'insoddisfazione, la paura, l'ansia e il desiderio di un ritorno allo spirito immaginato virile e marziale che aveva colonizzato il West[2] alimentarono la tentazione imperiale. Le guerre ispano-americane e filippino-americane sono gli esempi più evidenti di questo nuovo interventismo nell'emisfero occidentale, ma da sole non spiegano il cambiamento radicale della politica estera che la nazione attraversò a cavallo del secolo. Queste guerre in un certo senso posero fine all'espansione degli Stati Uniti verso ovest, stabilendo una presenza americana stabile nel Pacifico e nel Golfo del Messico, ma allo stesso tempo le pratiche di questa rinnovata politica imperiale misero in pericolo la natura stessa della repubblica, con istanze antimperialiste che ne chiedevano un profondo cambiamento.

Le amministrazioni di William McKinley e Theodore Roosevelt reagirono proponendo una nuova versione della Dottrina Monroe, in grado di garantire il dominio americano sul continente senza dover ricorrere agli stessi sanguinosi interventi militari degli anni Novanta del XIX secolo. La cosiddetta *dollar diplomacy* fu alimentata dalle crisi finanziarie che colpirono il Venezuela e Santo Domingo nel 1902 e nel 1904. In entrambi i casi, le potenze europee cercarono di usare la forza per garantire i pagamenti dei debiti insoluti, rischiando di destabilizzare l'intero continente. Ciò innescò un processo di ripensamento della Dottrina Monroe, tradotto nel famoso Corollario di Roosevelt. Come proclamò il neo-presidente al Congresso,

> Chronic wrongdoing, or an impotence which results in a general loosening of the ties of civilised society, may in America, as elsewhere, ultimately require intervention by some civilised nation, and in the Western Hemisphere the adherence of the United States to the Monroe Doctrine may force the United States, however reluctantly, in flagrant cases of such wrongdoing or impotence, to the exercise of an international police power.[3]

Ciò che fece fu creare un sistema in base al quale le nazioni europee non avrebbero avuto un pretesto valido per un intervento armato come invece era avvenuto in precedenza, stabilendo un precedente per ogni futu-

2. Kristine Hoganson, *Fighting for American Manhood, how Gender Politics Provoked the Spanish-American and the Philippine-American Wars*, New Haven (CT), Yale University Press, 1998.

3. Citato in Serge Ricard, *The Roosevelt Corollary,* in «Presidential Studies Quarterly», 36, 1 (2006), pp. 17-26.

ra azione diretta statunitense in Sud America. Gli Stati Uniti divennero i garanti dell'ordine e della stabilità nell'emisfero occidentale, senza ricorrere a interventi militari, ma utilizzando il potere del dollaro per tenere sotto controllo le nazioni inadempienti, senza bisogno di trasformarle in colonie o di annettere nuovi territori. Il presidente Taft proseguì sulla strada tracciata da Roosevelt, utilizzando gli strumenti dell'arbitrato internazionale, in particolare la nuova Corte permanente dell'Aia (già coinvolta nel caso venezuelano nel 1903), e il trattamento preferenziale, per adempiere alla missione di regolare e disciplinare le relazioni e le controversie internazionali. Questo nuovo ottimismo, accompagnato da un'idea che la guerra nell'era moderna non fosse più lo strumento primario della politica estera, diede spazio ai nuovi concetti di multilateralismo e di regolamentazione giuridica delle relazioni diplomatiche, conferendo agli Stati Uniti il ruolo di guida all'interno della nuova comunità internazionale.

2. *Il declino britannico e l'instabilità francese*

Dall'altra parte dell'Atlantico i due principali imperi europei, Gran Bretagna e Francia, si trovavano sull'orlo di un significativo cambiamento sociale, politico ed economico, ma con cause, prospettive e reazioni diverse. Nel 1900 l'Impero britannico era il più grande che il mondo avesse mai visto. Non è esagerato descrivere il XIX come il secolo britannico, con avamposti e colonie in ogni angolo e continente abitato del globo. Il potere imperiale non derivava solo dalla geopolitica e dall'uso della violenza.[4] La Gran Bretagna si garantiva il dominio sul pianeta anche con altri mezzi. Gli storici Gallagher e Robinson hanno utilizzato il concetto di impero informale per descrivere un aspetto fondamentale dell'egemonia britannica, ovvero l'influenza e il potere derivanti dal commercio e dagli investimenti in territori ben al di là della sua giurisdizione diretta, come il Sud America, l'Estremo Oriente e persino gli Stati Uniti.[5] La City dominava anche il campo delle notizie, utilizzando sia una rete di infrastrutture di comunicazione che copriva tutti i continenti, sotto forma di cavi sotterra-

4. Caroline Elkins, *Legacy of Violence: a History of the British Empire*, London, The Bodley Head, 2022.

5. John Gallagher, Ronald Robinson, *The Imperialism of Free Trade*, in «The Economic History Review», 6, 1 (1953), pp. 1-15.

nei e sottomarini, sia il cartello informale di mezzi di informazione creato dalla Reuters, insieme alla francese Havas e successivamente all'americana Associated Press.[6] Come afferma Williams, questo tipo di potere assomigliava molto a quello creato attraverso i trattati diseguali imposti alla Cina in quegli stessi anni, «for all other states were in effect beholden unto the cartel for their news and communications».[7]

Chi governava questa immensa rete di potere e influenza? Inderjeet Parmar ha abilmente descritto l'impero come dominato da un'élite relativamente ristretta, formata da persone che condividevano un preciso cursus formativo.[8] Alcune scuole superiori,[9] Eton, Harrow, Winchester e Westminster, e le università di Cambridge, Oxford ed Edimburgo fornivano la maggior parte degli alti funzionari, politici e uomini d'affari britannici. Questo gruppo, dopo il 1918, iniziò a intrecciarsi con le élite politiche americane, simili per struttura e esperienza, in modo da «develop international networks – social, economic, ideological – and began the process of creating a transnational capitalist class, over and above the nation-state».[10] Il risultato fu la creazione di cosiddetti think tank, come il Council of Foreign Affairs e il Royal Institute of International Affairs (Chatham House) negli anni successivi alla guerra.

Tuttavia, già nel 1914 l'élite politica ed economica britannica aveva iniziato a fare i conti con il declino che stava colpendo l'impero dalla fine del secolo conclusosi con la morte della regina Vittoria. La Gran Bretagna era «a weary titan, staggering under a too vast orb for its fate», aveva detto il deputato Joseph Chamberlain nel 1901.[11] L'impero soffriva del fatto che ciò che aveva garantito il suo potere iniziava a essere messo in discussione da ogni parte. Il Paese aveva beneficiato di un lunghissimo periodo di relativa pace durante il XIX secolo, grazie a un'abile manipo-

6. David Read, *The Power of News, The History of Reuters*, Oxford, Oxford University Press, 1999.

7. Williams, *France, Britain and the United States*, p. 48.

8. Inderjeet Parmar, *Think Tanks and Power in Foreign Policy*, London, Palgrave Macmillan, 2004.

9. Inderjeet Parmar, *Anglo-American Elites in the Interwar Years: Idealism and Power in the Intellectual Roots of Chatham House and the Council on Foreign Relations*, in «International Relations», 16, 1 (2002), pp. 53-76.

10. Ivi, p. 54.

11. Citato da Doerr Patrick, *British Foreign Policy, 1919-1939*, Manchester, Manchester University Press, 1998, p. 2.

lazione delle relazioni internazionali e dell'equilibrio di potere europeo. Gli inglesi sfruttarono questo periodo per creare un sistema mondiale che garantisse l'accesso a ogni tipo di mercato per la crescente industria nazionale. Il libero commercio, insieme alla stabilità monetaria e politica, erano i pilastri di questo sistema, garantiti e imposti ovunque dalla potenza della Marina britannica, che aveva basi in ogni angolo della Terra. In questo senso, gli Stati Uniti nel corso del XX secolo divennero il vero successore dell'Impero britannico, cosa che fu resa evidente nel 1941 con l'accordo Lend-Lease, con il quale gli americani si assicurarono il possesso di molte basi e isole, garantendosi il dominio sugli oceani. La stessa potenza navale, fondamentale nel dare alla Gran Bretagna accesso e dominio sul mondo, nel 1900 rappresentava anche la sua debolezza. Le «august, unchallenged and tranquil glories»[12] dell'epoca vittoriana avevano lasciato il posto a nuove incertezze che minavano i pilastri del dominio imperiale. Se è vero, come aveva scritto il pensatore Harold Mackinder nel 1906, che «whoever controls the islands controls the World»,[13] i nuovi sviluppi nella costruzione navale, come i sottomarini, e l'emergere della guerra aerea minacciavano la già sovraccarica Royal Navy e le stesse isole britanniche. I due strumenti utilizzati dal Paese per imporre la propria volontà nel corso del XVIII e XIX secolo, i blocchi e i bombardamenti navali, non erano più sufficienti come deterrente, come avrebbe dimostrato la Prima guerra mondiale. Pertanto, il declino di *soft* e *hard power* di Londra stava minando il concetto stesso di eccezionalismo britannico che era alla base della narrazione imperiale. La concezione di Gran Bretagna liberale, industriosa e virtuosa, in confronto agli esempi negativi delle potenze continentali, veniva scossa nel profondo.

Non sorprende quindi che le élite britanniche, prima della guerra, abbiano iniziato a guardare agli Stati Uniti come a un potenziale candidato per un'alleanza che avrebbe garantito loro una rilevanza globale. Dopotutto, le classi dirigenti di entrambi i Paesi si guardavano già con simpatia e rispetto, e alla fine del XIX secolo molti aristocratici inglesi avevano acquisito, in dote a mogli ereditiere di ricche famiglie americane, anche reti di contatti e conoscenze. Il senso di provenienza dallo stesso sostrato culturale e razziale e quello di appartenenza al medesimo destino stava iniziando a cementare

12. Elogio di Winston Churchill sulla morte di Giorgio VI, in «The Sunday Morning Herald», 9 febbraio 1952, url: https://trove.nla.gov.au/newspaper/article/18252569.

13. Citato in Williams, Andrew, *France, Britain and the United States*, p. 46.

un'identità anglo-americana, alla base della cosiddetta anglosfera. Sebbene avrebbe nel tempo suscitato resistenze e aperta disapprovazione da parte di molti su entrambe le sponde dell'oceano, una relazione speciale divenne un concetto semplice da definire e da immaginare.

Fino al 1916-17 la Gran Bretagna era stata governata da due partiti, liberali e conservatori, che non differivano molto sulle questioni di politica estera. L'obiettivo era semplice: difendere la potenza britannica attraverso la conservazione dell'impero e delle rotte commerciali, ma soprattutto della libertà d'azione della Royal Navy. Concetti come l'eredità culturale comune e una certa autocoscienza razziale pesavano entrambi a favore dell'amicizia con gli Stati Uniti, così come l'intesa cordiale con i francesi, anche se alla base l'intento era di non avvicinarsi troppo a nessuno dei due, per non essere costretti a compromessi indesiderati soprattutto quando si trattava dell'impero. Come afferma ancora Andrew Williams, c'era un paradosso in questo atteggiamento, perché proprio l'imperialismo e l'interventismo britannico erano in parte responsabili della nuova ondata di interventismo americano contenuta nel Corollario.

La Francia, dall'altra parte, stava attraversando una crisi tutta interna. Il Paese si sentiva umiliato dalla sconfitta del 1870 e dalla perdita dell'Alsazia-Lorena, e da dietro le fortificazioni costruite su ciò che restava del suo confine orientale guardava la Germania con grande timore. L'imperialismo francese fu, in un certo senso, una risposta alla sconfitta, un modo per affermare il proprio dominio e la propria posizione in attesa della rivincita sui tedeschi. La Terza Repubblica era però molto fragile ed era stata scossa da due gravi eventi di fine secolo: il fallito colpo di stato del generale Boulanger nel 1888, che contava sul sostegno dell'esercito, e soprattutto l'Affare Dreyfus del 1894-1906. L'esercito fu il protagonista di entrambi gli eventi, diventando il simbolo di ciò che il crescente movimento socialista stava cercando di combattere. L'Affare Dreyfus aveva notoriamente e profondamente diviso la società e la vita culturale francese, spaccando partiti politici, scuole di pensiero e persino famiglie. Accese un dibattito che fece emergere una nuova classe di intellettuali, come quelli responsabili del periodico virulentemente antisemita «Action Française», Maurice Barrès e Charles Maurras, i precursori di quello che più tardi venne chiamato nazionalsocialismo, e dall'altra parte pensatori socialisti, come Jean Jaurès e Georges Sorel. Destra e sinistra, soprattutto i loro estremi, lottarono duramente per l'anima del Paese fino alla dichiarazione di guerra del 1914 e oltre, cosa che non accadde negli Stati Uniti e in Gran Bretagna, o almeno non con la stessa virulenza. Come afferma David Stevenson, «the Frenchmen of the early twentieth century were heirs to a long tradition of pessimistic speculation about national decline»,[14] quindi molti scrittori conservatori cercarono di combattere questa nozione, alcuni sostenendo che il Paese dovesse essere epurato. La Repubblica si trovò quindi al centro di un violento dibattito tra schieramenti che non riuscivano a trovare un compromesso, portando il Paese in una situazione politica apparentemente irriformabile. In politica estera, la Francia aveva lottato per eguagliare gli inglesi nella loro proiezione imperiale, ma non aveva la forza o i mezzi per riuscirci. Questo fu uno dei motivi principali per cui molti a Parigi iniziarono a vedere i loro ex nemici come potenziali alleati contro i tedeschi.

L'incertezza politica e la ferocia del dibattito politico diventarono talmente caratteristici che negli Stati Uniti e in Inghilterra molti cominciavano a provare un senso di superiorità anglosassone rispetto alla razza latina.[15] A differenza della Francia, altrove gli estremi dello spettro politico non ebbero la possibilità di avere un impatto significativo sul discorso pubblico.

Inoltre, in contrasto con le élite americane e britanniche, formate da una rete di università e think tank, come la Ivy League e Oxbridge, l'establishment politico francese era dominato da una sola grande istituzione, la Fondation Nationale des Sciences Politiques (SciencesPo), accesso privilegiato per le porte girevoli della politica e dell'amministrazione pubblica. Inoltre, a differenza del sistema politico britannico e americano, l'instabilità francese portava a una grande alternanza di primi ministri e i ministri degli Esteri, mentre ambasciatori e tecnici dei ministeri potevano rimanere in servizio per periodi molto lunghi, come Jusserand, ambasciatore a Washington dal 1902 al 1924. Questo aggiungeva incoerenza e confusione a una politica estera già instabile.

3. *Le sfide per la vecchia comunità diplomatica*

L'inizio della guerra rappresentò il momento della resa dei conti per la classe diplomatica di tutti e tre i Paesi. I cambiamenti che si verificaro-

14. David Stevenson, *French War Aims Against Germany*, 1914-1919, Oxford, Clarendon Press, 1982, p. 7.

15. Stephen Andreson, *Race and Rapprochement: Anglo-Saxonism and Anglo-American Relations, 1895-1904*, Rutherford, Fairleigh Dickinson University Press, 1981.

no con il conflitto globale, che esaurì completamente le risorse e la forza lavoro degli imperi, furono come uno tsunami su una struttura politica e sociale già indebolita. Le sfide non arrivarono, come detto, all'improvviso e tutte insieme nel 1914, ma furono in ogni caso destabilizzanti per una classe diplomatica non attrezzata ad affrontarle. Tra queste l'erosione della coesione degli imperi, la nascita di nuovi Stati e narrazioni nazionali, lo scoppio dell'inflazione nei Paesi profondamente indebitati per le spese di guerra, la pressione dell'economia e della finanza sui negoziati internazionali, l'emergere della necessità di istituzioni sovranazionali, la comparsa dell'arbitrato internazionale. Sebbene la diplomazia occidentale si adattò molto lentamente a questi cambiamenti, in quegli anni divenne il luogo formativo di un'intera classe di giovani che avrebbero affrontato con più consapevolezza le sfide della guerra successiva.[16]

Il percorso di accesso a quel mondo, tuttavia, non cambiò neppure dopo l'inizio della guerra. Il reclutamento al Quai d'Orsay, il ministero degli Esteri francese, avveniva ancora attraverso i *grand et petit concours*, che aprivano alle carriere diplomatiche e amministrative. L'Ecole libre de Sciences Politiques forniva a questi giovani conoscenze di storia, geografia, diritto internazionale, lingue straniere, ma nulla di economia e finanza. La valutazione privilegiava le buone maniere e la raffinatezza rispetto alla preparazione tecnica, aprendo così la carriera diplomatica solo ai membri dell'aristocrazia e della classe medio-alta. Già nel XIX secolo, vere e proprie dinastie erano andate a dominare il servizio diplomatico. Esse avevano formato una rete di uomini che viaggiavano tra salotti e *tea party*, trascorrendo la stagione londinese con aristocratici ben collegati e l'estate francese a Deauville. Questo mondo fu completamente rivoluzionato dalla guerra e da ciò che ne seguì. Il conte di Saint'Aulaire, ambasciatore in Inghilterra in quegli anni, descrisse nelle sue memorie la sua costernazione alla notizia del primo governo laburista a Londra nel 1924[17]. Non conosceva nessuno del gabinetto di Macdonald, nessuno che frequentasse *le monde*, volendo dire il suo. Nel caso francese, quindi, non deve sorprendere che alcuni degli ambasciatori più efficaci del dopoguerra non provenissero da questa aristocrazia diplomatica. Jean Herbette, il primo

16. Kenneth Weisbrode, *The Atlanticists: A Story of American Diplomacy*, Minneapolis (MN), Nortia Press, 2017.

17. Auguste-Félix-Charles de Beaupoil Saint'Aulaire, *Confessions d'un vieux diplomate,* Paris, Fayard, 1958, p. 56.

ambasciatore nell'Urss, era un pubblicista che beneficiava di una buona conoscenza dell'ambiente politico sovietico. Henri Berenger fu nominato ambasciatore negli Stati Uniti; Poncet, accademico e giornalista, esperto di cultura tedesca, vicino al potente Comité des Forges (il comitato che all'epoca comprendeva i leader dell'industria siderurgica francese) fu scelto per l'incarico a Berlino.

Anche nel Foreign Office tradizione e buone maniere giocavano un ruolo essenziale nella selezione del personale. Le vecchie università di Oxford, Cambridge ed Edimburgo fornivano un'istruzione simile a quella di SciencesPo, reclutando da un piccolo bacino di giovani aristocratici e membri di famiglie ricche e ben collegate. Nel 1914, la Commissione MacDonald aveva già previsto un'inevitabile democratizzazione del ministero degli Esteri e nel 1916 aveva raccomandato che le materie economiche trovassero posto nella formazione di un diplomatico. Tuttavia, dopo la guerra, la burocrazia incarnata dai sottosegretari permanenti, Lord Curzon, Lord Cecil, Charles Mardinge, Eyre Crowe, persone in grado di comprendere la necessità di una riforma all'interno del Foreign Office, dovette convivere con il ruolo crescente svolto dal primo ministro Lloyd George (e dal suo consigliere Maurice Hankey) nella conduzione della politica estera. La condivisione di responsabilità e compiti con la vecchia guardia significava che i negoziati e le relazioni dovevano essere portati avanti ancora attraverso le strutture tradizionali della diplomazia del XIX secolo.

Questi problemi portarono tuttavia a un inevitabile cambiamento nel funzionamento dei canali della diplomazia. In primo luogo, il ruolo dei diplomatici come negoziatori principali diminuì, poiché i capi di governo e i ministri, che ora viaggiavano più facilmente su treni e navi, partecipavano più attivamente alle conferenze internazionali e instauravano contatti diretti con le loro controparti. Tuttavia, ciò non sminuì la funzione essenziale degli ambasciatori, quella di raccogliere informazioni. Per svolgere al meglio questo compito, si circondarono di un numero crescente di esperti, come gli attaché militari, molti già prima del 1914, gli attaché finanziari per districarsi tra complicate questioni dei debiti di guerra e riparazioni e gli attaché commerciali. Nel caso francese, ad esempio, questi nuovi ruoli aumentarono notevolmente di numero e le loro funzioni vennero descritte più nel dettaglio da una nuova legge del 25 agosto 1919. La loro posizione doveva essere coerente con le nuove ambizioni della Francia. Erano considerati «agents à l'étranger chargés de l'expansion du commerce français».[18] I diplomatici che rimanevano stabilmente negli uffici ministeriali fornivano invece un servizio fondamentale, la garanzia di continuità della politica estera rispetto al continuo cambiare di chi presiedeva la struttura. Dovevano utilizzare le loro competenze e il loro esercito di consiglieri per governare realtà completamente nuove, soprattutto in un'epoca in cui altri dipartimenti o ministeri cominciavano a competere con loro nel definire gli obiettivi di politica estera.

In Gran Bretagna, questo portò a un inevitabile declino del Foreign Office, in continua competizione col Board of Trade, il Tesoro o la Banca d'Inghilterra. La sua posizione rimase particolarmente debole fino al 1934, quando fu creato l'Ufficio economico. In Francia il ministero degli Esteri aveva, già dal 1918, un sotto-dipartimento degli affari commerciali affidato a Jacques Seydoux, un uomo che padroneggiava meglio questioni finanziarie, essenziali in qualsiasi negoziato sulle riparazioni. Insieme a Philip Berthelot, segretario generale del ministero degli Esteri francese in quegli anni, rappresentavano al meglio la sintesi tra vecchia e nuova diplomazia. Soprattutto Berthelot, molto legato all'Entente Cordiale, condivideva con personaggi come Jean Monnet e Clémentel un sentimento amichevole nei confronti dell'Inghilterra. Comprese meglio di altri l'importanza dell'economia nelle relazioni internazionali; allo stesso modo, pur rimanendo fedele ai metodi e alle tradizioni precedenti al 1914, seppe preparare la Francia per l'epoca delle grandi conferenze e della Società delle Nazioni.

4. *Immaginando una Società delle Nazioni*

Con l'entrata in guerra degli Stati Uniti a fianco degli Alleati nel 1917, il presidente Wilson chiarì che le vecchie potenze, guidate dalle nuove, avevano davanti a loro il compito fondamentale di riformare l'ordine mondiale per evitare una nuova guerra. A tutti i livelli della società, compreso il personale diplomatico, la generazione del 1914 era unita dal desiderio di un grande cambiamento, qualunque esso fosse. Le trasformazioni già in atto nel 1914, con il progressivo deteriorarsi del dominio di Gran Bretagna e Francia, erano nulla in confronto agli effetti destabilizzanti della Grande guerra. Questa aveva minato la volontà e il diritto delle vecchie classi

18. Laurence Badel, *L'État français et la conquête des marchés extérieurs au XXe siècle*, in «Bulletin de l'Institut Pierre Renouvin», 28, 2 (2008), pp. 133-140.

dirigenti europee di dominare e governare i vecchi imperi. Ogni diritto acquisito di classe e senso di destino nazionale persero significato nelle trincee. La generazione di Jean Monnet si rivoltò contro la vecchia che aveva mandato tanti a morire in una serie infinita di battaglie inutili. La voglia di cambiamento si tradusse da una parte in un sostegno a un'agenda progressista in materia di politica nazionale ed estera, ma dall'altra finì per gettare il seme di ideologie totalitarie e massimaliste.

La Conferenza di pace di Parigi non pose solo fine alla guerra, ma tentò di introdurre un po' di ordine nel caos che erano diventate le relazioni internazionali. Si trattava di un tentativo, come altri precedenti nella storia europea, di creare una comunità internazionale di enti e nazioni, composta anche da privati, le prime Ong e istituzioni pubbliche sovranazionali come la Società delle Nazioni e l'Organizzazione Internazionale del Lavoro. Molte delle persone che lavorarono nei corridoi della Conferenza, parte del seguito dei diplomatici inviati a negoziare il trattato, formarono una rete di contatti e conoscenze che si sarebbe rivelata essenziale quando la tregua ventennale sarebbe terminata nel 1939. Parigi divenne così un luogo formativo per una nuova classe diplomatica

Gli inglesi avevano istituito, già nel 1916, il loro comitato per lavorare sui possibili termini di un trattato di pace una volta vinta la guerra. Il Political Intelligence Department, guidato da sir William Tyrell, nacque nei corridoi del Foreign Office, per poi essere riconosciuto formalmente nel 1918. Il Pid lavorò con altri dipartimenti del Foreign Office per redigere dossier estremamente dettagliati su ogni possibile questione riguardante la conferenza di pace. Il risultato trovò forma in due documenti fondamentali per la diplomazia di quegli anni, i Blue Books e i Peace Books. Essi fornivano un resoconto di ogni questione riguardante le condizioni economiche dei Paesi belligeranti, la loro geografia e storia politica. Su queste informazioni di basò il lavoro del Foreign Office per i successivi vent'anni.

Il dipartimento era molto omogeneo per provenienza sociale e formazione. Dei sedici membri, nove avevano frequentato Oxford, cinque Cambridge e due Edimburgo, anche se alcuni studiarono successivamente in università straniere. Alcuni, come Arnold Toynbee, dominarono il campo delle relazioni internazionali fino agli anni Cinquanta, così come gli storici Harold Temperley, George Peabody Gooch e Robert William Seton-Watson.

I Books divennero essenziali anche per gli altri alleati, soprattutto gli americani, che si affidarono all'esperienza ed *expertise* britannica. Edward House, uno dei principali consiglieri di politica estera del presidente

Wilson, aveva creato un gruppo simile al Pid, chiamato The Inquiry, la cui esistenza fu tenuta segreta per molti anni. Il gruppo riferiva direttamente a lui e, tramite lui, a Wilson, senza che il Dipartimento di Stato fosse coinvolto in alcun modo. Ne facevano parte diversi membri della futura Commissione americana per i negoziati di pace (Acnp, la delegazione statunitense a Versailles nel 1919), come il giornalista Walter Lippman e il geografo Isaiah Bowman. Il rapporto finale fu chiamato Black Book, comprendente 2000 pagine di memorandum e un *Outline of Tentative Recommendations* finale. La diffidenza di Wilson nei confronti del proprio Dipartimento di Stato e del segretario Robert Lansing fece sì che l'efficacia di questo lavoro si rivelasse alquanto limitata rispetto a quello britannico. Il modo di agire del presidente in questioni di politica estera avrebbe avuto conseguenze catastrofiche nei mesi durante e dopo la firma del trattato di Versailles, come scoprì una volta tornato in patria. L'alienazione di Lansing contribuirà al fallimento del tentativo di convincere l'opinione pubblica e la classe politica americana riguardo l'adesione del Paese alla Società delle Nazioni. Inoltre, durante la Conferenza, la delegazione americana si affidò al Blue Book britannico per informazioni e intelligence, il che indebolì la sua strategia negoziale.

La loro posizione non era facile, poiché inglesi e francesi, pur concordando sul fatto che gli Stati Uniti avessero avuto un ruolo cruciale nell'arrivare alla pace, avevano difficoltà a capire cosa volesse esattamente il loro alleato americano. Il discorso "New Willard Hotel" del 27 maggio 1916 e il discorso "Pace senza vittoria" del 22 gennaio 1917 avevano preoccupato notevolmente le potenze dell'Europa occidentale, poiché mettevano in discussione, attraverso l'enunciato principio di autodeterminazione, l'idea stessa di impero e la sua sovranità sulle colonie. Il secondo discorso suggerì in particolare che il principio dell'equilibrio di potenza, la base della politica estera britannica, avrebbe dovuto essere sostituito da una *new diplomacy*, accompagnata necessariamente dalla libertà di navigazione degli oceani. Si trattava di una sfida diretta all'ordine del XIX secolo garantito dall'egemonia della Royal Navy e causò molto disagio nel gabinetto di Lloyd George. «La pace americana sarà più pericolosa per l'Impero britannico di una guerra tedesca»[19] disse il segretario di Gabinetto Maurice Hankey.

19. Citato in T.J. Knock, *To End All Wars: Woodrow Wilson and the Quest for a New World Order*, New York, Oxford University Press, 1997.

Tuttavia, una cosa era certa:

> the main question was as to whether the United States took its place as a natural concomitant of the changed balance of power, which was President Theodore Roosevelt's view, or spread its principles throughout the world, a messianic view of America's role as espoused by Wilson. For Britain and France there was arguably no practical difference between the two conceptions insofar as they both locked the United States into a global security complex.[20]

L'idea di una Società delle Nazioni trovò il sostegno di alcuni settori dell'opinione pubblica americana e britannica, di internazionalisti progressisti, liberali e conservatori. Quest'ultimo gruppo aveva una visione più complessa della questione, espressa in modo particolare dall'ex presidente Theodore Roosevelt. Conservatore anglofilo, egli non credeva in quella che aveva liquidato come la Wilsonian League, ma piuttosto in qualcosa che andasse a formalizzare aree geografiche di influenza. «Let civilized Europe and Asia introduce some police system in the weak and disorderly countries at their thresholds while the United States did that in its hemisphere».[21] Questo punto di vista era condiviso dalle élite liberali britanniche, in particolare da Lloyd George e da molti membri del suo gabinetto. Il timore era anche che l'autodeterminazione significasse in realtà che i popoli dei nuovi Stati dell'Europa orientale potessero decidere da soli del proprio destino senza la guida di una commissione alleata di qualche tipo. Dall'altro lato, Lord Robert Cecil, sottosegretario agli Esteri, avendo concepito la sua idea della necessità di un meccanismo permanente per mantenere la pace, era solidale con il sogno di Wilson di una Società delle Nazioni.[22] Condivideva questa convinzione con sir Edward Grey, ministro degli Esteri del governo Asquith fino al febbraio 1916. La sua esperienza diretta della catena di eventi che aveva portato alla guerra e le atrocità commesse dai tedeschi in Belgio lo avevano convinto della necessità di un nuovo tipo di associazione di nazioni in Europa, basata su misure legali di arbitrato (sulla falsa riga della creazione la Corte permanente di arbitrato dell'Aia nel 1899) sostenute da sanzioni. Il nuovo ministro degli Esteri, Balfour, era favorevole

20. Williams, *France, Britain and the United States*, p. 78.

21. Thedore Roosevelt, *The Belgian Tragedy*, in «The Outlook», 108 (1914), pp. 169-178, citato in Knock, *To End All Wars*, p. 225.

22. Peter Raffo, *The Anglo-American Preliminary negotiations for a League of Nations,* in «Journal of Contemporary History», 9, 4, (1974), pp. 154-155.

all'idea, ma non era fiducioso sulla sua fattibilità, cosa che sottolineò più volte durante i mesi che portarono alla Conferenza. Tuttavia, la mancanza di una linea chiara da parte sua diede modo a Cecil di lavorare a stretto contatto con Edward House per portare avanti il progetto.

Per chiarire la forma che la Società avrebbe potuto avere, nel gennaio 1917 furono istituiti le Phillimore Committees. Cecil voleva esaminare l'idea insieme a House già nel settembre dello stesso anno, ma né Wilson né il suo principale consigliere di politica estera vollero impegnarsi così presto dopo l'inizio del coinvolgimento americano nella guerra. Solo nel gennaio 1918 Wilson chiese pubblicamente il sostegno per la creazione della Società, con i famosi Quattordici Punti. Tuttavia, in quel momento i dubbi del governo britannico riguardo alla Società la resero una possibile merce di scambio per ottenere flessibilità sugli altri punti, soprattutto quando si trattò di decidere sull'Irlanda e sul Medio Oriente.[23]

5. *La via francese alla pace*

I francesi non lasciarono soli i loro alleati in questo processo, anche se furono in qualche modo tagliati fuori dalla sempre più evidente concordia anglo-americana, secondo Priscilla Roberts il risultato più duraturo delle discussioni riguardo e durante la Conferenza di pace:

> Before 1914, relatively few on either the American or British side of the Atlantic were dedicated to the promotion of Anglo-American entente. By the time the war ended, their numbers had grown substantially, and they perceived themselves as a coherent group who shared a common faith and who intended to continue to work together in international affairs.[24]

Rari erano allora gli atlantisti da parte francese, come Clémentel, il giovane Monnet e Henri Beranger, che avevano già una visione di necessaria cooperazione permanente con il mondo anglofono. L'interesse principale della Francia era di ottenere un accordo postbellico che fornisse garanzie contro il ripetersi degli eventi del 1871 e del 1914. L'idea era

23. David Stevenson, *With our Backs to the Wall, Victory and Defeat in 1918*, Allen Lane, London, 2012.

24. Priscilla Roberts, *World War I as Cathalyst, the Impact on Anglo-American Relation; The Role of Philip Lothian and the Round Table*, in «The Commonwealth Journal of International Studies», 95, 383 (2006), pp. 113-139.

quella di creare un solido sistema di alleanze o garanzie reciproche. Tuttavia, nel 1917 era chiaro che gli alleati della Francia non fossero interessati alla prima soluzione. Pertanto, nel settembre 1917 il governo francese istituì una Commissione per valutare la possibilità di creare una Società delle Nazioni, presieduta da Léon Bourgeois.[25] Il termine non era nuovo nel pensiero politico francese. L'espressione era contenuta in un preambolo della convenzione adottata dalla dodicesima Conferenza di pace dell'Aia nel 1907 e riecheggiava nel titolo di un libro dello stesso Bourgeois del 1910.[26] Egli aveva fondato l'Association Française pour la Société des Nations durante la guerra e ora, con il presidente Wilson che sponsorizzava l'idea e gli inglesi che sembravano essere favorevoli, il governo francese non voleva essere escluso. Nel giugno del 1917 il ministro degli Esteri Aristide Briand e il ministro delle Finanze Etienne Clémentel, in occasione della sessione di apertura della Chambre des Dèputès, notarono entrambi la crescente enfasi britannica e americana su una comunità di nazioni piuttosto che su un equilibrio di potenze. Per loro la Francia avrebbe dovuto affrontare il tema per avere poi voce in capitolo sulle altre questioni che interessavano il governo, come il costo della ricostruzione e le riparazioni.[27] I documenti non menzionano un collegamento tra il lavoro che Jean Monnet stava svolgendo a Londra in quel periodo con l'Amtc e le discussioni della Commissione, ma l'associazione di Clémentel con essa fornì all'imprenditore francese un accesso unico ai suoi lavori.

La preoccupazione principale della Commissione era innanzitutto di definire gli obiettivi di medio-lungo termine dello sforzo bellico. Nel 1917 c'erano ancora dubbi sulle possibilità di vittoria francesi, soprattutto dopo il disastro dell'offensiva sull'Aisne, finita in ammutinamenti, esecuzioni sommarie e la fine di ogni speranza di future operazioni su larga scala, per cui si sarebbe dovuto attendere il sostegno dell'esercito americano nell'agosto 1918. La prima sessione della Commissione aveva proposto l'istituzione di una Società delle Nazioni, una ripresa di quanto era avvenuto nel periodo prebellico, in particolare alle Conferenze dell'Aia del 1899 e del

25. *Commission interministeriélle d'études pour la Société des Nations*, Centre des archives diplomatiques de La Courneuve, citato in Scott G. Blair, *Les origines en France de la SDN. Commission interministérielle d'Études pour la Société des Nations 1917-1919*, in «Relations Internationales», 75 (1993), pp. 277-229.

26. Léon Bourgeois, *Pour la Société des Nations,* Paris, Frasquelle, 1910.

27. Citato in David Stevenson, *The First World War and European Integration,* in «The International History Review», 34, 4 (2012), p. 850.

1907. Si sarebbe trattato di stabilire principi internazionali e sovranazionali di diritto precedentemente stabiliti in queste grandi conferenze sul disarmo. L'obiettivo principale della guerra diventava quindi «créer un État de droit pour l'humanité».[28] In questo emerge la formazione dei principali membri della Commissione, legata ai lavori delle precedenti conferenze di arbitrato. Bourgeois era stato all'Aia e vedeva la Società come la naturale evoluzione dei trattati di arbitrato bilaterali dell'era pre-1914, non come un esperimento di nuova diplomazia di Wilson.

Il senatore Gabriel Hanotaux definì le riunioni dell'Aia «les premiers battements du coeur de l'humanite».[29] Questa nozione richiedeva, secondo le parole di Alexandre Ribot nel 1916, una pace «basée sur le droit international et garantie par des sanctions contre laquel aucun pays ne pourra se dresser»,[30] un tema su cui la Commissione tornò più volte. Tuttavia, questa doveva essere una versione dell'Aia con precisi poteri sanzionatori, non un'assemblea consultiva. Un altro tema che emerge dai lavori della commissione era che la pace non dovesse diventare una mera tregua ventennale, come preconizzato dal maresciallo Foch.[31] Ciò portò a chiedersi se la creazione della Società dovesse precedere o seguire la fine delle ostilità e in che modo potesse essere efficace senza intaccare la sovranità degli Stati.

Risolvere queste questioni richiedeva una cooperazione tra i partecipanti ai lavori della Conferenza di Pace e un possibile luogo dove questa potesse svilupparsi era l'Inquiry americana. Il geografo e professore della Sorbona Emmanuel de Martonne, nell'ottobre 1918, aveva guidato un *comité d'études* con legami con l'Inquiry e conosceva la maggior parte dei membri, molti dei quali erano accademici. Tra questi Isaiah Bowman, direttore dell'American Geographical Society. Inoltre, conosceva Charles Seymour (Università di Yale) e George Louis Beer, un anglofilo americano e capo della Colonial Division dell'Inquiry, oltre a James Shotwell (Columbia University). In un memorandum notò come gli americani coltivassero rapporti amichevoli con i francesi ma che non fossero paragonabili

28. *Commission Bourgeois, "etablir l'humanité dans le regle du droit*", 19 dicembre 1917, Sdn 1, Centre des archives diplomatiques de La Courneuve, Paris.

29. Senatore Gabriel Hanotaux, 30 gennaio 1918, Sdn 1, Centre des archives diplomatiques de La Courneuve, Paris.

30. *Ibidem.*

31. Rapporto di Henri Fromageot, 21 novembre 1917, Sdn 1, Centre des archives diplomatiques de La Courneuve, Paris.

alla relazione speciali con gli inglesi, anche se sentimenti cosiddetti pacifisti o filogermanici erano assenti.[32] La buona notizia per de Martonne era che Wilson e House tenevano l'Inquiry separato dal Dipartimento di Stato, che aveva tra le proprie file una percentuale maggiore di germanofili.

Il diplomatico francese Louis d'Aubert era comunque convinto che il principale obiettivo americano, fin dal momento dell'entrata in guerra, fosse quello di arrivare ad un accordo che tenesse conto delle istanze degli alleati senza eccessi revanscisti.[33] Il governo era sicuro che il presidente non si sarebbe opposto alle sue rivendicazioni sull'Alsazia-Lorena, e credeva che gli americani avrebbero riconosciuto il fatto che la Francia avesse sofferto più di altri Paesi e quindi avrebbe dovuto ricevere consistenti indennizzi come ricompensa. Rimaneva il dubbio se gli Stati Uniti avrebbero accettato la necessità francese di stabilire una più avanzata frontiera renana contro ogni futura aggressione tedesca. La visione di Parigi era quella di una triplice intesa, con le talassocrazie anglofone a guardia dei mari e i soldati francesi a difesa del Reno. Ciò che emerge dall'analisi dei lavori della Commissione è una straordinaria ignoranza rispetto ai piani e alle intenzioni di Edward House e del Presidente Wilson per l'Europa, il loro modo di pensare e la visione che avevano delle relazioni internazionali del dopoguerra.

Questo trovò conferma durante la conferenza di pace. I negoziati e i colloqui tra i "Quattro Grandi" e le loro delegazioni divennero caotici e l'assenza di coordinamento tra i gruppi di studio istituiti prima della conferenza fece sì che nessuno avesse un'idea chiara di ciò che gli altri volessero. Il presidente del Consiglio italiano Vittorio Emanuele Orlando lasciò Parigi per protesta, vedendo respinte le rivendicazioni territoriali del suo Paese. Anche se alcune discussioni furono portate a termine con successo, soprattutto riguardo alla restituzione dell'Alsazia-Lorena alla Francia, su tutte le altre questioni si creò un divario tra i francesi e gli angloamericani. I principali terreni di scontro riguardavano la Saar e il modo in cui la Società delle Nazioni avrebbe dovuto operare. La strategia attentamente messa insieme dalla Commissione Bourgeois fu completamente messa in

32. Emmnanuele De Martonne, *Rapporto del 24 ottobre 1918*, Paix 22, Sdn 1, Centre des archives diplomatiques de La Courneuve, Paris, citato in Williams Andrews, *France, Britain and the United States,* p. 87.

33. Citato da Williams, Andrews, *Why Don't the French Do Think Tanks, France Faces up to the Anglo-Saxon Superpowers, 1918-1921*, in «Rivista di Studi Internazionali», 34, 1 (2008), pp. 53-68.

ombra dalle argomentazioni del Pid. Mancava un vero dialogo tra le parti e anche rispetto reciproco, elementi che avevano fatto la differenza durante l'esperienza dell'Amtc. Lord Cecil era indignato del fatto che il maresciallo Foch liquidasse continuamente la Società delle Nazioni come una fantasia anglosassone. Era convinto che i francesi non capissero quanto fossero pericolose le loro posizioni.[34]

Alla fine, la Francia ottenne la desiderata rivincita sulla Germania, ma fu una vittoria di Pirro nel contesto di un trattato dal quale non ottenne molto in termini di influenza. Dopotutto anche durante la guerra, avendo perso il suo potenziale produttivo e industriale nel nord-est la Francia era diventata sempre più dipendente dai suoi alleati, «realization that added to French feelings of bitterness over what they saw as the dominance of special (including some ethnic) interest groups in the United States over foreign policy».[35] Come scrive Daniel Stephenson, la Francia era stata «schooled in the politics of weakness» e anche se sembrava che nei primi anni del dopoguerra la Francia avesse un certo predominio sugli affari europei, «by 1924 the future was clearly defined as Anglo-Saxon».[36]

Questo avrebbe creato un sentimento di sfiducia e amarezza che avrebbe influenzato la politica estera francese per diversi decenni a venire.

Contemporaneamente, coloro che avevano lavorato a Parigi insieme alle delegazioni britanniche e americane cominciavano ad assomigliare a un gruppo omogeneo come descritto da Priscilla Roberts. Coloro che avevano lavorato al Trattato svilupparono relazioni durature a livello personale, che andò a cementare una certa idea del mondo e delle relazioni internazionali nata a Versailles. Questo ebbe effetti dirompenti quando questa rete prese il posto della generazione prebellica nei palazzi del potere negli anni Venti e Trenta, incarnando un canale privilegiato per le idee angloamericane di comunità internazionale. Tra il 1919 e il 1940, le sedi principali per lo sviluppo di tali concetti furono il Cfr americano e Chatham House. Il promotore iniziale della parte britannica di questo dibattito fu Philip Kerr, poi Lord Lothian, cofondatore del movimento della Round Table nel 1910 e ambasciatore britannico a Washington tra il 1939 e 1940. Il gruppo della Round Table fu uno dei più interessanti movimenti trasversali in Gran

34. Lord Robert Cecil, *Diary*, 1919, 26 gennaio 1919, Add. Mss. 51131, British Library, Londra.

35. Williams, *Why French Don't Do Think Tanks*, p. 65.

36. Stephenson, *With Backs Against the Wall*, p. 167.

Bretagna, poiché cercava di far rientrare idee liberali come l'autodeterminazione all'interno del progetto imperiale britannico e della concordia tra i popoli di lingua inglese, in accordo con la retorica del presidente Wilson durante la guerra. Secondo Williams questo era «the heart of the Special Relationship», implicando un'applicazione che andasse oltre le relazioni bilaterali tra Regno Unito e Stati Uniti, includendo tutte le aree anglofone autonome o meno dell'impero.[37] Kerr era «the most influential member of the epistemic community»,[38] e la rivista associata a Round Table pubblicò molti articoli su temi legati al federalismo imperiale, la *Greater Britain* e il concetto di *AngloSaxon* per tutto il XX secolo. Andrea Bosco ha evidenziato l'influenza di questa rivista nel periodo 1919-1939, che trovò applicazioni pratiche già durante gli anni dell'Amtc e che raggiunse il culmine con la nomina di Lord Lothian ad ambasciatore a Washington.[39]

Il ruolo storico svolto dalla Round Table tra le due guerre fu quello di guidare la transizione da una diarchia anglo-francese a una anglo-americana nella gestione delle relazioni internazionali. Come Roberts mostra in dettaglio,[40] Kerr era vicino a coloro che lavoravano per l'Inquiry e ad altri americani a Parigi nei mesi della conferenza, provenienti da élite molto ristrette, tra cui accademici (James T. Shotwell, Nicholas Murray Butler e il già citato Bowman) e avvocati (John W. Davis e Paul Cravath, quest'ultimo influente diplomatico ed ex assistente del segretario di Stato), che sarebbero diventati figure di spicco del Council on Foreign Relations e della Carnigie Foundation, oltre che consiglieri politici di vari presidenti.

Coloro che si trovavano a Parigi, in posizioni senior o junior, portarono a casa ricordi che continuarono a influenzare le loro opinioni (e anche pregiudizi) sull'Europa, e sulla Francia in particolare, per molti anni a venire e si può dire che abbiano influenzato pesantemente anche le loro concezioni delle relazioni internazionali. Molti membri dell'Acnp ebbero ruoli significativi nella gestione affari esteri americani fino a dopo la Seconda guerra mondiale. Tra questi John Foster Dulles, futuro segretario

37. Williams, *France, Britain and the United States,* p. 43.

38. *Ibidem.*

39. Andrea, Bosco, *From Empire to Atlantic 'system': the Round Table, Chatham House and the Emergence of a New Paradigm in Anglo-American Relations*, in «Journal of Transatlantic Studies», 16, 3 (2018), pp. 223-243.

40. *Lord Lothian and Anglo-American Relations, 1900-1940*, a cura di Priscilla Roberts, Dordrecht, Republic of Letters, 2010.

di Stato di Eisenhower e principale consigliere per la politica estera del candidato repubblicano alla presidenza Thomas Dewey nel 1944.

Ciò che prese forma a Parigi fu un'élite transatlantica che andò a plasmare il retroterra culturale su cui è stata costruita la relazione speciale anglo-americana. Si trattava di un gruppo da cui i francesi erano esclusi per ragioni di incomprensione, di cattiva comunicazione e di vecchi pregiudizi. Mettere in comunicazione le aspirazioni francesi e questo connubio anglosassone fu l'obiettivo vero del lavoro che Jean Monnet si accingeva a svolgere nel dopoguerra e costituisce la strategia attraverso la quale l'integrazione europea fece i suoi primi passi dopo la Seconda guerra mondiale.

3. Monnet e la Società delle Nazioni. Le reti finanziarie tra tentativi di cooperazione e fallimento

> Today we stand on a bridge leading from the territorial state to the world community. Politically, we are still governed by the concept of the territorial state; economically and technically, we live under the auspices of worldwide communications and worldwide markets.[1]

Queste sono le parole che Christian Lange usò per il suo discorso di accettazione del Premio Nobel per la Pace nel 1921. Le idee espresse qui erano piuttosto comuni all'indomani della fine della Prima guerra mondiale. Il crollo del mondo pre-1914 e lo scontro distruttivo tra i vecchi imperi aprivano nuove possibilità di riorganizzare l'ordine mondiale secondo una nuova visione internazionalista. Istituzionalizzare le relazioni a livello sovranazionale era un modo per sfidare le vecchie certezze del diritto assoluto di sovranità degli Stati, ma nella mente di persone pragmatiche come Jean Monnet era anche l'unico modo per garantire la pace nel XX secolo.

Ciò che emerse durante e dopo la Conferenza di Parigi del 1919 fu un insieme di nuove istituzioni internazionali, prima fra tutte la Società delle Nazioni, creata «Allo scopo di promuovere la cooperazione internazionale, realizzare la pace e la sicurezza degli Stati».[2] Il ponte di cui

1. Christian L. Lange, *Internationalism*, Nobel Lecture, 13 dicembre 1921, in *Nobel Lectures: Peace*, vol. I, *1901-1925,* a cura di Frederick W. Haberman, Amsterdam, Elsevier, 1972, pp. 336-346. Lange fu co-ricevente del Premio per la Pace per il 1921 insieme allo svedese Hjalmar Branting.

2. *Il patto della Società delle Nazioni,* Preambolo, https://www.studiperlapace.it/documentazione/socnazioni.html.

parlava Lange, la speranza di un nuovo internazionalismo che elevasse la politica tra Stati, non portò all'esito profetizzato. L'apparente successo negli anni della Società delle nazioni negli anni Venti fu adombrato dall'incapacità della stessa di affrontare le molteplici crisi del decennio successivo, in particolare l'occupazione giapponese della Manciuria e l'invasione italiana dell'Etiopia. Anche il più grande fautore della Società, Lord Robert Cecil, dovette riconoscerne limiti e fallimenti. Riflettendo nel 1941, nel mezzo della catastrofe tanto temuta da Lange, Cecil lamentava: «It was to prevent this that the Great Experiment of the League of Nations was carried out. It has done much admirable work, but it has failed in its main purpose».[3]

Tale scopo fondamentale era definito dall'articolo 8 del Covenant come il necessario disarmo di tutti i Paesi. Se la pace doveva essere preservata, il mondo avrebbe dovuto disarmarsi, e la Società avrebbe dovuto essere la guida di questo processo. Negli anni dopo la Prima guerra mondiale, il diffuso sentimento antimilitarista rese insostenibile qualsiasi domanda di maggiori armamenti come deterrente e garanzia di stabilità. Era convinzione comune che fosse stata la corsa agli armamenti la reale causa della catastrofe della Grande guerra e tale aspetto era emerso chiaramente durante le prime due riunioni dell'Assemblea della Società delle Nazioni a Ginevra.[4] A ciò si aggiungeva l'assoluta certezza di quanto terribile sarebbe stata la *prossima guerra*, con armi letali utilizzate per distruggere la capacità industriale del nemico e il morale della popolazione. La potenza dell'aviazione, dimostrata negli ultimi anni di guerra, suscitava immagini di città distrutte e di civili asfissiati, con decine di migliaia di morti dopo poche ore di bombardamento. La questione del disarmo non passò mai in secondo piano, anche quando la guerra divenne un ricordo lontano. La Società delle Nazioni forniva un foro naturale per il dibattito internazionale sul tema, portato avanti ininterrottamente durante i due decenni di pace post-1919. In occasione del decimo anniversario della Società, nel 1930, il Segretariato pubblicò un volume in cui si affermava che:

3. Viscount Cecil, *A Great Experiment*, New York, Oxford University Press, 1941.

4. *The Records of the First Assembly*, Plenary Meetings, Genève, 1920, United Nations Library & Archives, Genève https://archives.ungeneva.org/plenary-meetings-18; *The Records of the Second Assembly*, vol. 2, Genève, 1921, United Nations Library & Archives, Genève, https://archives.ungeneva.org/minutes-30.

> None of the League's activities had aroused so much interest in the world as its work for the limitation and reduction of armaments, and none has so closely or so continuously engaged the attention of the League.[5]

Tuttavia, l'assenza degli Stati Uniti e lo scarso potere esecutivo dell'istituzione fecero sì che, soprattutto in questo campo, i risultati fossero scarsi. Nonostante l'interesse e il dibattito pubblico, due decenni di negoziati non produssero un trattato sul disarmo. La Conferenza del 1922-24 fu un fallimento. Ne seguì un'altra corsa agli armamenti. La guerra scoppiò pochi anni dopo, in Cina, in Africa e poi di nuovo in Europa. La profezia del generale Foch si avverò.

La letteratura scientifica sugli sforzi compiuti tra le due guerre per il disarmo internazionale racconta una storia di inevitabile fallimento derivante da un nazionalismo dirompente. Nessuna delle grandi speranze di collaborazione internazionale portò gli Stati a smettere di usare forme di difesa tradizionali. Gli studiosi *realisti* di relazioni internazionali hanno inserito questo elemento in una più ampia narrazione del fallimento del concetto di sicurezza collettiva. Al centro di queste considerazioni c'è l'incompatibilità fondamentale tra le rivendicazioni dello Stato e quelle della comunità internazionale. La Società era una creazione artificiale basata sulla fiducia, sulla cooperazione volontaria e sull'altruismo, incapace di tenere conto degli imperativi naturali dell'interesse particolare in un sistema internazionale fortemente competitivo.[6]

Per la maggior parte del XX secolo, gli storici hanno sostenuto che l'irresistibile primato del nazionalismo abbia sconfitto gli sforzi della Società nel garantire la sicurezza. Il fallimento finale sul disarmo è stato universalmente considerato un esempio del ruolo irrilevante dell'organiz-

5. *Ten Years of Global Cooperation,* Ginevra, Segretariato della Società delle Nazioni, 1930, p. 49, United Nations Library & Archives, Genève, https://archives.ungeneva.org/ten-years-of-world-co-operation.

6. Ad esempio, si veda Ernst B. Haas, *Types of Collective Security: An Analysis of Operational Concepts*, in «American Political Science Review», 49, 1 (1955), pp. 40-62; Francis Harry Hinsley, *Power and the Pursuit of Peace: Theory and Practice in the History of Relations between States,* Cambridge, Cambridge University Press, 1963; Hans J. Morgenthau, *Politics Among Nations: The Struggle for Power and Peace*, 3ª ed., New York, Alfred A. Knopf, 1966; Richard K. Betts, *Systems for Peace or Causes of War? Collective Security, Arms Control, and the New Europe*, in «International Security», 17, 1 (1992), pp. 5-43; e John J. Mearsheimer, *The False Promise of International Institutions*, in «International Security», 19, 3 (1994), pp. 5-49.

zazione, al punto che, ancora oggi, nessuno studio ha tentato di fornire un approccio globale alla questione. L'attenzione si è invece concentrata sul disarmo solo attraverso l'analisi delle politiche dei singoli Stati. Questo approccio ha attinto quasi interamente agli archivi nazionali piuttosto che ai documenti della Società stessa. Anche in questo contesto solo una sfera del disarmo ha attirato un'attenzione significativa: la limitazione degli armamenti navali risultante da trattati tra un numero contenuto di potenze e perseguita interamente al di fuori dell'ambito della Società stessa.

Le nuove ricerche sulla Società delle Nazioni a partire dall'inizio del XXI secolo invece hanno portato a una reinterpretazione del ruolo di questa istituzione. Le caratteristiche più originali di questo filone sono quattro: in primo luogo la tendenza a usare direttamente gli archivi della Società, legando la sua storia ai moderni regimi di *governance* globale; in secondo luogo, l'uso di nuovi approcci metodologici di storia internazionale e, in misura ancora maggiore, storia culturale. In terzo luogo, il drastico spostamento dell'attenzione della ricerca dalla tradizionale questione della sicurezza verso temi quali la protezione delle minoranze e i diritti umani, il rapporto tra i mandati internazionali e l'imperialismo, i sistemi internazionali di lotta contro le malattie o il traffico di droga. In quarto luogo, la promozione della cooperazione intellettuale e del ruolo dell'opinione pubblica globale nonché la creazione di nuovi quadri di economia e finanza internazionale.[7]

Due questioni non hanno ancora avuto un posto centrale nelle interpretazioni storiche del lavoro della Società. In primo luogo, come detto sopra, un'analisi globale del problema del disarmo. In secondo luogo, una valutazione del ruolo della Società come spazio naturale per la formazione di reti di internazionalisti, banchieri, imprenditori politici. Questo capitolo cerca di analizzare la seconda questione attraverso l'esperienza di Jean Monnet.

7. Mark Mazower, *Minorities and the League of Nations in Interwar Europe,* Abindon, Routledge, 2017, pp. 17-33; Susan Pedersen, *The Guardians: The League of Nations and the Crisis of Empire*, Oxford University Press, Oxford, 2015; Lassa Oppenheim, *The League of Nations and Its Problems*, sl, BoD, 2018; Norrie MacQueen, *The Sins of the Fathers? From League of Nations Mandates to United Nations Peacekeeping*, Taylor & Francis, 2018; Benjamin Auberer, *Murder, Intrigue, Sex and Internationalism. Novels about the League of Nations*, in *The League of Nations. Perspectives from the Present*, a cura di Haakon A. Ikonomou e Karen Gram-Skjoldager, Aarhus, Aarhus University Press, 2019, pp. 211-222.

1. *Monnet e la Società delle Nazioni*

Nelle biografie, la nomina di Monnet al Segretariato della Società delle Nazioni è brevemente accennata. L'esperienza di tre anni e mezzo è presentata come un'estensione del suo primo impegno internazionale a Londra, dal novembre 1914, all'interno dell'Amtc.

Nelle sue stesse *Memorie*, Monnet descrisse molto brevemente la creazione della Società delle Nazioni.[8] Stando alla sua ricostruzione, all'inizio della Conferenza di pace di Parigi, già nel gennaio 1919, Monnet fu trattenuto a Londra per liquidare i comitati di coordinamento interalleati e, per questo motivo, non partecipò all'elaborazione del Covenant della Società. Inoltre, se leggiamo solo le sue parole, non sembra che il giovane trentenne avesse idee originali da proporre in termini di integrazione politica: «All'epoca non ero portato a insistere sul concetto di potere internazionale nuovo e non pensavo a un trasferimento di sovranità».[9] Per quanto riguarda la sua valutazione della Società, Monnet ammise di averla formulata solo molto tempo dopo, cioè a seguito di altre esperienze di cooperazione internazionale. Riteneva però, a ragione, che il successo dei ragionevoli obiettivi fissati dalla Società dipendesse dai processi e dalle procedure amministrative messe in atto per raggiungerli. In materia di organizzazione amministrativa non vi era, scrisse giustamente, alcun precedente su cui i fautori della Società avrebbero potuto basarsi, se non i comitati interalleati di Londra a cui partecipò durante la guerra. Egli attribuiva quindi correttamente a questa precedente esperienza il fatto che Clemenceau e Balfour lo avessero chiamato a ricoprire la carica di vicesegretario generale della Società.

> Col senno di poi, capisco meglio che cosa c'era di sovranazionale prima della lettera nella Società delle Nazioni: era la profonda intesa all'interno del segretariato tra uomini che avevano ciascuno reti di influenza nel proprio Paese, in modo tale che l'interesse generale penetrasse nei centri decisionali nazionali [...]. Una certa delega di potere avrebbe dovuto prendere il sopravvento su un sistema che aveva funzionato solo grazie all'autorità personale e alla comprensione di pochi individui.[10]

Leggendo le poche pagine delle sue memorie, ci si chiede se Jean Monnet avesse in ogni caso una visione personale della Società e del suo

8. Monnet, *Cittadino d'Europa,* p. 65.
9. Ivi, p. 109.
10. Ivi, p. 116.

ruolo. Aveva forse sposato le idee di Léon Bourgeois, una Società perfettamente strutturata e dotata di un esercito per imporre la propria giustizia? O, al contrario, fu la sua esperienza a Londra a influenzarlo riguardo alle sue prime concezioni? Dopotutto, l'istituzione era stata costruita secondo gli ideali angloamericani di cooperazione, un dibattito a cui pochi francesi avevano partecipato.[11]

Ciò che è certo è che la partecipazione di Monnet alla Conferenza di pace di Parigi del 1919, grazie al suo stretto rapporto con Clémentel e Clemenceau, gli fece acquisire una preziosa esperienza e amicizie che durarono tutta la vita. I funzionari francesi lo consideravano una fonte affidabile di informazioni e il loro portavoce privato. Quando i leader alleati crearono il Consiglio Economico Supremo, in sostituzione dell'Amtc, Clémentel designò Monnet come rappresentante della Francia nella Sezione Rifornimenti. Alla Conferenza di Pace, il giovane francese incontrò alcuni personaggi cruciali per il proprio futuro. L'avvocato newyorkese John Foster Dulles, che era il consulente legale di Bernard Baruch, rappresentante degli Stati Uniti nella Commissione per le riparazioni, Allen Dulles, fratello di John e l'economista britannico John Maynard Keynes. Monnet sviluppò anche una stretta relazione con il banchiere statunitense di J.P. Morgan Dwight Morrow con cui aveva lavorato a Londra quando il finanziere era consigliere della sezione statunitense dell'Amtc. I Morrow e i Monnet, inoltre, svilupparono stretti legami familiari. La figlia di Dwight, la scrittrice Anne Morrow, e suo marito Charles Lindbergh furono spesso ospiti di Monnet a Parigi.[12]

Egli all'epoca sosteneva con forza le proposte di Clémentel di estendere la cooperazione alleata alla ricostruzione postbellica e il suo piano per il controllo mondiale delle forniture di materie prime. Il vero obiettivo di Clémentel era contenere il potere economico della Germania dopo la guerra e proteggere la Francia, qualsiasi forma la relazione franco-tedesca prendesse in futuro. Sebbene non sia chiaro se Monnet abbia avuto un ruolo nella formazione di queste idee, egli sostenne una forma di pianificazione economica alleata per la ricostruzione. Tuttavia, l'opposizione britannica

11. Scott G. Blair, *Les origines en France de la SDN, la commission interministérielle d'études pour la SDN 1917-1919*, in «Relations Internationales», 75 (1993), pp. 277-292.

12. Monnet-Morrow correspondence, Series I, 1900-1931, Dwight Morrow papers, Amherst College Library, Ahmerst (MA); John Foster Dulles a Monnet, telegramma, 23 settembre 1931, John Foster Dulles Papers, Muss Library, Princeton University Library, Princeton (NJ); Duchêne, *Jean Monnet,* p. 40; Fransen, *The Supranational Politics of Jean Monnet*, pp. 27-28.

e statunitense bloccò queste proposte. Non volendo perpetuare il sistema bellico di razionamento delle forniture, l'intenzione era di mantenere mano libera nella distribuzione dei fondi per la ricostruzione e la ripresa, che gli americani sapevano sarebbero state finanziate da loro.[13]

Istituita il 28 giugno 1919, in occasione della firma del Trattato di Versailles, la Società delle Nazioni aveva il compito di prevenire la guerra attraverso l'applicazione del principio di sicurezza collettiva e il disarmo e di risolvere le controversie internazionali attraverso la negoziazione e l'arbitrato. Il suo Consiglio, composto dai rappresentanti di nove Stati, governava questa organizzazione intergovernativa con decisioni unanimi. Il Segretariato permanente, con sede a Ginevra, era composto da rappresentanti dei Paesi membri esperti in vari settori. Definito come il motore della Società delle Nazioni, questo organo assisteva il Consiglio nel suo lavoro, mentre l'Assemblea di quarantasette nazioni poteva emettere solo pareri, risoluzioni e raccomandazioni.[14]

Il nome di Monnet emerse nelle liste britanniche e francesi come possibile candidato per questo incarico. Sebbene fosse stato suggerito già da Lord Robert Cecil, fu sir Eric Drummond, diplomatico e segretario generale designato della Società, a scegliere personalmente Monnet come il più alto in grado dei quattro vice del Segretario.[15]

Riuniti a Sutherland House, questi uomini si aggrappavano alla speranza che la Società avrebbe prevalso grazie alla pura forza morale, facendo appello in modo significativo all'opinione pubblica. In una lettera alla moglie di quell'estate, Raymond Fosdick, il sottosegretario nominato da Wilson, scrisse che il mondo aveva «very little time in which to set up the framework of international government and establish the habit of teamwork».[16] Fosdick lasciò questo incarico poco dopo che il Senato degli Stati Uniti decise, il 19 marzo 1920, di non ratificare il Trattato.

Monnet comprendeva le carenze della Società: non aveva poteri esecutivi e doveva affidarsi alla persuasione. In un memorandum del 27 maggio 1919, affermò che la cooperazione tra le nazioni sarebbe cresciuta grazie

13. Duchêne, *Jean Monnet,* pp. 39-40; George Henri-Soutou, *L'Or et le sang. Le buts de guerre économique de la premiere guerre mondiale,* Paris, Fayard, 1989.

14. Antoine Fleury, *Jean Monnet au Secretariat de la Société des Nations,* in Bossuat, Wilkens, *Jean Monnet, l'Europe et le Chemins de la paix*, p. 35.

15. *Ibidem.*

16. Raymond B. Fosdick, *Letters on the League of Nations*, Princeton (NJ), Princeton University Press, 1966, pp. 17-18.

a una migliore conoscenza reciproca e «de l'interpénétration entre leurs éléments constitutifs et ceux de leurs voisins».[17] Monnet riteneva che un Segretariato di qualità con contatti strategici all'interno dei governi avrebbe portato gli Stati ad «appreciate the problem as a whole in the light of the general interest».[18] Anche Dwight Morrow condivideva la fiducia di Monnet nel Segretariato e la sua convinzione che fosse un organo molto più sostanziale del Consiglio o dell'Assemblea della Società. Come scrisse a Monnet:

> Keep the organisation a fact-finding body, and let its power grow, and keep in mind that it takes a very long time to accomplish anything that is to be permanent. Your League of Nations may not get started, or it may get started, and it may fail, but men will come back to the work that you did in London during the war and will turn over the precedents that you made, and some of them will be used in the real concert that will last.[19]

Le *Mémoires*, che sono una fonte tardiva, hanno conservato una visione ristretta, se non appiattita del pensiero di Monnet sulla Società, rispetto alle riflessioni e alle testimonianze dirette di quelli che erano gli interlocutori a lui più vicini. Monnet celebra l'amicizia e il rispetto reciproco, gli ideali e le speranze, senza tener molto conto delle rivalità che permasero tra i delegati delle quattro grandi potenze in quei negoziati delicati e complessi. È possibile che quella delle memorie sia quindi una storia raccontata a metà e con distaccato idealismo.

I suoi partner americani, Rublee e Morrow, iniziarono a discutere la questione della Società all'inizio del 1919 e non esitarono a segnalare i limiti della cooperazione interalleata già negli ultimi quindici mesi del conflitto.[20] I comitati all'interno della Actc non ebbero mai alcun potere decisionale o di supervisione, che rimase nelle mani dei governi nazionali. Essi avevano il compito di raccogliere statistiche e verificare le informazioni disponibili, garantendo che le risorse collettive fossero gestite

17. Fleury, *Jean Monnet au Secretariat*, pp. 34-41. Per una copia del memorandum, si veda *Jean Monnet*, pp. 441-445.

18. Duchêne, *Jean Monnet,* p. 41.

19. Dwight Morrow a Jean Monnet, lettera del 10 novembre 1919, Dwight Morrow Papers, Amherst College Library, Amherst (MA). Si veda anche la lettera di Morrow a Monnet del 2 agosto 1920.

20. George Rublee, *Inter-Allied Machinery in War-Time*, in *The League of Nations Starts: An Outline by Its Organisers,* London, Palgrave Macmillan, 1920, pp. 29-45; Joseph R. Cotton, Dwight W. Morrow, *International Cooperation During the War*, in «The Atlantic Monthly» 123 (1919), p. 809.

nel modo più efficiente possibile, ma nulla di più. Lo sforzo congiunto dei quattro Stati in guerra non portò mai a una cooperazione attiva tra i sistemi di approvvigionamento e di trasporto militari e civili.

Per Salter, in particolare, era chiaro dove fosse il vero potere decisionale ed era consapevole della realpolitik dietro la cooperazione bellica. Senza mai perdere di vista l'enorme sforzo compiuto dai francesi, il collega londinese di Monnet attribuì il successo alleato alla disponibilità di materie prime dell'Impero britannico.[21] Le esigenze di Italia e Francia richiesero inevitabilmente accordi bilaterali con Londra e poi con Washington. La fiducia e il rispetto reciproci, base delle relazioni alleate in tempo di guerra, erano infatti una necessità e solo il risultato di una minaccia comune. Come strategia di difesa, Salter vedeva le misure di cooperazione alleata come un incidente di circostanza.

I comitati dell'Actc non avevano comportato alcuna perdita di sovranità da parte dei governi nazionali. Serruys, collega di Monnet al Ministero del Commercio, insisteva sullo stesso punto anche prima dell'armistizio, quando l'istituzione era al massimo della sua efficienza.[22] Da parte sua, Drummond si spinse a dipingere la cooperazione in tempo di guerra come diametralmente opposta alla sua idea di internazionalismo.[23]

Se si ammette, come sembrano fare alcuni biografi, che nell'estate del 1919 le riflessioni di Monnet sulla cooperazione bellica coincidevano con quelle che avrebbe ripetuto nelle *Mémoires*, allora ne consegue che il francese avesse un'immagine molto distorta delle modalità e degli obiettivi della collaborazione bellica. Pur non sottovalutando l'importanza degli interessi nazionali in gioco, Monnet sembrava nutrire aspettative simili a quelle di Clémentel, nella prospettiva di una nuova Società che gestisce il commercio di materie prime e prodotti industriali attraverso una struttura che incarnasse uno spirito simile a quello della coalizione forgiata nel 1917-18.[24]

21. James Arthur Salter, *Allied Shipping Control,* pp. 179-180, 187-188, 223-224, 244-248, 256; avrebbe articolato lo stesso ragionamento in *Memoirs of a Public Servant,* London, Faber & Faber, 1961.

22. Daniel Serruys, *La structure économique de la coalition,* in «Revue de Paris», 25 (1918), pp. 326-345.

23. Eric Drummond, *The Secretariat of the League,* in «Public Administration», 9 (1931), p. 228.

24. Étienne Clémentel, *La France et la Politique Economique Alliée*, Paris, Presses Universitaires de France, 1931.

Tuttavia, come sappiamo, all'età di trent'anni, Jean Monnet non era solo un ex commerciante di cognac idealista che per caso era diventato delegato del ministero del Commercio nei comitati di cooperazione interalleata. Le ragioni dietro il suo entusiasmo senza remore per la Società delle Nazioni non potevano derivare solo da una visione idealistica della cooperazione interalleata. La teoria di queste pagine è che la sua decisione di far parte della Società sia stata influenzata anche da ragioni più pragmatiche ed economiche, come la necessità di ristabilire relazioni economiche atlantiche stabili, qualcosa che va oltre il ragionamento di Clémentel e sembra più influenzata dalle sue frequentazioni nel mondo bancario angloamericano. Pur non potendo ricorrere alla documentazione mancante, persa durante l'occupazione nazista della Francia, è necessaria un'analisi più approfondita del periodo.

Forte della sua esperienza nella gestione del commercio marittimo, Monnet raggiunse nuovamente i suoi colleghi a Londra alla fine di marzo 1919. Lord Robert Cecil, presidente dell'Actc e del nuovo Consiglio Economico, accolse il delegato di Clémentel nella sottocommissione incaricata di rifornire la Germania. Lo stesso giorno, Monnet divenne membro francese della Sezione Trasporti della segreteria generale.[25] Si trovò così in frequente contatto con Robert H. Brand, consigliere finanziario di Lord Cecil e rappresentante a Parigi di Lazard Brothers, e con Thomas W. Lamont, consigliere finanziario del Presidente degli Stati Uniti e rappresentante di J.P. Morgan, entrambi partecipanti alle sessioni del Consiglio Economico.

Pertanto vecchie partnership tornarono a essere coinvolte nella sua attività commerciale e politica. I Lazard avevano uno stretto rapporto finanziario e personale con la Hudson Bay Company, partner privilegiato di Monnet & Co. in Canada dal 1896. Durante la guerra, la Hbc mise a disposizione del governo francese un considerevole carico di merci e di forniture civili grazie a Monnet; inoltre consolidò le sue posizioni bancarie quando il suo presidente Robert Kindersley divenne uno dei direttori della Banca d'Inghilterra.[26] Così si costituì il nucleo di quella che sarà la futura rete di Monnet all'interno dei circoli bancari internazionali. Attraverso queste

25. La sezione era un sottocomitato istituito con lo scopo di incorporare l'Amtc all'interno del Consiglio economico. Memorandum, 24 marzo 1919, in Foreign Relations of The United States, 1919, The Paris Peace Conference, vol. X, Washington (DC), Government Printing Office, 1947, pp. 126-127.

26. Richard S. Sayers, *The Bank of England, 1891-1944*, London, Cambridge University Press, 1976, vol. I, p. 122. Su Kindersley, vedi *Dictionary of Biography Business*, a

relazioni, Monnet venne informato direttamente dello sviluppo di diversi progetti commerciali per l'Europa del dopoguerra. Infatti, a metà maggio, presentò insieme a Brand i piani di Lazard per il dopoguerra a Thomas Lamont, partner di J.P. Morgan, nominato rappresentante del Dipartimento del Tesoro statunitense alla Conferenza di pace di Parigi.[27] Ciò avvenne senza alcun mandato del governo francese. Monnet, pur essendo ufficialmente un rappresentante del suo Paese, agiva ancora una volta come un'unità indipendente all'interno di comitati interalleati.

Quando Cecil, come suggerito da Drummond, gli offrì il posto nel Segretariato della Società ancora da costituire, Monnet si concesse un lungo periodo di riflessione prima di accettare.[28] Gli sembrava che le sfide dei progetti economici promossi da John Maynard Keynes, Thomas Brand e Thomas Lamont offrissero alla nuova Società un'arena in cui fare davvero la differenza.[29] Questa considerazione metteva da parte l'importanza delle funzioni politiche della Società, spiegando perché il già citato Memorandum del maggio 1919 appare solo una incompleta professione di fede nell'ideale wilsoniano. Secondo Monnet, le competenze della Commissione in quel momento avrebbero dovuto rispondere a una triplice preoccupazione: facilitare o comunque inquadrare la ripresa del commercio mondiale in uno spirito di libero scambio; preparare lo smantellamento delle organizzazioni belliche e «ripristinare l'equilibrio globale [attraverso] una pace organizzativa»,[30] quindi salvaguardare l'uguaglianza di status delle grandi potenze europee tra di loro; infine, rilanciare la cooperazione tra stato e imprese, il cui potenziale si era rivelato soprattutto durante la guerra, in particolare nel campo dei trasporti e del credito.

Non sorprende quindi che, secondo un'amichevole divisione delle responsabilità tra Drummond e i suoi vice, Monnet si occupasse delle sezioni economiche e tecniche, mentre Drummond era responsabile delle sezioni

cura di David J. Jeremy, London, Butterworth, 1985, vol. III, p. 596; *The Dictionary of National Biography, 1951-1960*, London, Oxford University Press, 1971, p. 585.

27. Anne Orde, *British Policy and European Reconstruction After the First World War*, London, Cambridge University Press, 1990, pp. 60-61.

28. Monnet a Drummond, 8 maggio 1919, foglio 10, Dossier personale Jean Monnet, United Nations Library & Archives, Genève.

29. Oltre ai documenti di Cecil e Salter, si vedano anche i documenti di Robert H. Brand, Bodleian Library, Oxford, Thomas W. Lamont Baker Library, Harvard Business School, Cambridge (MA) e Norman Davis, Library of Congress, Washington (DC).

30. Monnet, *Cittadino d'Europa,* p. 116.

politiche e delle relazioni con il Consiglio e l'Assemblea della Società. Uno dei primi compiti che permise a Monnet di mostrare le sue doti di organizzatore fu la Conferenza finanziaria internazionale tenutasi a Bruxelles nel settembre 1920. Si trattava della prima conferenza organizzata dalla Società delle Nazioni. Convocata dal Consiglio, in seguito alle richieste dei banchieri americani ed europei che esortavano i governi alleati a esaminare insieme i rimedi alla disorganizzazione degli scambi valutari, l'obiettivo della conferenza era «studiare la crisi finanziaria e cercare modi per evitarne o mitigarne le pericolose conseguenze».[31] Anticipando nella forma i futuri forum economici del secondo dopoguerra, l'obiettivo era preparare la ricostruzione dell'economia mondiale ripristinando un vero libero scambio.

Sotto la presidenza di Gustave Ador, ex presidente della Confederazione Svizzera, l'obiettivo della conferenza era anche quello di studiare e adottare modi per garantire che la ricostruzione economica avvenisse senza essere ostacolata da difficoltà finanziarie. La conferenza stessa aveva suscitato aspettative crescenti, essendo stata rinviata più volte. Gli organizzatori, il presidente e il suo giovane collaboratore Monnet capirono già dai lavori preparatori che questi ambiziosi obiettivi non potevano essere raggiunti senza un accordo tra francesi e inglesi.

Il suo iniziale fallimento, tra il maggio e l'ottobre del 1920, fu dovuto soprattutto alle questioni del debito e delle riparazioni, che inizialmente erano solo una parte di un piano elaborato e ambizioso, ed ebbe profonde conseguenze per l'istituzione nel periodo interbellico. Come scoprì Monnet, non si trattava solo di riunire, attraverso un'organizzazione efficace, un gruppo di banchieri, esperti e alti funzionari le cui raccomandazioni avrebbero governato l'economia internazionale dopo la guerra. Le preoccupazioni dei partecipanti alla Conferenza rispecchiavano da vicino quelle emerse prima della firma del trattato di pace con la Germania.[32] Fin dall'inizio del 1919, gli uomini d'affari e i finanzieri presenti alla Conferenza di Parigi avevano espresso profonda preoccupazione per il passaggio a un'economia di pace secondo i termini del trattato, a causa delle pericolose tensioni sociali che avrebbe potuto innescare. L'obiettivo, quindi, era quello di ridurre le barriere al commercio (tariffe e instabilità monetaria) e di fornire agli agenti nuovi

31. Ivi, p. 120.

32. In particolare, il memorandum di Amsterdam, scritto da John Maynard Keynes nell'ottobre-novembre 1919, *The International Loan Proposal*, pubblicato in *The Collected Writings of John Maynard Keynes*, London, Palgrave Macmillan, 1978, pp. 136-141.

strumenti di credito, come assicurazioni di credito per le esportazioni e prestiti speciali per i nuovi Stati nati dalla nuova mappa dell'Europa. Il continente però mancava di capitali, che potevano essere forniti solo dai mercati finanziari di Londra e New York. In termini politici, si trattava anche di negoziare su un piano di parità le parti, in modo da negoziare razionalmente riguardo al debito risultante dalla guerra e dal trattato.[33]

Dopo essersi consultato con gli americani e gli inglesi, Monnet cercò di integrare questi obiettivi in un progetto organico che potesse servire, all'inizio del 1920, come piano a breve termine. Il primo passo fu quello di ottenere l'assistenza americana nel momento in cui il Senato aveva respinto il trattato di pace. Il secondo era quello di scegliere una città dove collocare la sede della Società delle Nazioni: i francesi erano i più strenui sostenitori di Bruxelles, una capitale facilmente accessibile, ma alla fine la Svizzera sembrò a tutti un compromesso migliore e un modo per garantire l'indipendenza dell'istituzione. In questa questione, come in molte altre durante la conferenza, Monnet si schierò dalla parte del suo governo, di cui era ufficiosamente rappresentante.[34] Poiché le *Mémoires* non sono una fonte affidabile su questo argomento, possiamo solo immaginare la lotta tra l'uomo d'affari, che comprendeva l'importanza della neutralità del luogo in cui avrebbe avuto sede la Società, e il fedele francese, inviato dal suo governo per curare gli interessi del suo Paese. È una lotta che caratterizzò tutta la sua esperienza politica.

Sulla questione della cooperazione finanziaria, Monnet, come molti dei suoi interlocutori, ribadì il tema dell'interdipendenza del mondo industrializzato. Come loro, però, era convinto che il ritorno agli scambi pacifici tra le nazioni non potesse avvenire nel solo spirito del liberalismo classico e dal desiderio di limitare il potere statale. Questo sentimento era condiviso soprattutto dai banchieri e dagli uomini d'affari statunitensi. I britannici invece volevano coordinamento e cooperazione tra i governi sulla questione della stabilizzazione della moneta, ma non erano favorevoli alla conti-

33. *Comments on the European economic situation: possible measures to be taken*, memorandum di Thomas W. Lamont e Norman H. Davis, 15 maggio 1919, pubblicato in *Woodrow Wilson and World Settlement*, a cura di Ray S. Bar, London, William Heinemann, 1922, pp. 352-362.

34. Antoine Fleury, *L'enjeu du choix de Genève comme siège de la SdN*, in *L'historien et les relations internationales: Recueil d'études en hommage à Jacques Freymond*, a cura di Saul Friedlânder, Genève, Institut Universitaire des Hautes Études Internationales, 1981, pp. 251-278.

nuazione dell'intervento pubblico sulla scala che era stata necessaria per condurre la guerra.[35] Questo punto di vista fu espresso in privato a Parigi. Fu John Maynard Keynes a lanciare il grido che il mondo avrebbe dovuto considerare «The Economic Consequences of the Peace».[36]

Monnet sapeva per esperienza che le soluzioni puramente private alle sfide del dopoguerra potevano essere insoddisfacenti senza l'intervento dello Stato e cercò di trovare un compromesso. Le raccomandazioni della Conferenza di Bruxelles riflettevano, quindi, un equilibrio di interessi. In primo luogo, si chiedevano misure attive di contenimento e stabilizzazione fiscale e monetaria. Queste misure erano il prerequisito per l'assegnazione di crediti, gestiti da una Commissione composta da banchieri e uomini d'affari all'interno del Consiglio della Società. A questa Commissione venivano conferiti, per decisione del Consiglio, poteri finanziari superiori a quelli dei governi nazionali.[37] Sebbene questo piano si sia rivelato inefficace e impossibile da attuare pienamente, vi si potevano scorgere elementi che sarebbero risuonati nel Piano Marshall del 1947.

Tuttavia, questa esperienza convinse Monnet fin da subito degli enormi ostacoli nel proporre compromessi tra gli Stati su questioni economiche. Nelle memorie, lamentava il fatto che le soluzioni proposte non avessero ricevuto il pieno sostegno dei governi nazionali.[38]

La nuova Organizzazione Economica e Finanziaria avrebbe beneficiato di una sostanziale autonomia interna al Consiglio, simile a quella dell'Organizzazione Internazionale del Lavoro. Adottata dalla Conferenza e immediatamente approvata dal Consiglio, i lavori iniziarono il 1° dicembre. Durante

35. Si veda Patricia Clavin, *Men and Markets, Global Capital and the International Economy*, in *Internationalisms, a Twentieth-Century History*, a cura di Glenda Sluga e Patricia Clavin, Cambridge, Cambridge University Press, 2017, p. 97.

36. John Maynard Keynes, *The Economic Consequences of the Peace*, London, Palgrave Macmillan, 1920. Sul dibattito sulla stabilità finanziaria all'interno della comunità bancaria in quegli anni si veda Patricia Clavin, *Securing the World Economy*, Oxford, Oxford University Press, 2013; Denise Artaud, *La queztion des dettes interallées et la reconstruction de l'Europe 1917-1929*, Paris, Fayard, 1976; Anhony Adamthwaite, *Grandeur and Misery: Freance's Bid for Power in Europe, 1914-1940*, London, Bloomsbury, 2014; Robert Boyce, *The Great Interwar Crisis and the Collapse of Globalisation,* London, Palgrave Macmillan, 2009.

37. *Art. 9 et 10 of the Annex: International Financial Conference, 1920*, Rapport de la Conférence, Bruxelles, 1920, pp. 27-28, citato in André-Émile Sayous, *Le projet des crédits internationaux de la SdN*, in «Revue économique internationale», 14 (1922), pp. 54-74.

38. Monnet, *Cittadino d'Europa,* p. 71.

la prima Assemblea della Società, tuttavia, gli Stati membri chiesero, per motivi economici, di interrompere ogni creazione di nuove strutture permanenti. Inoltre, l'Assemblea votò per la formazione di un organo di controllo che, sotto il nome di Commissione Noblemaire, avrebbe limitato il campo d'azione del nuovo organismo all'osservazione e al calcolo statistico.

Monnet fu testimone di questi sviluppi, in un Segretariato che lavorava applicando il metodo e le pratiche sviluppate negli anni di servizio di Drummond al Foreign Office. Costui non si sentiva a suo agio di fronte all'idea di Monnet a creare un gabinetto nel senso "francese", perché, secondo lui, un vice prendeva parte alle decisioni del segretario generale solo quando questi era assente.[39]

Inoltre, pur apprezzando i legami stabiliti da Monnet a partire dall'estate del 1919 con diversi ministeri e diplomatici parigini, Drummond aveva qualche riserva su un vice che, nella sua opinione, non esaminava i testi con adeguata attenzione. «Monnet does not enjoy looking over papers and giving the careful consideration to some of the memoranda and specific problems which are presented for the opinion of and action by the Secretary-General».[40] Il lavoro di preparazione della Conferenza di Bruxelles fu svolto principalmente dall'unico assistente di Monnet, il giovane René Cassin, che fu impiegato presso il Segretariato dall'ottobre 1919 al novembre 1920. Quando il coordinamento all'interno dei comitati tecnici cominciò a essere difficile, in particolare a causa dei continui viaggi di Monnet, Drummond decise di nominare Pierre Denis, fino ad allora membro della Sezione politica, come assistente temporaneo del Segretario generale.[41] Denis avrebbe poi ricoperto il ruolo di segretario privato di Felix Calonder, presidente della conferenza tedesco-polacca sul futuro dell'Alta Slesia. A Londra come a Ginevra intorno al segretario generale lavorava un gruppo piccolo di assistenti in continua crescita.

Molte delle persone che animavano il Segretariato erano Normalisti, cosa che Albert Thomas cita come un cliché francese.[42] La loro presenza alla

39. Lubor Jìlek, *Les règlements d'autriche et de haute-silésie*, in *Jean Monnet,* p. 49.

40. Sir Eric Drummond, lettera a Fosdick, 22 gennaio 1920, in Raymond Fosdick, *Letters on the League of Nations*, Princeton (NJ), Princeton University Press, 1966, pp. 110-12.

41. Nota di Drummond, 24 novembre 1921, Fascicolo personale Pierre Denis, Box 60, n. 958, United Nations Library & Archives, Genève.

42. Discorso di Albert Thomas in occasione di una conferenza a Bordeaux nel gennaio 1928, citato in Albert Thomas, *Politique sociale internationale*, Genève, BIT, 1947, p. 134.

Società fu il risultato di decisioni personali di Drummond, come nel caso di Paul Mantoux, Pierre Comert, Robert Haas, Pierre Denis e Henri Bonnet. Erano tutti professori (Mantoux, Denis e Thomas di storia e geografia, Comert di tedesco e Haas di filosofia) e, per la maggior parte, giovani come Monnet.[43] Le scelte di Drummond portarono a una notevole omogeneità, per quanto riguarda la formazione accademica: da parte britannica, storia e lettere classiche erano la regola. Il che pose Monnet in una strana posizione, vista la sua eccezionale e fuori dal comune esperienza.

Al di là della formazione dei singoli, il fallimento della Conferenza di Bruxelles portò a numerose carenze di un organismo che avrebbe dovuto coordinare le attività economiche e finanziarie della Società. Il caso del salvataggio austriaco aiuta a esaminarle, mettendo in luce le modalità e i limiti del ruolo del Segretariato e di Monnet nei primi anni Venti.

A lungo dimenticata, la crisi austriaca suscitò all'epoca un'enorme attenzione internazionale. Si trattò di una crisi nazionale che mobilitò reti finanziarie e umanitarie all'interno della Società delle Nazioni e fuori. Il cuore di quello che era stato un potente impero era incapace di sfamare la sua popolazione. Il governo austriaco dovette affrontare una combinazione di pressioni finanziarie, politiche e sociali che minacciavano di gettarlo nel caos, contagiando le altre repubbliche nate nell'ex territorio imperiale. Nell'ottobre del 1921 il tasso di inflazione mensile era del 46% con la disoccupazione al 33%. Le immagini dei bambini austriaci che morivano di fame ispirarono l'attivismo di donne come Eglantyne Jebb, che fondò Save the Children nel maggio 1919, e le opere d'arte realizzate dagli orfani austriaci adornarono i biglietti di Natale distribuiti dalla Croce Rossa Internazionale nell'ambito della campagna per gli aiuti alimentari alla Repubblica.

Se l'azione delle organizzazioni umanitarie contribuì a portare la crisi della fame austriaca all'attenzione dell'opinione pubblica,[44] un maggiore impegno ufficiale fu richiesto al gruppo che lavorava intorno a Jean

43. L'età di Monnet non era un'eccezione all'interno del Segretariato: Layton, Crowdy, Denis e Rappard avevano quattro anni in più; de Madariaga ne aveva due in più; Walters, Loveday, Sweetser e Bonnet erano suoi coetanei. Gli unici quarantenni del 1920 (Drummond, Colban e Mantoux) sembravano dei patriarchi, almeno agli occhi di Haas, Nixon, Gilchrist, Jacobsson, Quesnay o Montenach che avevano meno di trent'anni al momento della loro nomina.

44. Patricia Glavin, *The Austrian Hunger Crisis and the Genesis of International Organization after the First World War*, in «International Affairs», 90, 2 (2014), pp. 265-278.

Monnet alla Società delle Nazioni. Come detto in precedenza, fu questa rete di finanzieri e tecnocrati formatasi durante la guerra che sviluppò l'idea che la Società potesse essere utilizzata per esigenze economiche comuni. I membri del Consiglio Economico supremo Alleato e i partecipanti alla Conferenza di Bruxelles del 1920 sostennero tutti che la nuova Società delle Nazioni avrebbe dovuto facilitare la cooperazione economica. La crisi austriaca fu una delle ragioni che portarono poi alla creazione, anche se depotenziata, della già citata Organizzazione Economica e Finanziaria all'interno della Società.

I primi tentativi di ottenere finanziamenti sul mercato azionario fallirono clamorosamente tra il 1919 e il 1921. Fu allora che i banchieri internazionali cominciarono a sostenere apertamente le richieste già avanzate da alcuni economisti e funzionari governativi affinché la Società delle Nazioni assumesse un ruolo più diretto nella gestione della crisi. Sebbene gli Stati Uniti non ne facessero parte, contribuirono comunque a determinare il pacchetto di prestiti. Nel 1919, Herbert Hoover, allora a capo dell'American Relief Administration (Ara), sostenne la necessità di una commissione economica che ristabilisse «currency, transportation, the stimulation of production, and the normal flow of distribution… some sort of economic dictatorship».[45] Come durante la guerra, lo staff della J.P. Morgan tornò a giocare un ruolo chiave. Tra i suoi membri figuravano John Pierpont "Jack" Morgan Jr. e Paul Warburg, oltre a Benjamin Strong, presidente della Federal Reserve, e Pierre Jay, direttore del suo consiglio di amministrazione. In Europa, i membri del Consiglio della Società, Gran Bretagna, Francia, Belgio, Italia, Cecoslovacchia, Paesi Bassi e Spagna, garantirono le obbligazioni che sarebbero state commercializzate dalle principali banche austriache a New York e Londra. È essenziale notare che, sebbene i garanti del prestito fossero Stati europei, i contanti provenivano prevalentemente da banche statunitensi e i loro profitti furono generosi.

La crisi finanziaria, la cui fase acuta mise la società e lo Stato austriaco sull'orlo di un collasso senza precedenti nella storia moderna del Paese, richiese infatti diversi piani di soccorso o di riorganizzazione. Nel marzo 1921, Jean Monnet attribuì un'«importance capitale» alla vicenda austriaca, promettendo di «marquer un tournant des développements de la SdN».[46]

45. Hoover a Wilson, 27 giugno 1919, in Clavin, *The Austrian Hunger Crisis*, p. 267.

46. Lettera del 28 marzo 1921, citata da Piétri, *Le rôle de Jean Monnet au Secrétariat de la SdN*, p. 61.

All'inizio, tuttavia, egli fu coinvolto a intermittenza nelle alterne vicende dei diversi piani concepiti dai governi alleati e dei gruppi finanziari di Londra e New York. Joseph Avenol, attaché finanziario presso l'Ambasciata francese a Londra, elaborò le condizioni per l'assistenza della Società, in particolare durante un primo tentativo, intrapreso nel marzo-giugno 1921. Questo era destinato a fallire, in particolare a causa del rifiuto degli Stati creditori di rinunciare ai loro diritti agli asset del Paese. Tuttavia, il deprezzamento della Corona austriaca e il rifiuto, a metà agosto 1922, da parte dei governi alleati di concedere a Vienna nuovi fondi, richiedevano il rinvio della questione a Ginevra. Poincaré e Lloyd George, negoziando a Londra, si appellarono al Consiglio della Società, «because they had no other idea and they had to close».[47]

Nella procedura adottata dal Segretariato, l'influenza dell'intervento personale di Monnet si rivela difficile da determinare appieno: l'analisi delle fonti disponibili non riesce a corroborare l'autenticità delle reminiscenze raccolte mezzo secolo dopo nelle *Mémoires*. Egli in ogni caso a un certo punto si tirò fuori, visto che non partecipò a nessuna delle trenta sessioni in cui gli organi del Segretariato negoziarono i Protocolli di Ginevra, firmati il 4 ottobre 1922.

In termini di garanzia politica collettiva, l'accordo si rivelò difficile da raggiungere a causa dell'impotenza degli Stati nell'affrontare, separatamente, una crisi di tale portata, mentre gran parte del lavoro tecnico fu svolto in parallelo all'interno dell'Organizzazione Finanziaria, sebbene Monnet fosse sistematicamente assente, a differenza dei suoi colleghi Drummond, Salter e Nixon. Composto da banchieri ed esperti finanziari, il Comitato adottò importanti disposizioni per le riforme monetarie, amministrative e fiscali dello Stato austriaco, finalizzando i requisiti per il prestito internazionale.

Il prestito fu avviato solo nel giugno 1923, sei mesi dopo l'uscita di Monnet dalla Società. Dimessosi, si tenne comunque in contatto con la delegazione che si recò a Vienna nel dicembre 1922 per preparare, in accordo con il cancelliere Seipel, l'attuazione del programma. Aiutò soprattutto a supervisionare l'aspetto finanziario dell'operazione a Londra e New York.[48]

Negli ultimi anni trascorsi a Ginevra, il pensiero di Monnet sembrò concentrarsi molto di più sui problemi che le relazioni estere francesi dove-

47. Avenol a Salter, 18 agosto 1922, citata da Nicole Piétri, *La reconstruction financière de l'Autriche, 1921-26,* Genève, Centre européen de la Dotation Carnegie, 1970.
48. Jìlek, *Les réglements d'autriche et de Haute-Silèsie*, p. 59.

vano affrontare. Se fino alla vigilia della Conferenza di Genova nel 1922 era favorevole all'ingresso della Germania nella Società, i termini della sua analisi si irrigidirono sulla scia del trattato di Rapallo. Il problema era il riavvicinamento tra Berlino e Londra, che metteva a repentaglio l'accordo franco-britannico che fino a quel momento aveva garantito i pochi successi della Società. Di fronte al crescente isolamento della Francia, Monnet temeva che l'ammissione della Germania sarebbe avvenuta nonostante l'opposizione di Parigi. Il suo ingresso nel Consiglio, riteneva, «ferait courir un très grand danger au bon fonctionnement de cet organisme ; elle risquerait de lui enlever la force qui, jusqu'à ce jour, a fait son autorité, c'est-à-dire l'unanimité des decisions intervenues», il governo tedesco aveva infatti un «intérêt à détruire le bon fonctionnement» del Consiglio.[49]

Nel contribuire a conferire alla Società nuovi poteri tecnici, Monnet pensava in particolare ai Paesi dell'Europa centrale. La loro fragilità economica e politica richiedeva uno sforzo di coordinamento regionale che doveva essere assunto dalla Società. Al termine del suo soggiorno a Praga, egli delineò un piano d'azione per i Paesi della Petite-Entente e non solo:

> [...] Il faut qu'un programme soit élaboré en dehors d'eux, avec leur collabo ration et présenté sous le couvert d'une autorité plus grande. Je ne crois pas que l'Angola soit le seul à parler et que la France soit la seule à pouvoir le faire. Je suis également convaincu du rôle important que Vienne - malgré sa faiblesse actuelle - peut jouer dans l'ensemble de l'Europe centrale d'un point de vue économique et financier. C'est la seule ville qui ait réellement un organisme financier ou des banques ayant des traditions et un personnel capable d'être à la tête du réseau économique et financier du Centre Europe.[50]

Il risanamento monetario e di bilancio dell'Austria sarebbe stato quindi sostenuto dai mercati finanziari di Parigi, Londra e New York in vista di un consolidamento regionale e, a lungo termine, di una progressiva apertura delle economie nazionali al commercio. Tuttavia, come vedremo, il risultato fu raggiunto solo grazie a meticolosi negoziati a porte chiuse per trovare un compromesso tra le ambizioni geopolitiche britanniche e francesi nell'Europa centrale appena frammentata. La Società delle Nazioni non divenne mai il forum privilegiato per questi negoziati tra le potenze.

49. Nota di Jean Monnet per il ministero degli Affari Esteri, 26 luglio 1922, Fondation Jean Monnet pour l'Europe, Lausanne.

50. Monnet a Bourgeois, 28 giugno 1922, S 834, Dossier personale Jean Monnet, United Nations Library & Archives, Genève.

2. *Una valutazione*

Il 18 dicembre 1922 Monnet si dimise dalla Società delle Nazioni. Le carte d'archivio di Ginevra non menzionano la cosa, se non per la lettera che firmò e consegnò al Segretariato, citando «des obligations de famille».[51] Lo scambio epistolare con Léon Bourgeois non ci illumina ulteriormente, se non per il fatto che quest'ultimo insistette affinché Monnet ritornasse sulla sua decisione, perché «votre départ, scrive, semble de nature à compromettre le développement d'un organisme auquel des tâches si importantes ont été confiées et qui est appelé àse voir demander d'autres efforts».[52] Monnet insiste sui suoi *affaires de famille*. Tuttavia, questa argomentazione non significa affatto che Monnet si sia allontanato dalla Società in modo disincantato – come suggerisce Roussel.[53] Egli, nella sua risposta a Bourgeois del dicembre 1922, affermava di «est plus pénible de quitter le secrétariat en ce moment que la SdN, désormais fermement établie, va voir s'accroître les tâches qui lui sont confiées et que j'aurais été heureux de participerencore à l'effort commun».[54] In altre parole, l'interpretazione che tende a dire che Monnet si lasciò alle spalle il mondo della Società perché ritenne di non poter più vedere fiorire le sue idee va un po' rivista.

L'uomo che, nel dicembre 1922, si mise in viaggio verso le Charentes lasciò una piccola cerchia di funzionari animati come lui da una ferma convinzione collettiva. Una duplice lealtà permetteva a ciascuno di pesare gli interessi particolari degli Stati di fronte a quelli della Società. Tuttavia, era diverso dagli altri per molti aspetti. Organizzatore eccezionale, negoziatore abile e ostinato, ma anche amministratore desideroso di sfuggire alla routine dei compiti quotidiani, Jean Monnet non fu certo un protagonista al centro del dibattito all'origine della nuova istituzione. Giocando sull'ambivalenza dei suoi poteri, sembrava voler creare strutture in cui tecnocrati e politici potessero dialogare per trovare soluzioni, dentro o fuori la Società. Solo in questo contesto la difesa dell'interesse nazionale, oggetto di negoziato all'interno di organismi sovranazionali permanenti composti da esperti, non era un ostacolo alla creazione di legami stabili

51. S 834, Dossier personale di Jean Monnet, 1919, United Nations Library & Archives, Genève.

52. *Ibidem.*

53. Roussel, *Jean Monnet,* p. 105.

54. Monnet a Bourgeois, dicembre 1922, S 834, Dossier personale Jean Monnet, 1919, United Nations Library & Archives, Genève.

tra le principali potenze regionali del mondo. È forse solo qui, nelle sue preoccupazioni per il futuro dell'economia mondiale, condivise dalla sua stretta rete, che si realizza una sorta di Wilsonismo nascosto.

Il fallimento del 1920 evidenziò la necessità di strutture permanenti per i negoziati finanziari; tuttavia, alla fine gli interessi nazionali avevano preso il sopravvento. Nei protocolli austriaci del 1922, i politici presenti all'Assemblea di settembre si preoccuparono solo di evitare disaccordi tra francesi e britannici, cercando di garantire un arbitrato di interessi tra i due Stati. Il Segretariato, da parte sua, in un certo senso suppliva all'assenza di organi permanenti quando, grazie ai suoi team di esperti proponeva alle parti soluzioni che trascendevano gli interessi politici immediati e a breve termine.

In conclusione, nonostante alcune riserve sul suo ruolo e sulla sua portata, non si può trascurare il fatto che la Società abbia favorito l'ascesa di Monnet nella società internazionale. Un elemento che potrebbe anche spiegare l'entusiasmo da parte del giovane. Era ormai un attore noto all'interno dell'élite diplomatica e finanziaria anglosassone, e un amico intimo di Dwight Morrow, il principale rappresentante in Europa di J.P. Morgan. Alcune delle relazioni intricate che avrebbe sfruttato in futuro nacquero a Parigi e a Ginevra durante quei mesi, come quelle con i fratelli Dulles, William Bullitt, stretto collaboratore di Franklin D. Roosevelt e in seguito ambasciatore degli Stati Uniti a Parigi, e John McCloy, avvocato, futuro alto commissario americano in Germania dopo la Seconda guerra mondiale e l'uomo che "salvò" la Comunità Europea del Carbone e dell'Acciaio dal fallimento nelle fasi finali dei negoziati. Un buon istinto portò Monnet a sviluppare anche un rapporto con giornalisti americani come Walter Lippmann. Tutto sommato si può dire che Monnet abbia preso dalla Società più di quanto abbia dato. Il suo peso effettivo durante i quarantadue mesi trascorsi all'interno del Segretariato è meglio testimoniato dalla corrispondenza con Léon Bourgeois, un partner indispensabile il cui ruolo, a tre decenni di distanza, è simile a quello di Robert Schuman. Tuttavia, analizzare con maggiore precisione e profondità l'effettivo ruolo di Monnet all'interno del Segretariato continua a essere un compito complesso, per la parzialità delle fonti e l'assenza di ulteriori testimonianze. Pertanto, la reale influenza di Jean Monnet durante i suoi anni a Ginevra rimane una questione aperta.

4. Banchiere transatlantico e francese extracurricolare

Gli anni Venti e Trenta pongono seri interrogativi a chiunque si occupi di Jean Monnet. Non sappiamo molto dei sedici anni (1923-39) in cui Monnet lavorò come banchiere e poi come investitore, tranne che fu in affari con i più importanti circoli finanziari americani del suo tempo, prima di diventare uno dei padri dell'unità europea. Dalle memorie e dai pochi documenti disponibili emerge un uomo che abbraccia lo stile di vita del banchiere itinerante, che incontra in viaggio membri dell'alta società europea, americana e persino cinese, un uomo transatlantico e transpacifico, ugualmente a suo agio a Parigi, come a Londra, New York, Washington o Shanghai. Nel 1945, Monnet era conosciuto nel mondo degli affari e della finanza come un rinomato banchiere internazionale:

> Ce Français, qui connaît l'anglais comme sa langue maternelle, écrit une revue professionnelle suisse, qui a travaillé avec Blair et Co, une des plus grosses firmes bancaires américaines, qui a encore renfloué le trust suédois des allumettes, Kreuger and Toll, que la République chinoise appela un jour au chevet de sa monnaie malade, vient d'établir un plan que Léon Blum exposa aux Américains.[1]

È quindi interessante rivolgere l'attenzione all'attività di rete di Jean Monnet nel periodo tra le due guerre, su cui verrà costruita poi la sua esperienza bellica. All'epoca Monnet era un broker finanziario, legato ai circoli di New York, Parigi e Londra, alla ricerca di affari vantaggiosi per

1. *Jean Monnet, profil,* in «La Fédération horlogère suisse», 27 giugno 1946, citato in *Jean Monnet banquier*, a cura di Gèrard Bossuat, Fayard, Paris, 2014, p. 87.

J.P. Morgan, Lazard, Blair & Co. e fondatore di una banca d'investimento, la Monnet, Murnane & Co. Tuttavia, questo periodo della sua vita è meno documentato del successivo. Questo capitolo, quindi, serve a comprendere la figura di Jean Monnet nella funzione di banchiere e investitore, cercando di descriverne il ruolo nella sua specificità, analizzando la letteratura esistente e aggiungendo la prospettiva di nuove fonti trovate nei National Archives a Kew (Londra) e negli archivi delle Università di Yale (Connecticut) e Ahmerst (Massachusetts).

1. *Affari di famiglia*

Clifford Hackett, nella sua biografia/cronologia, fornisce un breve resoconto del rapporto di Monnet con l'azienda di famiglia durante gli anni passati alla Società delle Nazioni.[2] Da casa gli arrivò la richiesta di avvicinare Edward Stettinius, all'epoca un alto funzionario della J.P. Morgan a Parigi, e di fargli una proposta su una possibile acquisizione di Mumm, un'azienda tedesca di champagne.[3] Stettinius era sospettoso riguardo a questo affare, e la Federal Reserve sconsigliò a J.P. Morgan la vendita. Alla fine, Mumm rimase in mani tedesche. Questo era un periodo difficile per le vendite di cognac. Nonostante un contratto di esclusiva per il liquore di Monnet in Svezia, l'azienda si trovava in cattive acque a causa dell'effetto del proibizionismo sulla prevista espansione sul continente americano. Le 40.000 sterline offerte a Monnet dalla Hudson Bay Company in segno di apprezzamento per i suoi servizi di guerra vennero dati alla Jean Gabriel Monnet (Jgm) sotto forma di prestito senza alcun interesse o speranza di rimborso. Tuttavia, durante il periodo trascorso alla Società delle Nazioni, Monnet rimase occupato a causa delle questioni dirimenti gestite dal suo ufficio, come il risanamento monetario dell'Austria del settembre 1922. Non sembra che Monnet fosse coinvolto in affari bancari privati in quegli anni, se si esclude il prestito di 130 milioni di dollari all'Austria che supervisionò come commissario della Società.[4]

2. Clifford Hackett, *A Jean Monnet Chronology, Origins of the European Union in the Life of a Founder, 1888 ta 1950*, Washington (DC), Jean Monnet Council, 2008.
3. Ivi, p. 28.
4. Lubor Jilek, *Les règlements d'Autriche et de Haute-Silésie*, in *Jean Monnet,* p. 49.

Le cattive condizioni dell'azienda di famiglia potrebbero far parte di quegli *affaires de famille* citati in precedenza che lo costrinsero a lasciare l'organizzazione. Sua sorella Marie-Louise si era recata a Ginevra per chiedergli di tornare a casa e prendere in carico la Jgm.[5] Un cambio di gestione e una svolta "canadese" nell'espansione americana della società la salvarono dalla rovina. Un altro prestito dell'Hbc, interamente rimborsato nel 1930, e l'accesso al mercato svedese permisero un provvisorio recupero della Jgm e il raggiungimento del profitto nel 1925-26.[6]

Tuttavia, Monnet non rimase per molto a Cognac. Nel 1926 avviò una collaborazione con una banca d'investimento, la Blair & Co. guidata da un famoso broker newyorkese, Elisha Walker.[7] Blair & Co. era una delle principali società americane che stavano investendo nella stabilizzazione monetaria dei nuovi Stati europei, in un periodo in cui la comunità finanziaria statunitense espandeva notevolmente i propri investimenti su scala globale. Poiché l'equilibrio finanziario del continente era minacciato dal vicino collasso della Repubblica di Weimar, dall'inflazione dilagante e dall'inadempienza nel pagamento delle riparazioni di guerra nel 1923, alla fine di quell'anno gli Stati Uniti cominciarono a svolgere un ruolo significativo nel risanamento finanziario della Germania e nella stabilizzazione delle valute europee. Il banchiere e politico Charles Dawes, membro della Commissione alleata per le riparazioni nel 1923, presiedette il comitato internazionale di esperti incaricato di trovare una soluzione alla crisi. Questo comitato elaborò il Piano Dawes nel 1924, che prevedeva finanziamenti statunitensi principalmente attraverso prestiti per rilanciare l'economia tedesca, ridurre il peso delle riparazioni e stabilizzare il marco. Si riteneva che, con la ripresa della crescita economica della Germania e quindi anche delle altre economie europee, si stessero ponendo le basi per la prosperità anche degli Stati Uniti e per un ordine mondiale stabile e pacifico.[8]

Pertanto, a metà degli anni Venti, la piccola comunità di banchieri d'investimento di New York estese i suoi interessi in Europa con il beneplacito del governo, concedendo prestiti alle imprese o ai governi che da soli non erano in grado di ottenere il credito necessario. Gli investimenti

5. Lettera a Monnet, AMD 1/1/2, Fondation Jean Monnet pour l'Europe, Lausanne.
6. Hackett, *A Jean Monnet Chronology*, p. 39-40.
7. Ivi, p. 51; Duchêne, *Jean Monnet*, p. 44; Roussel, *Jean Monnet,* p. 106.
8. Clavin, *Securing the World Economy,* pp. 65-68.

statunitensi in Europa alimentarono un periodo di rapida crescita. Sebbene la maggior parte del denaro provenisse dal libero mercato dei capitali, i consorzi costituiti per ciascuno di questi prestiti avevano il sostegno preventivo delle quattro principali banche centrali, di Regno Unito, Francia, Stati Uniti e Germania, guidate da mai così potenti governatori.[9] Blair & Co. aveva chiesto a Monnet di creare una filiale europea, di cui sarebbe stato vicepresidente sotto l'egida di Chase Nationals, la consociata che si occupava di affari esteri. Poiché Blair & Co. aveva sviluppato durante la guerra legami commerciali con Lazard, attraverso Kindersley, Robert Brand e suo figlio Thomas, Monnet era stato altamente raccomandato.

L'esperienza dal 1926 al 1932 lo introdusse nella comunità finanziaria globale, nelle stanze private in cui si decideva l'entità e lo scopo dei prestiti americani, districandosi tra le rivalità tra banche centrali. Inoltre, gli fornì contatti essenziali in Europa e ampliò la sua rete di americani influenti. René Pleven, poi primo ministro francese all'inizio degli anni Cinquanta, fu il principale assistente di Monnet nelle operazioni finanziarie di Blair & Co. dal 1925 al 1929 e lavorò periodicamente per lui fino al 1940. In seguito, Pleven racconterà quanto abbia imparato dalla sua prima esperienza di lavoro con l'amico di Cognac, un rapporto che portò i suoi frutti nel dopoguerra.[10]

Negli anni Venti, la fascinazione di Monnet per gli Stati Uniti non fece che aumentare. La sua amicizia con importanti avvocati e agenti finanziari di New York come Dulles e Morrow, che allora lavoravano ai prestiti europei, si approfondì durante i lunghi negoziati. Il francese conobbe il giovane avvocato John McCloy, il «Monnet americano», scrive Roussel,[11] che entrò a far parte dello studio legale Cravath di New York nel 1924, grazie a Donald Swatland, compagno di studi di McCloy alla Harvard Law School e avvocato di Blair & Co. Nel 1930 andò a dirigere l'ufficio parigino di Cravath, mantenendo stretti contatti con Monnet.[12] Durante questi anni, Walter Lippmann, il giornalista statunitense di fama mondiale che aveva stretto amicizia con Monnet alla Conferenza di Versailles, divenne, tramite la comune conoscenza di McCloy, «una delle poche persone» che Monnet

9. *Ibidem.*

10. René Pleven, *Temoignage de René Pleven*, in *Temoigrages à la memoire de Jean Monnet*, Losanna, Fondation Jean Monnet pour l'Europe, Lausanne, 1989, p. 391.

11. Roussel, *Jean Monnet*, p. 67.

12. Vedi il carteggio in Monnet Folder, McCloy Papers, Amherst College Library, Ahmerst (MA).

considerava «suo amico».[13] I due uomini corrisposero regolarmente fino alla morte di Lippmann nel 1963 e si incontrarono spesso a Parigi, New York o Washington. Lippmann inviava spesso al francese i suoi articoli del «New York Herald» e Monnet, dopo la Seconda guerra mondiale cominciò a fare lo stesso, inviandogli occasionalmente dichiarazioni politiche da lui scritte nella speranza di ottenere copertura dalla stampa statunitense.[14]

Il lavoro con Blair & Co. si rivelò un'ottima occasione per Monnet di utilizzare e migliorare le sue capacità relazionali all'interno del nuovo ambiente sociale del XX secolo fatto di uomini d'affari, banche d'investimento e giornalisti. Le fonti non chiariscono da dove Monnet abbia tratto questo nuovo interesse per l'*investment banking*. In ogni caso incrementò le sue entrate rispetto al periodo in cui era a capo dell'azienda di famiglia e poté utilizzare proficuamente la sua esperienza presso la Società delle Nazioni e i comitati interalleati durante la guerra, le sue uniche qualifiche all'epoca.

2. *La stabilizzazione monetaria francese, polacca e rumena*

Come primo compito nella sua nuova posizione, Monnet fu consultato per la stabilizzazione del franco, gravemente indebolito dalla fine della guerra. In questo contesto agì da anello di congiunzione informale tra Benjamin Strong, della Federal Reserve, gli ambienti bancari americani e l'omologo di Strong alla Banque de France, Émile Moreau.[15] Monnet era favorevole all'intervento diretto della Banca di Francia per stabilizzare il franco, come disse a Pierre Quesnay, segretario del Comitato di esperti della Banca.[16] La relazione tra i due uomini, approfondita da Renaud Boulanger, è cruciale in questa storia e rappresenta anche un nuovo tipo di rapporto, con alla base una commistione tra interesse privato e pubblico,

13. Monnet a Walter Lippmann, telegramma del 16 aprile 1943, Monnet File, Lippmann Papers, Yale University Archives, New Haven (CT).

14. Lettere di Lippmann a Monnet, 30 settembre 1948, 30 dicembre 1948, 10 gennaio 1949, 1 giugno 1950, Monnet File, Lippmann Papers, Yale University Archives, New Haven (CT).

15. Wells, *Jean Monnet*, p. 56.

16. AMD 1/3/2, Fondation Jean Monnet pour l'Europe, Lausanne, citato in Renaud Boulanger, *Histoire d'une «zone grise», Jean Monnet et Pierre Quesnay (1920-1930)*, Paris, Fayard, 2004.

applicato a una dimensione transnazionale. Assomigliava al tipo di relazione che Monnet aveva creato all'interno della Sdn e dei suoi comitati economici e finanziari. I membri di questi gruppi potevano anche provenire da Stati membri, ma non erano rappresentanti ufficiali dei loro Paesi. Il valore aggiunto di Monnet, un uomo senza alcuna formazione universitaria, fu quindi una sorta di "atlantizzazione" delle soluzioni proposte, senza dubbio un'aria di novità rispetto al conservatorismo della Banque de France. In effetti, le banche americane avrebbero potuto aiutare la Francia a onorare gli accordi sui debiti di guerra con gli Stati Uniti (aprile 1926). L'asse franco-americano avrebbe potuto riequilibrare la pesante influenza di Montagu Norman, governatore della Banca d'Inghilterra, e quella di Hjalmar Schacht, governatore della Reichsbank.[17] Elisha Walker e Monnet proposero di formare un consorzio di banche statunitensi per sostenere la stabilizzazione del franco, ma alla fine il primo ministro Poincaré mise bruscamente fine al tentativo, che scompare dalle fonti. Non era ancora venuto il momento in cui la Francia si sarebbe affidata completamente agli Stati Uniti per ridefinire i propri spazi di sovranità. Blair & Co. guardò quindi ad altri Paesi nel tentativo di capitalizzare sul bisogno europeo di stabilizzazione monetaria. Alla fine degli anni Venti sembravano prendere forma due operazioni: si stavano negoziando due prestiti per la Polonia e la Romania, a cui si aggiungevano la Bulgaria e la Jugoslavia.

I piani di stabilizzazione valutaria per la Polonia furono negoziati con un consorzio di diverse banche americane: Blair & Co., Banker's Trust, Chase National e Kuhn Loeb. Il piano polacco prevedeva di utilizzare le nuove risorse per un programma di riforme economiche interne volto a contrastare l'inflazione e a stimolare la crescita economica. Sebbene la Banca d'Inghilterra fosse stata indebolita dalla Prima guerra mondiale, Montagu Norman credeva ancora nel ruolo dell'istituzione come guardiano finanziario dell'Europa. Pur essendo in buoni rapporti con Norman, Monnet lo considerava un imperialista con un complesso di superiorità.[18] Emile Moreau, invece, sperava di rafforzare le relazioni della Francia con i Paesi dell'Europa orientale come cordone sanitario intorno alla Germania.[19] Ludwik Rajchman, un colto medico polacco che fu direttore sanitario della Società delle Nazioni e futuro

17. Roussel, *Jean Monnet*, p. 116.

18. Duchêne, *Jean Monnet,* p. 47.

19. Emile Moreau, *Souvenirs d'un Gouverneur de la Banque de France. Histoire de la stabilisation du franc (1926-1928),* Paris, Genin, 1954.

presidente dell'Unicef, mise in guardia il suo ex collega francese dai timori dei polacchi che Norman intendesse fare richieste politiche alla Polonia. Rajchman sperava che Monnet, insieme a Blair & Co. avrebbero aiutato la Polonia a resistere alle insistenze britanniche in merito a un'apertura ad una revisione dei confini esistenti con la Germania.

John Foster Dulles, all'epoca a Sullivan & Cromwell a New York, uno dei maggiori studi legali del Paese, era il principale avvocato e consulente legale degli Stati Uniti in questi negoziati. Con l'aiuto dell'amico americano, Monnet riuscì a navigare la rete di rivalità riuscendo a convincere Moreau a fare da contrappeso all'intervento britannico. Alla fine, Strong risolse la disputa britannico-francese prendendo l'iniziativa. Come Moreau annotò nel suo diario, Monnet gli disse che i banchieri statunitensi avevano deciso che la Banca d'Inghilterra non sarebbe più stata il loro unico canale per i prestiti ai governi europei. Nello stabilire un'alleanza franco-americana in questi negoziati finanziari, «it is not clear how much Monnet acted as an American banker or extracurricular Frenchman», conclude Duchêne.[20] In effetti, cominciava a capire che allinearsi con gli americani per superare l'opposizione europea era compatibile con il suo dovere verso la Francia, un tema che torna spesso nei decenni successivi.

Il 3 aprile 1927, un incontro a Calais tra Strong, Moreau, Norman e Schacht portò all'accettazione del piano americano-francese. Monnet organizzò i lavori con l'aiuto di Dulles. Ricevuto in agosto dal maresciallo Piłsudski, Monnet negoziò il tasso del 7% su un prestito di 72 milioni di dollari, di cui 47 milioni provenienti dal mercato finanziario americano. L'accordo fu firmato il 13 ottobre 1927. Le fonti indicano altri due affari che Monnet stava negoziando nello stesso periodo. Nel settembre 1926, Monnet riuscì a organizzare un incontro tra Ivanoff, governatore della Banca Nazionale di Bulgaria, e Strong, per discutere un prestito. La Grande Depressione del 1929 mise fine al tentativo. Nel febbraio 1927, Monnet facilitò un accordo tra Blair e il governatore della Banca di Serbia, Novakovich, per un aiuto destinato a stabilizzare il dinaro. Grazie al prestito polacco, Monnet acquisì una reputazione di competenza e affidabilità. Secondo Rajchmann era «a superb banker, but also a great politician, an expert in European situation».[21]

20. Duchêne, *Jean Monnet,* p. 48.

21. Marta A Balinska, *For the Good of Humanity: Ludwik Rajchman, Medical Statesman*, Budapest, Central European University Press, 1998, p. 124.

Nel gennaio 1929, Monnet divenne il negoziatore per Blair su un prestito concesso alla Romania per stabilizzare la sua moneta. Sebbene la strategia fosse simile a quella del prestito polacco, si rivelò più difficile. L'importo era di 100 milioni di dollari e la disponibilità degli Stati Uniti a investire in titoli stranieri era diminuita dopo le prime avvisaglie di caduta del mercato azionario a inizio anno, anticipazioni del crollo dell'ottobre 1929. Il piano prevedeva una riforma della Banca Centrale e la modernizzazione delle ferrovie.[22] Paribas avrebbe partecipato acquistando titoli di debito rumeni, ma poteva offrire solo 250 milioni di franchi, una cifra esigua rispetto ai 750 milioni attesi dalle banche francesi. Fu raggiunto un accordo sulla somma di 500 milioni di franchi. Queste trattative sono ottimi esempi della complessità che queste operazioni finanziarie avevano raggiunto, l'intreccio tra interessi privati e pubblici, l'atlantizzazione del mercato bancario e la facilità con cui i banchieri attraversavano oceani e confini nazionali. I luoghi in cui venivano negoziati questi prestiti erano New York, Londra e Parigi. Quando, nell'autunno del 1928, Elisha Walker informò Monnet della difficoltà di emettere il prestito rumeno sul mercato azionario di New York,[23] Kindersley di Lazard propose di facilitare l'operazione a Londra. Blair accettò di finanziare 10 milioni di dollari quando Monnet concluse l'affare dopo essersi assicurato il sostegno del Gruppo Kreuger. L'uomo d'affari Ivar Kreuger, il "re dei fiammiferi svedese" e importante cliente di J.G. Monnet promise gli ultimi 30 milioni di dollari necessari per concludere la pratica. Monnet incaricò il collega di McCloy Swatland di Cravath di lavorare sui dettagli del prestito rumeno. Nel frattempo, Kreuger propose di assumere Monnet nella sua società. Monnet rifiutò a causa delle sue responsabilità presso la Blair & Co. Il prestito di 100 milioni di dollari alla Romania fu concesso il 1° febbraio 1929.[24]

3. *Transamerica*

Dopo la stabilizzazione della moneta rumena nel 1929, Monnet raggiunse il suo collega Elisha Walker a New York. Il banchiere era alla

22. Éric Bussiere, *Jean Monnet et la stabilisation monétaire roumain de 1929*, in *Jean Monnet*, pp. 63-76.

23. AMD 2/4/5, Fondation Jean Monnet pour l'Europe, Lausanne, citato in Bussiére, *Jean Monnet*, p. 64.

24. Bussiére, *Jean Monnet*, p. 65.

ricerca di nuove opportunità finanziarie a Wall Street, cercando di trarre vantaggio dalla rapida espansione dei mercati azionari statunitensi. I due trovarono un partner in Amadeo Pietro Giannini, presidente della Bank of America di San Francisco, la più grande rete bancaria a est di New York, con filiali in molti Paesi europei. Nel marzo del 1929 Walker firmò un accordo con la Transamerica Corp., la società partner della Bank of America, per fondersi con la Blair & Co., creando la Transamerica-Blair Corporation, con Walker come presidente e Monnet vicepresidente. Amedeo Giannini, la cui avventura bancaria era iniziata nel 1904 con la Banca d'Italia e che conosceva da vicino Blair & Co., ammirava Elisha Walker e i talenti che la circondavano, come «certains des jeunes cadres énergiques de Walker, comme Monnet, un expert industriel français en charge des opérations à l'étranger».[25]

Il motivo per cui Monnet fu nominato vicepresidente di Transamerica era il modo in cui gli venivano aperte le porte di molti ambienti bancari e politici europei. «Monnet est une sorte d'informateur gris de la Banque de France»,[26] il che gli diede l'opportunità di rafforzare la sua posizione con Blair & Co. portandosi dietro le proprie conoscenze europee, come Pierre Quesnay, divenuto il primo direttore della Banca dei Regolamenti Internazionali (Bri), «pour favoriser la mise en place d'une banque centrale moderne».[27] Transamerica garantiva il futuro come *investment banker*, poiché la sua rete «permet le crédit à court terme par ses banques de dépôts (Banque d'Italie, Bank of America), le crédit à long terme par les émissions (Bank America, Blair), les participations permanentes sous forme d'achats ou souscriptions de titres (Transamerica)».[28] Le azioni di Transamerica passarono da 2 a 25 dollari quando i due uomini assunsero il controllo.[29] Monnet riceveva 50.000 dollari al mese per il suo lavoro e Walker, il presidente, 100.000 dollari.

Tuttavia, quando il mercato azionario crollò il 24 ottobre 1929, Monnet e Walker persero precipitosamente la fortuna che avevano accumulato nei soli cinque mesi di fusione. Nel gennaio 1930 i due uomini scoprirono che le attività dichiarate di Transamerica erano state fraudolentemente soprav-

25. Roussel, *Jean Monnet*, p. 126.
26. Boulanger, *Histoire d'une zone grise*, p. 45.
27. *Ibidem*.
28. *Ibidem*.
29. Marquis James, Bessie R. James, *The Story of Bank of America. Biography of a Bank*, Washington (DC), Beard Books, 2002, p. 297.

valutate.[30] La notizia accelerò la caduta delle azioni della società dai 165 dollari del settembre 1929 ai 2 dollari della fine del 1931. All'inizio del 1932, Walker e Monnet sostennero entrambi che la situazione generale richiedeva la contrazione e la liquidazione di Transamerica, provocando l'idea del socio fondatore, Amadeo Peter Giannini. Giannini li portò in tribunale nel febbraio 1932 per il controllo della società e vinse. Monnet fu costretto a dimettersi da vicepresidente il 15 marzo 1932. Dopo essere stato milionario per un periodo molto breve, osservò: «I may have been good at making money perhaps, but certainly not at keeping it».[31]

Monnet perse anche l'appoggio fondamentale di Ivar Kreuger, che aveva svolto un ruolo chiave nell'assicurare il prestito alla Romania. All'apice della sua carriera, la fortuna di Kreuger era stimata a un valore equivalente a circa 100 miliardi di dollari di oggi. Tuttavia, dopo il crollo del mercato azionario dell'ottobre 1929, divenne impossibile per Kreuger raccogliere denaro per pagare i dividendi, il suo impero crollò e si tolse la vita nel marzo 1932. Dopo il suo suicidio, i creditori americani di Kreuger furono rappresentati da Cromwell & Sullivan che istituirono un consiglio di liquidatori. In seguito alla raccomandazione di John Foster Dulles, Jean Monnet fu scelto per farne parte nel settembre 1932.[32] Il comitato dei creditori riuscì a recuperare solo 2,5 milioni.[33]

Una serie di eventi, tra cui il suicidio di Kreuger, ma soprattutto la morte del senatore Dwight Morrow e il rapimento e la morte del giovane Lindbergh, nipote di Morrow, appesantirono ancora di più l'*annus horribilis* di Monnet. A ciò si aggiunse, naturalmente, il fallimento della Transamerica nel febbraio 1932. Era alla ricerca di un nuovo lavoro.

4. *Jean Monnet in Cina, tra affari e geopolitica*

Proprio alla fine del 1932, Monnet fu avvicinato da Kung Hsiang-hsi,[34] inviato speciale del governo cinese negli Stati Uniti e nei Paesi euro-

30. Marquis James, Bessie R. James, *The Story of Bank of America*, New York, Harper Bros, 1954, p. 310.

31. Duchêne, *Jean Monnet,* p. 51.

32. Hackett, *A Jean Monnet Chronology*, p. 76, Duchêne, *Jean Monnet,* p. 49; Roussel, *Jean Monnet*, p. 132.

33. Duchêne, *Jean Monnet*, p. 49.

34. Noto anche come Dr. H.H. Kung, come è chiamato nelle fonti americane e inglesi.

pei, su richiesta di Tse-ven Soong, ministro delle Finanze e cognato di Chiang Kai-shek leader del Kuomintang e capo del governo nazionalista, per organizzare l'operazione di finanziamento degli investimenti ferroviari in Cina.[35] Soong progettava di creare un consorzio internazionale composto da banche americane ed europee per finanziare la modernizzazione della Cina e collaborava a tal fine con la Società delle Nazioni, attraverso il nuovo Consiglio Economico Nazionale, creato da sir Arthur Salter.[36] Tuttavia nel 1931, dopo l'invasione giapponese della Manciuria, la Società dovette rivedere la sua agenda cinese, lasciando a Soong e a Ludwik Rajchman, l'inviato speciale della Società a Pechino, un margine sufficiente per coordinare i finanziamenti al di fuori del mandato ufficiale. Il polacco aveva visitato la Cina nel 1925 e di nuovo nel 1929, convinto della necessità di un coordinamento degli investimenti stranieri nel Paese e si era unito al suo omologo cinese nel tentativo di liberare la Cina dalla tutela finanziaria del cosiddetto China Consortium, un cartello di banche statunitensi, britanniche, francesi e giapponesi presieduto da rappresentanti dei rispettivi Paesi. Interpellato da Soong, nel 1932, Rajchman raccomandò Monnet come consulente finanziario.[37]

Mentre Kung si trovava a New York, nel novembre del 1932, ricevette un telegramma da Soong, che gli chiedeva di «approach Jean Monnet's bank if he could organize American European Bank groups to finance development in China. Monnet knows of my plans through a Geneva friend».[38] Questo "amico ginevrino" era senza dubbio Rajchman. Il conflitto sino-giapponese avrebbe posto Monnet di fronte a un dilemma simile a quello della Società delle Nazioni nelle sue attività in Cina. Come i cablogrammi del Foreign Office commentavano, dopo la notizia dell'ingaggio di Monnet:

> To plan without consulting the Japanese might precipitate a conflict between the League and Japan, while on the other hand, to consult Japan beforehand might [give] appearance of recognising that she occupies a predominant position in Chinese affairs.[39]

35. Yuichiro Miyashita, *Jean Monnet et l'Extrême Orient (1933-1940)*, DEA Mémoire, Paris, IEP de Paris, 2005.

36. Salter, *Memoirs*, pp. 219-222.

37. M.A. Balinksa *Une Vie pour l'Humanitaire : Ludwik Rajchman 1881-1965*, Paris, La Découverte, 1995, pp. 156-157.

38. Miyashita, *Jean Monnet et l'Extrême Orient*, p. 32.

39. Alexander Cadogan to Foreign Office, 8 maggio 1934, FO 371/18097, National Archives, Kew, London. Nell'analisi del periodo di Monnet in Cina, oltre agli studi dispo-

Dopo che Kung lo contattò a fine 1932, Monnet non diede una risposta immediata. Solo nel marzo 1933 iniziò a contattare incessantemente i funzionari americani del Dipartimento di Stato sul tema di possibili prestiti alla Cina, per i quali intendeva addirittura fare visita al presidente Franklin D. Roosevelt.[40] Tramite Rajchman, Monnet e Soong ebbero un intenso scambio di telegrammi nell'aprile 1933, per organizzare il loro lavoro collettivo di pressione sugli americani.[41]

In qualità di rappresentante cinese a Washington prima della Conferenza economica mondiale di Londra, Soong arrivò a Seattle il 2 maggio e incontrò finalmente Monnet a Chicago la settimana successiva.[42] Il ministro aveva programmato incontri esplorativi con funzionari e banchieri di Wall Street e membri del Dipartimento di Stato. La vera missione di Soong era quella di «obtain the cooperation from the three Western powers [France, Britain and the US] to begin participating in the Chinese reconstruction and to realise if the Western powers could jointly impose sanctions upon Japan».[43]

Il ministro e Monnet continuarono a discutere in giugno, quando si imbarcarono sullo stesso piroscafo per la Gran Bretagna. Il 14 avevano un appuntamento alla Lazard Banks con Robert Brand, Kindersley e il finanziere britannico Charles Addis. Lo scopo di Soong a Londra era quello di fare di Lazard l'unico intermediario in Inghilterra per gli acquisti cinesi, un accordo che probabilmente fu facilitato dalla relazione di Monnet con la banca. Proprio in questo frangente la banca londinese concesse un prestito sostanzioso a Monnet[44] e si può ipotizzare che, in cambio di questo sostegno finanziario, la banca si aspettasse che egli generasse affari in Cina o comunque ne convogliasse una parte verso di loro. Il 13 luglio, Soong ricevette mandato da Chiang Kai-shek di firmare un contratto di prestito con il governo statunitense al fine di acquistare grano e cotone negli Stati Uniti.[45] Per l'intera durata dei negoziati, Monnet tenne informata l'ambasciata francese a

nibili di Miyashita e Su, si aggiungono cablogrammi e lettere tra agenti e ufficiali inglesi in contatto sa con il francese che con il Foreign Office, trovati ai National Archives di Kew, London.

40. Hackett, *A Jean Monnet Chronology*, pp. 61-62.

41. AMD 1/1/4, Fondation Jean Monnet pour l'Europe, Lausanne.

42. *Ibidem.*

43. Hungdah Su, *The Father of Europe in China: Jean Monnet and the creation of the CDFC (1933-1936),* in «Journal of European Integration History», 13, 1 (2007), pp. 9-24.

44. Duchêne, *Jean Monnet*, p. 47.

45. Hungdah Su, *The Father of Europe in China*, p. 15.

Washington di tutti gli sviluppi. Questo prestito fu senza dubbio una vittoria per il Kuomintang. Inoltre, Roosevelt e Soong rilasciarono una dichiarazione congiunta il 17 luglio. Entrambi erano preoccupati per «the serious developments in the Far East which have disturbed the peace of the world during the past two years».[46] Il Consorzio che aveva messo sotto tutela la Cina per molti anni lasciava ora spazio a una nuova entità, per la quale i cinesi volevano il contributo di Monnet e delle sue influenti conoscenze.

L'offerta di Soong comprendeva un compenso di 150.000 dollari l'anno, oltre a fondi per coprire le spese per gli uffici di Monnet in Cina, Parigi, Londra e New York relativi al piano di ricostruzione e per le spese di cablaggio e di viaggio.[47] Lo stesso giorno, Monnet scrisse ai liquidatori di Kreuger & Toll che si dimetteva da membro del loro consiglio.[48] Monnet non condivideva la passione di Rajchman per la Cina. Negò costantemente che le sue attività nel Paese fossero parte dei preparativi cinesi per la resistenza contro il Giappone. Anzi, simpatizzava in una certa misura con l'espansione giapponese in Cina durante il periodo interbellico. Credeva che l'aggressione derivasse dalla paura profondamente radicata del gigante continentale vicino, anche dopo la conquista della Manciuria.[49] «His aim is», scrisse un diplomatico britannico in Cina, «obviously to steer it as clear as possible away from the political rocks and place it on sound economic foundations, but that is no easy matter at the present moment».[50]

Monnet presentò a Soong le sue prime idee, che miravano a «investigate the question of raising fresh money for large-scale undertakings in China».[51] Monnet consigliò al ministro cinese di creare una società internazionale «in which the Chinese Government would participate together with leading American and European groups including industries and Banks».[52] Soong, a nome del governo cinese, e Monnet avevano già redat-

46. Memorandum, 21 marzo 1934, China 1930-1939, Reel 7, Confidential U.S. State Department General Records, U.S. National Archives, College Park (ML).

47. AMD 1/1/6,10,14, Fondation Jean Monnet pour l'Europe, Lausanne.

48. Hackett, *A Jean Monnet Chronology,* p. 63.

49. Miyashita, *Jean Monnet et l'Extrême Orient,* pp. 145-146.

50. Beale to Foreign Office, 11 giugno 1934. FO 371/18078, National Archives, Kew, London.

51. Ingram to Foreign Office, 1° marzo 1934, FO 371/18097, National Archives, Kew, London. I continui contatti di Monnet con gli inglesi garantiva un flusso di informazioni continuo con Londra e una fondamentale fonte di informazioni per il Foreign Office.

52. AMD 1/1/5, Fondation Jean Monnet pour l'Europe, Lausanne.

to due memorandum nel maggio 1933 che illustravano la sua idea di creare la suddetta società internazionale. Tuttavia, non riuscirono a escludere i giapponesi da questo progetto e, a causa delle regole del Consorzio stesso, l'offerta fu rifiutata sia dagli inglesi che da J.P. Morgan,[53] paralizzando il piano di Monnet per mancanza di sostegno finanziario.[54]

Per compensare questa perdita, nel luglio 1933 Monnet modificò il piano originario rafforzando il ruolo del comitato consultivo. In primo luogo, la sede del comitato fu spostata da Shanghai a Londra, per essere vicina ai centri finanziari della City. Ciò avrebbe rafforzato le funzioni finanziarie del comitato, anche se a scapito del ruolo del governo cinese. In secondo luogo, Monnet avrebbe assunto la direzione di questo comitato.[55] In terzo luogo, quest'ultimo sarebbe stato un'organizzazione non governativa composta da importanti finanzieri e industriali, escludendo qualsiasi rappresentanza degli Stati, compresa la Cina.[56] Monnet insistette affinché il Giappone partecipasse al comitato, ma Soong ritenne che fosse politicamente impossibile. Alla fine fu concordato tra lui e Monnet che avrebbero potuto «form an original group with the idea of subsequently inviting Japan to join when political relations between China and Japan had improved».[57] Il 9 agosto 1933, Soong emise il seguente comunicato:

> I have been considering possibility of forming international group of high standing and wide experience to advise Chinese Government as to how Chinese and foreign capital can cooperate to best advantage in reconstruction China. Chinese people recognize its magnitude and realize fully that reconstruction can be carried out only with cooperation of world. Everything being done to establish community of interest between ourselves and all foreign interests which wish cooperated in the work.[58]

53. *Ibidem.*

54. Hungdah Su, *The Father of Europe in China,* p. 17.

55. *Ibidem.*

56. Corbin à Paul-Boncour, 28 luglio 1933, Série Asie 1918-1940, Sous-Série Chine Finances Vol. 848; "Lettre de Soong au Ministre des Affaires étrangères, le 20 juillet 1933", Soong à ministre, 20 luglio 1933, vol. 845, Centre des Archives diplomatiques de La Courneuve, citate in Hungdah Su, *The Father of Europe in China*, p. 15.

57. Drummond to Francis, 27 aprile 1934 FO 371/18078, National Archives, Kew, London.

58. New York à Paris, 8 agosto 1933, Série Asie 1918-1940, Sous-Série Chine Finances, vol. 848, Centre des Archives diplomatiques de La Courneuve, in Hungdah Su, *The Father of Europe in China*, p. 16.

«La dernière phrase de ce communiqué», disse Monnet a Henri Cosme del Quai d'Orsay, «a été considérée comme incitant les financiers japonais à coopérer à la reconstruction de la Chine». Fu formulata su insistenza di Monnet.[59] Tuttavia, altre banche e i loro finanziatori esitavano ancora a sottoscrivere il piano di Monnet. Il ministro delle Finanze francese, tenendo conto della situazione finanziaria cinese, consigliò al Quai d'Orsay di adottare un atteggiamento prudente nei confronti della proposta. Secondo la Legazione francese in Cina, il «projet de Monnet est en contradiction avec les principes établis et les règles du Consortium», ed era «difficile de croire que les puissances européennes adoptent une politique de reconstruction chinoise avec laquelle le Japon n'est pas associé».[60] L'ufficio di Londra del China Consortium diede lo stesso parere alle banche partecipanti. «Our obligations to our Japanese associates are considered to be a bar to our participation in the proposed new international organisation for operation in China from which the Japanese are excluded».[61] L'incapacità di convincere i giapponesi ad accettare anche questo progetto si rivelò la sua fine. In queste circostanze, nessuno dei principali finanziatori europei contattati da Monnet tra il luglio e l'agosto 1933 accettò di partecipare al comitato consultivo proposto. sir Charles Addis, al tempo governatore della Hong Kong & Shanghai Bank, declinò l'invito di Monnet il 27 luglio 1933.[62] Thomas W. Lamont, allora presidente della J.P. Morgan, che anche in passato aveva esitato a sostenere i progetti di Monnet, decise di non partecipare il 28 agosto.[63]

Dopo questo tentativo fallito, accompagnato da David Drummond, figlio di Eric, Monnet arrivò a Shanghai con sir Arthur Salter il 21 novembre 1933, subito ricevuto da Soong nella sua residenza privata.[64] Salter era stato incaricato dalla Società delle Nazioni di redigere un rapporto sull'economia cinese.[65] Soong si era dimesso da vice primo ministro e ministro delle Finanze ed era stato nominato ministro senza portafoglio, con l'incarico di concentrarsi sulla ricostruzione economica nazionale. Egli si

59. *Ibidem*.

60. *Ibidem*.

61. Communique, FO 371/18078, National Archives, Kew, London.

62. Addis to Kindersley, 27 luglio 1933. FO, 371/18078, National Archives, Kew, London, in Hungdah Su, *The Father of Europe in China*, p. 17.

63. Miyashita, *Jean Monnet et l'Asie,* p. 57.

64. Duchêne, *Jean Monnet*, p. 52.

65. Salter, *Memorie*, p. 223.

accordò con il rappresentante della Banca d'Indocina, Henri Mazot, per ospitare Monnet e i suoi colleghi nell'enclave francese della città. L'area, con i suoi ristoranti e caffè, ricordava al francese «L'atmosfera di una città di provincia francese».[66] Fu durante la conversazione con un funzionario della legazione britannica, il 27 febbraio 1934, che nacque l'idea di organizzare una società finanziaria puramente cinese, con la quale qualsiasi gruppo finanziario internazionale avrebbe potuto collaborare. Monnet si disse convinto che

> it was necessary to form here some kind of financial corporation to be organised by a combination of the principal banks themselves. This was to be a body to deal with finance as opposed to banking – a body with which financial interests in London, Paris, New York, Tokyo etc. could deal when it came to any question of large scale of operation in China.[67]

In breve, la nuova idea di Monnet si basava su due principi «which might be termed Chinese self-help and freedom for any foreign interests to collaborate in the economic reconstruction».[68] Egli intendeva creare in Cina un ente finanziario come J.P. Morgan o Kuhn Loeb's in America, o Lazard e Schroeder a Londra.[69] Il 6 marzo Monnet presentò questa idea all'attaché commerciale britannico a Shanghai, sir Louis Beale. Egli disse al diplomatico britannico che quattro banche di Shanghai[70] avevano accettato di sostenere il suo progetto. Sebbene Monnet fosse consapevole delle crescenti pressioni giapponesi che minacciavano di far fallire il suo piano, decise di «be retained in China sufficiently long to finish the proposition of his plans regarding the Finances Corporation and Railway Reform».[71] Per dissipare l'ostilità giapponese, il 10 marzo Monnet e Drummond invitarono a cena Yakichiro Suma, il console generale giapponese in città, al quale Monnet cercò di spiegare il suo piano.[72] Suma rifiutò categoricamente le idee di Monnet e concluse

66. Monnet, *Cittadino d'Europa*, p. 86.

67. Ingram to Foreign Office, 6 aprile 1934, FO 371/18078, National Archives, Kew, London.

68. *Ibidem.*

69. Dodd to Cadogan, 8 maggio 1934, FO 371/18078, National Archives, Kew, London.

70. Le "quattro grandi" banche governative dell'epoca erano la Central Bank of China, la Bank of China, la Bank of Communications e la Farmers Bank of China. Vedi Yishiguro Miyashita, *Jean Monnet et l'Asie*, p. 66.

71. Minister on tour to Foreign Office, 10 marzo 1934. FO 371/18078, National Archives, Kew, London.

72. AMD 6/1/5, Fondation Jean Monnet pour l'Europe, Lausanne.

che il piano di modernizzare la Cina con l'aiuto di finanziamenti internazionali avrebbe portato alla colonizzazione europea del Paese.[73] Ciò pose fine a qualsiasi possibile alleanza tra Monnet e Suma, poiché quest'ultimo era convinto fin dall'inizio che il piano di Monnet non fosse altro che una parte del complotto internazionale per escludere il Giappone dalla Cina.[74]

Il Giappone rimase un grave ostacolo al piano di Monnet perché i suoi funzionari erano ostili a qualsiasi penetrazione straniera in Cina che rivaleggiasse con la loro. Sebbene fosse arrivato a Shanghai come privato, l'associazione di Monnet con Rajchman rese difficile per i giapponesi credere che Monnet operasse indipendentemente dal medico polacco. Diffidavano delle ripetute rassicurazioni di Monnet a Suma sul fatto che non lavorasse come rappresentante della Società delle Nazioni. I sospetti su Monnet e sui suoi sforzi per stimolare lo sviluppo cinese derivavano anche dalla sua stretta associazione con Soong, che i giapponesi non vedevano di buon occhio perché voleva escludere il loro Paese da iniziative di investimento in Cina.[75] Pienamente consapevole del problema, Monnet si preoccupò di tenere informato Suma in ogni fase. Tuttavia, il governo giapponese rimase della stessa opinione e insistette per avere voce in capitolo. Pretendeva inoltre che le altre potenze riconoscessero le sue pretese imperialistiche in Cina e che il governo nazionalista di Chiang Kai-shek firmasse un accordo commerciale preferenziale.[76] Il 17 aprile 1934, il capo della Sezione Informazioni del ministero degli Esteri giapponese rilasciò una dichiarazione in cui affermava che

> we oppose any attempt on the part of China to avail herself of the influence of any other country in order to resist Japan. Any joint operations undertaken by foreign Powers even in the name of technical or financial assistance at this particular moment after Manchurian and Shanghai incidents are bound to acquire political significance.[77]

73. Drummond to Foreign Office, 21 maggio 1934. FO 371/18098, National Archives, Kew, London.

74. Dodd to Foreign minister, 12 giugno 1934. FO 371/18078, National Archives, Kew, London.

75. *Ibidem.*

76. Hungdah Su, *The Father of Europe in China*, p. 24.

77. Secretary of State for Dominion affairs to the secretary of State for External Affairs Canada, the prime minister of the Commonwealth of Australia, etc., 21 aprile 1934. FO 371/18097, National Archives, Kew, London.

I giapponesi non solo erano preoccupati per le attività di Monnet e Soong, ma temevano anche che gli Stati Uniti desiderassero un ruolo di primo piano in Cina e ritenevano che dietro Monnet si celasse il potere finanziario statunitense.[78] La dichiarazione, come già detto, sconvolse Monnet e il governo inglese, poiché il Giappone condannò esplicitamente ogni cooperazione tra la Cina e le altre potenze. Temendo di far infuriare i giapponesi, le potenze occidentali decisero di reagire individualmente e con discrezione.[79] Sebbene, fin dall'inizio, Monnet avesse tenuto Rajchman ben informato di tutte le sue attività in Cina, il medico polacco omise le parti relative agli sforzi di Monnet dalla versione pubblicata del rapporto presentato a Ginevra il 9 maggio 1934, per evitare che la Società fosse considerata coinvolta nelle attività finanziarie di Monnet in Cina e che questo elemento turbasse i giapponesi.[80]

Dopo il fallimento nell'ottenere il supporto del Paese del sol levante, il suo piano fu visto con sospetto anche dai funzionari che rappresentavano i governi francese e britannico a Nanchino e Shanghai. Il diplomatico francese ed esperto di Asia Henri Hoppenot, che diffidava di Rajchman, temeva che la Cina non fosse in grado di attuare le riforme necessarie per far funzionare il piano di Monnet.[81] Con l'approvazione del segretario generale del ministero degli Esteri francese a Parigi, Philippe Berthelot, Hoppenot ordinò a Philip Baudet, il console francese a Nanchino, di parlare con Monnet a Shanghai e di riferire sulle sue attività. Baudet informò il suo governo che i piani del francese erano avventurosi, illusori, fragili e avevano poche possibilità di essere attuati.[82] Baudet avvertì che, sebbene le banche private cinesi avessero sottoscritto il progetto di Monnet, le somme erano insufficienti e avrebbero quindi impedito agli investitori stranieri di ottenere le necessarie garanzie sui loro investimen-

78. Si vedano gli scambi: Lindsay to Foreign Office, 24 aprile 1934 FO 371/18097, National Archives; Foreign Office to Lindley, 23 aprile 1934, FO 371/18097; Aide-Memoir from the U.S., 4 maggio 1934, FO 371/18097; Simon to Foreign Office, 4 maggio 1934 FO 371/18097, National Archives, Kew, London.

79. *Ibidem.*

80. Baliska, *Luwig Rajchman*, p. 124.

81. Hoppenote au ministrere, 18 maggio 1934, Série Sdn, Sous-série Chine Finances, vol. 2034, Centre des Archives diplomatiques de La Courneuve.

82. Note, 15 giugno 1934 Série Sdn, Sous-série Chine, vol. 2034, Centre des Archives diplomatiques de La Courneuve, citata in Hungdah Su, *The Father of Europe in China*, p. 24.

ti. Il console espresse anche i suoi dubbi sulla volontà dei cinesi di pagare i debiti in sospeso e sulla possibilità di superare le resistenze giapponesi; se i giapponesi avessero permesso la creazione della banca proposta da Monnet, sosteneva Baudet, c'era la possibilità che i finanziatori cinesi esercitassero pressioni per non rimborsare e quindi far evaporare le garanzie degli enti stranieri.[83]

Persino i dispacci di Drummond che difendevano e spiegavano il piano del collega al Ministero degli Esteri britannico furono accolti con sospetto. Il funzionario del Foreign Office Alexander Cadogan scrisse che credeva «the reports that Monnet's plan existed only on paper and that its author, while being a capable financier, had no sense of political realities».[84] Altri funzionari britannici ritenevano che il francese fosse sfuggente, fastidioso e temerario. Si lamentarono anche della riluttanza dello sponsor politico cinese di Monnet, Soong, a rivelare la sua dipendenza dalle istituzioni finanziarie britanniche. Tuttavia, sfidando i suoi concorrenti e gli scettici, Monnet mantenne la parola data. Con un capitale di 10 milioni di dollari, la Cdfc, China Development Finance Corporation, fu creata

> to assist and to cooperate with the Government organs, foreign and Chinese banks and other organizations in supporting various public and private enterprises, developing agricultural, industrial and commercial interests, handling loans for the benefit of the above, and executing such business as handled by trust concerns.[85]

Monnet e Soong, a nome della Cdfc, firmarono un contratto il 3 luglio 1934. Monnet fu nominato da quest'ultimo rappresentante esclusivo della Cdfc in Europa e negli Stati Uniti, dove la sua missione era quella di stabilire e mantenere rapporti con i principali mercati finanziari.[86] Affinché Monnet potesse svolgere il suo lavoro, fu autorizzato a nominare dei rappresentanti in Europa e negli Stati Uniti, In cambio, Monnet avrebbe ricevuto uno stipendio annuale di 50.000 dollari americani e il 7,5% dei profitti.

83. *Ibidem*.

84. Cadogan to Foreign Office, 18 giugno 1934, FO 371/18097, National Archives, Kew, London.

85. Articolo 11 dello Statuto del Cdfc AMD 2/1/1, Fondation Jean Monnet pour l'Europe, Lausanne.

86. Hungdah Su, *Jean Monnet e la Chine*, p. 22.

5. *Monnet, Murnane & Co.*

Tuttavia, nel 1934-35, Monnet aveva bisogno di ripristinare la sua credibilità e la fiducia nei circoli finanziari occidentali. I documenti conservati presso i National Archives mostrano il disprezzo e persino la derisione dei funzionari del Foreign Office per il suo tentativo di creare un coordinamento centralizzato in Cina senza i giapponesi. Dopo aver lasciato la Cina nel luglio 1934, Monnet iniziò a riattivare la sua rete negli Stati Uniti e in Europa per cercare di sfruttare ogni possibilità di finanziamento per gli investimenti della Cdfc. Il 18 febbraio 1935, Monnet annunciò la formazione della partnership Monnet, Murnane & Co. di diritto canadese. George Murnane era socio della banca d'investimento Lee, Higginson & Co. di Boston e un vecchio amico di John Foster Dulles. Aveva già conosciuto Monnet durante la Prima guerra mondiale, quando era vice commissario della Croce Rossa statunitense in Francia nel 1917. Murnane era stato vittima del crollo dell'impero di Kreuger perché la sua banca aveva investito molto nelle imprese dello svedese.

Entrato nel consiglio di amministrazione di Transamerica, come Monnet, aveva perso il suo investimento ed era stato rimosso dal consiglio. Oltre ai due soci, la nuova società di consulenza era composta da David Drummond a Londra, Pierre Denis a Parigi e Henri Mazot a Shanghai, anch'essi vittime del naufragio cinese. «This network affords me», scrisse Monnet a Robert Brand della Lazard a Londra, «a basis which will enable me to carry on my work in an organised way»[87] Del resto, Monnet, Murnane e Co. non avrebbe potuto essere creato senza l'aiuto finanziario dei fratelli Dulles, John e Allen. Lo stimato avvocato newyorkese si era sempre preoccupato del benessere del suo amico francese, che considerava uno degli uomini più brillanti che conosceva. Dulles aveva convinto William N. Cromwell, socio della Sullivan & Cromwell, a unirsi a lui per investire nella piccola società. Dulles sostenne che questa «should produce a large amount of legal business for us» e investì personalmente 25.000 dollari, mentre chiese alla propria società di investirne 50.000. Dulles, che aveva fiducia nel talento commerciale di Murnane e Monnet, scrisse a Cromwell di aver «taken the initiative to bring the two men together because he felt they would make an ideal combination and

87. Monnet a Brand, ADS 4/1/1, Fondation Jean Monnet pour l'Europe, Lausanne.

that they would be exceedingly successful».[88] Sebbene Cromwell avesse dei dubbi sull'impresa, scrisse a Dulles che si sarebbe unito a lui. Tuttavia, aggiunse: «My motive is solely to help the firm and yourself», aggiunendo che il suo consenso dipendeva dalla rassicurazione di Dulles che questa società «will not constitute a partnership with us». Cromwell spiegò che era preoccupato dal fatto che «both Monnet and Murnane had reached middle age and neither has been able to accumulate but meagre personal assets». Inoltre, sosteneva che «their death, retirement or incapacity would inevitably result in loss of all our investment unless you somehow protect us by life insurance».[89] Dulles e Cromwell accettarono infine di investire 100.000 dollari nella Monnet, Murnane, & Co. con sede nella Prince Edward Island, in Canada.

Monnet non dimenticò gli impegni sottoscritti con Soong e la Cdfc. Nel dicembre 1936 fu firmato un contratto con la Banca Franco-Cinese per il Commercio e l'Industria per collaborare a progetti di investimento in Cina. La Banque de Paris avrebbe guidato questo gruppo insieme a Lazards e la Banca dell'Indocina.[90] Monnet stabilì anche una partnership tra la Cdfc e le ferrovie belghe nel 1937. I prestiti furono emessi per finanziare diverse linee. Monnet e Murnane assistettero in particolare la Cdfc con la linea Chengdu-Chungking e la linea di 600 chilometri dalla costa a Xian. Per ragioni strategiche, Chiang Kai-shek e Soong erano determinati a stabilire le migliori comunicazioni possibili tra la Cina, la Birmania e l'Indocina francese. Per facilitare le transazioni finanziarie in Cina, probabilmente anche per motivi fiscali, nel luglio 1937 Monnet costituì una nuova società, che mantenne il nome Monnet e Murnane, ma rimase autonoma dalla prima, la Monnet&Murnane Limited, registrata a Hong Kong con un capitale di 10.000 dollari. Jean Monnet ne fu presidente fino al febbraio 1940.[91]

Tuttavia, tra la fine del 1935 e l'inizio del 1936, l'interesse di Monnet per la Cdfc cominciò a diminuire. Le sue imprese non si erano dimostrate

88. Dulles a Cromwell, cable, January 30, 1935, Murnane File, John Foster Dulles papers, Princeton University Library, Princeton (NJ).

89. Cromwell to Dulles, cable, February 2, 1935, Murnane Files, John Foster Dulles papers, Princeton University Library, Princeton (NJ).

90. Accordo, 37.04.22, Nota scritta a mano da Monnet: *Testo finale firmato*. AMD 2/2/14, Fondation Jean Monnet pour l'Europe, Lausanne, in Miyashita, *Jean Monnet et l'Asie*, p. 256.

91. Hackett, *A Jean Monnet Chronology*, p. 132.

molto redditizie e Soong aveva disatteso alcune promesse di pagamento nei suoi confronti. Di conseguenza, Monnet decise di lasciare definitivamente la Cina nel gennaio del 1936 e riportò la famiglia a New York. Affittò un comodo appartamento con vista su Central Park, dal quale poté dirigere gli uffici newyorkesi dell'azienda, anche se gli affari in Europa lo tenevano per lo più a Parigi. Murnane era vicepresidente di un'altra holding, la United Continental Corporation, creata per amministrare le partecipazioni degli investitori stranieri in Germania. Il presidente era ancora una volta John Foster Dulles. Su iniziativa di Dulles, Murnane e Drummond negoziarono la vendita di gran parte della fortuna, soprattutto miniere di carbone, della famiglia Petschek a importanti interessi tedeschi. La vendita fu completata nel 1938 per salvare parte del patrimonio di questa famiglia ebrea cecoslovacca ed evitare la sua confisca da parte dei tedeschi dopo la fuga della famiglia negli Stati Uniti. La famiglia Petschek ottenne 6,25 milioni di dollari, solo un quarto del suo patrimonio originale. Lo studio guadagnò 250.000 dollari dalla vendita, la più grande commissione mai ricevuta. Murnane si impegnò anche, in caso di guerra, a proteggere i beni dell'American Bosch, una filiale dell'azienda tedesca. Duchêne afferma che Monnet non fu coinvolto in questi accordi, poiché Murnane intuì che un «indirect contact» con un'azienda tedesca, soprattutto mentre cercavano di salvare in parte il patrimonio di una famiglia ebrea «might have been distasteful» per il suo partner francese.[92] È certo, come sarà dimostrato nei capitoli successivi, che questo accordo portò molti negli Stati Uniti a sospettare di Monnet durante la Seconda guerra mondiale, in particolare Henri Morgenthau, segretario alla Guerra di Roosevelt, che nel 1941 avrebbe avviato un'indagine per accertare le specifiche relazioni dei «devious bankers» con i tedeschi.

Una volta rientrato a New York all'inizio del 1936, Monnet non aveva ancora abbandonato del tutto i propri interessi cinesi: la collaborazione con la Cdfc continuò ancora per diversi anni attraverso un agente locale. Tuttavia, a causa della guerra civile, che rese precaria la situazione politica ed economica della Cina alla fine degli anni Trenta, le transazioni non generarono le entrate previste dai due soci e dai loro investitori. Inoltre, le relazioni tra Monnet e Soong erano entrate in crisi sulla questione di diversi pagamenti in sospeso. Scoraggiato dalla mancanza di successi finanziari in Cina, Monnet trascorse più tempo a Parigi che a New York durante i suoi

92. Duchêne, *Jean Monnet*, p. 67.

quattro anni di lavoro presso lo studio. Di conseguenza, potè riallacciare rapporti con funzionari e politici francesi, occupando un ruolo sempre meno attivo nella partnership con Murnane. Il definitivo ritorno al servizio del suo governo, nel settembre 1939, modificò radicalmente il rapporto con MM & Co., che però sarebbe terminato ufficialmente solo nel 1949.

Durante questi sedici anni, Monnet era diventato un banchiere con un forte interesse per questioni monetarie e infrastrutturali. In questi capitoli com'è evidente non c'è un piano per l'Europa unita, e negli archivi non c'è nulla che indichi una sua partecipazione al dibattito sul Piano Briand per un'Europa Unita nel 1929. Il suo lavoro l'aveva portato invece al centro della scena della finanza globale, anche se guidato da una certa ingenuità che lo rese cieco davanti alla realtà della geopolitica dell'Estremo Oriente. In ogni caso, in questo periodo, la sua esperienza dimostra come gli interessi privati del mondo finanziario fossero sempre più intrecciati con gli affari pubblici, in una commistione che si traduceva in un sistema non trasparente di porte girevoli. Monnet era del tutto a suo agio in questa "zona grigia" tra interessi nazionali e progetti sovranazionali, tra approcci informali e diplomazia ufficiale.

Nel racconto della sua esperienza cinese si intravedono già elementi di un altro piano di modernizzazione, quello della Francia iniziato nel 1946, la stessa determinazione a sfruttare la crescente globalizzazione del mercato dei capitali al fine di creare occasione di sviluppo economico e generare profitto per i suoi amici e colleghi. Le fonti non rispondono però all'«enigma Monnet», come lo chiama Roussel.[93] Perché non continuò la sua carriera come banchiere? Come accadde che nel giro di qualche anno si trovò a coordinare l'acquisto di aerei da parte dei governi francese e inglese, proporre un trattato di Unione tra i due Paesi, fare da consulente per il Victory Program e Lend-Lease fino a partecipare al Comitato Francese di Liberazione Nazionale? La risposta a queste domande non è semplice, come emergerà nei capitoli successivi.

93. Roussel, *Jean Monnet*, p. 34.

5. Monnet, gli americani e il triangolo transatlantico

Ottobre 1939. Erano passati quarantacinque giorni dalla dichiarazione di guerra di Francia e Regno Unito alla Germania. Il primo ministro francese Eduard Daladier, preoccupato, inviò una lettera al suo omologo di Downing Street, Neville Chamberlain.

> Mon cher Premier Ministre, Nous sommes entretenus à Brighton de la question si important de la coordination de l'effort économique de guerre de nous deux pays, et nous avons convenu que toutes les dispositions utiles devaient être prises non seulement pour établir cette coordination mais aussi pour aboutir dans la plus grande mesure possible à une action commun. Monsieur Jean Monnet a tenu compte des conversations qu'il a eues au cours des six derniers mois avec les différents ministres britanniques et, sur la base de ces échanges de vues, je vous propose que nos deux gouvernements se mettent d'accord pour adopter immédiatement les propositions suivantes.[1]

Segue uno schema di possibili meccanismi per coordinare lo sforzo bellico franco-britannico in campo economico. Si tratta di un noto documento di diverse pagine, il cui originale è archiviato tra le carte del ministero degli Affari Esteri a Parigi. Questa lettera si trova, non casualmente, anche presso l'archivio della Fondation Jean Monnet pour l'Europe di Losanna.

1. Lettera di Eduard Daladier ad Arthur Neville Chamberlain, 18 ottobre 1939, AME 2/3/1 Fondation Jean Monnet pour l'Europe, Lausanne.

Il 17 ottobre Daladier aveva ricevuto un rapporto urgente da Jean Monnet, rivisto dai suoi collaboratori Hervé Alphand ed Emmanuel Monick, l'addetto finanziario francese a Londra, ora archiviato come *Projets pour la letter de Daladier à Chamberlain.*[2]

Il promemoria delineava già ciò per cui Daladier sollecitava l'approvazione del primo ministro britannico, ovvero l'istituzione di comitati esecutivi permanenti che si occupassero di varie aree di sforzo economico coordinato: rifornimenti, armamenti e materie prime, petrolio, produzione e acquisto di aeroplani e trasporti marittimi. La risposta di Chamberlain del 22 ottobre fu favorevole. Era lieto «to hear that Mr Monnet was so satisfied with the discussion which he had with the Departments in London».[3] Il 29 novembre Daladier scrisse a Jean Monnet chiedendogli di accettare l'incarico di presidente dell'Anglo-French Coordinating Committee. Il tono era molto cordiale. Nacque così l'Afcoc che, sotto la presidenza di Jean Monnet, diede un impulso alla cooperazione economica tra Parigi e Londra, anche se con risultati alterni. Tra le questioni più urgenti, le missioni interalleate di acquisto di aerei negli Stati Uniti costituivano la priorità principale. L'ambasciatore statunitense a Londra aveva chiarito l'assoluta necessità di uno stretto coordinamento franco-britannico. Ciò era necessario in un momento in cui l'amministrazione di Roosevelt stava cercando di ottenere dal Congresso una modifica del Neutrality Act del maggio 1937.[4] Monnet, come aveva fatto durante la Prima guerra mondiale, fu nuovamente a capo di un'unità logistica di coordinamento franco-britannica. Nei successivi otto mesi, il comitato gestì i rifornimenti per entrambi i Paesi con un'incisività molto più alta di quello che i britannici avevano previsto, togliendo a entrambi i governi aspetti di sovranità su una parte cruciale dello sforzo bellico. L'Afcoc perse ogni ragione di esistere con la caduta della Francia il 22 giugno 1940, con la firma dell'armistizio da parte del maresciallo Petain. Monnet inviò la sua lettera di dimissioni al nuovo primo ministro britannico, Winston Churchill:

2. AME 2/2/23-24 Fondation Jean Monnet pour l'Europe, Lausanne.

3. Lettera di Arthur Neville Chamberlain a Eduard Daladier, 22 ottobre 1939, AME 2/3/2 Fondation Jean Monnet pour l'Europe, Lausanne.

4. Foreign Relations of The United States, 1939, vol. II, Washington, Government Printing Office, 1956, pp. 1519-24.

> In view of the recent events in France it is obvious that it is no longer possible for the Anglo-French Co-ordinating Committee and the Allied Organization, both here and in the USA, to remain in existence and I have therefore no alternative but to place my resignation in your hands [...]. I place my services at the disposal of the British Government in such capacity as they can be most useful.[5]

Churchill rispose con un invito a «proceed to the United States of America and there continue, in association with the head of the British Purchasing Commission, those service in connection with supplies from North America».[6] Monnet era di nuovo in viaggio, verso l'ennesimo incarico straordinario creato ad hoc. Il contributo di Monnet allo sforzo bellico britannico e americano è stato analizzato a fondo dalla letteratura. Questo capitolo, invece, analizzerà questo periodo attraverso la storia della rete americana del francese, ricostruendo i legami cruciali che strinse, l'influenza che creò per sé e i nemici che si fece lungo il percorso, utilizzando nuovo materiale proveniente dagli archivi americani e britannici.

Com'è possibile che un banchiere d'affari, un broker che lavorava per un gruppo finanziario transatlantico, con una reputazione discutibile all'interno del ministero degli Esteri britannico e, nel 1938, senza molti legami all'interno del governo francese, sia diventato la scelta di Daladier come presidente dell'Afcoc, capo negoziatore per conto del suo governo negli Stati Uniti, uomo di fiducia, di Winston Churchill durante l'*ora più buia* dello sforzo bellico britannico? Duchêne non dà una risposta esaustiva né lo fanno Roussel, Brown Wells o Elizabeth du Rèou.[7] Il primo incontro tra Daladier e Monnet avvenne all'inizio del 1938, in occasione di una cena informale tra amici. Pierre Comert, un ex collega della Società delle Nazioni, dove lavorava alla Sezione Cultura e Informazione insieme a Henri Bonnet, futuro ambasciatore francese negli Stati Uniti, invitò a cena Monnet. Non si sa cosa accadde durante la cena, ma è probabile che si sia confrontato con Daladier riguardo alle sue preoccupazioni per il

5. Lettera di Monnet a Winston Churchill, 2 luglio 1940. JMDS-42, Historical Archives of the European Union, European University Institute, Fiesole.

6. Lettera di Winston Churchill a Monnet, 16 luglio 1940, JMDS-42, Historical Archives of the European Union, European University Institute, Fiesole.

7. Duchêne, *Jean Monnet*, Roussel, *Jean Monnet*, Wells, *Jean Monnet*, Elisabeth du Réau, *Jean Monnet, le comité de coordination économique franco-britannique*, in *Jean Monnet*, pp 77-96.

riarmo tedesco e la debolezza militare francese. In effetti, Duchêne afferma che nello stesso anno, ben prima di Monaco, Monnet aveva contribuito alla stesura di un documento intitolato «Notes sur la creation d'un potential industriel aéronautique à l'étranger situé hors de portée des attaques ennemies».[8] Rene Pleven descrive come «Je ne l'ai jamais mieux senti et autant admire que dans les années qui précédèrent immédiatement 1939».[9] Egli fu «from January 1938 in a position to observe his desperate effort to close our gap in airpower»[10] con i tedeschi. Nelle sue memorie Monnet aggiunse un elemento curioso. Ricordò che fu l'ambasciatore americano William Bullitt a introdurlo nel gruppo di lavoro creato da Guy La Chambre, il giovane ministro dell'Aviazione francese.[11] Bullitt era un francofilo, che aveva fatto campagna per la rielezione del presidente Roosevelt ed era stato nominato ambasciatore americano a Parigi nel 1936 dopo aver prestato servizio nella stessa veste a Mosca. Daladier lo stimava molto, ritenendolo «as French as the best of Frenchmen».[12] Parlando correntemente il francese, Bullitt godeva della compagnia del corpulento leader francese già prima che questi diventasse primo ministro, nel marzo 1938. È quindi possibile che un americano abbia aiutato Monnet a reintrodursi nelle stanze della politica francese? In effetti, fu ancora Bullitt a proporre a Monnet di farsi inviare a negoziare personalmente con Roosevelt, suggerendo di accompagnare il francese negli Stati Uniti per aiutarlo a mediare con Henri Morgenthau, segretario del Tesoro. Forse senza Bullitt (ma lo stesso, come vedremo, si potrebbe dire di Felix Frankfurter, Harry Hopkins e George Ball) non ci sarebbe stata una storia di Monnet da raccontare in questi anni cruciali che prepararono il francese al suo ruolo a Washington durante la guerra e di conseguenza alla ricostruzione francese ed europea del dopoguerra. È quindi necessario contestualizzare questa relazione. Tutto iniziò a causa di un divorzio.

8. Duchêne, *Jean Monnet,* p. 65. Elisabeth Du Raou, autrice di un articolo sulla produzione aerea francese degli anni '30, non menziona il ruolo di Monnet nella stesura di questo documento. È possibile che François Duchêne si sia basato sul ricordo di Pleven di quegli anni. Elisabeth Du Raou, *Edouard Daladier et le role des forces aériennes, 1933-1940*, in «Revue Historique des Armées», 1 (1997), pp. 43-54.

9. René Pleven, *Temoignage,* in *Témoigrages à la memoire de Jean Monnet*, Lausanne, Fondation Jean Monnet pour l'Europe, 1989, pp. 389-396.

10. René Pleven, citato in Duchêne, *Jean Monnet*, p. 65.

11. Monnet, *Cittadino d'Europa,* p. 88.

12. Duchêne, *Jean Monnet*, p. 84.

1. *William Bullitt e il matrimonio di Monnet, una transazione transatlantica*

Monnet non parlò molto della sua vita sentimentale, né nei documenti che ha lasciato alla Fondation di Losanna, né nelle sue *Memorie*. Sua moglie Silvia fu, tuttavia, un personaggio centrale della sua esperienza politica, compagna di lunga data e protagonista della più importante transazione della sua vita. La conobbe nel 1929 a una cena a Parigi. Era la figlia dell'editore italiano De Bondini, direttore di un settimanale in lingua francese, «La Turquie». Intelligente, forte e bella, crebbe parlando tre lingue. italiano, francese e greco. John McCloy pensava che fosse la donna più bella che avesse mai incontrato.[13] C'era solo un problema: era già sposata. Suo marito era Francesco Giannini, che aveva sposato lo stesso anno, un alto rappresentante di Blair & Co. in Italia, quindi un dipendente di Monnet. Non ci sono indicazioni che fosse imparentato con Amedeo Giannini, il già citato fondatore del gruppo Transamerica. Un "dottor Francesco Giannini" è menzionato come membro dell'Amtc, e ancora il nome compare nell'elenco del personale del segretariato della Società delle Nazioni nel 1923.[14] Non c'è alcuna prova che si tratti della stessa persona, ma non sarebbe una sorpresa visto che Monnet tendeva a impiegare volti noti.

Nelle sue *Memorie*, egli riferì che poco dopo il primo incontro decisero di sposarsi, a condizione che lei potesse divorziare da Giannini. Il divorzio negli anni Trenta era ben lontano dalla routine che è diventata oggi. L'Italia non riconosceva affatto l'istituto. In Francia era consentito, ma quasi impossibile per un cittadino straniero. Un primo tentativo di annullamento da parte della Chiesa cattolica fallì perché nel frattempo Silvia rimase incinta della sua prima figlia, Anna. Monnet, nel 1934, ormai impaziente e sempre più turbato da quello che Salter ha definito «a courtship by cable and transatlantic phone lasted five years»,[15] iniziò a cercare un Paese che permettesse un divorzio rapido e soprattutto che consentisse a Silvia di mantenere la custodia di Anna, cosa impossibile per la legge francese.

13. Intervista a *John J McCloy,* Fondo per la storia orale, 15 luglio 1981, Fondation Jean Monnet pour l'Europe, Lausanne.

14. *League of Nations Secretariat (1919-1946)*, Staff List, R1458/29/15762, United Nations Library & Archives, Genève; Francesco Giannini era un esperto dello status delle minoranze nell'Europa orientale e autore di un documento intitolato "La situazione giuridica delle minoranze in Estonia", LON/BPC/MIN/117, United Nations Library & Archives, Genève

15. Salter, *Memorie,* p. 246.

Scartò gli Stati Uniti perché riteneva che un divorzio in stile Reno, Nevada, mancasse di dignità.[16] La sua rete transnazionale di conoscenze gli venne in soccorso. Rajchman gli scrisse che l'Unione Sovietica aveva requisiti minimi di residenza e che, una volta prestato il giuramento, i nuovi cittadini potevano divorziare e risposarsi immediatamente dopo.[17] Monnet decise di approfondire l'opzione presumibilmente dopo aver appreso che una sua vecchia conoscenza di Versailles, William Bullitt, era diventato ambasciatore degli Stati Uniti in Urss.

Nel luglio 1934, dopo la costituzione della Cdfc, Monnet lasciò Shanghai per Mosca attraversando l'Unione Sovietica con la ferrovia Transiberiana. Pianificò il suo matrimonio come se stesse negoziando tra grandi potenze. Contattò rispettivamente William Bullitt e l'ambasciatore francese a Mosca, Charles Alphand, e chiese il loro aiuto per spianare la strada al suo matrimonio. Anche Rajchman e l'ambasciatore sovietico in Cina avevano contattato il governo di Mosca a suo nome.[18] Il quarantaseienne arrivò in città provato per il lungo viaggio in treno e rimase con Bullitt una settimana in più del previsto per riprendersi.[19] Grazie ai preparativi avviati dai suoi amici trovò i sovietici collaborativi e completò i moduli e i piani necessari senza difficoltà. Negli anni successivi, Monnet pensò che i sovietici avessero probabilmente calcolato che, essendo lui ben noto negli ambienti internazionali, l'assistenza a lui prestata si sarebbe potuta rivelare un'ottima occasione per migliorare le loro pubbliche relazioni.[20] Dopo aver lasciato Mosca, Monnet arrivò a Parigi alla fine di luglio del 1934 per trascorrervi il mese di agosto con Silvia e Anna. Erano arrivate dalla Svizzera dove erano state ospitate dalla madre di Silvia. Il marito di Silvia si opponeva fortemente al suo progetto di divorzio e alla sua decisione di tenere Anna con sé. Per nascondersi in attesa dell'arrivo di Monnet a Parigi, le due vissero clandestinamente con la sorella di Monnet, Marie-Louise, una suora cattolica, in un convento fuori città. Poco dopo il ritorno di Monnet da Mosca, Silvia accompagnò Anna all'ambasciata sovietica di Parigi, dove madre e figlia prestarono giuramento e divennero cittadine.

16. Monnet, *Cittadino d'Europa,* p. 181.
17. AMD, 2/3/1, Fondation Jean Monnet pour l'Europe, Lausanne.
18. Wells, *Jean Monnet,* p. 76.
19. *Ibidem.*
20. Monnet, *Cittadino d'Europa*, p. 182.

Alla fine di agosto del 1934, Monnet si recò a New York e poi Washington. Al Dipartimento di Stato incontrò il massimo esperto di Cina e capo della Divisione degli Affari dell'Estremo Oriente, Stanley Hornbeck, per informare lui e i suoi colleghi sulla situazione a Shanghai.[21] Aveva tenuto informati questi funzionari, tramite Bullitt, delle attività della Cdfc e aveva cercato, mentre era negli Stati Uniti, di ottenere ulteriori prestiti per la Cina.[22] Nell'ottobre 1934, insieme a Drummond, si recò a Londra per assistere le trattative della Cdfc con la Banca di Shanghai e Hong Kong per un ulteriore prestito.[23]

Dopo l'arrivo dei documenti di matrimonio e dei visti all'inizio del novembre 1934, Jean e Silvia si diressero a Mosca. Monnet prese il treno da Parigi, mentre Silvia arrivò dalla Svizzera. Essendo ormai cittadina sovietica, il 13 novembre ottenne il divorzio dal marito italiano. Lei e Monnet si sposarono subito dopo con una cerimonia civile. Erano circondati da bouquet tenuti da funzionari dell'ambasciata francese e statunitense che brindarono con entusiasmo agli sposi. Bullitt aveva scritto a Monnet dicendogli che si rammaricava di non poter partecipare al matrimonio a causa di un viaggio in Giappone e Cina, ma aveva dato istruzioni ai suoi colleghi dell'ambasciata di assistere l'amico.[24] Subito dopo la cerimonia, la coppia partì per Parigi. Dopo aver preso in consegna Anna, viaggiarono insieme in Europa per tre settimane e salparono per New York all'inizio di dicembre. Questa fu l'iniziazione di Silvia alla vita di Monnet, fatta di continui spostamenti tra Paesi e continenti. Dopo quattro mesi di permanenza negli Stati Uniti, nel marzo 1935 salparono per Shanghai. Rimasero solo nove mesi prima di tornare a New York nel gennaio 1936. L'ex marito di Silvia fece diversi tentativi per riottenere la custodia della figlia, ma non ci riuscì mai. Dopo la sua morte nel 1974, i Monnet celebrarono il matrimonio religioso che avevano sempre desiderato nella cattedrale di Lourdes.

Questa avventura russa cementò il rapporto di Monnet con William Bullitt, che ormai incontrava regolarmente ogni volta che si trovava a Parigi negli anni 1936-38.

21. Foreign Relations of The United States, 1934, Far East, vol. III, Washington, Government Printing Office, 1951, p. 771.

22. *Ibidem.*

23. *Ibidem.*

24. Bullitt a Monnet, telegramma, AMD, 2/3/1, Fondation Jean Monnet pour l'Europe, Lausanne.

2. *Il triangolo transatlantico. Bullitt, Monnet, Roosevelt*

Monnet e sua moglie Silvia erano in visita a Parigi al momento della Conferenza di Monaco, nel settembre 1938. Come già detto, nei mesi precedenti la conferenza, Monnet era stato presentato da William Bullitt a Guy La Chambre e aveva incontrato Daladier a una cena da Pierre Comert. Gli amici intimi di Monnet, Anne Morrow Lindbergh e il suo famoso marito aviatore Charles Lindbergh, arrivarono a Parigi il 30 settembre, il giorno in cui intanto terminava la conferenza di Monaco. La Morrow annotò nel suo diario che si recarono direttamente all'ambasciata statunitense e furono accolti da due amici intimi che erano molto disturbati dagli avvenimenti. Bullitt appariva «white and tired» e Monnet «rather grey». Scrisse che Bullitt «wants Charles to help in organising some kind of air rearmament for France [...] in the Usa» con l'aiuto di Monnet. Discussero con La Chambre, che si era unito a loro per il pranzo, dell'idea di Bullitt che la Francia iniziasse a costruire fabbriche di aerei in Canada con tecnologia e manodopera qualificata statunitensi. «The French [...] are very depressed», scrisse. «They do not trust Germany» e Monnet e Lindbergh «never seem to agree».[25] Il 1° ottobre, Monnet e Lindbergh si incontrarono con La Chambre nel suo ufficio al ministero, insieme a Roger Hoppenot, un economista del governo francese, per discutere dell'apertura di fabbriche di aerei in Canada. Due giorni dopo, Bullitt organizzò un pranzo con Daladier all'ambasciata statunitense, invitando anche Monnet, Lindbergh e La Chambre. Al termine del pranzo, Daladier chiese a Monnet di recarsi a Washington per un urgente colloquio segreto con Roosevelt sul piano del governo francese di acquistare aerei da guerra. L'iniziativa era nata dalla speranza del primo ministro che il presidente americano appoggiasse la sua campagna di riarmo.[26] Daladier stava perseguendo due strategie parallele: mentre sperava ancora che Hitler fosse disposto a fermarsi in cambio di concessioni a est, il governo stava raddoppiando gli sforzi per armare la Francia in vista di una guerra che sarebbe potuta arrivare entro pochi mesi, e la missione di Monnet era parte fondamentale di questa strategia.[27]

25. Diari di Anne Morrow Lindbergh, citati in Hackett, *Cronologia di Jean Monnet*, pp. 112-116.

26. Monnet, *Cittadino d'Europa*, p. 88-89, De Raou, *Jean Monnet,* p. 78.

27. Ernest R. May, *Strange Victory*, New York, Hill and Wang, 2000, pp. 27-37.

Nella settimana precedente la partenza di Jean per gli Stati Uniti, l'11 ottobre 1938, i Lindbergh cenarono più volte nell'appartamento parigino di Monnet. Lo stesso giorno Lindbergh partì per il suo terzo viaggio in Germania, questa volta per discutere la possibilità che la Francia acquistasse motori per aerei tedeschi. Monnet pensava che la sua idea fosse una pura follia. Lindbergh aveva visitato fabbriche tedesche in un precedente viaggio su invito di Hermann Göring e rispose che il governo francese stava sottovalutando le capacità produttive tedesche. Anne Morrow registrò nel suo diario alcune delle loro conversazioni. Descrisse Silvia come affascinante e scrisse: «Nice talk with Silvia […] about women's struggle between husband and children». Notava che Monnet

> is such a rare person, true balanced wisdom into life itself. And he has that wonderful French quickness and lightness that makes communication with him such a joy. He thinks it is very much overrated that children need their mothers all the time. Yes, I say, it is true, neglected children always turn out well. While, says Jean, neglected husbands do not.

A dicembre, Monnet invitò i Lindbergh a Cognac, dove Anne trovò il padre di Monnet «a wonderful old man – gay, quick, full of love, and humor. Much joking between him and Jean».[28] Daladier scelse Monnet per incontrare Roosevelt, soprattutto grazie alla forte raccomandazione di Bullitt. L'ambasciatore aveva tenuto informato il suo presidente della grave carenza di aerei in Francia e, nel suo cablogramma del 28 settembre, scrisse che il Paese disponeva di 600 aerei da guerra, la Germania di 6500 e l'Italia di 2000. Bullitt disse a Roosevelt che La Chambre gli aveva chiesto un consiglio su chi potesse aiutare la Francia a trovare gli aerei militari aggiuntivi di cui aveva bisogno. Suggeriva a tal fine Monnet, «an intimate friend of mine, whom I trust as a brother».[29] Daladier si convinse a seguire il consiglio di Bullitt perché Monnet portava ulteriori vantaggi al compito: «anonymity, negotiating skills, and extensive knowledge of America».[30] Monnet fu lieto di essere stato chiamato a svolgere questa missione di

28. I diari di Anna Lindbergh, in Hackett, *Cronologia di Jean Monnet*, pp. 112-116.

29. Bullitt a Roosevelt, telegramma, settembre 1938, Presidential Secretary's File, Bullitt, Box 30, Franklin Delano Roosevelt Library, Hyde Park (NY).

30. Citato in May, *Strange Victory*, pp. 146, 179; Du Reau, *Daladier*, pp. 345-346; Roussel, *Jean Monnet*, pp. 167, 172-173; Duchêne, *Jean Monnet*, p. 65; Hackett, *Jean Monnet Chronology*, p. 112. La lettera di Bullitt, trovata nell'archivio Roosevelt, fornisce un contesto molto più chiaro al giudizio di Daladier.

acquisto che riteneva estremamente importante per gli interessi nazionali francesi. Sempre contento di rimanere in prossimità dei corridoi del potere, apprezzò anche l'opportunità di incontrare il presidente degli Stati Uniti, che ammirava per la sua gestione della crisi dell'economia americana negli anni Trenta.

Dopo aver viaggiato in segreto in nave fino agli Stati Uniti, Monnet, accompagnato da Bullitt, incontrò Roosevelt nella sua casa di famiglia a Hyde Park nell'ottobre 1938. Seduto sulla sua sedia a rotelle, il presidente accolse calorosamente Monnet. L'isolazionismo era il sentimento diffuso nel Paese, spiegò, e le sue mani erano legate dal Johnson Act del 1933, che proibiva i prestiti a qualsiasi Paese che non avesse pagato i debiti della Prima guerra mondiale, come la Francia. Il presidente aggiunse che il Neutrality Act del 1935 vietava la vendita di armi ai belligeranti. Roosevelt disse a Monnet che aveva già chiesto di aumentare la produzione di aerei e aveva dato ordine al Dipartimento di Stato di studiare una strada possibile per la rimozione dell'embargo. Roosevelt disse di ritenere che i tedeschi potessero produrre 40.000 aerei all'anno, la Gran Bretagna insieme al Canada 20.000 e la Francia 15.000. Monnet dichiarò che da 20.000 a 30.000 aerei «will be needed to achieve decisive superiority over Germany and Italy: and they will have to be found here in the United States».[31] Sostenne che la legge sulla neutralità potesse essere aggirata se i francesi avessero creato degli stabilimenti di assemblaggio vicino a Montreal, mentre gli americani avrebbero spedito i pezzi, e indicò persino i possibili luoghi su una mappa. Il fascino e l'intelligenza del presidente sedussero Monnet. Il tono sincero di Roosevelt, la sua convinzione che il pericolo della guerra in Europa minacciasse anche il Nuovo Mondo colpirono profondamente il francese. «So much attention to detail showed the importance he attached to the problem», concluse il francese.[32]

In realtà, la consapevolezza del presidente riguardo ai problemi di Francia e Regno Unito aveva una fonte ulteriore. Prima dell'incontro di Monnet, i francesi avevano già preso contatto diretto con Roosevelt

31. Monnet a Bullitt, telegramma, AMD, 2/3/2, Fondation Jean Monnet pour l'Europe, Lausanne.

32. Monnet, *Mémoires*, pp. 118-119; Duchêne, *Jean Monnet*, p. 67; Roussel, *Jean Monnet*, p. 170; Jean-Louis Mandereau, *Temoignage,* in *Temoignages a la memoire de Jean Monnet,* pp. 335-346.

nel gennaio 1938 attraverso il senatore francese François Amaury de La Grange. Proveniente da una famiglia aristocratica con interessi economici negli Stati Uniti, il senatore aveva conosciuto Roosevelt prima della Prima guerra mondiale grazie al suo matrimonio con una cittadina americana. Rimase in contatto con Roosevelt e gli fece visita più volte a Hyde Park dopo che questi divenne presidente. All'inizio del 1938, La Grange aveva attirato l'attenzione del presidente sulla debolezza aeronautica della Francia e sulle sue conseguenze e aveva riferito al suo governo che Roosevelt aveva compreso il dilemma della Francia.[33]

Il presidente alla fine inviò Monnet da Henry Morgenthau Jr., il suo segretario del Tesoro. Quando Monnet e Bullitt lo incontrarono il 22 ottobre, Morgenthau era scettico sul fatto che i francesi potessero coprire il costo degli aerei. Durante l'incontro, Bullitt suggerì di provare a far rientrare parte dei capitali francesi che erano stati negli anni trasferiti dai privati negli Stati Uniti.[34] Nei giorni seguenti Monnet e il segretario del Tesoro, coadiuvati da Bullitt, giunsero quindi alla conclusione che vi era disponibilità di almeno mezzo milione di dollari da utilizzare per finanziare il piano. Bullitt scrisse a Daladier che i negoziati con Morgenthau e Roosevelt erano andati bene.[35]

Monnet tornò in Francia alla fine del mese. In un rapporto del 14 novembre, affermò che si sarebbero potuti consegnare 1000 aerei entro il luglio 1939 e altri 1500 entro il febbraio 1940. Si sarebbero potuti costruire impianti di assemblaggio fuori Montreal, con manodopera specializzata statunitense. Daladier dovette affrontare una dura opposizione a questa idea.[36] Gli esperti del ministero dell'Aeronautica francese erano scettici sul fatto che gli aerei statunitensi avrebbero rispettato gli standard francesi e Paul Reynaud, il nuovo ministro delle Finanze, si rifiutò di consentire l'uso di fondi privati depositati negli Stati Uniti per il pagamento. Tuttavia, Daladier fu incoraggiato dalla buona volontà di Roosevelt. Rimase convinto che l'acquisto di aerei statunitensi fosse necessario e inviò Monnet a Washington il 9 dicembre per acquistare gli aerei.[37]

33. De Reau, *Daladier,* p. 57.

34. Bullitt a Monnet, telegramma, AMD, 2/3/6, Fondation Jean Monnet pour l'Europe, Lausanne.

35. Duchêne, *Jean Monnet*, pp. 67-68; Du Reau, *Jean Monnet*, pp. 80-81; Roussel, *Jean Monnet*, pp. 175-176.

36. De Reau, *Daladier,* p. 57.

37. *Ibidem.*

Monnet arrivò nella capitale statunitense con l'autorizzazione ad acquistare 1000 aerei per un massimo di 65 milioni di dollari e a creare una società canadese. Il gruppo di acquisto francese, che comprendeva Monnet e due futuri primi ministri francesi, Rene Pleven e Rene Mayer, allora rappresentanti dell'industria degli armamenti, piazzò ordini per 555 aerei da combattimento e altri 1000 per il 1940. I francesi investirono molto nell'espansione degli impianti statunitensi perché questi rimanevano al sicuro dai bombardamenti tedeschi.[38] In ogni caso il 10 maggio 1940, quando i tedeschi attaccarono la Francia, gli stabilimenti canadesi avevano prodotto solo alcune centinaia di aerei. Secondo Duchêne, le commesse francesi fecero comunque bene agli Alleati nel lungo termine quadruplicando «American monthly production capacity in less than a year». Ma soprattutto, «laid the foundations for the gigantic later expansion of the US aircraft industry».[39] Come sostiene la biografa di Daladier, Elisabeth Du Reau, la missione di Monnet fu fruttuosa perché «une dynamique est née, un véritable dialogue a été établi et des relations se sont nouées».[40] Questa prima azione congiunta portò a una maggiore cooperazione anglo-francese e alla creazione di un primo triangolo diplomatico Parigi-Londra-Washington. Fino al settembre 1939, sebbene tecnicamente alleate, la Gran Bretagna e la Francia avevano fatto poco per coordinare le loro strategie economiche. Mentre i francesi si impegnarono a fondo per sfruttare l'industria americana sotto forma di produzione di aeroplani, i britannici si limitarono alla propria mobilitazione interna.

Di fronte all'invasione di Hitler della Polonia il 1° settembre 1939, seguita due giorni dopo dalle dichiarazioni di guerra di Gran Bretagna e Francia, la risposta di Monnet fu immediata. Il 3 settembre, il giorno della dichiarazione di guerra, inviò una nota a Daladier in cui poneva le basi per la creazione di una nuova organizzazione di coordinamento interalleata.[41] Introdusse l'argomento facendo continui riferimenti all'apparato della Prima guerra mondiale che aveva contribuito a creare e alla necessità di controlli centrali:

38. Irwin M. Wall, *The United States and the Making of Postwar France, 1945-1954*, Cambridge, Cambridge University Press, 1991, pp. 16-17; si veda anche John M. Haight, Jr., *American Aid to France, 1938-1940*, New York, Atheneum, 1970.

39. Duchêne, *Jean. Monnet*, pp. 70-71.

40. Du Rau, *Daladier*, p. 383.

41. Jean Monnet a Daladier, AMD, 4/6/5, Fondation Jean Monnet pour l'Europe, Lausanne.

Il n'est pas exagéré de dire que pendant les années 1917-18, l'approvisionnement des armées et de la population civile n'a été assuré que grâce à ce système de pouvoirs quasi dictatoriaux [de l'organisation interalliée]. La force de ce système est venue de l'acceptation par la France et l'Angleterre de la mise en commun de leurs ressources et de l'unité d'action qui avait été assurée pour l'exécution des décisions».[42]

In questo primo memorandum, Monnet proponeva la stesura di un accordo generale tra i due governi, sulla scia di quello del 3 dicembre 1917. Inoltre, suggeriva la creazione di un'organizzazione francese per l'importazione e l'istituzione di consigli ed esecutivi anglo-francesi, a partire dall'aviazione, dai trasporti e dalle finanze. «Le reste», concludeva Monnet, «sera mis en place progressivement».[43]

La proposta di Monnet fu inoltrata agli inglesi, che accolsero con favore l'iniziativa di una più stretta collaborazione con i francesi, soprattutto perché Daladier aveva sponsorizzato Monnet come «a friend of President Roosevelt»[44] Nelle settimane successive, un flusso di lettere e note fece la spola tra Londra e Parigi. Monnet era al centro di questa corrispondenza. Il 15 settembre, ad esempio, Daladier inviò a Chamberlain una lettera redatta quasi interamente da Monnet[45] in cui ribadiva la necessità della cooperazione ed esprimeva il desiderio che non sarebbero stati necessari tre anni, come nell'ultima guerra, prima che Francia e Gran Bretagna potessero stabilire un'efficace organizzazione alleata.

La lettera evidenziava soprattutto le difficoltà poste dal trasporto delle truppe americane nel 1918.[46] L'obiettivo dell'organizzazione franco-britannica, come spiegò Monnet il 18 settembre,[47] era in primo luogo quello di ottimizzare l'uso delle materie prime e delle capacità produttive, e in secondo luogo di organizzare l'importazione dei materiali che mancavano. Per fare ciò, scriveva Monnet, ogni Paese avrebbe dovuto creare un bilan-

42. *Ibidem*.

43. *Ibidem*.

44. Du Reau, *Daladier*, p. 383; Duchêne, *Jean. Monnet*, p. 71; Monnet, *Cittadino d'Europa*, pp. 93-108.

45. Jean Monnet a sir Edward Bridges, lettera del 1° ottobre 1939, lettera ritrovata a Kew, AVIA38-1171, National Archives, Kew, London.

46. Lettera di Eduard Daladier a Arthur Neville Chamberlain, 18 ottobre 1939, AME 2/3/1 Fondation Jean Monnet pour l'Europe, Lausanne.

47. Monnet a Daladier, 18 settembre 1939, AME 2/3/1 Fondation Jean Monnet pour l'Europe, Lausanne.

cio delle proprie risorse e dei propri bisogni, aggiornato quotidianamente. Inoltre, avrebbero dovuto ottimizzare le risorse esistenti, in modo da sfruttare al meglio le importazioni dall'esterno del blocco dei due Paesi. In questa nota spicca un altro punto:

> En ce qui concerne les États-Unis [...] Cela a moins à voir avec les opérations d'achat comme telles qu'avec l'organisation d'une sorte de mobilisation industrielle, pour augmenter la capacité de production américaine dans certains domaines, et dans bien des cas pour créer de nouvelles industries. Prima dell'abolizione della Loi sur la neutralité, il serait dangereux de s'attaquer au problème des achats aux États-Unis.[48]

Monnet sperava quindi di utilizzare l'organizzazione franco-britannica per modificare la politica industriale degli Stati Uniti. Data l'affinità di vedute con Roosevelt, si proponeva di organizzare gli acquisti alleati in modo da avviare la mobilitazione industriale, almeno nei settori cruciali, senza dover aspettare che l'umore del Congresso e del Paese cambiasse. In questo modo, si poteva aiutare lo stesso Roosevelt nei suoi piani. Monnet inoltre stava cercando di dare alla nuova organizzazione franco-britannica un monopolio limitato sul commercio in settori specifici, che le avrebbe consentito di acquistare a credito, anche dagli Stati Uniti. In una lettera a Edward Bridges, segretario del gabinetto di guerra britannico, Monnet scrisse:

> In many countries, the establishment of joint purchasing organizations might lead those organizations to become the agent of neutral countries for their own purchases particularly of food and raw materials, with the result that the allied purchasing organization would thus become the principal factor in many markets and, in certain cases, the only purchaser of certain products.[49]

Monnet aveva chiaramente in mente il ruolo svolto da J.P. Morgan nella Prima guerra mondiale e sugli accordi da lui negoziati tra la Hudson Bay Company e il Canada. Questa volta, tuttavia, sperava di riservare al governo alleato il potere che era stato in mani private nella guerra precedente. Mentre i negoziati sulla struttura dell'organizzazione proseguivano, divenne chiaro che i britannici non avrebbero accettato la proposta di Monnet di un consiglio autonomo al vertice dell'organizzazione franco-

48. *Ibidem.*

49. Jean Monnet a sir Edward Bridges, 18 settembre 1939, AVIA38-1172, National Archives, Kew, London.

britannica. Tra i fattori che influirono su questa scelta c'era il fatto che, come nella Prima guerra mondiale, qualsiasi forma di cooperazione alleata implicava un contributo maggiore da parte dei britannici rispetto a quello dei francesi.[50] Monnet ne fu deluso, ma non al punto da non cercare di ottenere il posto di presidente del comitato di coordinamento franco-britannico appena creato, che ottenne.[51] C'era stato un certo dibattito sulla nomina, che i britannici volevano andasse a uno dei loro funzionari. Morgenthau aveva anche espresso delle riserve sulla nomina di Monnet, «While I am not crazy to have Monnet come over here [...] I suppose I get along with him as well as I can with any other Frenchman».[52] Su sua richiesta, la notizia della nomina gli venne comunicata tramite lettera sia da Chamberlain, il 29 novembre, sia da Daladier, il 2 dicembre. Il 6 dicembre 1939, alla prima riunione del Comitato di coordinamento, Monnet dichiarò che, in base alla sua doppia nomina, era ora un funzionario alleato. Monnet ribadì l'affermazione al suo collega negli Stati Uniti, il canadese Arthur Purvis, che stava allestendo i loro uffici a New York:

> The French as well as the British Government [...] regard you as charged with negotiations with the United States Government on their behalf, with a high degree of effective authority, in other words [...] in your capacity of Chairman of the Anglo-French Purchasing Committee in the U.S.A., you have the status of an Allied representative in the same way as myself as Chairman of the Anglo-French Coordinating Committees.[53]

Ancora una volta, però, gli eventi travolsero i piani. Nel giugno 1940 la caduta della Francia ne interruppe il lavoro. Come risulta chiaramente da una nota scritta nel marzo 1940, Monnet aveva cercato di stabilire tra i funzionari del comitato lo stesso tipo di relazioni collegiali che aveva sperimentato durante la guerra precedente. Egli sperava che «officials of different nationalities developing exactly the same personal relation with each other, and the same methods of discussion, as in national inter-departmental committees», sarebbero stati in grado di guardare ai problemi

50. Eliot Janeway, *The Struggle for Survival: A Chronicle of Economic Mobilization in World War II*, New Haven (CT), Yale University Press, 1951, p. 140.

51. Duchêne, *Jean Monnet,* p. 87.

52. Citato in una lettera dell'ambasciatore Bullitt a Roosevelt, Presidential Secretary's File, Bullitt, Box 30, Franklin Delano Roosevelt Presidential Library, Hyde Park (NY).

53. Monnet a Purvis, citato in Hackett, *Jean Monnet,* pp. 33-35; Duchêne, *Jean Monnet,* p. 83.

da una «common perspective and influence their governments early in the policy-making stage».[54] Ciononostante, i risultati effettivi non furono entusiasmanti. Per questo motivo, i resoconti dei sei mesi dalla fine di dicembre all'inizio di giugno contengono note piene di frustrazione.

Quando cadde, la Francia aveva ordini americani in sospeso, soprattutto aerei, per oltre 600 milioni di dollari. Il terrore di Morgenthau, che gli Stati Uniti si ritrovassero con il conto dei progetti bellici francesi in mano, era diventato realtà. Per evitare un'enorme confusione e un lungo conflitto con il nuovo governo francese collaborazionista sulla loro proprietà, era essenziale trasferire i contratti alla Gran Bretagna. Il 15 giugno Monnet inviò un telegramma a Purvis per dirgli che sarebbe stato necessario effettuare un trasferimento. Il 16 giugno telegrafò nuovamente per dire che stava cercando di finalizzare l'operazione. Per evitare che il trasferimento potesse compromettere la bilancia dei pagamenti britannica con gli Stati Uniti, si propose anche di trasferire 500 milioni di dollari in attività francesi dagli Stati Uniti alla Gran Bretagna e di scambiarli con corrispondenti crediti canadesi. Cinque ore prima che il Tesoro congelasse i beni francesi, Purvis firmò i documenti che autorizzavano il trasferimento.

Dopo aver sistemato altre questioni in sospeso, il 2 luglio Monnet inviò una lettera a Churchill per dimettersi dal Comitato di coordinamento franco-britannico. Nella lettera, Monnet ribadiva la sua concezione di funzionario sovranazionale: «I have hitherto acted in an Allied capacity, serving the two countries equally». Continuava affermando che il futuro della Francia dipendeva dal successo della Gran Bretagna nella guerra e che avrebbe voluto aiutare il governo britannico, per continuare a servire «il vero interesse del mio Paese».[55] Churchill rispose due settimane dopo, chiedendo a Monnet di «proceed to the United States of America and there continue those services in connection with supplies from North America which have been so valuable to us».[56] Alla fine di agosto del 1940 Monnet e la sua famiglia partirono per gli Stati Uniti. Nelle sue memorie racconta di essere stato fermato da un funzionario della dogana britannica alle Bermuda, sospettoso del suo passaporto francese. Vedendo gli ordini di Monnet,

54. Nota scritta a mano da Monnet, AMD, 4/7/1, Fondation Jean Monnet pour l'Europe, Lausanne.

55. Lettera di Monnet a Winston Churchill, 2 luglio 1940, JMDS-42, Historical Archives of the European Union, European University Institute, Fiesole.

56. Lettera di Winston Churchill a Monnet, 16 luglio 1940, JMDS-42, Historical Archives of the European Union, European University Institute, Fiesole.

firmati da Churchill in persona, la guardia esclamò: «non ha senso che un francese di questi tempi lavori per il governo inglese». Monnet commentò che «quest'uomo aveva ragione dal suo punto di vista. La mia situazione amministrativa era infatti insolita, e ancora di più di quanto non potesse pensare».[57]

3. *Monnet e gli americani*

Quando Monnet tornò nella capitale statunitense nel settembre 1940, con la moglie e la figlia, dovette affrontare opposizione da diversi fronti. I funzionari canadesi e britannici del British Supply Council si lamentarono perché non erano stati consultati sulla sua nomina. Alcuni erano sospettosi di questo francese al centro della pianificazione bellica alleata, mentre altri temevano che fosse un inviato segreto di de Gaulle. Gli Stati Uniti erano in quel momento nel pieno della campagna elettorale per il terzo mandato di Roosevelt, il quale sosteneva che la sua guida esperta avrebbe tenuto gli Stati Uniti fuori dalla guerra.

Una volta che il presidente fu rieletto nel novembre 1940, Monnet sapeva che i suoi sforzi per assicurare i rifornimenti agli Alleati avevano ora una sponda sicura nello studio ovale. Riteneva di aver instaurato un buon rapporto di collaborazione con Roosevelt due anni prima e anche di aver compreso in larga misura il difficile compito che il presidente avrebbe dovuto affrontare negli anni a venire. Roosevelt doveva trovare un equilibrio tra il desiderio della nazione di non entrare in guerra e la contraddittoria necessità di sconfiggere i tedeschi. «Roosevelt's solution was not to intensify the conflict by choosing one goal over the other but rather to weave the two goals together», scrive Robert Dallek. Il presidente esortò ripetutamente la nazione a credere che «the surest road to peace [...] was material aid to the Allies».[58] E, sostiene Dallek, anche quando nella primavera del 1941 giunse alla conclusione che il suo Paese avrebbe dovuto unirsi alla lotta contro il nazismo, Roosevelt mostrò cautela e moderazione nel portare il Paese verso la guerra.

57. Monnet, *Cittadino d'Europa,* p. 116.

58. Robert Dallek, *Franklin D. Roosevelt and American Foreign Policy, 1932-1945*, New York, Oxford University Press, 1979, pp. 529-533.

Monnet era una *persona grata* soprattutto nel club ristretto dello staff militare britannico a Washington, la cerchia che ruotava attorno a sir John Dill, attaché militare a Washington dal 1941 al 1944. Nel primo periodo cruciale della guerra, Dill aiutò a coordinare le politiche di Regno Unito e Stati Uniti, e la sua amicizia con il capo di Stato Maggiore dell'esercito americano George Marshall contribuì molto a consolidare la solidarietà tra i due eserciti. Il brigadiere Vivian Dykes, segretario britannico dei capi di Stato Maggiore combinati a Washington durante la guerra, aveva un buon rapporto con Monnet. Nel suo diario, all'inizio del gennaio 1942, scrisse: «Went out with [Brig] Ian [Jacob] to dine with Monnet. Monnet is a very shrewd fellow. He stresses the importance of the Dill-Marshall liaison. I think he is right that the Yanks won't work to organizations – they deal only in personalities».[59] Monnet e Dykes si consultavano regolarmente sulle tattiche da adottare per ottenere rifornimenti per la Gran Bretagna, e Dykes teneva informato Dill. Senza farsi turbare da alcuna opposizione, Monnet si inserì senza problemi nei circoli politici e sociali di Washington subito dopo il suo arrivo, grazie ai suoi già numerosi contatti americani, come la sua stretta relazione basata sulla «total trust» con il giornalista Walter Lippmann, che aveva una formidabile influenza sull'opinione pubblica della capitale statunitense. Tuttavia, la conoscenza forse più cruciale che Monnet fece quell'anno fu quella con il carismatico giudice della Corte Suprema Felix Frankfurter.

Frankfurter, che aveva formato un'intera generazione di giuristi statunitensi,[60] divenne un amico fidato e utile. Operava a Washington attraverso la sua rete di ex studenti ed era in frequente contatto con la Casa Bianca. La vera preoccupazione di Frankfurter «was with power [...] and he gloried in a power which was personal and exercised over the elite at close quarters», scrive Eliot Janeway.[61]

Il giudice della Corte Suprema era una presenza formidabile a Washington e il fatto che Monnet non avesse perso un giorno prima di

59. Vivian Dykes, 11 gennaio 1942, in Alex Danchev, *Establishing the Anglo-American Alliance: The Second World War Diaries of Brigadier Vivian Dykes*, London, Brassey's Defense Publishers, 1990, p. 89. Vedi anche Alex Danchev, *Very Special Relationship: Field-Marshal Sir John Dill and the Anglo-American Alliance, 1941-1944*, London, Brassey's Defense Publishers, 1986.

60. Bruce Allen Murphy, *The Brandeis-Frankfurter connection,* Oxford University Press, 1982.

61. Eliot Janeway, *The Struggle for Survival: A Chronicle of Economic Mobilization in World War II*, New York, Weybright and Talley, 1968, p. 142.

mettersi in contatto con lui è una prova della reputazione di cui godeva all'epoca. Durante l'era Roosevelt, Frankfurter era tra i custodi delle chiavi delle stanze del potere, un mediatore che si muoveva agilmente in città creando connessioni, raccomandando i suoi studenti per vari incarichi, consigliando il presidente su questioni di politica interna ed estera. Interventista, aveva aiutato l'amministrazione a superare i problematici negoziati alla base dell'accordo con la Gran Bretagna del settembre 1940, per il quale gli Stati Uniti avevano promesso di inviare cinquanta cacciatorpediniere in cambio di diverse basi britanniche.[62] Questo accordo fu cruciale e segnò un simbolico passaggio di consegne tra i due Paesi per il controllo dell'Oceano Pacifico dopo la guerra.

Frankfurter stava già lavorando con il segretario alla Guerra Henry Stimson, anch'egli suo ex studente ad Harvard, per garantire assistenza ai Paesi belligeranti. Nel settembre 1940 aveva trasmesso un memorandum a Roosevelt sulla necessità di inviare rifornimenti alimentari alla Finlandia, che all'epoca si stava difendendo da un'invasione sovietica.[63] Quando il Senato si era rifiutato di approvare il già citato accordo con la Gran Bretagna, Frankfurter aveva convinto il presidente a incaricare Benjamin Cohen, che aveva incontrato Monnet alla Conferenza di pace di Parigi e aveva anche lui frequentato Harvard, di redigere un memorandum che giustificasse la legalità di un'azione presidenziale unilaterale senza il consenso del Congresso. Il giudice aveva quindi chiesto a Cohen di lavorare con Dean Acheson, un suo ex studente sulla questione.[64] Secondo un memorandum, che si trova nelle carte di Frankfurter presso la Biblioteca del Congresso, il giudice aveva anche proposto al presidente di creare una base in Irlanda per aiutare a stabilizzare la situazione politica dell'isola e per fornire ulteriore assistenza al Regno Unito.[65] In effetti,

62. Murphy, *The Brandeis-Frankfurter Connection*, p. 146.

63. Frankfurter a Roosevelt, 29 novembre 1940, incluso "*Memorandum di Lord Lothian*"; messaggio telefonico di Roosevelt per Frankfurter, verbale, 2 dicembre 1940, President's secretary's' File, Box 150. Franklin Delano Roosevelt Presidential Library, Hyde Park (NY).

64. Dean Acheson, *Present at the Creation*, New York, Norton, 1969. Questo incarico si sarebbe rivelato fortuito sia per Acheson che per il suo ex professore. Per Acheson si rivelò un passo avanti verso il suo incarico nel 1941 come assistente segretario di Stato. Frankfurter trovò in seguito in lui un contatto molto utile una volta che Truman divenne presidente nel 1945.

65. Lettera a Roosevelt, 30 dicembre 1940, President Secretary's File, Box 140, Franklin Delano Roosevelt Presidential Library, Hyde Park (NY).

Frankfurter, in stretto contatto con l'ambasciatore britannico nel 1940, Lord Lothian, anch'egli conoscente di Monnet, era tenuto al corrente del rapido esaurimento delle risorse finanziarie della Gran Bretagna disponibili per l'acquisto di forniture dagli Stati Uniti. Tuttavia, per superare l'atteggiamento isolazionista di Washington, aveva bisogno di un alleato che potesse fornire idee, contatti e un approccio originale. Incidentalmente, non era né britannico né americano.

La rete del giudice era indubbiamente meno organizzata della cerchia di amici di Monnet, che venivano sistematicamente mobilitati in caso di necessità, ma i membri erano molto ben connessi, soprattutto con l'élite politica britannica e americana, a causa dell'istruzione, della famiglia e degli interessi personali. Alcuni, come Lewis Douglas, futuro ambasciatore in Gran Bretagna, e William Clayton, fondatore della Anderson, Clayton and Co., un importante esportatore di cotone, avevano sostenuto con forza le politiche commerciali di Cordell Hull, per cui i contatti regolari di Frankfurter con la Casa Bianca erano essenziali.[66]

Monnet aveva già incontrato il giudice nel 1927 in occasione di una cena organizzata a Washington da George T. Rublee, membro statunitense dell'Amtc. Alla festa di Rublee, Frankfurter aveva presentato Monnet anche a Dean Acheson. Da una lettera inviata dal giornalista Joe Alsop,[67] apprendiamo che fu lui a presentare il francese a Frankfurter. La cena era un modo per Acheson di organizzare un incontro tra il suo mentore di Harvard e i suoi superiori, i senior partner di Covington, Burling & Rublee, l'importante studio internazionale con cui anche Blair & Co. conduceva gli affari in Europa, il che spiega quindi la presenza di Monnet. Una volta rinnovata la loro conoscenza, sempre durante una cena, questa volta nella villa di Frankfurter a Washington, il rapporto di Monnet con Acheson si rivelò essenziale per l'influenza del francese nella capitale statunitense. Soprattutto quando, nel febbraio 1941, l'avvocato americano fu nominato da Roosevelt assistente segretario di Stato per gli affari economici, partecipando a tutti gli accordi Lend-Lease con i Paesi che ricevevano aiuti militari e civili dagli Stati Uniti. Il lavoro e la vita sociale di Acheson e Monnet durante gli anni della guerra li portarono a

66. John Lamberton Harper, *American Visions of Europe*, Cambridge, Cambridge University Press, 1994, pp. 70-71.

67. Joe Alsop a Monnet, gennaio 1965, Alsop Papers, Monnet File, Library of Congress, Washington, DC.

sentirsi spesso, cosa che si tradusse in rispetto reciproco per le rispettive idee e dedizione. «Both shared a profound and single-minded devotion to international cooperation», scrive lo storico Douglas Brinkley. «Monnet must have been an inspiration to Acheson as to what could be accomplished by sheer dint of personality, persuasion, and connections».[68] Acheson definì Monnet «one of the brilliant men of his generation» e ammirò il suo «action-oriented, no nonsense, get-the-job-done approach to every assignment or project he undertook». Paragonò Monnet al generale George Marshall perché «each had a global reputation as a prestigious statesman of great consequence while usually managing to remain above the fray of partisan politics».[69]

Poiché possedeva queste particolari competenze, Monnet, una volta introdotto, divenne un potente catalizzatore dell'azione di questo piccolo gruppo. Usando le parole dello stesso Frankfurter, tratte da una conversazione avuta con un altro suo ex studente, Milton Kats. «Monnet is a man with a ruthless clarity of mind who will not deviate from seeing and describing things as they are and following the facts as he finds them. He never deludes himself».[70] Il francese aveva il dono di lavorare sulle questioni con un atteggiamento imprenditoriale, cosa che gli americani apprezzavano molto e che trova riscontro nelle fonti. Dopo aver studiato una questione, Monnet faceva sempre liste delle parti interessate, cercando di trovare una soluzione che le soddisfacesse senza mostrare alcuna affiliazione ideologica.

Frankfurter era convinto che il diritto fosse il garante della democrazia e continuò a essere per Monnet un riferimento morale e un amico intimo anche dopo la fine della guerra. I diari del giudice[71] mostrano infatti quanto le loro famiglie fossero amiche, cogliendo ogni occasione per incontrarsi. Durante la guerra, visto il legame stretto con Roosevelt, il giudice divenne soprattutto un prezioso intermediario attraverso il quale Monnet riuscì a stabilire una connessione diretta con il presidente. «Monnet and Frankfurter also loved both to be close to the source of power. They were there, in a

68. Douglas Brinkley, *Dean Acheson e Jean Monnet*, in *Monnet e gli americani,* a cura di Clifford Hackett, Washington (DC).)-Jean Monnet Council, 1995, pp. 74-76.

69. *Ibidem*.

70. Lettera a Milton Katz, datata 1941, Frankfurter Papers, Library of Congress, Washington (DC).

71. Diario di Felix Frankfurter, 1943, Frankfurter Papers, Library of Congress, Washington (DC).

way, for a common goal. They were so intimate that they met at any time either in one or in the other».[72]

Frankfurter presentò Monnet a molte personalità di spicco che facevano parte della sua rete, come Katharine e Phil Graham, che in seguito divennero proprietari ed editori del «Washington Post». La mattina Graham passeggiava con il francese nel Rock Creek Park, una vasta area boschiva vicino alla grande casa presa in affitto da Monnet al 2415 di Foxhall Road. Monnet amava Rock Creek Park e lo trattava come il suo giardino. L'influente editore paragonò in seguito Monnet a Benjamin Franklin per intelligenza e competenza.[73] Il francese ritrovò da Frankfurter vecchi amici, tra cui Walter Lippmann, Joseph Alsop e suo fratello Stewart, James Reston, reporter del «New York Times», e sua moglie Sally, John Foster Dulles e sua moglie Janet. A questi se ne aggiunsero di nuovi, gli Achesons, il poeta e scrittore Archibald Macleish e sua moglie, Averell Harriman, il magnate delle ferrovie.

Come Katherine Graham rammenta:

> Monnet was proof positive that if someone is brilliant, political, and concentrated, he can make a power base where none exists. His mode of operation was to know the right people – those who had the knowledge, the power, and the will to move thing – then to learn what made things move and to be constantly pushing the levers of power. He was very selective about whom he saw and how he used his time. He never made small talk, and he always kept to the point in his discussions, at meetings, or even at dinners.[74]

Come racconta chiaramente in questa preziosa intervista conservata nell'archivio di storia orale di Losanna:

> Monnet had no power base at that time (1940) except the power of his brain and his personality, and his ability to get things done. The little circle of personal friends with whom Jean and Silvia were close included the Frankfurters, the MacLeishes and Achesons. Moreover, the Bonnets, the French Ambassador – we joked about the Bonnets and the Monnets.[75]

72. Intervista a John J. McCloy, Leonard Tennyson (15 luglio 1981), Fondo di storia orale, Fondation Jean Monnet pour l'Europe, Lausanne

73. Katharine Graham, *Personal History,* New York, Vintage Books, 1998, pag. 128.

74. *Ibidem.*

75. Intervista a Katherine Graham da parte di Leonard Tennyson (28 luglio 1981), Fondo di storia orale, Fondation Jean Monnet pour l'Europe, Lausanne.

Le questioni più urgenti venivano sempre discusse prima della cena, mai durante o dopo, perché Silvia sosteneva che «good food and politics do now mix well».[76] Nel 1940-41, i membri di questo gruppo comunicavano quasi quotidianamente tra loro, creando uno straordinario canale informale per trasmettere all'amministrazione le esigenze dell'Europa e proporre un modo per affrontarle. Nel periodo pre-Pearl Harbour erano tra gli attori politici più influenti a Washington, anche se non avevano alcun ruolo ufficiale nell'amministrazione. Ottenere una maggiore cooperazione da parte degli americani era in fondo il vero compito che Monnet doveva svolgere per il governo britannico.

Nel novembre 1940, secondo il diario di Henry Stimson,[77] il segretario della Marina Frank Knox chiese il parere del giudice Frankfurter in merito a un possibile vertice tra Roosevelt e altri leader di nazioni democratiche, tra cui Winston Churchill. Il problema era che il presidente aveva difficoltà a trovare le parole giuste per convincere un'opinione pubblica americana ancora recalcitrante ad assumersi responsabilità sulla scena mondiale. Frankfurter ebbe l'idea di inviare al presidente una lettera di presentazione per Monnet (anche se lo aveva già incontrato in passato) e allegasse un memorandum che il francese gli aveva consegnato a cena giorni prima, in cui descriveva il deterioramento della situazione delle forniture britanniche. Consigliò a Roosevelt di tenere un discorso pubblico sulla necessità di aiutare le nazioni democratiche a sconfiggere i tedeschi.[78] Una settimana dopo, il giudice sentì Monnet dire ad Acheson, di nuovo a Foxhall Road per cena, che l'America sarebbe dovuta diventare un «great arsenal, the arsenal of democracy». Entrambi si resero conto che si trattava di una frase memorabile, in grado di trasmettere il messaggio al pubblico. Frankfurter inviò un'altra lettera al presidente suggerendo di aggiungera alla Fireside Chat, tenuta da Roosevelt il 29 dicembre. La strategia presidenziale consisteva nel convincere l'opinione pubblica che la Gran Bretagna potesse essere aiutata semplicemente prestando e affittando, senza l'intervento diretto degli americani.

76. Lettera di Monnet a Frankfurter, gennaio 1941, AMD 8/9/4, Fondation Jean Monnet pour l'Europe, Lausanne.

77. Diario di Henry Stimson, 25 novembre 1940, documenti di Henry Stimson, Sterling Library, Yale University Library, New Haven (CT).

78. Lettera di Felix Frankfurter a FDR, 19 dicembre 1940, Frankfurter papers, Library of Congress, Washington (DC).

Il problema era che il governo britannico non era convinto che tale strategia potesse essere sufficiente. Dopo la morte di Lord Lothian, Roosevelt decise di inviare qualcuno a Londra per cercare di stabilire un canale di comunicazione più stretto tra il Gabinetto di Guerra e la Casa Bianca. La scelta cadde su Harry Hopkins, uno dei più stretti consiglieri di politica estera del presidente, uno degli architetti del New Deal e l'uomo che avrebbe guidato il programma Lend-Lease negli anni a venire.

Monnet fu informato da Dean Acheson e scrisse immediatamente a Frankfurter della necessità di prepararsi perché, nelle sue parole, «neither side is correctly assessing the importance of this conference».[79] Frankfurter ebbe quindi l'idea di invitare a cena a casa sua sia Monnet sia Hopkins. Questo era il loro modus operandi, che rispecchiava da vicino quello dei club inglesi e dei gruppi di pressione attivi dietro le quinte della politica per tutto il XX secolo. Lettere, memorandum, telefonate dirette e cene erano i modi in cui questo gruppo lavorava sulle questioni di politica internazionale dell'epoca, ignorando le strutture formali del governo democratico e i canali tradizionali delle relazioni internazionali. Una volta individuata una questione, la strategia era quella di non rimanere invischiati nella burocrazia e nei protocolli, ma di creare una rete, in questo caso transatlantica, di persone influenti in grado di accedere e comunicare direttamente con i funzionari pubblici e i leader, tutti legati da un interesse comune. Molto rapidamente, tutti a Washington si resero conto di cosa significasse essere invitati a cena da Monnet o Frankfurter. In particolare, far parte della cerchia di quest'ultimo significava acquisire uno status, oltre che le orecchie di una delle figure più influenti della città.

Jean Monnet disse a Hopkins a cena che non era necessario incontrare molte persone a Londra per trasmettere il messaggio di Roosevelt e valutare le intenzioni britanniche riguardo alla guerra, che Churchill era sufficiente. «Churchill is the War Cabinet, no one else matters». Tuttavia, Hopkins non conosceva il francese all'epoca e se fosse stato da solo, i suoi consigli avrebbero avuto un impatto nullo. Fu Frankfurter a garantire per le informazioni che Monnet gli stava fornendo.[80]

79. Lettera di Monnet a Frankfurter, gennaio 1941, AMD 8/9/4, Fondation Jean Monnet pour l'Europe, Lausanne.

80. Robert Sherwood, *Roosevelt e Hopkins,* New York, Harper and Brothers, 1948, p. 232.

Naturalmente, lo stesso doveva essere fatto con le sue controparti britanniche. Informarle del ruolo di Hopkins all'interno della Casa Bianca, e quindi della natura fondamentale dell'incontro, era la chiave per ottenere il successo della missione. Frankfurter informò Monnet di un contatto ben collegato, l'ambasciatore australiano negli Stati Uniti, Richard Casey. Secondo le memorie di Casey,[81] l'ambasciatore comunicò a Londra, sotto consiglio del giudice, che una «highly placed and important person [...] who is a great friend of the President»[82] aveva un messaggio per Churchill. Seguiva una descrizione della natura e della personalità di Hopkins e del peso della sua voce alla Casa Bianca. Giorni dopo Casey comunicò a Frankfurter che Churchill aveva letto il messaggio e che avrebbe certamente «act on it». Gli incontri tra il primo ministro britannico e Harry Hopkins furono un successo, come Hopkins ammetterà in seguito, e contribuirono a migliorare le relazioni tra le due nazioni.

Tuttavia, una delle testimonianze più interessanti del grado di fiducia e amicizia tra la famiglia Monnet e il giudice non viene dall'ambiente sofisticato e complesso delle relazioni internazionali. Sono piuttosto le carte, trovate presso la Roosevelt Presidential Library di Hyde Park, relative a una lettera che Anna Monnet, figlia adottiva del francese, inviò al presidente Roosevelt nel 1941. Jean Monnet, sua moglie Silvia e Anna assistettero personalmente alla parata inaugurale di Roosevelt il 21 gennaio 1941 sul National Mall. I Frankfurter li raggiunsero poi a cena il giorno dopo.[83] Anna, all'epoca di nove anni, era «violently fall in love with the President on inauguration day».[84] La madre ne aveva parlato al giudice durante la cena, accennando all'intenzione della bambina di scrivere una lettera al presidente per il suo compleanno, il 30 gennaio. Silvia Monnet e Marion Frankfurter erano attive nella National Foundation for Infantile Paralysis, l'organizzazione istituita nel 1938 dal presidente; pertanto,

81. Una bozza delle memorie di Casey fu inviata a Frankfurter per le correzioni, 25 ottobre 1960, Box 244, Frankfurter Papers, Library of Congress, Washington (DC).

82. Lettera di Casey all'Alto Commissario australiano, 6 gennaio 1941. Una copia fu inviata a Frankfurter con la risposta, vedi Frankfurter papers, box 195, Harvard Law School Archives, Cambridge (MA).

83. Diario di Monnet, gennaio 1941, Fondation Jean Monnet pour l'Europe, Lausanne.

84. Felix Frankfurter a Marguerite LeHand, telegramma, President's Secretary's File, Box 2, Contributions, 7365, Franklin Delano Roosevelt Presidential Library, Hyde Park (NY).

convinsero Anna a inserire nella lettera un accenno alla questione, insieme a una donazione di un dollaro.

Il giudice scrisse a Marguerite Lehand, segretaria personale di Roosevelt il 3 febbraio,[85] allegando la lettera, datata 27 gennaio 1941, scritta a mano da Anna Monnet.

> Dear Mr. President, I was at the inaugural parate [sic], and heard everything over the radio in the morning, it was very nice, I liked it so much, didn't you? In this letter are ten dimes, for infantile paralyses [sic], it is very little, but it is all I have, and I hope they will help. Happy birthday Mr. President, and lots of luck. Your freind [sic] respectfuly [sic], Anna Monnet.[86]

Era molto insolito che un giudice della Corte Suprema si improvvisasse postino per una lettera al presidente da parte di una bambina di nove anni, e per questo la segretaria la posò sulla scrivania di Roosevelt lo stesso giorno. La risposta fu inviata all'ufficio del giudice, con una «little note of approval to her» da parte di Roosevelt.[87] Questo insolito canale di comunicazione con la Casa Bianca era stato sperimentato nel dicembre 1940 e Jean Monnet lo utilizzò nuovamente nel 1941, e non solo per le lettere di sua figlia. Con il Victory Program concordato a dicembre, era urgentemente necessario mettere insieme l'organizzazione più adatta a realizzarlo. Monnet aveva rimuginato su questo problema per molte settimane alla fine del 1941. Poco dopo l'attacco a Pearl Harbour, ne discusse a lungo con Felix Frankfurter. I due convennero che per quanto riguardava la mobilitazione, gli Stati Uniti avessero molto da imparare dall'esperienza francese e britannica, e il giudice ritenne di includere il presidente nella discussione. Fedele alle sue abitudini, Monnet aveva redatto una nota sull'argomento, ma esitava a inviarla personalmente a Roosevelt. Il giudice propose di dare un'occhiata alla bozza e di inviarla al presidente lui stesso. Il memorandum di Frankfurter, citando Monnet come fonte dell'idea, presentava la necessità di un coordinamento alleato sugli obiettivi a lungo termine dell'approvvigionamento e della produzione. «The agencies dealing with production are many, but each was under a different authority with none responsible for the over-all objective. Someone capable of acting for the

85. *Ibidem.*

86. *Ibidem.*

87. Marguerite LeHand a Frankfurter, President's Secretary's File, Box 2, Contributions, 7365, Franklin Delano Roosevelt Presidential Library, Hyde Park (NY).

President must see the Victory Program carried out».[88] Il presidente vide il memo pochi giorni dopo. Tuttavia, molti membri del Dipartimento di Stato si opposero al controllo civile della produzione di armi, e il presidente non volle procedere oltre.[89] Monnet in questi anni continuava ufficialmente a lavorare per il governo britannico, ma è evidente come la sua rete cominciava ad agire di vita propria, stabilendo di volta in volta obiettivi e metodi, anche all'insaputa del British Supply Council e dell'ambasciata. Il network stava diventando un gruppo di lavoro transatlantico.

Parte cruciale del gruppo fu una conoscenza che Monnet fece grazie a Frankfurter, John McCloy. Monnet scrisse, nelle sue memorie in inglese, che, secondo la sua esperienza, «personal friendships have played a very great role in all the enterprises on which I have worked. [...] I have never lacked friends; but friendship, to me, is the result of joint action rather than the reason for it».[90] La prima azione comune di Monnet e McCloy ebbe luogo nel cupo autunno del 1940. McCloy era appena diventato assistente segretario della Guerra sotto Henry Stimson, che presentò i due uomini a una cena da Frankfurter. Si conoscevano già per le loro attività bancarie negli anni Venti, ma ora avevano la possibilità di rafforzare il loro rapporto. Dal minuscolo ufficio del francese all'ottavo piano del vecchio Willard Hotel, Monnet, secondo le parole di McCloy, stava diventando il «great, single-minded apostle of all-out production, preaching the doctrine that ten thousand tanks too many are far preferable to one tank too few».[91] Monnet sosteneva che gli Stati Uniti e la Gran Bretagna si erano approcciati al problema della produzione in modo sbagliato, comportando un sottoutilizzo dell'enorme capacità industriale americana. Monnet insisteva su un coordinamento anglo-americano. I problemi di mobilitazione occuparono le menti di Monnet e McCloy per tutto il 1941. McCloy parlava con Monnet quasi ogni giorno, al telefono o in ufficio. Robert Nathan, uno dei giovani economisti che lavoravano con loro, ricordò quanto le persistenti richieste di Monnet di aumentare la produzione potessero irritare gli americani, poiché il francese respingeva ogni volta le loro preoccupazioni sul fatto che «highly excessive goals would almost certainly result in

88. Lettera di Felix Frankfurter a FDR, 22 dicembre 1941, Frankfurter papers, Library of Congress, Washington (DC).

89. Robert Sherwood, *Roosevelt e Hopkins*, New York, Harper and Brothers, 1948.

90. Monnet, *Memoirs,* New York, Doubleday & Company Inc., 1978, p. 76. Questa frase non compare nella traduzione italiana.

91. Sherwood, *Roosevelt e Hopkins*, p. 278.

chaos in the armament industries».[92] McCloy, tuttavia, sostenne le richieste di Monnet per uno sforzo americano più significativo. Dopo la dichiarazione del presidente Roosevelt di una «unlimited national emergency», McCloy e Monnet, insieme a Robert Nathan e all'economista Stacy May, lavorarono per preparare uno studio che confrontasse le risorse americane e britanniche rispetto alle stime di quelle tedesche. Il bilancio mostrava che la produzione americana era in ritardo rispetto alla Gran Bretagna e al Canada e che vi erano gravi carenze nel numero di bombardieri pesanti e di carri armati. Queste conclusioni portarono Roosevelt ad approvare, il 25 settembre 1941, il Victory Program. Dopo Pearl Harbor, Monnet e McCloy continuarono a lavorare insieme al Programma. McCloy e sua moglie Ellen cenavano regolarmente con i Monnet, accompagnati dai Frankfurter o dagli Stimson; nel 1942 festeggiarono insieme il Capodanno. McCloy intervenne persino in una questione personale della Monnet. Quando il cognato italiano di Monnet fu arrestato perché sospettato di essere coinvolto in ambienti fascisti, McCloy lo aiutò a ottenere gli arresti domiciliari.[93] L'ammirazione di McCloy nei suoi confronti si rivelò molto utile quando la tendenza di Monnet a tirare i fili dietro le quinte causò nuovamente problemi con la comunità diplomatica e di intelligence sia in Gran Bretagna sia negli Stati Uniti.

4. *Nuovi nemici. L'inchiesta su Monnet e il salvataggio di Frankfurter*

Anche se nel 1940 Monnet sembrava trovarsi a suo agio a Washington, tra vecchi e nuovi amici che gli aprivano le porte delle stanze del potere, la sua posizione generava fastidi nelle fila della diplomazia formale. I dipendenti britannici del British Supply Concil lo consideravano un *outsider*. Il fatto che Churchill gli avesse conferito autorità e un suo presunto legame con de Gaulle non lo rendevano popolare e col tempo fecero sorgere dubbi sulla sua lealtà.

I suoi avversari si trovavano anche nei ranghi della stessa amministrazione Roosevelt. A parte Dean Acheson, Monnet non aveva amici nel

92. Nathan, *Un eroe non celebrato della Seconda Guerra Mondiale*, in Douglas Brinkley , Clifford Hackett, *Jean Monnet*, p. 83.

93. Diario di McCloy, 23 e 27 febbraio 1942, McCloy papers, Monnet File, Ahmerst College Library, Ahmerst (MA).

Dipartimento di Stato. Anzi, uno dei suoi principali oppositori era proprio il segretario Cordell Hull. Egli vedeva come un problema la presa di distanza di Monnet dal governo francese di Vichy, in quanto l'amministrazione Roosevelt manteneva relazioni diplomatiche con il governo collaborazionista. Questo era in linea con la politica ufficiale di Hull, sostenuta da Roosevelt, che vedeva in Pétain un potenziale alleato, dovesse arrivare il momento dello scontro con la Germania. Monnet, invece, considerava questo approccio ingenuo e irrealistico e lo disse più volte a Frankfurter. Il Dipartimento di Stato però non si rivelò aperto alle sue considerazioni, dato che Monnet veniva visto come troppo vicino a de Gaulle.

Ancor più di Hull e del Dipartimento di Stato, Monnet temeva un altro alto funzionario che era uno dei più stretti consiglieri politici di Roosevelt, il segretario del Tesoro Henry Morgenthau, che il francese aveva già incontrato. Il segretario aveva già cercato di ostacolare molti dei piani di Monnet di assistenza americana alla Francia e alla Gran Bretagna e ora vedeva con grande sospetto la sua ascesa all'interno della cerchia liberale di Frankfurter. Diversi fattori spiegano la diffidenza di Morgenthau: in primo luogo, probabilmente, la rivalità che esisteva tra lui e Henry Stimson, il segretario della Guerra. Morgenthau era anche un riformatore che vedeva nel banchiere francese il simbolo di un mondo, Wall Street, che disprezzava.

Documenti recentemente scoperti, provenienti dagli archivi parlamentari a Londra, mostrano però fino a dove si spinse Morgenthau nel tentativo di estromettere Monnet dall'amministrazione Roosevelt. Il segretario riteneva che il francese avesse discutibili legami con la Germania perché la ditta Monnet, Murnane e Co. aveva lavorato per la filiale dell'azienda Bosch in America nel 1939. Nel luglio 1941 inviò quindi una richiesta formale di indagine all'ambasciata britannica a Washington, chiedendo di condurre un'inchiesta approfondita sulle finanze e sulle attività estere di Monnet. Morgenthau è citato più di una volta nel memorandum preparato da agenti del Secret Intelligence Service e inviato a Noel Hall, ex professore e in posizione di responsabilità presso il War Trade Department dell'Ambasciata britannica a Washington, nonché stretto collaboratore di Lord Beaverbrook, l'onnipotente ministro della Produzione Aeronautica.[94] Noel Hall, dopo aver letto il dossier di tredici pagine, lo inviò al maggiore John Meade, del Military Intelligent Corp, per avere la sua opinione.

94. Noel Hall a John Maude, contrassegnato come "Top Secret", BBK-D-402, Lord Beaverbrook's papers, Parlamentary Archives, London.

Il memorandum, accompagnato dalle osservazioni del maggiore Meade, traccia un quadro completo dell'atmosfera di sospetto che circondava il francese nei mesi precedenti la dichiarazione americana di guerra contro la Germania. Si compone di quattro documenti. Il primo è una bozza di quanto emerso dalle indagini sulle attività di Monnet a Washington e sui suoi contatti all'estero. Ad esso sono allegati due riassunti sulla biografia del francese e sulla sua società Monnet, Murnane & Co. Il memo è accompagnato da un commento del maggiore Meade. Il primo elemento di sospetto sollevato riguardava la situazione familiare di Monnet e la sua sistemazione a Washington. Il fatto che la maggior parte della sua famiglia continuasse a risiedere in Francia era considerato pericoloso. «This fact might well be used to extract information from him».[95] Il secondo punto riguardava qualcosa che non compare in nessuno degli archivi relativi alla vita di Monnet negli Stati Uniti. Il francese, la moglie, le figlie, il cuoco e la cameriera si erano trasferiti il 15 ottobre 1940 da una suite del Wardman Park Hotel nella casa al 2415 di Foxhall Road. Senza ulteriori spiegazioni, il memo attestava che la casa fu «given up by Baron Maximillian Hugo von Pagenhardt in order that Monnet might occupy it». I documenti non citano alcuna fonte per questa informazione né menzionano un motivo per cui il barone avrebbe ceduto la sua casa affinché un funzionario nemico (Monnet all'epoca aveva un passaporto britannico) la utilizzasse.

Il barone, imprenditore edile negli Stati Uniti, dopo aver sposato una cittadina americana, Marie Adams, era sorvegliato dai servizi segreti a causa del suo legame con il viceammiraglio Emden, attaché navale tedesco a Washington. John Maude chiese, nel suo commento sul contenuto del memorandum, di indagare se ci fosse qualche «perhaps significant arrangement between Von Pagenhardt and Monnet». Senza ulteriore documentazione, non è possibile confermare che esistesse un accordo tedesco per far vivere Monnet nella casa nell'esclusivo sobborgo di Georgetown. Pertanto, questo punto rimane una questione aperta. Il memorandum proseguiva sollevando una terza grave fonte di sospetto. Nel giugno 1940, i servizi segreti avevano intercettato una lettera di Hervé Alphand, consigliere di de Gaulle ed ex attaché finanziario a Washington, indirizzata a un

95. John Maude a Noel Hall, Memorandum su Jean Monnet, BBK-D-402, Lord Beaverbrook's papers, Parlamentary Archives, London. Non c'è alcuna prova che Monnet avesse motivo di preoccuparsi della sicurezza della sua famiglia o del suo utilizzo da parte dei tedeschi per estorcergli informazioni.

funzionario non meglio identificato del governo di Vichy. La lettera, o una sua copia carbone, non si trova nei documenti di Alphand presso gli Archives Diplomatiques del ministero degli Affari Esteri francese a Parigi. Il memorandum citava Monnet come «source of information which Alphand is sending to Vichy on such subjects as aeroplanes production, present and potential deliveries to England and other statistics». Nel documento originale, si legge:

> this is the opinion of M. MARLIO [sic] who has just made a tour of the States, and it is also the opinion of Jean Monnet who, after having directed the Anglo-French Executive Committee during the war, actually collaborates in English and American armament plans. He thinks that the Air programme will be carried out, and that the enormous credits to be voted by Congress will allow war production of a size unknown to the world before.[96]

Seguivano stime esatte della produzione mensile americana di aerei a cui solo qualcuno all'interno del British Supply Council avrebbe potuto avere accesso. Il fatto che la lettera citi Monnet come fonte di informazioni non spiega come questi dati siano stati comunicati ad Alphand, se direttamente o indirettamente. Tuttavia, la presenza di una citazione diretta, tra virgolette, in cui si afferma che «Jean Monnet observed that up till now the English armament programme had progressed more or less normally, since actual production was only about 15% lower than estimated production»,[97] farebbe pensare a una conversazione tra i due francesi sulla produzione aerea americana. Naturalmente, non è chiaro se Monnet avesse trasmesso informazioni accurate in modo incauto o deliberato. Il maggiore Meude, commentando questo punto, chiedeva il parere dell'ambasciata britannica sulla questione.

Il memorandum giungeva quindi all'informazione più infamante del dossier, quella sul rapporto di Monnet con Murnane. Negli stessi mesi, l'intelligence britannica, coadiuvata da quella americana e dall'Fbi, cercava di contrastare l'influenza tedesca in Sud America.[98] Dopo un'operazione contro uno dei principali agenti tedeschi nel continente, l'uomo d'affari Fritz Fenthol, gli inglesi sequestrarono tutti i suoi appunti e la sua corri-

96. John Maude a Noel Hall, Memorandum su Jean Monnet, BBK-D-402. p. 4, Lord Beaverbrook's papers, Parlamentary Archives, London.

97. *Ibidem.*

98. Cole Blasier, *The United States, Germany, and the Bolivian Revolutionaries (1941-1946),* in «The Hispanic American Historical Review», 52, 1 (1972), pp. 26-54.

spondenza. Tra questi c'era il seguente testo: «George Murnane, 30 Broad Street, New York City, is connected with the Directors of the Reichsbank and with Dr. Schacht, friend of Diehn, General Manager of Potash Syndicate. Murnane arranged for the first temporary credit of United States to Germany».[99]

Fenthol visitò Murnane il 18 luglio 1940 per discutere della situazione bellica tedesca. Il documento sottolineava la convinzione di Murnane che gli Stati Uniti sarebbero presto entrati in guerra se la pace non fosse stata ristabilita a breve. La nota di Fenthol continuava: «Murnane's partner, Mr. Monnet, who is now in England, has written a detailed letter about the situation there.[100] Monnet believes England can still resist for a considerable time, at least a year and a half». Murnane chiese poi a Fenthol di portare i suoi migliori saluti a Schacht e Diehn a Berlino. Al dossier era allegata una breve storia dei rapporti tra Monnet e Murnane. Il commento di Meude mostra la sua grande ansia all'idea che tali informazioni potessero essere fornite ai tedeschi. Anche se Monnet credeva nell'onestà di Murnane, c'era il pericolo di essere usato come fonte di informazioni dall'intelligence tedesca.

Lo stesso livello di ansia si rileva in riferimento alla notizia che Monnet aveva parlato delle politiche britanniche in materia di produzione aeronautica con Marcus Wallenberg, della Enskilda Bank di Stoccolma, in visita a Washington nel maggio 1941. Il dossier includeva una nota del diario del banchiere, senza specificare se fosse stato Wallenberg a consegnarla ai servizi segreti britannici. La nota includeva le riflessioni di Monnet sulla situazione britannica nel Mediterraneo, sui sentimenti anglofoni all'interno del governo di Vichy e, soprattutto, sulle possibilità di successo di una «Swedish claim for war material», che Monnet considerava molto limitata se «it came up before the British Purchasing Commission». Il francese suggeriva che la questione avrebbe potuto essere risolta dal Dipartimento di Stato a Washington. «Could the equipment of Sweden be considered as being helpful of Germany?», chiedeva Wallenberg. Monnet rispose presentando le ragioni britanniche di diffidenza nei confronti delle intenzioni svedesi di acquisire materiale bellico. «If the Mediterranean were successfully purged (by the German and Italian fleet) Sweden would have

99. John Maude a Noel Hall, Memorandum su Jean Monnet, BBK-D-402. p. 5, Lord Beaverbrook's papers, Parlamentary Archives, London.

100. Frase sottolineata nel documento originale.

no chance to resist German claims». Wallenberg replicò allora che «there is the possibility that we could negotiate with them, if it comes to that, since iron ore has lost importance now that Germany controlled Alsace-Lorraine».[101] La nota si concludeva con la promessa di Monnet di presentare il banchiere svedese a Purvis, presso la British Purchase Commission. Naturalmente, nessuno può dire se Monnet stesse fornendo informazioni precise sulla posizione del Bpc in merito alla situazione commerciale svedese. Analizzando la nota dal punto di vista di Monnet, è possibile che egli stesse usando queste informazioni in buona fede, cercando di presentarsi a Wallenberg come colui che deteneva le chiavi del Bpc e che poteva raccomandarlo a Purvis.

La nota è accompagnata da un'altra dello stesso Morgenthau che dichiarava: «It is strange that there is no Englishman available to do the job and I cannot understand why they take the risk with any Frenchman, and particularly one whose family is still in France».[102] Meude considerava nella sua nota questa osservazione come un'indicazione del fatto che l'ansia per la posizione di Monnet non fosse solo dell'ambasciata britannica, ma anche di membri dell'amministrazione americana. Coglieva, inoltre, perfettamente il profilo di Monnet, affermando che «he is a man with a preference for working behind the scenes and who likes pulling wires. He appears to be the person who makes the decisions and not Purvis». Anche la decisione di Monnet di assumere una donna inglese come segretaria venne messa sotto esame nel memorandum, perché «the man who was determined while working for the German Government to make the best show he possibly could in order to produce an atmosphere of confidence in himself might do such as Monnet has done».[103] Il commento di Meade continuava affermando che le persone con cui aveva parlato, vicine a Monnet, avevano garantito la sua integrità. «I am sufficiently well-informed to be able to say that an entirely reliable source has given me considerable assurances that Monnet is a man of no Vichy tendencies whatsoever». Questa fonte non veniva nominata, ma Meade concludeva affermando che, anche se ciò fosse vero, «it is not very likely that he would indicate anything

101. John Maude a Noel Hall, Memorandum su Jean Monnet, BBK-D-402. p. 8, Lord Beaverbrook's papers, Parlamentary Archives, London.

102. Ivi, p. 13.

103. John Maude a Noel Hall, Memorandum su Jean Monnet, BBK-D-402. p. 2, Lord Beaverbrook's papers, Parlamentary Archives, London.

other than devotion to the British cause to those persons on the British side with whom he came in contact».[104]

Non sappiamo come sia stata portata avanti l'indagine dopo che l'ambasciata britannica a Washington ricevette questa nota nel luglio 1941. Ciò che emerge è una richiesta tempestiva, nel novembre dello stesso anno, da parte di Lord Halifax, il nuovo ambasciatore britannico a Washington, a Frankfurter di mettere nero su bianco l'opinione che si aveva di Jean Monnet e dei suoi servizi. La richiesta di Halifax fu probabilmente motivata sia dalle pressioni dell'intelligence britannica, che gli aveva inviato il dossier, sia di Henry Morgenthau. Tra l'altro, dal dossier emergevano legami interbellici di Monnet con lo studio legale repubblicano di Sullivan & Cromwell, lo studio di John Foster Dulles. Frankfurter, che considerava Monnet «a teacher to our Defense establishment», preparò una vigorosa difesa di Monnet da presentare ad Halifax. Parlò con numerosi funzionari, tra cui Harry Hopkins, Henry Stimson, Robert Lovett e McCloy, che lodarono tutti gli sforzi di Monnet per i governi alleati. La lettera di Frankfurter a Halifax contiene una lunga citazione della dichiarazione che aveva chiesto per l'occasione a McCloy:

> On reflection I think [Monnet] has been responsible more than anyone connected with the British mission … for the orientation of the men with whom he comes in contact in the War Department to the primary task which the United States must perform if it is to act effectively in the war. For one reason or another – perhaps because of diffidence, perhaps because so many are compelled to respond so continuously to the motivation of the last cable from London the result is that Monnet is the only one from their shop who talks and presses to the point almost of irritation the broad picture of the United States obligation. He spares himself no indignity or rebuff but before long he has the Army officers repeating his arguments. He thinks on the basis of a wide experience and wide contacts with the men of influence in three different governments, all of whom struggled with the problems of supply in war, not only in this war but in the last, and the quality and plane of his thinking shows it. Monnet has the advantage of knowing both the British and Americans well, but he contributes his own method of thinking and working which neither the British nor the Americans seem to be able to duplicate for its effect. You know the regard in which he is held among those in high place. I see his influence on the hewers of wood and I repeat, in my judgment no one in the British mission, capable as so many of them are, is near the equal of

104. *Ibidem*.

Monnet, measured in terms of influence on the War Department's approach to British supply need.[105]

McCloy concluse la sua valutazione con un commento che Frankfurter scelse di non trasmettere ad Halifax: «As for [Monnet's] national loyalties, they are unimportant whatever they are. I know you can depend on his loyalty to the main task».[106] Fu Halifax a quel punto a chiedere di chiudere il dossier, anche agli inglesi la parola del giudice bastava. La lettera di McCloy merita di essere citata perché la sua valutazione dell'influenza e dello stile di Monnet non cambiò molto nei trent'anni successivi. Sia McCloy sia Frankfurter riconobbero in Monnet un uomo che combinava visione e pragmatismo in un modo raro nella Washington dell'epoca. Davanti a un uomo con tali qualità non era importante quale fosse la sua lealtà nazionale, qualsiasi cosa Morgenthau e l'intelligence britannica pensassero.

Queste pagine sono fondamentali per la storia dei capitoli successivi. L'incontro con due figure di spicco della politica americana dell'era Roosevelt cambiò per sempre la vita di Monnet e plasmò il suo network, dandogli un accesso inaspettato e straordinario alle stanze del potere in Europa e a Washington. Qualcosa, che, come abbiamo visto in queste ultime pagine, fu fondamentale per salvare il suo rapporto con il governo inglese. Se William Bullitt fu il tramite che gli consentì di presentare al proprio governo una soluzione per il problema della produzione di armamenti, fu Felix Frankfurter il vero broker dell'azione transnazionale di questo network. Dal rapporto con il giudice della Corte Suprema sarebbero nate le basi della seconda parte della vita di Jean Monnet, in cui avrebbe ancorato il futuro di un'integrazione europea ancora da immaginare al rapporto con gli Stati Uniti. Finiti i guai con l'intelligence inglese, era venuto il momento di usare l'enorme capitale politico accumulato nei primi anni di guerra al fine di dar forma all'Occidente che il circolo di Foxhall Road sognava.

105. Felix Frankfurter a Lord Halifax, lettera del 14 novembre 1941, Felix Frankfurter Papers, Library of Congress, Washington (DC).

106. John McCloy a Frankfurter, novembre 1941, Felix Frankfurter Papers, Library of Congress, Washington (DC).

6. La strada per Algeri, 1943. Reti transatlantiche e diplomazia informale

Jean Monnet rimase a Washington, al servizio del British Supply Council e della Shipping Commission, fino al febbraio 1943. Quell'anno fu cruciale non solo per le vicende militari della Seconda guerra mondiale, ma anche per l'emergere dell'ordine postbellico. La rete di Monnet svolse un ruolo in entrambi, come ente informale di politica internazionale e, soprattutto, come gruppo di studio che immaginava il posto che la Francia e l'Europa avrebbero occupato in un mondo dominato dagli Stati Uniti. Questo capitolo analizzerà il ruolo che Monnet ebbe all'interno della strategia di Roosevelt nei confronti della Francia e come la sua rete divenne un cuscinetto tra le ambizioni gaulliste e il pragmatismo americano nell'intricato gioco geopolitico che ebbe luogo ad Algeri dopo l'Operazione Torch e la Conferenza di Casablanca.

1. *Quale Francia, quale Europa. De Gaulle, Roosevelt e Monnet*

La fine della "strana guerra", il 10 maggio 1940, provocata dalla guerra lampo tedesca attraverso le Ardenne, accelerò un cambiamento già avviato nei rapporti di potere nell'era della politica di massa. Se anche negli anni Venti e Trenta gli ambasciatori e i ministeri degli Esteri erano stati i vettori principali della formulazione e dell'attuazione della politica estera, durante la guerra, e certamente dopo la caduta della Francia nel giugno 1940, gli attori principali divennero i leader politici e il loro entourage. In un contesto di guerra, questo aspetto si manifestò ancora di più, con decisioni che dovevano essere prese rapidamente e pubblicamente. Roosevelt e Churchill comunicavano direttamente o attraverso alcuni consiglieri chiave, Hopkins e Harriman da parte americana, Halifax ed Eden da parte britannica. Gli ambasciatori americani a Londra, Kennedy senior prima e John Winant poi, furono messi da parte, così come il segretario di Stato Cordell Hull.

I francesi, invece, non erano nelle condizioni di partecipare a nessuna discussione sul futuro assetto dell'Europa. Molti funzionari in esilio, sia a Londra sia in America, erano costretti a sperare che il generale Charles de Gaulle potesse occasionalmente avere accesso alle stanze in cui si prendevano le decisioni sullo sforzo bellico. La mancanza di un posto a tavola è un fatto per il quale il generale si risentì amaramente durante la guerra e che influenzò molte delle sue decisioni future. Il ruolo di Charles de Gaulle, e lo stesso si potrebbe dire di Monnet, emerse proprio nel momento in cui Gran Bretagna e Stati Uniti cercarono di immaginare una relazione futura con una Francia prostrata, e si trovarono quindi a essere influenzati dai pochi francesi con cui ebbero rapporti dopo il 1940. Questa è una lente fondamentale per cercare di capire come un generale di basso rango, o un venditore di cognac ancor meno conosciuto, siano riusciti ad affascinare, e talvolta irritare, diverse generazioni di funzionari su entrambe le sponde dell'Atlantico per molti decenni a partire da quegli anni. De Gaulle, naturalmente, fu il grande contraltare dell'azione di Monnet in quegli anni. Carolyne Davison ha scritto che «dealing with de Gaulle» fu un problema, «a disproportionate and unanticipated one». Il generale mise in atto un continuo «onslaught on US strategy for decades to come».[1]

A Londra aveva trovato un'accoglienza più cordiale di quanto sperasse.[2] Churchill era diventato un interlocutore in un momento in cui il generale, come Monnet, non aveva più un Paese, non aveva quasi forze armate e dipendeva dagli aiuti e dai fondi britannici. Si trattava di una strana alleanza nata dalla necessità della guerra e che mascherava quel risentimento anglo-francese cresciuto nei due decenni precedenti. Sebbene l'alleanza franco-britannica fosse apparentemente inevitabile in qualsiasi futuro equilibrio europeo del dopoguerra, non c'era consenso su entrambe le sponde della Manica su ciò che essa avrebbe comportato. Inoltre, se a Londra de

1. Carolyne Davison, *Dealing with de Gaulle*, in *Globalising de Gaulle*, a cura di Garrett Martin, Plymouth, Lexington Books, 2010, p. 115.

2. François Kersaudy, *Churchill et De Gaulle*, Paris, Tempus Perrin, 2016.

Gaulle doveva affidarsi a Philip Noel-Baker, un altro veterano della Società delle Nazioni, per fungere da collegamento con il Gabinetto di Guerra, a Washington la situazione era ancora più compromessa dall'opinione del presidente che non vi fosse davvero qualcuno che rappresentasse la *Francia libera* con cui interloquire. De Gaulle non era certamente una persona che Roosevelt considerava un interlocutore affidabile.

Il presidente e il suo segretario di Stato si riferivano spesso ai «the so-called Free French» e si rifiutarono di concedere alla Francia una posizione da pari nella pianificazione del dopoguerra in una qualsiasi delle Tre Grandi Conferenze (Mosca, Teheran e Yalta). De Gaulle rappresentava molto di ciò che Roosevelt vedeva come disfunzionale della Francia degli anni Trenta: antidemocratico, conservatore nelle sue opinioni politiche, economiche e sociali. Nelle sue stesse parole, scritte al predecessore di William Bullitt, Jesse Strauss:

> In more pessimistic moments I have of necessity come to believe just as you do about France and the French future – yet always say to myself that in previous parties France has always 'snapped out' of it. This optimism, I must frankly confess, has little foundation because of several well-known incidents in the past one hundred fifty years where revolution or its equivalent and the emergence of some strong individuals have proven the only salvation.[3]

Roosevelt è citato da suo figlio Elliott quando disse: «de Gaulle is out to achieve one-man government in France. I can't imagine a man I would distrust more».[4] Fu proprio la politica di Roosevelt a danneggiare le relazioni bilaterali in modo irrimediabile, almeno fino al 1945.[5] Il punto più basso della relazione tra i due fu sicuramente la decisione di Washington di riconoscere il regime di Vichy del maresciallo Pétain come governo legittimo della Francia dal luglio 1940 al novembre 1942,[6] seguito dal tentativo dell'anno successivo di promuovere il generale Henri Giraud

3. Elliot Roosevelt, *F.D.R.: His Personal Letters*, New York, Duell, Sloan & Pearce, 1947, vol. III, p. 555.

4. Elliot Roosevelt, *As He Saw It*, New York, Duell, Sloan & Pearce, 1946.

5. André Béziat, *Franklin Roosevelt et la France (1939-1945): La diplomatie de l'entêtement*, Paris, Fayard, 1997.

6. Si veda William L. Langer, *Our Vichy Gamble*, New York, Alfred A. Knopf, 1947; Louis Gottschalk, *Our Vichy Fumble*, in «Journal of Modern History», 20 (1948), pp. 47-56; e Julian G. Hurstfield, *America and the French Nation, 1939-1945,* Chapel Hill (NC), University of North Carolina Press, 1986.

come contraltare di de Gaulle tra i leader militari della Francia libera.[7] Il riconoscimento tardo di de Gaulle come legittimo leader della Francia dopo la liberazione del Paese non servì a riparare i rapporti.[8] Come afferma David Haglund,

> so troubled were the relations between, on the one side Roosevelt (and it should be added, Winston Churchill) and on the other, de Gaulle, that it is easy to claim, as many have, that a better personal rapport between the allies would not only have enhanced their wartime operational cooperation but would have set the future of the France-U.S. relationship on a path much different, and therefore much improved, from the one it would take.[9]

Ci sono alcune prove, come dimostra Andrew Williams, che Roosevelt e Bullitt avrebbero preferito qualcuno come l'ex primo ministro Léon Blum.[10] Bullitt, come in molte altre occasioni, era in disaccordo con Hull e simpatizzava per Blum come potenziale futuro leader della Francia, una persona che avrebbe potuto stabilire un rapporto proficuo con il presidente e che Roosevelt aveva già incontrato nel 1938. Tra l'altro l'ex primo ministro francese si sarebbe rivelato un interlocutore essenziale in futuro, dopo essere fuggito quasi miracolosamente da un campo di concentramento tedesco nel 1945. Egli fu uno strumento del piano di Monnet per la modernizzazione della Francia, ma nel 1940 non c'era alcuna possibilità che fosse lui l'uomo in grado di salvare il Paese. Persino Pierre Laval, primo ministro nel 1930 e di nuovo, ora, nel 1940, della Repubblica di Vichy, sembrava un candidato migliore di de Gaulle per l'amministrazione. L'iniziale tolleranza, se non addirittura sostegno, per Petain e Laval, che Roosevelt conosceva già dai primi anni Trenta, nasceva da una necessità quasi disperata di trovare leader francesi di cui la Casa Bianca potesse fidarsi senza l'intermediazione degli inglesi.

Un altro rapporto complicato fu sicuramente quello tra Monnet e il generale.[11] Si incontrarono il 16 giugno 1940, dopo l'arrivo di de Gaul-

7. Maurice Ferro, *De Gaulle et l'Amérique, une amitié tumultueuse*, Paris, Plon, 1973.

8. André Kaspi, *La Libération de la France, juin 1944-janvier 1946*, Paris, Librairie Académique Perrin, 1995.

9. David Haglund, *Roosevelt as 'Friend of France' – But Which One?*, in «Diplomatic History», 31, 5 (2007), pp. 883-907.

10. Andrew Williams, *Failed Imagination: New World Orders of the Twentieth Century*, Manchester, Manchester University Press, 1999.

11. Gerard Bossuat, *Monnet et De Gaulle*, Paris, Fayard, pp. 56-67.

le a Londra. Monnet, insieme ad Arthur Salter, che era il vicepresidente dell'Afcoc, aveva appena redatto una dichiarazione per un'unione anglo-francese nel disperato tentativo di impedire alla Francia di firmare un armistizio con i tedeschi. Il generale aveva accettato un invito a cena. Quando Silvia gli chiese quanto sarebbe durata la sua missione, de Gaulle rispose: «Non sono qui in missione, signora. Sono qui per salvare l'onore della Francia».[12] In una breve riunione mattutina del 16 giugno, de Gaulle, accompagnato da Monnet e Pleven, chiese a Churchill di riferire immediatamente al primo ministro Reynaud la proposta di Unione tra le due nazioni. Churchill accettò e chiese a de Gaulle di telefonare lui stesso a Reynaud a Bordeaux, dove il governo francese si era trasferito. Sia Churchill sia de Gaulle avevano approvato il testo della Dichiarazione di Unione, poiché entrambi erano convinti che la Francia dovesse continuare a combattere in Nord Africa, evitando una rottura tra gli Alleati. Il *Constable of France*, come Churchill soprannominò de Gaulle, volò a Bordeaux la notte del 16 giugno per convincere il gabinetto francese ad accettare l'offerta di Dichiarazione di Unione. Tuttavia, era troppo tardi. La proposta era stata rigettata dal gabinetto pochi istanti prima. Reynaud si era dimesso e il maresciallo Philippe Petain lo aveva sostituito a capo del governo al fine di arrendersi ai tedeschi. Monnet aveva convinto Churchill a inviarlo a Bordeaux quello stesso giorno, accompagnato da Pleven e Robert Marjolin, con l'offerta scritta di trasportare i membri del gabinetto di Reynaud in Nord Africa se avessero voluto continuare a combattere. Tuttavia, arrivarono a cose già fatte, così il gruppo di Monnet dovette tornare a Londra.[13]

I vari colloqui di Londra tra Monnet e de Gaulle nel giugno e nel luglio 1940 dimostrarono quanto ciascuno di loro fosse preoccupato per il futuro della nazione, ma quanto diversi fossero i loro approcci.[14] Entrambi erano determinati a ripristinare l'indipendenza della Francia e impedire che abbandonasse la lotta contro i tedeschi. Tuttavia, non erano d'accordo su come raggiungere questo obiettivo. Monnet riteneva che la resistenza dovesse essere organizzata in Nord Africa, parte integrante all'epoca del "suolo francese", sotto l'autorità di leader che non fossero sotto il controllo tedesco. Si oppose agli sforzi di de Gaulle di creare un'organizzazione a Londra, che aveva il rischio di apparire in patria un'autorità creata sotto

12. Jean Monnet, *Cittadino d'Europa,* p. 16.
13. Fransen, *Supranational Politics of Jean Monnet*, pp. 40-46.
14. Duchêne, *Jean Monnet*, p. 78.

tutela britannica.[15] Monnet comprese però alla fine «sa propre conception du rôle historique qu'il se sentait appelé à jouer» di de Gaulle». Il generale proclamò appassionatamente alla radio della Bbc il 18 giugno che la Francia sarebbe rimasta in guerra e che i francesi avrebbero dovuto stringersi attorno a lui. Il governo di Vichy dichiarò de Gaulle fuori legge e lo condannò per essersi rifiutato di obbedire all'ordine di Petain di tornare in Francia. Il 23 giugno Monnet scrisse di nuovo a de Gaulle sottolineando il suo disaccordo con l'idea del generale di istituire un'autorità francese in Gran Bretagna. Rispondendo il giorno successivo, de Gaulle scrisse: «Mio caro amico. In ore come queste, sarebbe assurdo che noi ci contrastassimo l'un l'altro, perché in fondo vogliamo la stessa cosa e perché l'uno e l'altro possiamo forse molto. Venga a trovarmi, quando vorrà. Ci metteremo d'accordo».[16]

Monnet notò che de Gaulle criticò la sua decisione di andare negli Stati Uniti per assicurarsi gli armamenti e le risorse essenziali per gli Alleati, ma «rispettò la mia scelta così come io ammiravo di lui la determinazione, la sua grande forza di carattere».[17] Monnet aggiunse: «Fu l'unico del suo grado militare con il coraggio di farlo [disobbedire al governo che aveva firmato l'armistizio, *n.d.a.*]; nel doloroso isolamento avvertito da quei francesi che avevano deciso di proseguire la guerra, il raro esempio di de Gaulle era una fonte di grande forza morale».[18] In ogni caso però Monnet interpretava diversamente il modo in cui adempiere al dovere verso il suo Paese. Non aderì alla Francia Libera. Si mise invece al servizio del governo britannico negli Stati Uniti.

Forse aveva intuito l'antipatia di Roosevelt per il generale già nel 1940, dopo aver parlato con Bullitt e aver pensato che fosse meglio per il suo Paese e per lui rimanere a Washington piuttosto che a Londra. Ciò che dovrebbe risultare evidente dopo queste pagine è che Monnet si presentò nella capitale americana in un momento in cui la Casa Bianca era alla ricerca di un interlocutore francese affidabile, qualcuno che potesse fare da tramite tra la strategia di Roosevelt e una leadership repubblicana da ricostruire, possibilmente in Nord Africa e senza la tutela inglese. L'ex vendi-

15. Monnet, *Cittadino d'Europa,* p. 112.

16. *Ibidem,* p. 143; Charles Cogan, *Charles De Gaulle: a Brief Biography*, Boston, Bedford Books of St. Martin Press, 1996, p. 41.

17. Monnet, *Cittadino d'Europa*, p. 112.

18. *Ibidem.*

tore di cognac, dopo aver pazientemente costruito per anni il suo accesso allo Studio Ovale, offerto ora dall'inaspettata porta sul retro rappresentata dal giudice Frankfurter, era la scelta più ovvia. Dopo aver contribuito al Victory Program e liberatosi degli agenti dell'intelligence britannica, l'occasione arrivò con la liberazione del Nord Africa.

2. *Il gruppo di Foxhall Road e la politica francese di Roosevelt*

Quando le truppe alleate sbarcarono in Nord Africa l'8 novembre 1942, rimasero sbalordite nel vedere che i soldati francesi rispondevano difendendosi. Prima dell'operazione, tra i tanti leader militari in competizione per guidare una nuova Francia in Nord Africa, l'amministrazione Roosevelt aveva iniziato a puntare sul generale Henri Honoré Giraud, riuscito a fuggire in modo rocambolesco da una prigionia tedesca (cosa che aveva fatto anche durante la Prima guerra mondiale). Le relazioni americane con il generale furono complicate dagli eventi del novembre 1942. Robert Murphy, rappresentante di Roosevelt a Vichy, fu inviato a negoziare con Giraud. Il generale era convinto, secondo l'altro francese presente nella stanza, Jacques Lamaigre-Debreuil, che l'imminente invasione del Nord Africa fosse solo l'inizio di un'operazione molto più ambiziosa che avrebbe incluso anche la costa della Provenza e che lui sarebbe stato il comandante in capo. Quando fu chiaro che nessuna delle due cose sarebbe accaduta, Giraud volò a Gibilterra, il quartier generale alleato per l'invasione, per parlare direttamente con Eisenhower. Il generale americano lo inviò quindi, insieme al suo emissario personale, Mark Clark, ad Algeri, per negoziare con gli ufficiali militari francesi in Nord Africa. Per una strana coincidenza, anche l'ammiraglio Jean Louis Darlan, nominato amministratore provvisorio in Nord Africa da Petain, si trovava in città, a causa del ricovero in ospedale del figlio. Con la presenza di Darlan, Clark chiese allora a Eisenhower l'autorità di negoziare direttamente con lui. L'ammiraglio accettò un armistizio. Giraud aveva perso ogni leva negoziale.

Tuttavia, un mese dopo, Darlan fu assassinato. Per l'alto comando americano e per l'establishment militare francese in Nord Africa, la scelta cadde ancora una volta sul generale Giraud, che aveva finalmente ottenuto l'incarico che cercava fin dall'inizio. Sebbene le forze nordafricane accettassero la guida di Giraud, de Gaulle e la Francia Libera non erano così ben disposti. Una volta che le truppe sbarcarono in Nord Africa, a Churchill parve naturale che la guida di una nuova autorità francese in Nord Africa dovesse andare a de Gaulle. Quando Hitler invase Vichy dopo lo sbarco, anche l'imbarazzante problema di dover trattare con il governo collaborazionista fu risolto. Tuttavia, la Francia aveva ora due leadership in competizione: Giraud, sostenuto dagli americani, e de Gaulle, che contava sul supporto degli inglesi. La disputa tra i due ruotava attorno a tre problemi. Il primo era la questione della legittimità. L'autorità di de Gaulle si basava sul crescente sostegno da parte dei cittadini del territorio metropolitano occupato e della resistenza. La sua era una rivendicazione morale e spirituale: rappresentava l'indipendenza francese. Tuttavia, non aveva alcuna legittimità legale o costituzionale.

Giraud, invece, poteva rivendicare questa legittimità sulla base di una nomina ufficiale da parte delle autorità esistenti nel Nord Africa francese. Questa legittimità, tuttavia, era macchiata dai crimini del governo collaborazionista. Giraud mantenne sia la legislazione sia i funzionari amministrativi dell'ex regime e nominò governatore generale dell'Algeria Marcel Peyrouton, ex ministro degli Interni di Vichy. Agli occhi dei sostenitori della Francia Libera, queste trasgressioni erano motivi più che sufficienti per liquidare Giraud. De Gaulle era l'unico a rappresentare davvero una Francia liberale e repubblicana. Infine, c'era il problema della personalità. Quella prorompente di de Gaulle andava a compensare ampiamente la fragilità della sua autorità, e proprio per questo non era disposto ad accettare alcun compromesso che lo costringesse a condividere il potere con Giraud o con chiunque altro. D'altra parte, Giraud, con le sue cinque stelle, superava di grado de Gaulle, che ne aveva due. Per questo motivo, riteneva inopportuno accettare anche solo una posizione di parità con l'altro. Poiché i rapporti negativi da Algeri di Robert Murphy avevano rafforzato l'antipatia di Roosevelt nei confronti dell'irruento generale francese a Londra, Giraud divenne, al di là delle legittime preoccupazioni, il leader francese alternativo agli occhi del governo statunitense.

In ogni caso, la situazione confusa in Nord Africa mise la Francia all'ordine del giorno della conferenza di Casablanca del gennaio 1943. Churchill convinse de Gaulle a recarsi a Casablanca il 22 gennaio per un breve incontro con Giraud e i leader alleati, che però mise in luce l'ampia divergenza di vedute tra i due generali. L'incontro sottolineò l'urgenza del problema, anche se i due si dichiararono pubblicamente d'accordo a lavorare insieme per sconfiggere le potenze dell'Asse e posarono per una foto ampiamente pubblicizzata in cui si stringevano la mano. I colloqui con

Giraud convinsero Roosevelt che il generale aveva bisogno di aiuto per poter svolgere un ruolo utile all'operazione alleata in Nord Africa. La sua mancanza di razionalità politica e il suo autoritarismo preoccupavano però gli inglesi. Eisenhower invece, forse perché militare come lui, vedeva in Giraud un alleato in grado di ottenere la collaborazione delle forze francesi e dell'amministrazione locale. Tuttavia, fu deluso dall'accoglienza fredda che i cittadini francesi in Algeria offrirono al generale. Giraud aveva avvelenato l'atmosfera rifiutandosi di condannare Petain e la sua collaborazione con i tedeschi. De Gaulle, che aveva servito sotto il comando di Giraud alla fine degli anni Trenta, considerava il suo rivale con un misto di sospetto e disprezzo, riteneva che non solo fosse inaccettabile come leader, ma che la sua nuova autorità non avesse alcun valore, poiché il suo comando derivava da una decisione delle autorità statunitensi. Poche settimane dopo, de Gaulle scrisse al suo rappresentante personale ad Algeri e amico intimo, il generale Georges Catroux, affermando che solo «la France libre est capable de générer l'esprit de guerre» per rendere lo sforzo della nazione «constant et résolu» e per essere «l'espérance de la résistance».[19]

Vista l'impasse raggiunta, Monnet riteneva di poter svolgere ad Algeri un ruolo utile agli Alleati, al governo statunitense e alla Francia. Fin dal suo arrivo a Washington nell'agosto del 1940, i suoi amici Henry Stimson e John McCloy gli avevano mostrato i dispacci di Murphy a Roosevelt e gli avevano fornito informazioni di prima mano sulla complicata situazione a Vichy e ad Algeri.[20] Entrambi gli chiesero opinioni sulla possibilità che alcuni funzionari francesi, come il generale Weygand, tradissero il regime di Petain. Essi condividevano con molti a Washington la stessa preoccupazione sulla natura dell'ordine postbellico. Frankfurter sollevò anche un'altra questione, il destino della popolazione ebraica nel Nord Africa francese, che durante gli anni del governo di Vichy aveva perso i diritti politici e civili di cui aveva goduto nella regione dalla fine del XIX secolo. Per questo motivo, il gruppo che aveva a lungo lavorato per ottenere il supporto materiale degli Stati Uniti alla Gran Bretagna e che aveva posto le basi per il successo del Victory Program, si mise in moto per una nuova missione.

19. Julian Jackson, *A Certain Idea of France: The Life of Charles de Gaulle*, London, Allen Lane, 2018, p. 125.

20. Henry Stimson a Monnet, 8 agosto 1940, McCloy a Monnet, 10 agosto 1940, AME 31, Fondation Jean Monnet pour l'Europe, Lausanne.

La combinazione delle conoscenze di Frankfurter nel governo americano e dei contatti di Monnet con le numerose fazioni francesi in Algeria erano già risultate utili all'amministrazione americana. In diverse occasioni, infatti, Frankfurter aveva trasmesso a Stimson e a Roosevelt le informazioni che aveva ricevuto, di solito da Jean Monnet, sul tema.[21] In una nota datata 1° dicembre 1940 e indirizzata a Henry Stimson e al giudice, Monnet delineò la sua visione della strategia tedesca in Francia e alcune raccomandazioni su come contrastarla. Secondo Monnet, la Germania aveva due obiettivi: costringere la Francia dentro un "Nuovo Ordine Europeo" e ottenere l'uso delle basi navali francesi in Nord Africa.[22] Il rischio che la flotta francese e le basi nordafricane fossero consegnate alla Germania preoccupava gli Stati Uniti fin dalla caduta del Paese. In numerosi scambi, i funzionari americani in Francia avevano espresso la questione a Pierre Laval e a Pétain, senza che questa sembrasse risolta.[23] La Germania aveva bisogno del riconoscimento francese del "Nuovo Ordine Europeo" di Hitler, sosteneva Monnet, anche perché «French acceptance of the 'New Order' is indispensable for the appearance of a New Order of Europe, and for representing England as combating not Germany but the unity of Europe».[24] La campagna di Hitler non mirava solo a demonizzare l'Inghilterra, ma anche a stringere un'amicizia con gli Stati Uniti. Secondo Monnet, Laval e George-Etienne Bonnet, un importante sostenitore dell'*appeasement*, sostenevano che la nuova Europa «would represent the European counterpart of the USA». A luglio, Robert Murphy scrisse al Segretario di Stato Cordell Hull che «Laval is convinced that Germany has no intention to crush France». Egli riteneva che «the Germans entertain no such notion, but that their plan

21. Lettera di Frankfurter a Roosevelt, 19 dicembre 1940 (contenente un memorandum di Monnet sul "Nuovo Ordine" in Europa datato 18 dicembre 1940 e un memorandum non firmato sulla Francia di Vichy), in Freedman, *Roosevelt and Frankfurter*, pp. 567-73; Henry L. Stimson Diary, 5 giugno 1941, Henry L. Stimson papers, Yale University Library, New Haven; lettera di Stimson a Felix Frankfurter (contenente le idee del giudice riguardo alla Gran Bretagna), 19 giugno 1941, Box 104, Frankfurter Papers, Library of Congress, Washington (DC).

22. Jean Monnet, memorandum, 1° dicembre 1940 AME 18/4/4, Fondation Jean Monnet pour l'Europe, Lausanne.

23. Foreign Relations of The United States, 1940, vol II, Washington, Government Printing Office, 1978, pp. 377-435.

24. Jean Monnet, nota, AME 18/4/4, Fondation Jean Monnet pour l'Europe, Lausanne.

contemplates a European federation of states».[25] Di fronte a ciò, Monnet sostenne che gli Stati Uniti avrebbero dovuto rilasciare una dichiarazione e che avrebbero dovuto farlo tempestivamente. Questa dichiarazione fu inclusa nel cosiddetto discorso dell'Arsenal of Democracy che Roosevelt tenne il 29 dicembre 1940. Secondo Murphy «the President's speech has struck France like a veritable bombshell. It should put an end to the effectiveness of the recent German campaign here designed to prove that our government was wavering in its policy of aid to Britain».[26]

Monnet scrisse una seconda nota nel maggio 1941, questa volta sulla questione del Nord Africa francese. Considerato il ruolo che avrebbe avuto in seguito nel facilitare la leadership di de Gaulle nel Cfln, è interessante che nel 1941 egli avesse prospettato uno scenario completamente diverso per il Nord Africa.

> An offer is made to General Weygand to assume complete authority in French Africa. If he accepts, the landing troops will place themselves under his orders. Weygand will become the head of the Free French State. General de Gaulle will place himself at his disposition. The United States and Great Britain will treat French Africa, not as an occupied territory, but as an ally. French Equatorial Africa will resume its place in French Africa.[27]

Secondo questa proposta, non solo de Gaulle sarebbe passato in secondo piano rispetto a Weygand, ma Monnet insisteva sul fatto che gli Alleati avrebbero dovuto riconoscere immediatamente Weygand come rappresentante di una Francia sovrana. Murphy era infatti già segretamente in trattativa con Weygand.[28] I due avevano addirittura la tacita approvazione di Pétain. Non sorprende quindi il sospetto con cui de Gaulle trattava sia gli american sia poi Monnet.[29] Grazie ai suoi contatti,

25. Foreign Relations of The United States, 1941, vol. 2, Washington, Government Printing Office, 1959, p. 372.

26. Ivi, p. 433.

27. *La situation en Afrique du Nord 2 mai 1941*, AME 18/4/9, Fondation Jean Monnet pour l'Europe, Lausanne, Questa è la nota come originariamente scritta. Le correzioni manoscritte includono la cancellazione della frase «Weygand diventerà il capo dello Stato Libero Francese» e la sostituzione di «sé stesso» con «le sue truppe» in riferimento a de Gaulle che si sottomette agli ordini di Weygand.

28. Murphy's Diary, Murphy Papers, Box 87, Yale University Library, New Haven (CT).

29. Foreign Relations of The United States, 1940, vol. 2, Washington, Government Printing Office, 1959, p. 456.

nel 1942 Frankfurter era ormai considerato dalla comunità di Washington come uno degli esperti del "problema francese". Non dovrebbe sorprendere quindi che quando, alla fine del 1942, nell'amministrazione ci si chiese se il generale Eisenhower avrebbe dovuto cercare di trovare un accordo con i funzionari di Vichy in Algeria, Felix Frankfurter fu uno di quelli chiamati a fornire un'opinione. Stimson invitò il giudice, Henry Morgenthau, John McCloy e Archibald MacLeish a casa sua a metà novembre per discutere il problema.[30] Morgenthau fu talmente disgustato dalle proposte pragmatiche di Frankfurter, che in realtà erano di Monnet, che in seguito diede in modo derisorio il giudice nel suo diario personale il soprannome di «Mr. Fixer».[31]

Monnet condivideva con questi la preoccupazione che, una volta sconfitti i tedeschi, l'unità francese fosse la chiave dell'ordine postbellico. Poiché la politica alleata stava contribuendo ad accentuare i contrasti e le divisioni tra i suoi compatrioti, Monnet capì che il suo compito «was to preserve the chances of bringing together all those who wanted to take part in their country's liberation».[32] Con lungimiranza, Monnet sosteneva che era fondamentale guardare avanti «to the moral and material reconstruction of Europe». Era convinto che una Francia stabile, sicura e unita sarebbe stata di nuovo una delle principali potenze del continente europeo e si sentiva in dovere di recarsi ad Algeri per influenzare l'evoluzione della situazione e per contribuire alla riunificazione della leadership francese. Pertanto, all'inizio del 1943, il gruppo di Foxhall Road fece in modo che Monnet fosse nominato emissario di Roosevelt ad Algeri.

3. *L'incarico africano e il diario di Frankfurter*

La Vigilia di Natale del 1942, Monnet scrisse a Harry Hopkins e Felix Frankfurter un lungo memorandum, destinato a Roosevelt, per portare all'attenzione del presidente la questione della Francia in vista dell'incon-

30. Henry L. Stimson Diary, 5 dicembre, 1942, Henry L. Stimson papers, Yale University Library, New Haven (CT).

31. Henry L. Morgenthau Diary, 17 December 1942, Henry L Morgenthau papers, Franklin Delano Roosevelt Presidential Library, Hyde Park (NY).

32. Diversi di questi memorandum e discorsi non datati si trovano nel Monnet file, Box 85, Frankfurter Papers, Library of Congress, Washington (DC).

tro di gennaio con Churchill.[33] Monnet sottolineava la necessità di accogliere l'esercito francese in Nord Africa all'interno delle forze alleate, al servizio di un legittimo governo francese che sarebbe stato istituito dopo la liberazione. Egli sosteneva che il popolo francese avesse il diritto di determinare autonomamente il tipo di governo e di leader che avrebbe dovuto sostituire il regime collaborazionista di Vichy. Monnet sottolineò che la sovranità francese non potesse essere usurpata assegnando d'arbitrio l'autorità a Giraud o de Gaulle. Egli propose quindi la formazione di un organo di governo composto sia da membri della Francia Libera sia da ex funzionari di Vichy, che sarebbe stato posto sotto la supervisione degli Alleati e che avrebbe contribuito alla ricostituzione di un esercito nazionale francese.

Harry Hopkins trasmise il messaggio al presidente, mentre Frankfurter sollevò l'argomento durante un incontro con il ministro britannico per il Medio Oriente ed ex ambasciatore negli Stati Uniti, Richard Casey, il 6 gennaio 1943. Durante il colloquio, durato due ore, il primo punto di discussione furono le relazioni anglo-americane, inutilmente danneggiate non solo dalla condotta di guerra, ma anche dalla visione, nella mente di molti nell'opinione pubblica americana, «of a so-called British Empire, an oppressor of peoples and itself under the rule of fox-hunting, old school-tie, Buckingham Palace, George the Third society».[34] Per il giudice le relazioni atlantiche potevano essere riparate se i britannici avessero abbracciato un ideale più liberale riguardo al Commonwealth, «scattered members throughout the world of a cohesive whole expressing and making possible a democratic society».[35] Casey era favorevole all'idea e chiese al giudice di mettere nero su bianco «the kind of thing I would say to Churchill if I were talking to him». Il secondo argomento fu la Francia. Casey si lamentava con Frankfurter di Cordell Hull. Il Segretario di Stato lo aveva «bewildered him with a harangue of more than twenty minutes against de Gaulle. He grievously complaints against Great Britain for being responsible for de Gaulle». Le preoccupazioni di Monnet riecheggiavano nelle parole di Casey.

33. Robert Sherwood, *Roosevelt and Hopkins,* New York, Harper and Brothers, 1948, pp. 680-681.

34. Frankfurter's Diary, 6 gennaio 1943, Frankfurter Papers, Library of Congress, Washington (DC).

35. *Ibidem.*

«We merely recognised that fact that when France collapsed de Gaulle did lift the standard against Hitler and has maintained it since». Frankfurter agì quindi come mediatore, spiegando «Hull's excessive sensitiveness about his Vichy policy». Il problema per il Dipartimento di Stato, secondo il giudice, era quello di vendere all'opinione pubblica l'immagine di Darlan (e poi Giraud) come alleato dopo essere stato un collaboratore del nemico. L'appoggio britannico a de Gaulle rendeva molto più complicato ogni sforzo in tal senso. Poi ribadì ciò che Monnet gli aveva detto giorni prima, ovvero che dare alla futura leadership francese voce in capitolo significava stabilire «the necessary steps for properly mobilising and equipping as large a French army as possible under a French Commander, subordinate to General Eisenhower». Inoltre, se il futuro della Francia poteva essere garantito solo da un'amministrazione fiduciaria anglo-americana, ciò significava anche che gli Alleati non avrebbero dovuto «allow anything to be done to promote the interests of any contenders for political power». Gli passò l'idea di Monnet di un comitato di unità nazionale per il Nord Africa, lasciando la questione di creare un governo in sospeso fino alla completa liberazione del territorio francese in Europa. Casey accettò quindi di cenare il giorno successivo a casa di Adrian Tixier, il rappresentante della Francia Libera a Washington. Frankfurter astutamente non invitò Monnet, cercando di sondare personalmente il terreno con Tixier e altri due «rappresentanti di de Gaulle» non nominati.[36] Insieme a Casey, fu invitato Harold Butler, un'altra vecchia conoscenza di Monnet dai tempi della Società delle Nazioni (era vicepresidente dell'Organizzazione Internazionale del Lavoro), ora a capo del Servizio Informazioni Britannico presso l'Ambasciata a Washington. Frankfurter raccolse le rimostranze francesi contro Cordell Hull e Giraud. Hull aveva detto a Trixier che i francesi avrebbero dovuto «ignore all their political differences until the war is over», cosa che il rappresentante di de Gaulle trovava una banalità.

Il giudice chiese allora a Trixier cosa fosse accettabile al fine di un compromesso tra i generali. «Giraud is a prisoner of the Vichytes who surround him. Once he is freed, there would be no trouble in working out an arrangement between de Gaulle and him».[37] Frankfurter cercò poi di capire con chi de Gaulle non andasse d'accordo all'interno del Dipartimento di Stato. «Everyone and nobody», rispose Trixier Hull, «Welles,

36. Ivi, 8 gennaio 1943.
37. *Ibidem.*

Burle, Atherton… everyone».[38] È a questo punto che la soluzione emerge di inviare a Murphy qualcuno che conoscesse davvero la Francia, perché la conoscenza del rappresentante americano «derived from his relations with Weygand». Frankfurter ebbe sicuramente il tempo di discutere di questo incontro con Monnet, dal momento che lui e Silvia erano suoi ospiti il giorno successivo. Consapevole del fastidio di Hull e Roosevelt verso la presunzione di de Gaulle di parlare a nome di tutti i francesi, Monnet chiese a Hopkins di essere inviato ad Algeri per conto del Munitions Assignment Board per assistere Giraud. Hopkins, dopo essersi consultato con Frankfurter e John McCloy[39] trasmise il suggerimento a Roosevelt a Casablanca. «I judged that my most useful role», scrisse Monnet, «would be at the heart of French affairs».[40] Roosevelt consultò Hull, scrivendo:

> Apparently, Giraud lacks the administrative ability, and the French army officers will not recognize de Gaulle's authority. Since there are no French civilians readily available in this area, what would be your opinion of having Jean Monnet come here? It appears he has kept his skirts clear of political entanglements in recent years and my impression of him is very favourable.[41]

Il presidente aggiunse: «I am particularly anxious that the mention of Monnet be kept completely secret as everything will be spoiled if there is any leak».[42] Cordell Hull era in totale disaccordo con Roosevelt, i legami di Monnet con i circoli bancari londinesi, in particolare Lazards, e con Pleven lo ponevano troppo vicino a de Gaulle perché ci si potesse fidare.

Roosevelt parlò comunque con Giraud il 17 gennaio a Casablanca del progetto di formare un Comitato di Liberazione di tre persone, con Giraud come capo, sia civile sia militare, de Gaulle come vicecapo per gli affari militari e un terzo uomo come vice per l'amministrazione civile. Il presidente aggiunse che Jean Monnet avrebbe potuto rappresentare al meglio lo spirito di una nuova Francia a tal fine. Nel frattempo, Monnet non era rimasto con le mani in mano e si era garantito la risposta positiva di Giraud. Sebbene il generale non lo conoscesse personalmente, Monnet aveva fornito al suo consigliere politico, Jacques Lemaigre-Dubreuil, un accesso

38. *Ibidem.*
39. Sherwood, *Roosevelt and Hopkins,* p. 685.
40. Lettera a Hopkins, AME 34/9/5, Fondation Jean Monnet pour l'Europe, Lausanne.
41. Roosevelt a Cordell Hull, cablogramma del 16 gennaio 1943, in Sherwood, *Roosevelt,* pp. 678-679.
42. *Ibidem.*

diretto a Hopkins nel dicembre 1942, che aiutò Giraud a ottenere armi per un nuovo esercito francese.[43] Ad Algeri Lemaigre-Dubreuil informò il generale su chi fosse Monnet e sull'influenza che aveva a Washington. Una settimana dopo arrivò un telegramma, firmato da Giraud, che esprimeva il desiderio che Monnet lo raggiungesse. Frankfurter ricordò questi eventi nel suo diario. «Jean Monnet told me of his talk with Harry Hopkins to whom he told of the cable from General Giraud asking him, Monnet, to come to North Africa».[44] Come Hopkins disse a Frankfurter, sarebbe stato utile avere un uomo all'interno della nuova amministrazione francese in Nord Africa, qualcuno che potesse fungere anche da collegamento con gli inglesi. Infatti «Monnet has also a duty to keep Halifax informed of all his doings inasmuch as he is an official of the British Supply Commission».[45]

Il presidente aveva avuto modo di parlare con il giudice dell'incontro avuto con i due generali francesi a gennaio. «The president liked Giraud very much [...], on the other hand he found de Gaulle very difficult indeed. De Gaulle said that he is (sic) now become the instrument of a great political movement to which he owes all responsibility». Hopkins, parlando con Monnet dello stesso incontro, riferì che il generale aggiunse anche «Such a situation is not new in French history, there was Joanne d'Arc».[46] Il problema per Monnet era «whether to throw in his lot completely with Giraud», perché «he had no doubt such would be the issue presented to him by Giraud». Frankfurter, durante un'altra cena a Foxhall Road, l'8 febbraio, sottolineò invece la necessità di rimanere il più neutrale possibile ad Algeri, contraddicendo così le intenzioni del presidente.

> Precisely because you want a liberated France with the position in a New Europe to which her historic position entitled her, and because such restoration of France is part and parcel of the whole Allied cause, it is your duty not to male any commitments that would make you inevitably a partisan of one of the contending forces in the pull of French politics.[47]

Suggerì di non andare in veste di consigliere di Giraud, ma come agente di collegamento dei governi americano e britannico. Questa solu-

43. Fransen, *The Supranational Politics of Jean Monnet*, p. 83.

44. Frankfurter's Diary, gennaio 1943, Frankfurter Papers, Library of Congress, Washington (DC).

45. Ivi, 7 gennaio 1943.

46. *Ibidem*.

47. Ivi, 8 gennaio 1943.

zione avrebbe eliminato ogni confusione con Giraud sulla sua posizione già prima della partenza. Monnet decise quindi di mettere tutto «in writing with Halifax and Hopkins». Il 10 febbraio Monnet organizzò una cena con i due per definire i dettagli, che comprendevano una notifica a Giraud in cui si sottolineavano le condizioni «under which he is being sent».[48]

Roosevelt condivideva alcune delle preoccupazioni di Monnet sull'unità francese e sul futuro politico del Paese, come disse a Hull in un incontro del 9 febbraio.[49] Durante un discorso del 12 febbraio 1943 il presidente ricordò la necessità di salvaguardare la sovranità francese e il diritto dei francesi all'autodeterminazione dopo la guerra. Monnet ascoltò il discorso a casa di Archibald MacLeish, insieme agli Achesons e ai Frankfurter.[50] Il 20 febbraio, seguendo il consiglio di Hopkins, Stimson e McCloy e ignorando Hull, il presidente chiese ufficialmente a Monnet di recarsi ad Algeri come suo emissario, «nominally on behalf of the Munitions Assignment Board chaired by Hopkins, to manage the rearmament of the French forces by handling Lend-Lease supplies».[51] Lo stesso giorno, Frankfurter incontrò sir Arthur Salter a Foxhall Road, insieme agli amici di Monnet Robert Brand[52] e Benjamin Cohen. L'argomento era il trattato di Versailles e ciò che ci si poteva aspettare da un accordo di pace dopo la sconfitta della Germania. «The discussion developed to one agreement – that it's going to be a hell of a mess».[53]

La strategia Roosevelt si rivelò in parte in una conversazione avuta personalmente con Frankfurter il 21 febbraio alla Casa Bianca e nel messaggio del 22 febbraio a Eisenhower che Monnet era stato incaricato di consegnare al generale. In entrambe le occasioni affermò che Monnet

48. Ivi, 10 gennaio 1943.

49. Sherwood, *Roosevelt,* p. 678.

50. Frankfurter's Diary, 13 febbraio 1943, Frankfurter Papers, Library of Congress, Washington (DC).

51. Foreign Relations of The United States, 1943, vol. 2, Washington, Government Printing Office, 1964, p. 231

52. Frankfurter lo prese da parte dopo la cena, perché voleva parlare della reticenza di Lord Lithgow, viceré dell'India, nel rilasciare Gandhi dopo lo sciopero della fame. I commenti di Brand furono riferiti al Presidente Roosevelt il giorno dopo a cena, la stessa cena in cui discussero di Monnet, quando Eleonor Roosevelt sollevò l'argomento. Frankfurter avrebbe avuto un incontro con sir Girjia Bajpal, il giorno successivo, per riferire il pensiero di Roosevelt sulla "situazione di Gandhi".

53. Frankfurter's Diary, 20 febbraio 1943, Frankfurter Papers, Library of Congress, Washington (DC).

sarebbe stato utile a Giraud per due motivi. In primo luogo, egli era in «close touch with the activities of all our combined boards I have discussed all arms matters». In secondo luogo, Monnet «has never been identified with the Free French or any other faction, he has devoted himself exclusively to war and can be useful to Giraud»,[54] Murphy e Harold Macmillan, un membro governo britannico inviato da Churchill come rappresentante ad Algeri, insieme al suo assistente, Roger Makins.

Monnet, dopo aver ricevuto la lettera, chiamò Frankfurter al telefono, ringraziandolo e dicendogli che «everything worked out as he had wished and even better». Osservò che «I am not a modest man, but I would never have written such a letter for myself as the President had given me».[55] Il francese, che sarebbe partito per Algeri il giorno dopo, raccomandò al giudice e alla moglie di intrattenere Silvia durante la sua assenza. Dopo l'arrivo di Monnet, sei giorni dopo, Eisenhower rispose che era felice della presenza di Monnet e che era stato colpito dal suo carattere e dal suo resoconto della situazione ad Algeri dal suo arrivo.[56]

Il presidente inviò Monnet ad Algeri per sostenere Giraud come consigliere politico e per aiutare a porre fine alle divisioni tra i francesi. Ciò significava informare il generale della visione degli Stati Uniti, assistere nel riarmo delle forze francesi in loco e cercare di riconciliare Giraud e de Gaulle. Monnet, osservò Frankfurter ironicamente, fu infatti «entrusted with the task of being Henri Giraud's thinker».[57] Sempre attento alla forma, Monnet telegrafò personalmente a Giraud che gli era stata assegnata «a special mission in North Africa by the Mutual Assignments Board to assist the rearming of French forces». Per sottolineare la sua influenza e facilitare il difficile compito, sottolineò: «This mission was entrusted to me with the consent of the President and the British Government».[58] Il 28 febbraio, Monnet disse a Murphy di essere «come to Algiers not so much to serve

54. Roosevelt a Eisenhower, 22 febbraio 1943, President Secretary's File, Franklin Delano Roosevelt Presidential Library, Hyde Park (NY).

55. Frankfurter's Diary, 22 febbraio 1943, Frankfurter Papers, Library of Congress, Washington (DC).

56. Foreign Relations of The United States, 1943, vol. 2, Washington, Government Printing Office, 1964, p. 456.

57. Frankfurter's Diary, 23 febbraio 1943, Frankfurter Papers, Library of Congress, Washington (DC).

58. Monnet a Giraud (telegramma in inglese, forse una copia da inviare a Frankfurter), 23 febbraio 1943, AME 34, Fondation Jean Monnet pour l'Europe, Lausanne.

Giraud as to seek a solution which would create unity among all French factions».[59] Ma come Murphy avrebbe poi scoperto in seguito, l'idea di Monnet di unità francese era molto diversa da quella di Roosevelt. La sua rete aveva infatti elaborato un progetto molto più largo e ambizioso.

4. *Algeri, Macmillan e l'ancora liberale del dopoguerra*

I dieci mesi trascorsi da Monnet ad Algeri sono stati analizzati da tutti i suoi biografi e in modo molto approfondito dal lavoro di Andre Kaspi[60] negli anni Settanta. Tuttavia, anche se il suo ruolo nel porre fine alla lotta "cesarea" tra Giraud e de Gaulle e nel creare il Cfln è ben documentato, vale la pena guardare ad alcune delle attività secondarie in Nord Africa portate avanti dalla sua rete, strumentale nel raggiungere obiettivi molto più ambiziosi della semplice unità dei vertici dell'establishment militare e politico francese, come dimostrano i diari, citati per la prima volta in relazione a Monnet, di Frankfurter, Macmillan e Roger Makins. L'esperienza condivisa ad Algeri cementò in questa comunità transatlantica l'idea di forgiare un'ancora liberale per l'ordine del dopoguerra.

In questa delicata missione, Monnet beneficiò inizialmente delle osservazioni e dei consigli di John McCloy. Il funzionario statunitense era stato inviato ad Algeri per conto del Dipartimento della Guerra due settimane prima al fine di equipaggiare l'esercito francese. McCloy spianò inoltre la strada a Monnet organizzando un incontro tra i due e Giraud. La moglie Ellen, intanto, si era offerta volontaria, mentre Monnet era in Nord Africa, per occuparsi di Silvia, Anna e della loro figlia Marianne, nata nel novembre 1941, insieme a Marion Frankfurter. Il diario del giudice cita più volte cene e incontri a Foxhall Road, oltre a eventi a cui la moglie di Monnet era sempre invitata.

Se Fransen afferma che Monnet arrivò ad Algeri nel più completo anonimato,[61] i diari dei funzionari inglesi raccontano un'altra storia. Roger Makins manteneva un intenso rapporto epistolare con William Strang, all'epoca sottosegretario di Stato per l'Europa, rivelando molto di come

59. Monnet a Murphy, 28 February 1943, AME 34/8, Fondation Jean Monnet pour l'Europe, Lausanne.

60. Andre Kaspi, *La mission de Monnet à Alger*, Paris, Fayard, 1972.

61. Fransen, *The Supranational Politics of Jean Monnet*, p. 156.

l'establishment britannico guardava alla lotta francese per la riconquista della sovranità. Come disse all'amico in una lettera del 19 febbraio, in un modo tipicamente britannico, la lotta per la leadership tra Giraud e de Gaulle assomigliava quasi a una partita di cricket, piuttosto che a un epico momento "cesareo", come amano descriverlo invece le fonti francesi. «On the one side we have honourable relatively competent, narrowminded reactionaries, whom we will call Old Etonians, and on the other side, faintly disreputable adventurers, whom we will call the Old Harrovians. The former will not produce the measures». Gli arbitri della partita erano gli inglesi e gli americani, che erano in difficoltà sulla strategia da applicare, «whether to go for 'men and not measures' or 'measures and not men'». I vecchi harroviani, i gaullisti, avevano «the object of getting into power with our assistance», e per questo avrebbero fornito «the measures and the men, since the Old Etonians were being obstructive about internees, Jews, etc.».[62] La notizia dell'arrivo di Monnet, comunicata ad Algeri attraverso Halifax, non fu accolta bene. «The Americans are sending Monnet here, but I do not much care for it».[63] Gli inglesi ebbero l'impressione che Roosevelt stesse «sending to Algiers every Frenchman he can get his hands on to counter us on de Gaulle», l'unico modo per accettare un accordo tra i due generali francesi era che Giraud ottenesse un'etichetta da liberale, «to find somebody with a liberal tag on him».[64]

Ad Algeri, infatti, la prima missione che gli americani affidarono a Monnet fu quella di imporre riforme a Giraud. Descrivendo il suo primo incontro con il generale, Macmillan scrisse: «His blue eyes, his noble stature, his fluent and almost classical French, his obvious sincerity all these struck me forcibly. But they could not conceal [...] his unsuitability for the difficult and complex task which he had assumed». Trovò Giraud «a horse very much in the second class». Rene Pleven, ad Algeri nel 1943 con Monnet, notò come Giraud non fosse politicamente astuto. Maurice Couve de Murville, sostenitore di de Gaulle, osservò che, poiché Giraud mancava di tatto e giudizio politico, non era certo il tipo di persona adatta a guidare i francesi. Di conseguenza, la battaglia tra i due generali era impari. Come Monnet riferì a Frankfurter, Alphand osservò: «No possible comparison

62. Roger Makins a William Strang, 19 febbraio 1943, Sherfield Papers, Box 520, Bodleian Library, Oxford.

63. *Ibidem.*

64. *Ibidem.*

with de Gaulle, that furious, violent, unrestrained force, that figure which breaks with the whole of the past, that explosion against mistakes, faults, and betrayals».[65] Monnet apprezzava e rispettava il carattere di Giraud e lo trovava coraggioso. Ma, come fece notare a Frankfurter, era testardo, vanitoso, conservatore e ingenuo:

> a man with a fine bearing and clear and empty eyes, aware of his great standing as a heroic officer, unyielding on military problems, hesitant on others. I shall give no opinion upon his intelligence, which was that of a general long schooled in desert affairs and inclined to simplify things." Monnet discovered Giraud was "incapable of rejuvenating the army – it had 185 generals – or of eradicating the men of Vichy." He had "neither the inclination nor the ability to run the large-scale administration that we had to prepare for post-war France".[66]

Inoltre, secondo Monnet, Giraud aveva una scarsa conoscenza delle relazioni internazionali. «I have tried to give him general principles and to dispel his suspicions of the United States and Britain», scrisse.

> In egocentricity, Giraud had nothing to learn from de Gaulle [...] Each believed that he had a sacred mission. Both were obsessed by the need for France to be independent; and I can testify that Giraud felt no more committed to the Americans than de Gaulle to the British. Each exploited the main Power which seemed likely to bring him and France to the top.[67]

Giraud, a sua volta, vedeva in Monnet solo colui che poteva ottenere le forniture militari a lui necessarie. Non si rendeva conto di quanto il francese lo stesse manipolando. Roger Makins lo chiarì in un'altra lettera inviata a William Strang, nel marzo 1943, dopo l'apprezzato discorso pronunciato da Giraud il 14 marzo, che abbracciava le riforme e il taglio netto alle politiche di Vichy.

> The Eton and Harrow match had finally ended in a draw. In the end the Wykehamists led by Colonel de Linares, with the able assistance of an old boy (M. Monnet), carried the day, persuading Giraud to return to the traditions of the old liberal school (Harrow). I shall be sending you a fairly account and try and explain the sudden change in General Giraud's policy.

65. Monnet a Frankfurter, 6 marzo 1943, Frankfurter Papers, Library of Congress, Washington (DC).
66. *Ibidem.*
67. *Ibidem.*

Forse senza che il generale se ne rendesse completamente conto, «it was brought about the arrival of Monnet with an array of arguments, and envied first-hand knowledge of United States opinion and, I suggest, clear and precise directions from the White House».[68]

Gli inglesi sapevano da dove il generale attingesse il proprio potere negoziale. Nell'aprile 1943, dopo che i colloqui erano entrati nel loro momento più difficile, era chiaro con chi Macmillan dovesse interfacciarsi, per alleggerire le posizioni di Giraud e cercare di conciliarle con quelle di de Gaulle.

> I knew Commander Poniatowsky (a member of Giraud's cabinet) was uncapable of writing a memorandum or a letter, so I at once got hold of Monnet. It seems that, thanks to the stimulating doctrines of M. Monnet, Giraud intends to send a much more friendly memo in reply to de Gaulle's. Nevertheless, since Monnet will write it, it will be very long and very pedantic.[69]

È la famosa nota, firmata solo da Giraud, ma orchestrata da Monnet, Macmillan e Murphy, che cita anche la *loi Tréveneuc*, una legge approvata poco dopo la sconfitta della Francia nel 1870. Frankfurter aveva già ricordato l'esistenza di quella legge a gennaio in una lettera a Monnet.[70] Essa permetteva alle amministrazioni di territori del Paese non occupati di formare un governo provvisorio. Questa sarebbe stata la base legale della legittimità del Cfln sulla scena internazionale. Monnet cominciò così a informare Macmillan di ogni sviluppo in riferimento alla posizione di Giraud. A volte, l'inglese parlava con Giraud, o con Catroux, uno dei negoziatori in rappresentanza di de Gaulle, sapendo già cosa stessero per dire, poiché Monnet gli aveva dato anticipazioni, come ammise nei diari.[71]

68. Lettera a William Strang, 20 marzo 1943, Lord Sherfield Papers, 520, Bodleian Library, Oxford. Makins fa un chiaro riferimento alle tradizioni dei tornei universitari di cricket. I Wykehamists sono studenti del Winchester College. Prima del 1855 Winchester era una delle scuole che partecipava a uno storico torneo con Eton e Harrow a Marylebone. La lettura di questi documenti ha ispirato un viaggio piacevole ed entusiasmante nella storia dei tornei universitari di cricket. Per maggiori informazioni, Robert Titchener-Barrett, *Eton and Harrow at Lord's: Since 1805*, pubblicato a spese dall'autore, 2005; *The Elevens of Three Great Schools, 1805-1929: Being All Recorded Scores of Cricket Matches Played Between Winchester, Eton and Harrow, With Memoirs and Biographies of the Players*, a cura di W.R. Lyon, Eton, Spottiswoode & Ballantyne, 1930.

69. Harold Macmillan, *Macmillan War Diaries*, London, Palgrave Macmillan, 1984, p. 72.

70. Frankfurter a Monnet, 12 gennaio 1943 AME 31/4/2, Fondation Jean Monnet pour l'Europe, Lausanne.

71. Macmillan, *Macmillan War Diaries,* pp. 68, 84, 121, 137, 144.

Il rapporto di lavoro del 1943 tra il futuro primo ministro e il futuro Padre dell'Europa è una delle storie meno esplorate della Seconda guerra mondiale. Cenare insieme e parlare fino a mezzanotte divenne una routine e i diari di Macmillan ne parlano continuamente. «Usual dinner with Monnet and the same talk as usual until 11 p.m. Talk, talk, talk and so to bed».[72] Monnet aveva sostanzialmente quattro uffici in Nord Africa. Gli era stato fornito un appartamento di sei stanze ad Algeri, al 129 di rue Michelet, dall'esercito americano su richiesta di McCloy. Aveva inoltre un ufficio in una ex scuola femminile requisita da Giraud con affaccio sul porto di Algeri, un piccolo rifugio a Sidi Ferrush, a ovest della città, e il suo preferito, un piccolo albergo a Tipasa, a cinquanta miglia da Algeri sulla strada per Orano.[73] Macmillan e Monnet amavano andarci. Era un'occasione per parlare lontano dalle stanze diplomatiche della capitale provvisoria francese. «You will find Monnet there, in shorts, with American shoes and socks, talking, thinking aloud, dictating, playing a different part with each of his colleagues».[74] Fu in questa piccola palazzina che Macmillan e Monnet scrissero l'accordo che pose fine alla partita di cricket. Il 9 maggio Monnet aveva scritto di nuovo a Hopkins. La responsabilità collettiva del Comité era quella della liberazione della Francia e la legge Tréveneuc forniva una solida base giuridica.

> This last question will really decide whether personal power or democratic institutions are going to govern France after the war. There can be no compromise. If de Gaulle agrees, there will I hope be unity. If he does not agree, then there will be a break.[75]

Monnet e Macmillan prepararono un breve testo per fissare le questioni di fondo e renderle in una forma che l'opinione pubblica potesse comprendere. «Whatever else was clear about the document», scrisse Macmillan nel suo diario, «it was soon apparent that Giraud was not to be allowed to write it». Domenica 9 maggio,

> Monnet and I motored off to Tipasa along the coast. We had a delicious bathe in a little cove which we found... We bathed naked, but it was a deserted spot;

72. Ivi, p. 74.
73. Duchêne, *Jean Monnet*, p. 113.
74. Hervé Alphand, citato in Duchêne, *Jean Monnet*, p. 114.
75. Monnet a Hopkins, 9 maggio 1943, AME 33/8/1, Fondation Jean Monnet pour l'Europe, Lausanne.

> and we sunbathed afterwards. Then we had a picnic lunch. After lunch we drove on to a little town called Cherchell, where there is a dear little wooden town, and a lovely little harbour also many fine ruins of a large Roman city. We stayed the night in the hotel.

E poi ancora martedì 18 maggio:

> At 5.30 I went off with Monnet to Tipasa, to our little quiet hotel, our beautiful little secluded bay, and our Roman city [...] Wednesday May 19. Up at 7 a.m.; bathed; and breakfasted; took the car up a mountain road; walked with Monnet till noon; bathed; car back to the hotel; Lunch. A very delightful morning; and quite a useful one. Monnet is still the éminence grise here, and if I can persuade him of the wisdom of some plan or other, he can generally put it over Giraud in time.[76]

Il risultato della collaborazione tra Macmillan e Monnet fu l'insieme finale dei termini per la creazione del Comitato di Liberazione Nazionale Francese, qualcosa a cui l'amministrazione americana non aveva mai dato l'assenso, ma che fu orchestrata a Washington dal gruppo di Frankfurter. Il testo fu ridotto all'osso e il 17 maggio Giraud lo approvò con riluttanza. In cambio, vennero riaffermati i principi già citati dalla lettera di Monnet del 9 maggio: il comitato avrebbe dovuto lavorare secondo le regole ferree della responsabilità di gabinetto e, riguardo alla liberazione della Francia, essere limitato dalla legge Tréveneuc e dalla supervisione militare alleata. Giraud e de Gaulle avrebbero potuto scegliere due membri ciascuno per poi insieme individuarne altri tre. Il fatto che i governatori generali di Vichy fossero ancora in carica e il problema della combinazione di poteri militari e civili di Giraud non furono menzionati.

5. *Frankfurter, il movimento sionista e gli ebrei algerini*

Tra le riforme necessarie a Giraud in quei mesi, per ottenere un taglio netto con la sua precedente esperienza politica, c'era la questione della popolazione ebraica nel Nord Africa francese, che Duchêne e Roussel menzionano solo brevemente, ma che dimostrano un ulteriore coordina-

76. Macmillan, *Macmillan War Diaries*, pp. 82, 83, 86, 87. In seguito, Macmillan portò de Gaulle a Tipasa per una nuotata. Mentre l'inglese nuotava, il generale rimase seduto sulla spiaggia in uniforme completa. Vedi Jackson, *A Certain Idea of France*.

mento all'interno della rete di Monnet ad Algeri e Washington al fine di sfruttare il potere di Giraud per occuparsi di un problema che stava a cuore soprattutto a Frankfurter.

Il giudice, insieme al collega Brandeis, era un membro di spicco del movimento sionista. Una delle sue principali fonti di informazione in materia era un vecchio amico, David Niles, all'epoca assistente amministrativo di Roosevelt. Grazie alla sua straordinaria preparazione riguardo Palestina e Medio Oriente, Niles, che un impiegato ricordò come un assiduo frequentatore dello studio del giudice della Corte Suprema,[77] era in grado di tenere Frankfurter informato sulle intenzioni della Casa Bianca a riguardo. Purtroppo, a causa del modo di operare di Niles – che preferiva affidarsi più alle conversazioni telefoniche che alle lettere – ci sono pochi documenti che descrivono la natura delle loro discussioni o del loro rapporto in questo periodo.[78] Frankfurter però aveva anche altre fonti di informazione. Una nota nel diario personale di Henry Morgenthau mostra che il 3 giugno 1941 il giudice discusse con il segretario la questione dell'eventuale arruolamento di ebrei palestinesi nell'esercito britannico.[79] Le annotazioni nel diario personale di Frankfurter per il 1943 indicano che periodicamente conversava nelle sue stanze con uomini come il leader sionista Chaim Weizmann, Richard Casey, e vari funzionari in Palestina, allo scopo di tenersi informato su ciò che accadeva lì.[80] Il coinvolgimento di Frankfurter, tuttavia, non andò mai oltre la raccolta di informazioni, soprattutto dopo la morte di Brandeis nel 1941, fino a quando Monnet gli accennò del problema del trattamento riservato da Vichy agli ebrei in Algeria.

Quando Monnet arrivò ad Algeri, scoprì una situazione politica molto fluida. Sebbene Giraud fosse un ottimo leader militare, non brillava quando si trattava di questioni civili. Era stato indotto a confermare nelle stesse

77. Bruce Allen Murphy, *The Brandeis/Frankfurter Connection: The Secret Political Activities of Two Supreme Court Justices,* New York, Oxford University Press, 1982, p. 288.

78. Lettera di Niles a Frankfurter, 28 febbraio 1940, Charles C. Burlingham papers, Box 5, Folder 2, Harvard Law School Archives, Cambridge (MA); relazione senza titolo di David Niles, 12 aprile 1943 e 30 aprile 1943, David Niles box, Frankfurter Papers, Library of Congress, Washington (DC).

79. Diario di Henry Morgenthau, 3 giugno 1941, Henry L. Morgenthau papers, Franklin Delano Roosevelt Presidential Library, Hyde Park (NY); diario di Frankfurter, annotazioni del 9 gennaio 1943, 2 marzo 1943, 5 marzo 1943, 11 marzo 1943, 20 maggio 1943, Frankfurters papers, Library of Congress, Washington (DC).

80. Murphy, *The Brandeis/Frankfurter Connection*, p. 289.

posizioni gli assistenti dell'ammiraglio Darlan, non mettendo fine alle politiche antisemite del regime di Vichy. Monnet si rese conto che il trattamento riservato dall'amministrazione locale alla popolazione ebraica e ai prigionieri politici, così come le sue leggi repressive, avrebbero suscitato forti critiche in America. Un completo "esorcismo" dello spirito del regime di Vichy, riteneva, doveva essere un prerequisito per ricevere maggiore assistenza americana. Inoltre, Monnet riteneva che questo sarebbe stato il primo passo per liberare i francesi dall'onta della collaborazione con i tedeschi. Per facilitare questo cambiamento, Monnet convinse Giraud a preparare un discorso che sostenesse le virtù della democrazia. Questo, scritto alla fine da Monnet, Murphy e Macmillan e pronunciato da Giraud il 14 marzo 1943,[81] servì a colmare il divario tra la sua fazione e quella di de Gaulle. Allo stesso tempo, il governo algerino annullò quasi tutte le leggi di Vichy. Nonostante questi risultati, la missione di Monnet aveva avuto finora solo un parziale successo. C'era ancora una legge che non era riuscito a convincere Giraud a revocare, quella che aboliva il Decreto Cremieux. Nel 1870 i francesi avevano approvato questo decreto che concedeva agli ebrei del Nord Africa la piena cittadinanza francese, mentre negava lo stesso diritto ai musulmani della regione. Sostenendo pubblicamente che l'atto era discriminatorio dal punto di vista razziale, Giraud si pose in continuità con la politica di Vichy, poiché, come disse a Monnet, c'era il timore di rivolte pubbliche da parte della comunità musulmana. Da un punto di vista delle pubbliche relazioni, Monnet sapeva che lasciando la situazione immutata si rischiava di attirare le ire dell'opinione pubblica americana. Tuttavia, Giraud vedeva il problema solo dal lato dell'ordine pubblico. Inoltre, Robert Murphy, che aveva il mandato presidenziale di coniugare il sostegno al generale e la necessità di contrastare de Gaulle, si schierò con Giraud sulla questione. Monnet sapeva quindi che per ripristinare il Decreto Cremieux sarebbe stato necessario coinvolgere il governo americano. Poiché i canali diplomatici formali favorivano una politica diversa dalla sua, la situazione richiedeva l'accesso a un canale al di fuori di quelli ufficiali, di nuovo Felix Frankfurter. Tuttavia, a causa della situazione militare, l'unico mezzo con cui Monnet potesse contattare velocemente il giudice era attraverso i canali di comunicazione ufficiali usati da Robert Murphy. Qualsiasi messaggio a Frankfurter doveva essere abilmente

81. Kaspi, *La mission de Monnet à Alger*, p. 67.

mascherato. Intanto il 19 marzo 1943 apparve sul «New York Times» un articolo molto critico nei confronti di Giraud. Tale articolo fu inviato a Monnet da Walter Lippmann tramite Frankfurter e conteneva una dichiarazione del barone Edouard de Rothschild che esprimeva il suo «grief and indignation», contro una politica che dava «rise to a feeling of anxiety among all those who have been victims of the racial laws and among the miserable human beings tortured by the Nazis».[82]

Invitato dal Dipartimento di Stato a commentare la dichiarazione, Robert Murphy la definì in un cablogramma del 21 marzo 1943 «un'interpretazione palesemente falsa» e offrì una confutazione punto per punto delle accuse.[83] Murphy sostenne che questa politica era solo una piccola violazione dei diritti degli ebrei ed era limitata solo a quelli nati in Algeria. Inoltre, sarebbe stata presto istituita una procedura che avrebbe permesso loro, come ai musulmani, di acquisire la cittadinanza francese se lo avessero desiderato. Soddisfatto, il sottosegretario di Stato Sumner Welles utilizzò la risposta di Murphy per replicare alle accuse di Rothschild in una lettera pubblica. Si trattava di un intervento costruito abilmente, che si concentrava sulle molte leggi di Vichy che erano state abrogate a vantaggio degli ebrei, piuttosto che su quella in questione.[84] Monnet era comunque preparato a questa mossa, e decise di coinvolgere Frankfurter con questa richiesta criptica inviata tramite il Dipartimento di Stato:

> I am shocked at the incomprehension shown by certain interpretations in the United States of the measures taken by Giraud wiping out all discrimination against Jews and also by the harmful interpretation of the abrogation of the Cremieux Decree. The telegraphic reply sent by Algiers to the Department represents an accurate statement made after consultation with an unbiased and best qualified legal specialist. I hope that you can help in straightening out any possible misunderstanding. If any points remain doubtful to you, please cable me through Murphy.[85]

82. «The New York Times», 19 marzo 1943, p. 5. Non ci sono prove che Frankfurter sia stato responsabile della stesura di questo articolo, ma in base al suo carattere e alle sue azioni precedenti, non è fuori dal campo delle possibilità.

83. Murphy a "Secretary of State", cablogramma 21 marzo 1943, Box 85, Frankfurter Papers, Library of Congress, Washington (DC).

84. «The New York Times», 28 marzo 1943, p. 15.

85. Murphy a "Segretario di Stato", cablogramma, Box 85, Frankfurter Papers, Library of Congress, Washington (DC).

Quanto scritto serviva evidentemente a ingannare Murphy, che infatti la trasmise in un cablogramma al Dipartimento di Stato il 22 marzo 1943, pensando che l'«interpretazione» a cui si riferiva Monnet fosse quella presente nell'articolo di Rothschild e che Frankfurter, in quanto leader della comunità ebraica, fosse invitato da Monnet a "calmare gli ebrei". Ma Murphy e Monnet avevano una diversa definizione di *harmful* e di ciò a cui questo termine si riferiva. L'equivoco che Monnet voleva che il giudice "raddrizzasse" era quello creato dal primo cablogramma di Murphy.[86] Come previsto, Frankfurter capì perfettamente la richiesta di Monnet e si mise al lavoro. Tramite Dean Acheson che ora ricopriva la carica di Assistente Segretario di Stato, Frankfurter riuscì a far inoltrare questo cablogramma a Monnet:

> Greatly appreciate your message. Have neither knowledge nor concern for de Rothschild. For my own understanding should like to be clear about scope and implications of abrogation of Cremieux Decree. Does it deprive of French citizenship anyone who possessed it prior to Vichy Decree? If so, how many and what is the justification for such deprivation?[87]

La domanda poteva sembrare quasi ingenua, ma data la natura dei canali diplomatici a sua disposizione, Frankfurter aveva uno scopo particolare. Conoscendo già la risposta alle sue domande, stava chiaramente facendo sì che il Dipartimento di Stato acquisisse consapevolezza sul punto di vista americano. Curiosamente, in risposta alle domande di Frankfurter arrivarono una dichiarazione pubblica e una privata. Il 4 aprile, il «New York Times» pubblicò una nuova lettera di Rothschild che rinnovava l'accusa che l'azione di Giraud fosse una feroce discriminazione contro gli ebrei algerini.[88] Attraverso i canali diplomatici Monnet invece ringraziò Frankfurter per la sua lettera e richiamò l'attenzione su un nuovo cablogramma inviato da Murphy al segretario di Stato il 17 aprile 1943, in cui il diplomatico americano ammetteva che il generale Giraud, abrogando il Decreto Cremieux, aveva «deprived Frenchmen for the second, third or even fourth generation

86. Ogni dubbio che questa sia la corretta interpretazione del messaggio di Monnet viene rapidamente fugato dal resoconto delle sue memorie sulle ragioni che lo spinsero a sostenere il ripristino del Decreto Cremieux. Vedi. Monnet, *Cittadino d'Europa*, p. 150.

87. Lettera, Frankfurter ad Acheson, 27 marzo 1943, Box 85, Frankfurter Papers, Library of Congress, Washington (DC).

88. «The New York Times», 4 aprile 1943, p. 7.

of their citizenship».[89] Ancora all'oscuro di ciò che stava realmente accadendo, Murphy raccomandò che tutte queste informazioni, sebbene fossero contrassegnate come segrete, venissero trasmesse al giudice per rassicurarlo.[90] Più di una settimana dopo, a Frankfurter apparve evidente che il Dipartimento di Stato non avrebbe fatto pressione su Giraud, così iniziò a ricorrere direttamente a Dean Acheson. In una lettera al suo studente del 3 maggio 1943, il giudice sottolineò innanzitutto che Acheson avrebbe dovuto confrontare i diversi cablogrammi di Murphy perché erano «in rather important details, different»[91] Poi, sentendo la necessità di chiarire il proprio punto di vista, Frankfurter raccomandò di chiedere a Murphy di rispondere a una recente lettera del famoso professore neotomista Jacques Maritain, presidente dell'Ecole Libre des Hautes Etudes, appena pubblicata dal «New York Times». Maritain aveva accusato l'abrogazione di essere antisemita, «unjust in itself and contrary to all the traditions of French law because it penalises retroactively persons who are in no wire guilty of any offence». Egli proseguiva sostenendo che l'azione «deprived of their citizenship men who are French by birth», oltre 100.000 persone.[92] La dichiarazione estremamente dettagliata di Maritain offriva anche una soluzione al presunto trattamento di favore degli ebrei: fornire anche ai musulmani la cittadinanza francese. Un memorandum non datato scoperto tra le carte di Frankfurter indica che il giudice avesse redatto una risposta all'argomentazione di Murphy, sostanzialmente molto simile a quella di Maritain, ma, per ragioni personali, avesse scelto di non inviarla.[93] Evidentemente considerò sufficiente la pubblicazione di Maritain sul «Time». Infatti, nel concludere la sua lettera ad Acheson, Frankfurter raccomandò caldamente questo articolo.

> I attach importance to what Professor Maritain has written. Let me add a redundant thought that I naturally attach importance to the views expressed by one of the most distinguished of living French men, a thinker esteemed as

89. Memorandum from 'Wiley' to Secretary of State, 17 aprile 1943, Frankfurter Papers, Library of Congress, Washington (DC). Contiene anche il memorandum di Monnet a Frankfurter).

90. Memorandum, Ray Atherton a Dean Acheson, 23 aprile 1943, Box 85, Frankfurter Papers, Library of Congress, Washington (DC).

91. Lettera di Frankfurter ad Acheson, 3 maggio 1943, Box 85, Frankfurter Papers, Library of Congress, Washington (DC).

92. «The New York Times», 25 aprile 1943, p. 10.

93. Memorandum non datato, Box 85, Frankfurter Papers, Library of Congress, Washington (DC).

much for the seriousness of his intellectual contributions as for the disinterestedness of his spirit.[94]

La strategia funzionò, anche se a rilento. Il decreto Cremieux fu ripristinato dalla neonata Cfln nel settembre dello stesso anno.

6. *Una breve considerazione a margine*

Andre Kaspi ha indagato a lungo sui mesi di negoziati che portarono all'accordo Giraud-de Gaulle e alla creazione del Comité Français de Libération Nationale. Monnet ebbe un ruolo cruciale nel far convergere le posizioni degli "etoniani" e degli "harroviani" ad Algeri, tradendo la sua missione originaria, per la quale era stato inviato da Roosevelt, di contribuire a fare di Giraud l'unica voce di un governo francese in esilio. Gli americani non perdonarono né dimenticarono il cambio di opinione di Monnet nei confronti di de Gaulle, soprattutto quando fu chiaro che il Generale metteva in ombra Giraud in ogni riunione del Comité. Il mancato riconoscimento del Cfln da parte della Casa Bianca fu uno dei fallimenti più significativi del francese, e forse il motivo principale per cui non fu inserito nella lista dei ministri del Governo Provvisorio creato a Parigi dopo la Liberazione nel 1944.

I suoi biografi si sono concentrati quasi esclusivamente sul suo ruolo di mediatore tra Londra e Algeri e sulla creazione del Cfln, di cui fece orgogliosamente parte. Forse il motivo è che un Jean Monnet finalmente al servizio dello stato era, per un lettore francese, molto più rassicurante di un controverso banchiere e faccendiere che si muoveva dietro le quinte della politica americana con un passaporto britannico e una moglie italo-sovietica. Imprimere una sua immagine di statista, non più "extracurricolare", nella memoria collettiva della Francia, è stata quindi una delle sue principali conquiste del 1943. Dal 1944 in poi il suo obiettivo primario sarà quello di ricostruire il potenziale industriale del suo Paese e di farne la base economica di un'area commerciale paneuropea. Monnet si guadagnò un posto nel Panthéon di Parigi perché decise finalmente di essere francese, dopo una vita da girovago imprenditore transatlantico.

94. Lettera di Frankfurter ad Acheson, 3 maggio 1943, Box 85, Frankfurter Papers, Library of Congress, Washington (DC).

7. Ricostruire la Francia per negoziare l'Europa

Dire che la guerra ebbe un effetto devastante sul modo in cui la leadership politica francese guardava all'economia del Paese è riduttivo. La vulnerabilità dimostrata dall'invasione, l'umiliazione dell'armistizio, la distruzione portata dall'occupazione e dai combattimenti posero il nuovo governo francese di fronte all'impresa immensa di ricostituire daccapo le potenzialità e capacità produttive nazionali.

«La Francia era uscita dalla guerra saccheggiata e completamente in ginocchio» disse Robert Marjolin. «Questa nuova generazione era ansiosa di non ripetere gli errori del periodo interbellico e di mettere alle spalle la distruzione il più rapidamente possibile».[1] Un'impresa di questo tipo aveva bisogno di un piano e soprattutto di denaro, dopo la brusca fine del programma Lend-Lease il 2 settembre 1945. Questo capitolo andrà quindi ad analizzare, prendendo spunto dai vari resoconti delle biografie, il piano Monnet di ricostruzione nazionale mettendone in luce gli elementi che lo pongono al centro della strategia politica sua e della sua rete per il decennio successivo alla fine della guerra.

1. *Il piano Monnet*

Come per altre imprese e incarichi di Jean Monnet, anche questo pone diversi interrogativi agli storici. Prima di tutto, Monnet non era un

1. Marjolin, intervista, 13 giugno 1984, Fondo di storia orale, Fondation Jean Monnet pour l'Europe, Lausanne. Si vedano anche le interviste con Pierre Massé, 23 maggio 1984; Pierre Uri, 29 maggio 1984; Etienne Hirsch, 21 giugno 1984.

pianificatore né un esperto di politica industriale su tale scala. Non aveva partecipato agli esperimenti di pianificazione condotti negli anni Venti o al dialogo politico riguardo al modello economico sovietico. Il suo valore aggiunto era costituito principalmente dall'esperienza della creazione del Victory Program e, nuovamente, dai contatti con gli Stati Uniti.

La necessità di un aiuto di breve-medio termine da parte degli americani, cosa su cui non vi era discussione già dal 1943, riponeva al centro la questione dei rapporti transatlantici molto più che nel primo dopoguerra. De Gaulle ne era ritrosamente consapevole e Monnet si trovava a essere di nuovo la persona giusta al momento giusto. Charles de Gaulle divenne capo del governo provvisorio dall'agosto 1944, dopo la liberazione di Parigi. Egli era il simbolo di una riconquistata libertà, ed era riuscito persino a ottenere il sostegno dei comunisti, in cambio almeno di due nomine ministeriali. Nelle elezioni dell'ottobre 1945, gli elettori lo confermarono come primo ministro votando in massa la coalizione di comunisti, socialisti e cristiano-democratici e, con il referendum costituzionale dello stesso giorno, diedero l'assenso alla riforma degli assetti istituzionali della Repubblica. I partiti che si opponevano, i radicali e i conservatori, rappresentavano nient'altro che il vecchio regime della Terza Repubblica, la crisi economica, la sconfitta e l'onta del regime di Pétain.

In diversi incontri con de Gaulle nell'ultima metà del 1945, Monnet sottolineò la necessità di modernizzare tutte le strutture economiche della Francia, rimaste indietro rispetto agli altri Paesi europei, in crisi già da molto prima dell'inizio della guerra. Fino a quel momento, non c'era stato alcuni tentativi di mettere insieme un piano coordinato di ricostruzione. Monnet, in missione a Washington a nome del Cfln per negoziare le varie tranche dei prestiti Lend-Lease, era riuscito a mettere insieme soltanto un comitato dedicato alle importazioni di beni primari. I partiti politici che nel 1944 componevano il governo erano titubanti di fronte all'idea di una pianificazione. I comunisti, perché credevano che fosse possibile ed efficace solo dopo la rivoluzione proletaria, i liberali e cristiano-democratici perché lo vedevano come l'ennesimo passo verso il dirigismo di stato. Pierre Mendès-France, commissario per l'economia del Cfln e poi ministro dell'Economia Nazionale nel governo provvisorio, fino alle sue dimissioni nel 1945 provò a mettere insieme una proposta unitaria, ma incontrò scarso entusiasmo. Stessa sorte ebbero le iniziative del suo successore René Pleven, che cercavano un compromesso riguardo alla direzione del piano di ricostruzione, distribuendo e diluendo le responsabilità tra i vari ministeri coinvolti. L'idea di una pianificazione nazionale rimase un punto fisso del governo provvisorio, però aveva bisogno di un nuovo sponsor, con idee nuove e capitale politico da spendere.

Proprio in quel periodo, su invito del presidente Truman, de Gaulle si era recato per un colloquio alla Casa Bianca per discutere la situazione politica ed economica francese. Monnet, che era in città per dirigere i negoziati per le ultime tranche di Lend-Lease, ricordò così il suo incontro a margine con il generale il 23 agosto:

> Da sei mesi non lo avevo rivisto e colsi l'occasione per confidargli le mie idee sull'avvenire della Francia. "Tu parli di *grandeur*", gli dissi. "ma i francesi oggi sono piccoli. Non potrà esserci *grandeur* finché i francesi non avranno raggiunto quella statura che giustifica *grandeur*. E per questo è necessario che si modernizzino, perché non sono moderni. Occorre dunque più produzione, più produttività, occorre trasformare il Paese dal punto di vista materiale.[2]

Come detto in precedenza, queste idee non erano nuove, la politica francese ne discuteva dalla crisi degli anni Trenta. Monnet però aveva trovato il modo di finanziare un piano del genere, renderlo accettabile per le diverse anime politiche che componevano il governo di Parigi e allo stesso tempo ridare al suo Paese un posto al tavolo della politica europea del dopoguerra.

Monnet credeva che nel corso dell'anno precedente de Gaulle avesse colto quanto fossero limitate le probabilità di ricostruire l'impero francese senza aiuto esterno, soprattutto dopo essere tornato sul suolo metropolitano completamente distrutto e depredato. In seguito agli incontri di Washington, i funzionari del Dipartimento di Stato chiesero al governo francese un programma per rinnovare la sua economia al fine di continuare a ricevere l'aiuto finanziario degli Stati Uniti. La scelta era «tornare al capitalismo o dirigersi verso il socialismo», o almeno così si espresse il sottosegretario di Stato William Clayton.

> But in either case the government must formulate a precise program proving its desire to give France an economy that will permit it to reach international production costs calculated in man hours. If it demonstrates to us the seriousness of its program, we shall help your country, for its prosperity is necessary to peace.[3]

2. Monnet, *Cittadino d'Europa*, p. 172.
3. Duchêne, *Jean Monnet*, p. 145.

In un memorandum per Truman, redatto da Monnet, de Gaulle delineava il piano della Francia per ripagare il suo debito Lend-Lease e sottolineava l'intenzione del suo governo di richiedere ulteriori prestiti per materiali e macchinari. Nel tentativo di rassicurare gli americani, Monnet aveva scritto, per la firma di de Gaulle, «We intend to submit to you in the near future our industrial equipment program aimed at modernizing our production».[4] Legando gli aiuti a un programma di modernizzazione il governo degli Stati Uniti otteneva la garanzia di tenere la Francia all'interno dell'occidente capitalista.

Tornato a Parigi nel novembre del 1945, Monnet convinse de Gaulle del fatto che non vi fosse altra scelta. Avere un mandato popolare come quello uscito dalle elezioni significava avere la responsabilità di non deludere le speranze di un Paese che chiedeva prosperità, opportunità e cambiamento sociale oltre alla pace. Monnet scriveva:

> L'epoca era favorevole alle esperienze di impegno comune, perché l'entusiasmo patriottico della Liberazione era ancora vivo e non aveva ancora trovato la grande opera in cui esprimersi positivamente. Le nazionalizzazioni – ambizione antica – non costituivano più un obiettivo ma lo strumento, pronto all'uso, di un progresso collettivo che attendeva di essere definito.[5]

de Gaulle chiese a Monnet di inviare le sue proposte entro la fine dell'anno e quello stesso mese annunciò l'intenzione del governo di redigere un grande piano di ricostruzione e rinnovamento. Tra i governi di Francia e Stati Uniti si diede inizio a un nutrito scambio di documenti per preparare il terreno e avviare negoziati commerciali.[6] Monnet riportò Silvia e le sue due figlie in Francia all'inizio dell'autunno del 1945. Da un anno vivevano a Wakefield, Rhode Island, dopo aver lasciato la costosa casa di Foxhall Road.[7] Tuttavia, era arrivato il momento di chiudere il capitolo americano della sua vita famigliare. Acquistò una casa nel villaggio di Houjarray, vicino alla foresta di Rambouillet, ventisette chilometri a sud ovest di Parigi. John McCloy trovò tutti e quattro i membri della famiglia felicemente sistemati lì quando si fermò in visita all'inizio di ottobre 1945.[8]

4. Duchêne, *Jean Monnet*, p. 146.
5. Monnet, *Cittadino d'Europa*, p. 181.
6. Foreign Relations of The United States, 1945, vol. 4, Washington, Government Printing Office, 1978, pp. 757-774.
7. Hackett, *A Jean Monnet Chronology*, p. 205.
8. Roussel, *Jean Monnet*, p. 454.

Da lì Monnet iniziò immediatamente a pianificare una strategia per la ricostruzione dell'economia francese e arruolò alcuni dei suoi vecchi colleghi. Prese in affitto una suite del Bristol Hotel in rue du Faubourg St. Honoré a Parigi con Marjolin, Etienne Hirsch, e Félix Gaillard, un giovane politico e futuro primo ministro. Marjolin descrisse così la sfida che li attendeva:

> For the country to emerge from the abyss into which it had been plunged by a history of backwardness in the movement towards industrialization, by a profound decline during the thirties, and then by the war and the Occupation, a number of conditions had to be fulfilled, some material, some psychological. It was no longer a question of catching up with the other developed countries, it had become necessary to reconstruct a country partly destroyed by the war, to modernize its plant made obsolete by the depression crisis and enemy occupation, to invest on an unprecedented scale when the nation would be clamoring for rapid satisfaction of consumer wants. In short, a plan was needed that would give priority to investment in general, and more particularly to capital expenditure that would lead the economy's development and make it possible to attain, after an initial phase of relative austerity, a level of consumption the French had never known. [It had to begin with reconstruction because] the damage sustained by France in World War Two was more than double what she suffered in World War One; but most important [there had to be] a renewal of the nation's capital stock, which had been destroyed, depleted, or reduced to obsolescence.[9]

All'inizio di dicembre del 1945, Monnet e i suoi colleghi avevano delineato un progetto preliminare che fu fatto prevenire a de Gaulle, il 6 dicembre, come "Proposées pur la Modernization et plan d'investiments". In questo documento sosteneva che la Francia doveva perseguire ricostruzione e modernizzazione simultaneamente se avesse voluto raggiungere gli obiettivi di potenza e tenore di vita che il governo aveva promesso. Ciò significava aumentare la produttività sia in agricoltura sia nell'industria introducendo i più recenti metodi di produzione e macchinari. Solo aumentando la produzione a costi competitivi la Francia avrebbe aumentato le sue esportazioni ad un livello tale da equilibrare una bilancia commerciale in rosso. Si asseriva che il ritmo della modernizzazione dipendeva dalla facilità con cui la Francia avrebbe ottenuto credito estero per acquistare attrezzature. Pertanto, si

9. Robert Marjolin, *Architect of European Unity. Memoirs, 1911-1986*, London, Weidenfeld and Nicolson, 1989, pp. 160-161.

rendeva necessario un piano di produzione a lungo termine che coordinasse e desse priorità alle numerose richieste di risorse in competizione tra loro.[10]

Seguendo il consiglio di Hirsch, il gruppo raccomandava poi la creazione di comitati o commissioni che riunissero rappresentanti di ogni livello della produzione. Hirsch aveva osservato l'esperimento del governo laburista britannico con i gruppi di lavoro creati nel 1945 per condurre autovalutazioni di industrie in declino. Questi includevano lavoratori, nonché leader sindacali, uomini d'affari, funzionari governativi e rappresentanti dei consumatori. Si trattava di un approccio di concertazione assolutamente nuovo per il Paese. Inoltre, si proponeva la nomina di un commissario di pianificazione per supervisionare e sintetizzare le raccomandazioni formulate dalle commissioni e la stesura di un piano per modernizzare la produzione.[11]

La proposta del gruppo coordinato da Monnet ottenne il sostegno di de Gaulle. Di fronte alla fine del programma Lend-Lease era l'unico modo per garantire la ricostruzione del Paese in tempo utile a servire il programma di politica europea del leader francese e l'obiettivo dell'equilibrio della bilancia commerciale. Il 3 gennaio 1946 fu emesso un decreto con cui si nominava una Commissione e un Consiglio di pianificazione. Monnet aveva insistito perché questi rispondessero al capo del governo e non a un ministero. L'istinto tecnocratico del futuro padre dell'Europa, nominato ora Commissario per la Pianificazione, lo portava a evitare di aver a che fare con l'agone politico e la supervisione parlamentare, preferendo l'arena privata di relazioni e contatti, in cui si muoveva con più facilità. Il memorandum di inizio lavori della commissione riprende quasi alla lettera le istruzioni date da de Gaulle e scaturite dai colloqui con l'amministrazione americana a Washington.[12] Sempre nel gennaio 1946, il governo accettò di negoziare con gli Stati Uniti la riduzione delle barriere doganali in cambio di crediti su larga scala necessari per finanziare il piano di ricostruzione.[13]

Né un tecnico né un politico, l'abilità di Monnet di mettere insieme una squadra estremamente capace di aiutarlo a redigere e supervisione il piano si rivelò un fattore chiave nel suo successo. Oltre a Marjolin, Gaillard e Hirsch, quest'ultimo responsabile dei singoli settori industriali, si

10. Duchêne, *Jean Monnet*, p. 148.

11. Massé, intervista, 23 maggio 1984, Fondo di storia orale, Fondation Jean Monnet pour l'Europe, Lausanne.

12. Wells, *Jean Monnet*, p. 99.

13. Foreign Relations of The United States, 1946, vol. 5, Washington, Government Printing Office, 1978 pp. 399-400.

aggiunsero Pierre Uri, un brillante economista di Princeton, Jean Fourastié e Jacques Dumontier, che servivano come capi della divisione economica e statistica. A loro si unirono poi Jacques Van Helmont, analista, François Fontaine, scrittore, gli economisti Jean-Paul Delcourt e Albert Sauvy, oltre a Jean Vergeot, un alto funzionario del ministero degli Affari Economici.[14] Monnet chiamò anche Paul Delouvrier, un giovane intellettuale che aveva svolto un ruolo attivo nella resistenza ed era un ispettore della finanza. Si erano incontrati nel 1944 al ministero delle Finanze in uno dei tanti viaggi da Parigi a Washington per negoziare prestiti americani. «Je n'ai pas hésité à faire partie de sa équipe», ricordò Delouvrier. «Monnet avait une relation spéciale avec ses collaborateurs, une capacité à séduire les gens, une capacité spéciale qui le rendait cher à ceux avec qui il travaillait».[15]

Questi uomini formarono quello che probabilmente era tra i think tank più innovativi e creativi nella Parigi dell'epoca, compensando quel vuoto che caratterizzava la Francia fin dai tempi del trattato di Versailles. La loro indipendenza e libertà di movimento, garantita dal fatto che dal loro lavoro dipendeva l'afflusso di capitale americano, erano invidiate dai ministeri che in tempi normali si sarebbero occupati di industria ed economia, il tutto nelle stanze anguste di una piccola casa a rue de Martignac 18, dietro l'angolo dell'ufficio del primo ministro.[16] Hirsch racconta come tutto fosse «un véritable effort d'équipe dans lequel chaque membre a été appelé à participer à toutes les décisions».[17] Monnet «a juste un diplôme d'études secondaires, mais il est un peu au-dessus de beaucoup d'entre nous».[18] Dal punto di vista ideologico è facile identificare l'origine dell'approccio di Monnet alla ricostruzione. Gli anni Trenta e soprattutto le necessità belliche avevano generato dei cambiamenti di mentalità in molti anche in ambiente liberale. Era diventata evidente una compatibilità tra le idee economiche liberali e la pianificazione economica attuata dallo Stato.[19] Il

14. Monnet, *Memoirs*, pp. 242-243.

15. Paul Delouvrier, Intervista di Antoine Mafés, 3 giugno 1981, Fondation Jean Monnet pour l'Europe, Lausanne.

16. Duchêne, *Jean Monnet*, pp. 153-154.

17. Etienne Hirsch, *Témoignage de Etienne Hirsch*, in *Témoignages à la mémoire de Jean Monnet*, Lausanne, Fondation Jean Monnet, 1989, p. 278.

18. Delouvrier, Intervista di Antoine Mafés.

19. Philippe Mioche, *L'invention du Plan Monnet*, in *Modernisation ou décadence*, a cura di Bernard Cazes e Philippe Mioche, Aix-en-Provence, Presses Universitaires de Provence, 1990, pp. 15-24.

progetto risentiva sicuramente dell'esempio americano newdealista e di una filosofia economica espansionista. Monnet era sicuro che l'amministrazione Roosevelt avesse trovato la strada per la prosperità e desiderava vendere la stessa soluzione ai propri connazionali. Era convinto che la produttività e la crescita fossero le soluzioni ai problemi sociali della Francia post-bellica, che avrebbero posto fine a un'economia di scarsità, iniqua e debole, che aveva minato la capacità della sua nazione di agire nello spazio europeo in passato. Avendo lavorato in piccoli gruppi durante la mobilitazione di guerra degli Stati Uniti, Monnet era altresì convinto che le decisioni fondamentali potessero essere prese in modo più efficiente e rapido da ridotti network di attori in posizione chiave così da evitare l'ostruzionismo e le lungaggini della burocrazia ministeriale e parlamentare.

Il gruppo di lavoro di Monnet stabilì obiettivi pragmatici e limitati per il periodo 1947-50. Questi includevano la rinascita della produzione nazionale, prima della guerra concentrata nell'area più devastata dall'invasione e dalla liberazione, e del commercio estero, in particolare nei settori più favorevoli, l'aumento della produttività, la piena occupazione, l'innalzamento del tenore di vita e il miglioramento delle condizioni del lavoro. L'obiettivo di aumento di produzione del 1950 era del 25% rispetto al 1929 e il 50% rispetto al 1938. Dal momento che l'economia francese non aveva investito per nulla in modernizzazione e macchinari dal 1930, si trattava di obiettivi ambiziosi.

Sei erano i settori chiave a cui distribuire le poche risorse: miniere di carbone; elettricità; ferrovie; ferro e acciaio; cemento; fertilizzanti, trattori e altre macchine agricole. La squadra di Monnet favorì infatti l'industria pesante sui consumi, applicando concetti di economia di guerra ad un Paese in cui mancavano i beni più basilari. Tuttavia, c'era un ulteriore motivo oltre alla necessità a breve termine. La Francia aveva bisogno di tornare competitiva nel settore dell'estrazione di materie prime e produzione di acciaio prima che la Germania recuperasse il suo potenziale industriale prebellico. L'industria siderurgica francese, poco competitiva già durante gli anni Venti e Trenta, era stata distrutta dalla guerra. Il suo stabilimento più moderno era stato costruito nel 1906, e quasi nessun nuovo investimento era stato fatto in questo settore tra il 1930 e il 1945. I pianificatori avevano delineato tre obiettivi per l'industria siderurgica: modernizzarla, aprirla alla concorrenza straniera al fine di rendere le esportazioni competitive con quelle tedesche e fornirle un mercato interno a prezzi concorrenziali. Poiché la resistenza dell'acciaio francese dipendeva dal coke tedesco,[20] la commissione riteneva assolutamente vitale l' accesso alle forniture di carbone provenienti dalla regione della Ruhr, una zona che agli occhi del governo francese simboleggiava il riarmo tedesco, il militarismo nazista, quindi l'umiliazione della sconfitta, l'orrore dell'occupazione e l'esilio.

Si potrebbe sostenere che il piano Monnet mirasse alla ripresa economica francese a scapito di una Germania economicamente indebolita. Effettivamente il piano si basava sul presupposto che i francesi avessero accesso illimitato al carbone della Ruhr e che avessero potuto sfruttare mercati precedentemente dominati dai produttori tedeschi. L'argomentazione era che, poiché l'acciaio francese costituiva la chiave del recupero del potenziale industriale del Paese, non c'era alternativa allo sfruttamento della Ruhr. Naturalmente non è marginale il senso simbolico del far pagare all'occupante la ricostruzione. Tuttavia, non ci sono prove che Monnet o il suo team desiderassero trasformare la Francia nel centro della produzione siderurgica dell'Europa occidentale a scapito di una futura Germania riammessa al tavolo della politica internazionale e del commercio mondiale. Ovviamente nelle interviste rilasciate negli anni Settanta e Ottanta i membri della squadra di Monnet sottolinearono l'assenza dal piano di ogni tentativo dichiarato di appropriarsi delle risorse tedesche e di trattare la Ruhr come territorio occupato. L'obiettivo di medio termine era internazionalizzare la regione della Ruhr per garantire l'accesso di più Paesi alle sue risorse. Idealismi a parte, la sorveglianza internazionale era il modo migliore per limitare la sovranità tedesca e per impedire ai proprietari delle miniere della Ruhr di controllare la produzione siderurgica francese regolando le forniture. La provincia tedesca della Saar, ricca di carbone, era stata posta già sotto il controllo economico francese nel 1945, e alcuni nel governo nutrivano speranze di integrarla in modo permanente. Ma la posizione di Monnet sulla Saar era che dovesse essere posta sotto il controllo di un organismo internazionale. Nel giugno 1945, Monnet aveva infatti suggerito a Clayton di istituire un ente di controllo del carbone tedesco sotto l'egida dei tre governi alleati

20. Duchêne, *Jean Monnet*, pp. 157-160, 164-165; Irwin Wall, *Jean Monnet, the United States, and the French Economic Plan*, in *Jean Monnet: The Path to European Unity*, a cura di Douglas Brinkley e Clifford Hackett, New York, St. Martin's Press, 1991, pp. 103-104; Richard Kuisel, Intervista di Sherrill Brown Wells, 23 settembre 2001, citata in Wells, *Jean Monnet*, p. 101.

occidentali, idea rimasta poi sulla carta.[21] In ogni caso i commissari sapevano che la modernizzazione economica del Paese non poteva avvenire senza una soluzione del problema della Ruhr. Ridisegnare l'assetto della regione renana divenne quindi la chiave sia per la politica estera della Francia sia per l'assetto delle future relazioni dei Paesi dell'Europa occidentale.

2. *I prestiti statunitensi*

I forti conflitti interni alla coalizione riguardo al carattere della nuova costituzione provocarono una crisi di consenso popolare. A sorpresa, de Gaulle si dimise nel gennaio 1946. Un'ampia coalizione di sinistra guidata dal socialista Félix Gouin diresse il governo provvisorio fino a quando la nuova costituzione non fu ratificata e promulgata nell'ottobre di quell'anno. Gouin inviò una delegazione a Washington nel marzo 1946 per negoziare i crediti per la ripresa economica, risolvere i debiti di guerra francesi e delineare una nuova politica commerciale. Léon Blum, ex premier socialista del governo del Fronte popolare del 1936 e reduce da anni di prigionia a Sachsenhausen, guidava il gruppo, che comprendeva Monnet ed Emmanuel Monick, governatore della Banca di Francia, come principali negoziatori.[22]

Per finanziare il suo piano aveva bisogno di un prestito degli Stati Uniti che fosse come minimo pari ai 3,75 miliardi che gli americani avevano garantito agli inglesi. I francesi trovarono i funzionari del Dipartimento di Stato ostili, esigenti e non disposti a soddisfare le loro richieste. In gran parte, questo atteggiamento era dovuto a divisioni a Washington su come affrontare questi negoziati. Il Dipartimento della Guerra consigliava di usare la questione per fare pressione sulla Francia riguardo alla cooperazione interalleata sulla ricostruzione della Germania. Dall'altra parte il Dipartimento di Stato concordava con Jefferson Caffrey, l'ambasciatore a Parigi, che esortava a garantire i prestiti per rafforzare il governo provvisorio e impedire così il sopravvento del comunismo. Altri avevano ancora una visione prebellica di Blum come socialista radicale e temevano che

21. Gérard Bossuat, *La France, l'aide américaine and la construction européenne, 1944-1954*, vol. 1, Paris, Comité pour l'histoire économique et financière de la France, 1992, p. 56.

22. Wells, *French Industrial Policy*, pp. 16, 22-23.

aiutare a ricostruire la Francia significasse regalare a quella parte politica, per loro indistinguibile dai comunisti, un Paese in piena ripresa economica.[23] Di sicuro mancava quel senso di urgenza che aveva portato al precedente Lend-Lease. Inoltre, alcuni membri del Congresso erano ostili a un aumento di prestiti all'Europa, richiedendo invece che in cambio di aiuti la Francia liberalizzasse la sua politica commerciale, svalutasse il franco, e attuasse politiche più liberali sui proventi degli investimenti. La paura era che piano di ricostruzione proposto dalla Francia fosse inflazionistico e che al fine di garantire una stabilità politica ci fosse bisogno di maggior supporto ai consumi e alla costruzione di alloggi.[24]

Si raggiunse un compromesso che scontentò tutti. L'accordo firmato il 28 maggio 1946 dal segretario di Stato James Byrnes fornì circa 650 milioni di dollari invece dei 2 miliardi richiesti, ma allo stesso tempo annullava 2,8 miliardi di dollari di obbligazioni Lend-Lease, promettendo di sostenere la richiesta di un prestito di 500 milioni di dollari dalla Banca Mondiale l'anno successivo. Il prestito fu alla fine di un importo pari alla metà, tuttavia ancora oggi il più grande mai concesso. L'amministrazione era stata persuasa che i francesi fossero seri nel ricostruire la loro economia e il Dipartimento di Stato l'aveva avuta vinta riguardo alla necessità di garantire che i leader di sinistra filoamericani come Blum non si sentissero abbandonati.[25] La Francia, tuttavia, non aveva ricevuto i mezzi per finanziare il piano di ricostruzione, dovendo in ogni caso fornire garanzie sulla liberalizzazione degli scambi e il libero accesso ai mercati francesi per i prodotti americani. Monnet era consapevole del mezzo risultato ottenuto. Irwin Wall afferma:

> Monnet's genius as a statesman was to look beyond momentary failure and to perceive reality over the Ions term. His immediate reaction to Blum-Byrnes was to revise downward the investment projections of the plan and separate the year 1947 from its long-term goals. Monnet could see the crisis of 1947 looming but lie retained the conviction that the Americans would come to see that the reconstruction of Europe and its insertion into the world economy. under the leadership of a resurgent and modernized France, was in their own interest as well as the interest of Europe.[26]

23. Irwin Wall, *The United States and the Making of Postwar France, 1945-1954*, Cambridge, Cambridge University Press, 1991, pp. 49-62.
24. *Ibidem*.
25. Wall, *United States*, pp. 49-55; Duchêne, *Jean Monnet*, pp. 158-160.
26. Wall, *Jean Monnet*, p. 96.

Inoltre, Monnet agiva su due piani simmetrici. Per lui era importante convincere il governo che non si potesse ricostruire il Paese senza fare accordi con gli americani, ne valeva il loro supporto per gli obiettivi di lungo termine della politica estera francese: in altre parole, il prestito americano era per lui politicamente, se non legalmente, legato al piano di ricostruzione.[27]

Nel 1946, il gruppo di lavoro di Monnet dovette comunque riadattare gli obiettivi del piano all'ammontare dei fondi disponibili, concentrandoli sui sei settori prioritari, riducendone le proiezioni di investimento, accettando l'inflazione come conseguenza probabile del pesante programma di spesa. L'assegnazione di risorse per gli investimenti e l'imposizione di restrizioni all'accesso ai mercati dei capitali favorivano l'industria pesante, mentre l'industria privata, in particolare quella dei beni di consumo, ricevette scarsa attenzione.[28] Per ottenere il sostegno dei comunisti la commissione incluse nei comitati industriali rappresentanti di lavoratori e sindacati, in modo tale che la ricostruzione fosse vista come uno sforzo collaborativo di tutti i gruppi economici.

Come ricostruisce Wells,[29] Monnet contattò il suo amico Robert Nathan, l'economista americano, perché lo consigliasse nella redazione della bozza finale del piano. Dopo aver analizzato la prima versione nel marzo 1946, quando Monnet era a Washington, Nathan spiegò come l'esperienza statunitense nel mobilitare l'economia per lo sforzo bellico potesse essere applicabile all'obiettivo francese di ricostruzione. Sosteneva inoltre che la Francia avesse bisogno di dati e analisi statistiche per stabilire meglio gli obiettivi di produzione e di coinvolgere a tal fine le università. Questo avrebbe fornito stime realistiche che avrebbero aiutato la programmazione di investimenti basata sia sulle esigenze che sulla loro fattibilità. A suo avviso il governo francese avrebbe dovuto aumentare la settimana lavorativa da quaranta a quarantotto ore e importare forza lavoro supplementare. Sottolineava infine l'importanza delle politiche di bilancio in accompagnamento alla politica monetaria per controllare l'inflazione. Dal momento che era fondamentale ottenere il sostegno pubblico

27. Wall, *United States*, p. 55.

28. Duchêne, *Jean Monnet*, p. 160; John Sheahan, *Promotion and Control of Industry in Postwar France*, Cambridge, Harvard University Press, 1963, pp. 37-38; Geoffrey Denton, *Economic Planning and Policies in Britain, France, and Germany*, New York, Praeger, 1968, pp. 80-82.

29. Wells, *Jean Monnet,* p. 105.

del piano, Nathan raccomandò una campagna mediatica per influenzare il governo e l'opinione pubblica.[30]

Il piano Monnet fu adottato il 14 gennaio 1947 dal nuovo gabinetto e varato con decreto governativo che istituiva il nuovo Commissariat du Plan. Nominato commissaire général au plan, a Monnet fu assegnato il compito di portare avanti il piano attraverso la sua unità di pianificazione, un piccolo staff non appartenente a, o controllato da, alcun ministero, ma rispondente direttamente al capo del governo. Il bilancio del piano fu incluso nel bilancio generale della pubblica amministrazione, così che sarebbe stato necessariamente essere approvato in blocco. Ciò contribuì a ridurre al minimo le battaglie politiche e giurisdizionali che Monnet intendeva prevenire se non evitare. Dopotutto non era un membro del governo e, per sua insistenza, questo suo primo piano non fu mai presentato al parlamento per l'approvazione.[31] Dal punto di vista politico, dal 1947 al 1950, i membri della Commissione ebbero un'ulteriore funzione, oltre a quella di dirigere gran parte della politica economica della Francia. Agendo come un'unica entità, i membri della commissione proiettavano all'esterno un'immagine di stabilità e coerenza nella politica economica in una nazione che sperimentava continui cambi di gabinetto e primi ministri. L'intenso avvicendamento di governi deboli significava che i politici eletti non erano al potere abbastanza a lungo per apportare cambiamenti importanti nelle politiche e negli obiettivi a lungo termine del piano. Affermò Hirsch:

> Nous, les commissaires, représentions la continuité. À chaque changement de gouvernement, il fallait beaucoup de patience pour expliquer ce que nous faisions. Cependant, les politiciens n'ont jamais arrêté quelque chose qui avait déjà été initié, et ils n'étaient jamais au pouvoir assez longtemps pour commencer quelque chose de nouveau. S'ils avaient essayé, nous aurions retardé la mise en œuvre de politiques hors plan jusqu'à l'installation d'un nouveau gouvernement.[32]

A partire da questo evidente scarso riguardo verso la rappresentanza democratica e il sistema costituzionale di contrappesi, il gruppo evitò

30. Robert Nathan, *Inflation and Fiscal Policy*, 17 agosto 1946; *Strategy of Presentation*, 13 agosto 1946; *Broad Philosophy and General Objectives of the Plan*, 16 agosto 1946, AMF 5/3/18, Fondation Jean Monnet pour l'Europe, Lausanne.

31. Duchêne, *Jean Monnet*, p. 166.

32. Hirsch, Intervista di Sherrill Brown Wells, in Wells, *Jean Monnet.*

battaglie ideologiche e burocratiche, preferendo coltivare relazioni con gli alti funzionari del ministero delle Finanze. Monnet lottò energicamente per mantenere la propria indipendenza e il proprio privilegiato accesso ai vertici del potere politico respingendo qualsiasi tentativo da parte dei ministeri di controllarlo.

In ogni caso molti ostacoli impedirono l'esecuzione del piano di Monnet. Affrontare l'inflazione e finanziare allo stesso tempo il progetto diventarono le sue due sfide più importanti. Raccolti scarsi causarono il raddoppio dei prezzi dei generi alimentari tra l'agosto 1946 e il maggio 1947 e la necessità di importare portò ad un calo delle riserve valutarie. La scarsità di dollari divenne sempre più grave. La mancanza di carbone e manodopera aveva prodotto una crisi energetica nel 1946, con il conseguente declino della produzione e l'impennata dei prezzi dei prodotti industriali. Scioperi colpirono lo stabilimento automobilistico della Renault nel 1947, e, con la Guerra fredda che cominciava a minare l'iniziale concordia dell'arco costituzionale, in maggio il governo espulse i suoi membri comunisti. La Francia e gran parte dell'Europa occidentale si trovarono ad affrontare una situazione critica nei pagamenti delle obbligazioni estere entro la metà del 1947. Spesa eccessiva, situazione valutaria precaria e crisi dell'offerta spingevano un'inflazione che rischiava di divenire sistemica. Raccontò Uri:

> Monnet at first was not interested in the problem of inflation, but it was exploding – it had been 60 percent under de Gaulle but was still 45 percent in 1947 and he realized the risk of dislocation. It became a serious problem for the whole government because it affected every segment of society.[33]

Il gruppo di Monnet si rese conto di aver sopravvalutato la capacità del governo di stabilizzare i prezzi e i salari e di controllare l'inflazione. Inoltre, avevano giudicato erroneamente il tempo necessario per la ripresa dell'estrazione di materie prime. Temevano che il piano sarebbe stato compromesso senza ulteriore assistenza da parte degli Stati Uniti. Monnet iniziò allora a lavorare nell'estate del 1947 per convincere il governo guidato dal premier socialista Paul Ramadier ad affrontare l'emergenza. Dopo aver inoltrato al ministero delle Finanze diverse proposte per combattere l'inflazione, egli riuscì a convincere Ramadier a istituire una

33. Pierre Uri, intervista di Sherrill Brown Wells, Fondo di Storia Orale, Fondation Jean Monnet pour l'Europe, Lausanne.

nuova commissione speciale. Secondo Uri, la vera fonte dell'idea per la commissione era Edward Bernstein, un ex funzionario del Tesoro statunitense e poi capo economista presso il Fondo monetario internazionale. Monnet aveva anche consultato l'economista britannico Nicholas Caldor e lo stesso John Maynard Keynes. Il fatto di avere a disposizione una così vasta rete di consiglieri a livello internazionale fece la differenza. Dopotutto questo tipo di politica macroeconomica sarebbe stata normalmente affidata al ministero delle Finanze, non a un incaricato esterno al governo.

Il rapporto della commissione, scritto da Uri e completato nel dicembre 1947, convinse il governo ad adottare misure eccezionali per ridurre l'inflazione. Tra queste, l'imposizione di un prelievo sui redditi più alti e un aumento delle tasse sui consumi. Monnet sosteneva che fosse necessario compensare gli aumenti salariali dati ai lavoratori in sciopero nell'autunno del 1947, altrimenti il rischio sarebbe stato quello di alimentare un circolo vizioso inflazionistico.[34] Alcune di queste misure furono accolte da scioperi nell'estate del 1948 e furono abbandonate presto. Fu in ogni caso la stabilità e la capacità di governare le aspettative a giocare un ruolo fondamentale per ridurre l'inflazione, tornata a livelli gestibili nel 1949. Uri e Monnet riuscirono in ogni caso a convincere i sindacati ad accettare alcune politiche economiche del governo, come la decisione di rendere la settimana di quaranta ore flessibile, pagando gli straordinari il 25% in più.[35] Finanziare il programma rimase però una sfida critica tra il 1947 e il 1949. La mancanza di capitali francesi, unita all'inflazione, aveva ridotto gli investimenti privati e costrinse la squadra di Monnet a fare maggiore affidamento sui finanziamenti pubblici. Tuttavia. questi fondi erano oggetto di votazioni parlamentari annuali e di assegnazioni ministeriali mensili. Monnet realizzò sempre più che l'aiuto esterno era indispensabile per conseguire gli obiettivi del piano di crescita, i quali a loro volta richiedevano massicce importazioni che mettevano sotto stress le scarse riserve della Francia. Nell'estate del 1947, rimanevano 240 milioni di dollari per soddisfare un deficit stimato di 450 milioni di dollari per grano, carbone e benzina.[36]

34. *Ibidem.*

35. Duchêne, *Jean Monnet*, pp. 170-171.

36. Jean Pierre Rioux, *The Forth Republic, 1944-1958*, Cambridge, Cambridge University Press, 1987, pp. 114-115.

3. *Il piano Marshall*

Il deterioramento dell'economia europea e le minacce di una espansione sovietica nell'Europa occidentale convinsero infine l'amministrazione Truman a fornire aiuti per la ricostruzione alle nazioni europee. Un'Europa occidentale rivitalizzata avrebbe contenuto l'Unione Sovietica e incoraggiato la stabilità politica. In quella che divenne nota come la Dottrina Truman, il governo americano si impegnò ad assistere altre nazioni minacciate dall'espansione comunista, sovversione interna o aggressione esterna. Questa politica di contenimento fornì la base logica e strategica per una presenza di lungo termine degli Stati Uniti in Europa e aprì la strada al Piano Marshall.[37]

Il peggioramento della situazione economica dell'Europa occidentale allarmava Washington. La crescente carenza di cibo, carbone, fertilizzanti e macchinari agricoli si combinò nel 1946-47 con uno degli inverni più duri mai registrati. I governi avevano difficoltà a finanziare le importazioni alimentari, e i prestiti statunitensi e altri aiuti a Francia, Italia e Gran Bretagna erano finiti. Il segretario di Stato George Marshall, convinto che i sovietici stessero cercando di forzare un crollo economico in Europa, annunciò la sua grande strategia per un piano a lungo termine per aiutare finanziariamente l'Europa a ricostruire la sua economia. Nel suo discorso a Harvard il 5 giugno 1947, Marshall sottolineò che l'iniziativa doveva venire dalle stesse nazioni europee e si aspettava che queste si unissero in uno sforzo di cooperazione collettivo. Il ministro degli Esteri britannico Ernest Bevin caratterizzò il discorso come «A lifeline for men who sink. It seemed to bring hope where there was none [...] I think you can understand why we grabbed the life jacket with both hands».[38]

La legislazione del Piano Marshall, ufficialmente noto come Economic Cooperation Act, fu approvata dal Congresso il 30 marzo e firmata dal presidente Truman il 1° aprile 1948.[39] Prevedeva l'erogazione di assistenza economica a sedici nazioni dell'Europa occidentale. I termini richiedevano

37. John L. Gaddis, *The Cold War. A New History,* New York, Penguin Press, 2005, pp. 30-32.

38. «New York Times», 2 aprile 1949, p. 4; Foreign Relations of The United States, 1947, vol. 3, pp. 237-239; Bossuat, *La France, l'aide américaine*, p. 141.

39. Michael Hogan, *The Marshall Plan. America, Britain, and the Reconstruction of Western Europe*, 1947-1952, Cambridge, Cambridge University Press, 1987, pp. 18-134; Gérard Bossuat, *L'Europe occidentale à l'heure americaine, 1945-52*, Paris, Editions

che le nazioni destinatarie degli aiuti decidessero riguardo un metodo equo per la distribuzione delle risorse e per pianificare le loro attività economiche collettivamente. I funzionari statunitensi invitarono l'Unione Sovietica a partecipare al programma, ma questa rifiutò l'offerta e non permise a nessuna nazione dell'Europa orientale di aderire. Nell'aprile 1949, i rappresentanti di ciascuno dei Paesi beneficiari del piano Marshall crearono l'Organizzazione per la Cooperazione Economica Europea (Ocee, l'antenata dell'Ocse). Sebbene questa non riuscì a sviluppare un programma globale di ripresa europea come speravano i funzionari statunitensi, promosse gli obiettivi politici degli Stati Uniti incoraggiando soprattutto la liberalizzazione del commercio.[40]

Il ruolo influente di Monnet nel plasmare la politica economica francese a partire dal 1946 gli permise di garantire che una gran parte dei fondi assegnati alla Francia fosse utilizzata per finanziare il suo piano. Il Programma Marshall gli diede l'opportunità di sfruttare la pressione del governo statunitense sui funzionari del suo stesso governo. In un memorandum del 24 luglio 1947 al ministro degli Esteri Georges Bidault, Monnet lo esortava a cogliere l'iniziativa e a presentare un valido programma per la ricostruzione dell'Europa, come richiesto per continuare a ricevere gli aiuti americani. Monnet sottolineava inoltre l'urgenza di rivedere la politica francese nei confronti della Germania. Sosteneva che la Francia doveva discutere il problema tedesco e lo status della Ruhr con la Gran Bretagna e gli Stati Uniti per incorporarlo nel programma di ricostruzione europeo. Come ebbe a dire a Dean Acheson, aveva ormai capito che non era possibile ricostruire l'Europa senza la ripartenza del motore produttivo tedesco.[41] Per raggiungere il suo obiettivo di modernizzare l'economia e stabilire un accordo sulla Germania che non minacciasse la Francia, credeva che il suo governo dovesse guidare lo sforzo di cooperazione europea richiesto da Washington. Secondo lui, il suo piano

> représente l'espoir et la garantie de l'indépendance économique française. Par conséquent, ce Plan (dont la mise en œuvre est évidemment facilitée par des financements étrangers, mais non déterminée par ceux-ci, puisque la mise en

Complexe, 1992; Gérard Bossuat, *L'Aide américaine et la constrution européene, 1944-1954*, Paris, Comité pour l'Histoire économique et financière de la France, 1992.

40. Mark Gilbert, *Surpassing Realism. The Politics of European Integration Since 1945*, Lanham (MD), Rowman & Littlefield Publishers, 2003, pp. 15-25.

41. Jean Monnet a Dean Acheson, 1° luglio 1948, AMF 14/1/3, Fondation Jean Monnet pour l'Europe, Lausanne.

œuvre dépend principalement de l'effort proposé par les Français) place les fonds proposés par le Général Marshall dans leur véritable perspective : une aide temporaire nous permettra ensuite de cesser d'emprunter, de promouvoir nos programmes de production et de cesser de demander de l'aide.[42]

L'accordo bilaterale franco-americano sull'aiuto Marshall del 28 giugno 1948 diede ai funzionari inviati ad hoc a Parigi il controllo delle spese del fondo. Di conseguenza, divenne un gruppo di pressione nei confronti della politica economica francese e divenne un servizio parallelo e talvolta rivale del Dipartimento di Stato. Questi accettò di elargire 25 miliardi di franchi di fondi in cambio di ulteriori promesse francesi di astenersi da forme di finanziamenti che assecondassero spinte inflazionistiche.[43] L'uso dei fondi per influenzare le decisioni politiche francesi causò risentimento. Tuttavia, il gruppo di Monnet che, dopotutto, era composto da persone che avevano passato anni in esilio negli Stati Uniti, riteneva che tale garanzia fosse necessaria, per salvare il piano di ricostruzione da spinte clientelari di spesa.

4. *Il "gruppo di amici informati"*

A Parigi Monnet ritrovò due recenti conoscenze, Tomlinson e Bruce, degli anni di Washington. Il ventinovenne William Tomlinson di Boise, Idaho, aveva stabilito una stretta amicizia con il cinquantanovenne francese subito dopo essere stato inviato a Parigi nel 1947 come rappresentante del Tesoro e attaché finanziario all'ambasciata statunitense. Tommy, come era chiamato sin dai tempi della Brown University, condivideva l'obiettivo di molti nella cerchia di Monnet di unire l'Europa per prevenire un'altra guerra. Il giovane americano era diventato un membro informale del gruppo di lavoro di Monnet. Di conseguenza, Tomlinson ne trasse una invidiabile comprensione dei problemi economici del Paese.[44] Egli era convinto che la

42. Jean Monnet a Georges Bidault, 24 gennaio 1947, Fondation Jean Monnet pour l'Europe, Lausanne; Gillingham, *Coal, Steel, and the Rebirth of Europe, 1945-1955, The Germans and French from Ruhr Conflict to Economic Community*, Cambridge, Cambridge University Press, 1991, pp. 144-5; Monnet, *Projet de memorandum*, 30 agosto 1947, AMF 14/1/3, Fondation Jean Monnet pour l'Europe, Lausanne.

43. Wall, *United Stated*, pp. 159-161.

44. Sherrill Brown Wells, *Monnet and The Insiders: Nathan, Tomlinson, Bowie, and Schaetzel,* in *Monnet and the Americans*, a cura di Clifford Hackett, Washington (DC), Jean Monnet Council, 1995, pp. 204-211.

ripresa economica francese fosse cruciale non solo per la sicurezza del Paese, ma per il suo ruolo nell'integrazione europea. Come ricorda Stanley Cleveland, un funzionario dell'ambasciata che lavorava per Tomlinson a Parigi, «Tomlinson condivideva un tratto comune con Monnet, uno dei motivi per cui andavano così d'accordo. Tomlinson aveva la capacità di lavorare per un obiettivo indipendentemente da quelli del governo per cui lavorava».[45]

Le responsabilità di Tomlinson aumentarono quando David Bruce divenne il capo della missione del Piano Marshall a Parigi nel 1948. Elegante avvocato della Virginia, aveva gestito l'Office of Strategic Services (Oss) a Londra durante la guerra, e divenne presto un amico di Tomlinson e quindi di Monnet. Riconoscendo la necessità di un migliore coordinamento tra la missione e i dipartimenti in patria, Bruce creò un ente tripartito, Dipartimento di Stato, Tesoro ed Eca, che si riuniva in ambasciata. Con l'approvazione del Segretario del Tesoro John Snyder, Bruce nominò Tomlinson direttore. Il doppio ruolo gli procurò un accesso straordinario alla burocrazia e politica francese e lo resero particolarmente efficace nel fare pressioni sul governo per portare avanti le riforme che Washington riteneva necessarie. Cleveland ricordò:

> Tommy was an amazing man. He was the only real genius I ever met, an incredible boy who at the age of about 34 was one of the most important American officials in Europe. It was a position he had gained by the way he manipulated the French situation during the Marshall Plan period. He combined the external pressures of the American government with an extraordinary knowledge of the French bureaucracy. This included both the Ministry of Finance and the Monnet group. These were the real centers of economic power in the French government. They were very hostile to each other, but Tommy got along with both of them.[46]

Come afferma Arthur Hartman, Tomlinson e Monnet «erano così centrali per l'assegnazione degli aiuti, i termini specifici, i negoziati bilaterali, tutto il resto, che tutti li guardavano con un misto di invidia, ammirazione e sconcerto. La struttura burocratica degli Stati Uniti rendeva gente come quella terribilmente potente nel processo decisionale».[47] Attraverso Tomlinson, Bruce incontrò e divenne amico di Monnet, e questo triumvirato

45. Stanley Cleveland, Intervista di Leonard Tennyson, 12 giugno 1981, Fondo di storia orale, Fondation Jean Monnet pour l'Europe, Lausanne.

46. *Ibidem.*

47. Hartman, Intervista, Fondation Jean Monnet; Wells, *Insiders*, pp. 206-207.

lavorò insieme ai rispettivi governi per stabilizzare l'economia francese.[48] Impiegarono la leva degli aiuti americani e il loro controllo sul rilascio dei fondi per fare pressione sui leader francesi per attuare le riforme e ridurre l'inflazione a metà del 1948. Quando il primo ministro Henri Queuille il 15 settembre 1948 richiese rassicurazioni sul rilascio dei fondi, fu Bruce a cercare di negoziare la garanzia, promettendo a sua volta a Washington di riuscire a convincere Queuille ad adottare politiche fiscali responsabili. Ci avrebbe pensato Monnet. Bruce scrisse un memorandum affermando che, se i francesi non avessero fatto un maggiore sforzo per creare stabilità finanziaria e ripristinare la fiducia nel franco, il successo della ripresa dell'Europa occidentale sarebbe stato compromesso. Il governo Queuille introdusse subito dopo un programma di stabilizzazione monetaria per l'anno successivo. Quando chiese che fossero liberati i 25 miliardi di franchi di fondi di contropartita, la sua richiesta fu rapidamente accolta.[49]

Il triumvirato aveva stretto un rapporto con alcuni funzionari chiave del ministero delle finanze, in particolare Bloch-Lainé. Insieme assicurarono che gli aiuti Marshall fossero utilizzati direttamente o indirettamente per finanziare gli investimenti nel piano Monnet. Nel maggio 1949, quando Bruce divenne il nuovo ambasciatore in Francia, nominò Tomlinson suo responsabile di tutte le questioni economiche presso l'ambasciata e suo consulente finanziario e commerciale. Lo status di questi tre uomini era aumentato su entrambe le sponde dell'Atlantico. Secondo Hartman,

> The agreement between Monnet and Tomlinson was that the Americans would not give their approval to any proposal that Monnet did not feel was going well with his plans... the Treasury bureaucrats were aware of it and used it also to make sure that the funds did not were used in a way they did not approve. We insisted on these conditions and in fact forced politicians to accept them.[50]

Gli uomini d'affari che amministrarono il Marshall Aid Program in Europa provenivano da ambienti ideologici molto conservatori. La loro idea era che un aumento delle tasse, il contenimento dei salari e una contrazione di spesa fiscale in Francia fossero misure necessarie al fine di preve-

48. Hartman, Cleveland, e Uri, Intervista, Fondation Jean Monnet; Wells, *Insiders*, pp. 206-207; Kuisel, *Capitalism*, pp. 238-241; Duchêne, *Jean Monnet*, p. 172.

49. Wells, *Insiders*, pp. 206-207; Wall, *United States*, pp. 158-172.

50. Hartman e McGrew, Intervista di Sherrill Brown Wells, Fondo di storia orale, Fondation Jean Monnet pour l'Europe, Lausanne, citata anche in Wells, *Insiders*, pp. 206.

nire l'inflazione, che consideravano la fonte dell'instabilità politica francese.[51] Bruce e Tomlinson aiutarono così Monnet a convincere Washington che investire fondi nel piano Monnet fosse la via giusta per garantire gli obiettivi di entrambi i governi, e la capacità di Tomlinson di navigare la burocrazia del Dipartimento del Tesoro e del Dipartimento di Stato aiutò questo sforzo. Stando a Cleveland, Monnet sapeva che

> He needed Tommy and the Americans as much as the American group needed him, maybe more. He knew he had to keep the Americans close and supportive. The only way to do that was to make sure they took their concerns into account. He knew that Tommy had the ability to be both imaginative in terms of problem-solving and at the same time to know how to present things to the US government. He knew how to manipulate the government. Because he had done it several times in connection with the Marshall Plan. Monnet had observed that process. So he knew he had in Tommy not only a collaborator in the intellectual sense but also someone who had the confidence of Bruce and McCloy and one who was particularly capable of manipulating the US bureaucracy. Monnet had a sense of where power lay, and he understood very well the realities of power distinct from his appearances. He knew how to use people, no doubt. I consider myself proudly among those who let Monnet use me.[52]

I dettami di Washington e le dure richieste di Tomlinson spesso irritavano i funzionari francesi nei ministeri e presso la Banca di Francia. Ma Monnet, con l'aiuto di Bloch-Lainé, persuase i ministri che il loro Paese non avrebbe dovuto perdere l'opportunità di raggiungere gli obiettivi del piano, anche al costo di dover soddisfare le richieste degli Stati Uniti. A seguito di continui negoziati tra il 1949 e il 1950, con l'aiuto di Tomlinson e Bruce, Monnet ottenne molto di quello che loro volevano. A causa della persuasione di Monnet sostenuta dalle pressioni degli Stati Uniti, il governo francese acconsentì a destinare molti dei fondi alle industrie designate nel piano. Nel 1949, gli aiuti costituivano la gran parte dei finanziamenti per l'industria pesante, che era circa un quarto della produzione industriale del Paese. L'aiuto «loosened France's main external bottleneck, the inability to earn dollars».[53] Wells cita Jean-Pierre Rioux, che asserisce «With industrial output rising and trade reviving the closing of the dollar gap and

51. Wall, *United States*, pp. 158-167.

52. Cleveland, Intervista di Leonard Tennyson, Fondo di storia orale, Fondation Jean Monnet pour l'Europe, Lausanne.

53. Duchêne, *Jean Monnet*, p. 173.

the modernization of production, the economic benefits directly attributable to Marshal Aid were incontestable».[54]

I pianificatori francesi avevano anche un debito di gratitudine verso un altro influente americano, George Ball. Monnet aveva incontrato questo giovane avvocato quando era un consigliere generale associato della Lend-Lease Administration nei primi anni Quaranta. Alla fine del 1945, Ball divenne socio dello studio legale Cleary, Gottlieb, Steen e Hamilton come specialista in diritto internazionale e relazioni commerciali. Monnet lo ricontattò per varie consulenze legali. Tra il 1945 e il 1954, Ball spesso si fermò per incontrare Monnet e i suoi colleghi, lavorando sporadicamente fuori dal piccolo ufficio in rue de Martignac 18. I contatti politici di Ball a Washington e le sue ottime capacità di avvocato giovarono agli sforzi di Monnet per inquadrare legalmente la richiesta di credito della Francia. Questi curò il linguaggio specialistico richiesto per i documenti e il memorandum che inevitabilmente sarebbero stati esaminati da legislatori e burocrati statunitensi. Quando Ball era a Washington, Monnet lo chiamava spesso, non esitando a telefonargli nelle prime ore del mattino e convocarlo per una consulenza il giorno successivo. «Prendi il volo notturno per Parigi», supplicava. E Ball spesso obbediva. Quando era in Francia, passava spesso la notte a casa dei Monnet a Houjarray per poi fare passeggiate mattutine nei boschi circostanti. In pochissimo tempo Ball divenne un agente politico de facto della Quarta Repubblica, una parte importante della lobby americana di Monnet, che il francese chiamava «il mio gruppo di amici informati».[55]

Monnet trovò in Ball la capacità, rara tra gli americani, di comprendere le mentalità europee. Lo storico David Di Leo scrive che Monnet si lamentava spesso che «gli americani sono troppo semplici; non vedono le cose nella loro complessità». Ma scoprì che Ball era «uno spirito che pesa le cose», era equilibrato e leale».[56] Ball scoprì che il vero interesse di Monnet nell'averlo intorno era quello di essere «una specie di sacco da boxe intellettuale, qualcuno a cui poteva continuare a lanciare idee» e dibattere le risposte che riceveva. Aggiunse:

54. Rioux, *Forth Republic* p. 134, citato in Wells, *Jean Monnet*, p. 116.

55. George W. Ball, Intervista di Leonard Tennyson, 15 luglio 1981, Fondo di storia orale, Fondation Jean Monnet pour l'Europe, Lausanne; David Di Leo, *Catch the Night Plane for Paris: George Ball and Jean Monnet*, in *Monnet and the Americans*, pp. 141-146.

56. Ivi, p. 165.

> While Monnet profited by what I called our 'collective spiral cognition,' I learned much from helping a wise man shape ideas like a sculptor with a knife. My role was essential, for Monnet himself was no writer. He evolved letters, papers, plans, proposals, memoranda of all kinds by bouncing ideas against another individual.[57]

Ben presto adottò la tesi fondamentale di Monnet secondo la quale, per sostenere la ripresa francese, essa doveva avvenire nel contesto della generale ricostruzione europea, che richiedeva la creazione di un'Europa unita come entità commerciale e politica.

5. *Una considerazione sul piano Monnet*

Il piano Monnet riuscì a modificare la struttura portante dell'economia francese e ad avviare la ripresa del dopoguerra. Dal 1948 l'economia crebbe del 5% all'anno. Il piano riuscì a ricostruire le infrastrutture del Paese, eliminando gli ostacoli logistici alla crescita, creando le basi per un'economia più moderna. Molti segmenti dell'economia francese, tra cui l'agricoltura, vissero una crescita sostenuta della produttività. La produzione di acciaio grezzo, che era di 4,4 milioni di tonnellate nel 1946, più che raddoppiò nel 1949. Attraverso il piano, Monnet e i suoi colleghi propagandarono e alimentarono l'idea che la modernizzazione economica fosse un importante obiettivo nazionale intrinsecamente legato alla sicurezza del Paese. Il piano incoraggiò questo cambio di atteggiamento in un momento in cui la Francia doveva approfittare del previsto boom economico internazionale del dopoguerra.[58] Esso aiutò a cambiare l'immagine della Francia negli Stati Uniti, da nazione ex imperiale sconfitta a una con un'economia sì di medie dimensioni ma ambiziosa.

Dato ancora più interessate, da un punto di vista pragmatico e logistico, Monnet aveva tramutato un elemento chiave della politica economica socialista, la pianificazione centrale, in uno stimolo nel far ripartire un

57. George W. Ball, *The Past Has Another Pattern: Memoirs*, New York, W.W. Norton, 1982, p. 73.

58. Richard Kuisel, *La Planification*, in *Modernisation ou décadence*, a cura di Bernard Cazes e Philippe Mioche, Aix-en-Provence, France, Presses Universitaires de Provence. 1990, pp. 117-143.

motore produttivo privato e privo di capitali.[59] Massé conclude: «Monnet a joué un rôle très important, et le succès du plan était dû en grande partie à sa personnalité. Nous n'aurions pas pu réussir sans le plan Marshall. Ce fut l'un des plus grands moments historiques de notre époque».[60] Il piano Monnet, tuttavia, non conseguì tutti i suoi obiettivi. Sprecò molto, sbagliando a prevedere la domanda in alcuni settori, contribuendo quindi all'inflazione. La commissione dovette contare sui prestiti e sullo stato più di quanto avesse previsto, avendo sottovalutato più volte il deficit di capitale privato. I settori del carbone, del cemento e dei trattori non raggiunsero gli obiettivi di crescita produttiva in tempo.[61] In verità, si potrebbe dire che la scarsità di carbone francese negli anni Quaranta era dovuta più al fallimento degli Alleati nell'aumentare la produzione nella Ruhr che ai limiti del piano. Gli obiettivi nel settore energetico furono quindi raggiunti solo aumentando l'utilizzo del petrolio.[62]

I comunisti e i lavoratori si dimostrarono attori difficili per Monnet, e quindi per estensione per il governo francese e per gli americani. Il partito comunista era tra i maggiori oppositori del Piano Marshall e, per estensione, del piano Monnet, e si lamentava a gran voce della Marshallizazione della Francia.[63] Nel contesto della Guerra fredda, gli aiuti furono visti come palesemente anticomunisti, dal momento che nascevano dalla convinzione che la ricostruzione economica fosse un modo efficace per frenare il movimento operaio. Monnet non volle mai affrontare direttamente i sindacati, diventati un ostacolo durante gli scioperi dei minatori di carbone nel 1948, indirizzati contro tutti coloro che stavano «travaillant pour les Américains».[64] Preferì lasciare al governo il compito di trattare con i lavoratori, cercando allo stesso tempo di alimentare rapporti personali con i sindacalisti da lui inclusi nelle commissioni di attuazione del piano. Monnet possedeva infatti una combinazione insolita di talenti. Era un visionario con un'idea precisa su cosa dovesse fare la Francia per torna-

59. Kuisel, *La Planification*, pp. 118-130, Fondo di storia orale, Fondation Jean Monnet pour l'Europe, Lausanne.

60. Massé, Intervista, Fondo di storia orale, Fondation Jean Monnet pour l'Europe, Lausanne.

61. Duchêne, *Jean Monnet*, p. 177.

62. Gillingham, *Coal, Steel, and the Rebirth*, pp. 141-142.

63. Michel Margairaz, *La Mise en oeuvre du Plan Monnet (1947-1952),* in *Modernisation ou decadence*, pp. 50-51.

64. Kuisel, Intervista, in Wells, *Jean Monnet,* p. 121.

re a una posizione di leadership in Europa. Un pensatore creativo con una strategia pragmatica per i problemi economici della Francia. Un creatore di reti assertivo che, con l'aiuto del suo gruppo, poté attuare il proprio piano utilizzando rapporti costruttivi con burocrati e politici. Tuttavia, questo aveva i suoi limiti quando si trattava di agire nell'ambito della dialettica politica di un Paese democratico. I suoi talenti manipolatori erano evidenti soprattutto nelle sue relazioni con de Gaulle. Aveva infatti persuaso il generale che la Francia, potesse modernizzare la sua economia solo con l'aiuto degli Stati Uniti. Ma poiché i fondi americani erano subordinati al fatto che la Francia avesse un piano per lo sviluppo economico del dopoguerra, e fece sì che fosse nominato commissario. Egli fece della Francia la principale sostenitrice della politica estera degli Stati Uniti di quegli anni.

Il suo pragmatismo e il suo stile apolitico furono al centro del suo successo. Le sue preferenze di partito non erano note in quanto era in grado di lavorare con socialisti come Blum e conservatori come Mayer e Bidault. Fu in grado di riunire diversi gruppi, partiti e politici per sostenere i suoi sforzi e utilizzare gli aiuti americani, nonostante il forte antiamericanismo in Francia durante questo periodo. Come ha ricordato lo statista francese François Bloch-Lainé,

> The genius of [Monnet] and his lieutenants was to avoid ideology at the political and theoretical levels md demarcation disputes at the bureaucratic one; then to produce good papers and have good conversations to present their view and convince people. There was of course an obvious need. Nothing less could have brought aboard such a motley crew as the U.S. government, the Communists, the Third Force parties of the regime, the nationalists behind de Gaulle, and the Labor Unions. The fact remained that others besides Monnet had tried and failed. It was he who gradually mobilized a political coalition on both sides of the Atlantic behind investment in France.[65]

La pianificazione economica non era una novità in Francia, in quanto idee di dirigismo statale già proliferavano tra i sindacati e i gruppi di resistenza durante la guerra. Forse il vero genio di Monnet fu quello di proporre uno strumento che fosse politicamente accettabile per la sinistra francese, ma che garantisse comunque la ricostruzione del sistema capitalistico del Paese attraverso l'uso dello Stato. Afferma Ernest May, «This type of planning had previously been associated with totalitarian governments,

65. Duchêne, *Jean Monnet,* p. 178.

such as the Soviet Union, and it was very bold and original on Monnet's part to propose that a capitalist state adopt the practice».[66] La riuscita attuazione del piano da parte di Monnet deve infatti un debito considerevole ai suoi legami con gli Stati Uniti. Nathan e Ball furono particolarmente utili come consulenti nella fase di progettazione, e Tomlinson e Bruce furono cruciali nel garantire i fondi per la sua attuazione. Senza l'aiuto e l'influenza di questi importanti amici americani e degli aiuti di Marshall, il piano di Monnet non avrebbe potuto rivitalizzare l'economia francese con la stessa efficacia o velocità nel periodo 1945-50.

La creazione e l'attuazione del piano mettono anche in luce chiaramente il suo modus operandi. Egli lavorava volutamente al di fuori del sistema dei partiti politici e non aveva alcuna base politica. Si assicurò che lui e il suo staff di pianificazione fossero responsabili solo nei confronti del capo del governo in modo che potessero aggirare i canali formali, il parlamento e la burocrazia dei ministeri, senza essere ostacolati dal rapido cambiamento negli esecutivi. Fece affidamento sui suoi poteri personali di persuasione e sviluppò relazioni con i principali leader dei ministeri quando ne aveva bisogno, evitando accuratamente di apparire come un concorrente politico. Ma nonostante il suo talento per amicizie e alleanze, avrebbe scoperto in futuro che, come outsider, c'erano limiti alla sua influenza personale.[67] Gli serviva legittimità e il relativo successo del piano gliela fornì.

La ricostruzione non è stata solo uno dei più importanti successi e contributi di Monnet alla Francia, ma anche un primo passo fondamentale per raggiungere il suo obiettivo di integrare l'Europa. Mettendo la sua nazione sulla strada della ripresa economica, Monnet ampliò la gamma di opzioni aperte ai futuri leader francesi. Ciò aumentò la sua influenza e importanza negli ambienti governativi e nelle capitali europee. Senza questo nuovo potere e statura, non sarebbe stato in grado di avviare, creare e ottenere sostegno per il suo più grande progetto, il raggiungimento della riconciliazione franco-tedesca.

66. Ernest May a Sherrill Brown Wells, lettera, 19 dicembre 2003, citata in Wells, *Jean Monnet*, p. 168.

67. François Duchêne, *Jean Monnet's Methods*, in *Jean Monnet. The Path to European Unity*, a cura di Douglas Brinkley e Clifford Hackett, New York, St. Martin's Press, 1991, pp. 184-209.

8. L'ora dell'Europa

1. *Un'idea americana di Europa unita?*

L'appellativo "Mr. Europe" dato dagli americani a Jean Monnet negli anni Sessanta rende poco il ruolo da lui giocato nel dare avvio alla stagione dell'integrazione economica, politica e giuridica del continente. Come ricorda Richard Mayne, la sua reazione all'essere chiamato persino "padre dell'Europa" era scherzosa. «Hm… you mean grandfather? There are many fathers of Europe. It is a collective effort – a common action».[1] Di tutti gli aggettivi con cui potremmo descrivere Monnet, "europeo" sembrerebbe più che appropriato, però manca ancora qualcosa. Dopotutto, fino al 1950 la gran parte della sua vita era stata altrove. Sempre Richard Mayne ricorda che proprio quell'anno disse «Non ho mai vissuto così tanto nel mio Paese come in questi ultimi due anni, e sto cominciando a comprenderlo».[2] Aveva sicuramente un'idea di ciò che costituiva l'identità europea, anche se le sue memorie tradiscono spesso il loro essere frutto di elucubrazioni tarde. L'energia, le idee, la varietà, l'urbanesimo, lo storicismo, l'umanesimo della politica, erano tutte caratteristiche che associava alla civiltà europea.

Tuttavia, faremmo un errore se lo considerassimo un attivista politico o un idealista. Il suo sguardo pragmatico non era influenzato da idee nostalgiche che a volte accompagnavano l'europeismo di quei decenni.

1. *The Father of Europe, Original Draft by Richard Mayne,* a cura di Clifford Hackett, Fondation Jean Monnet pour l'Europe, Lausanne, 2018, p. 97.
2. *Ibidem.*

Per lui fare l'Europa non significava tornare a radici ideali basate sul cattolicesimo o su valori Mediterranei, vuoi anche su un molto francese antiamericanismo. «There was nothing Carolingian about Monnet's idea of the European community».[3] Il punto di forza era nella novità dell'esperimento. L'integrazione era il seme di un nuovo modo di gestire le relazioni tra Stati, un modo di risolvere i problemi che avevano portato alle guerre mondiali, oltre che l'unica garanzia di ricostruzione e prosperità del continente.

> The Common Market is not a static creation: it is a new and dynamic phase in the development of our civilization. The essential characteristic of this new phase is that nations have now begun to accept that their problems are joint problems and cannot be settled by national measures alone. The virtue of the Common Market is to use this realization creatively, by applying joint measures through common rules and institutions – the method which, in other spheres is already acknowledged as the basis of civilized society [...]. One day, perhaps, the new method adopted in the Common Market may be used to meet even broader challenges and to create even greater opportunities.[4]

Questa non era un'idea visionaria, ma il frutto di una lunga esperienza, come ormai dovrebbe essere chiaro. Fin dalla Prima guerra mondiale, il fatto che problemi comuni richiedessero soluzioni che andassero oltre i limiti dell'azione di un singolo governo era diventato sempre più evidente per questo crescente network transatlantico. La Società delle Nazioni aveva fallito negli anni Trenta, non si poteva perdere di nuovo l'occasione. Alan Milward fa un'affermazione estrema quanto largamente smentita. Egli dice che l'idea di Monnet di un'Europa integrata provenisse essenzialmente dagli Stati Uniti. «In his memoires there is no hard evidence of his having taken up the cause of Western European integration before April 1948. That was the time when he realized that it was a central objective of the American administration».[5] Una lettera di Monnet a Schuman dell'aprile 1948, citata anche da Mattia Frapporti,[6] sembra dargli ragione. Dopo aver elogiato il piano Marshall, sottolineava la necessità di una risposta europea altrettanto incisiva, anche se fondamentalmente diversa.

3. *Ibidem.*

4. Jean Monnet, *Preface*, in Richard Mayne, *The Community of Europe*, V. Gollancz, Londra, 1962, p. 4.

5. Milward, *The European rescue of the Nation-State*, p. 295.

6. Frapporti, *Lo spazio logistico dell'Europa unita*, p. 200.

> L'effort des pays de l'Europe de l'ouest pour être à la mesure des circonstances, du danger qui nous menace et de l'effort américain a besoin de devenir un effort européen véritable que seule l'existence d'une Fédération de l'ouest rendra possible [...]. [L]a seule tâche à laquelle, en dehors du Plan, je serais prêt à me consacrer serait de contribuer à l'élaboration d'une véritable Fédération de l'ouest.[7]

Il tempismo stesso della dichiarazione dimostrerebbe, secondo Milward, che l'idea non fosse di Monnet. Se il lavoro di Frapporti dimostra che «Monnet paventasse un'unione logistica degli Stati europei anche prima del 1948», la cosa emerge anche da queste pagine. Volendo dare un po' di credito allo storico inglese, le necessità del secondo dopoguerra diedero sicuramente una forte accelerata al processo, e il fatto che le amministrazioni Truman e Eisenhower fossero allo stesso tempo fortemente convinte riguardo alla virtù dell'integrazione europea e piene di amici di Monnet non è una coincidenza. La lettera a Schuman è rivelatoria anche in questo senso.

> Au cours de mon séjour ici j'ai vu en ami les nombreuses personnes que je connais depuis longtemps. Je vous en donnerai le détail à Paris. J'ai naturellement été en rapport journalier avec Bonnet que j'ai tenu au courant de toutes les conversations que j'ai eues. Vous connaissez assez l'Amérique pour savoir que ces conversations ont été des conversations amicales, officieuses et découlant tout naturellement des rapports personnels amicaux et souvent intimes que j'ai ici depuis longtemps.[8]

Non abbiamo purtroppo un resoconto di quanto poi Monnet disse a Schuman di persona a Parigi, ma chi legge avrà ormai un'idea dell'argomento di discussione in queste righe. Gli amici di cui parla sono sicuramente coloro che gli avevano aperto le porte di stanze esclusive e blindate dell'elite politica americana. Dean Acheson, segretario di stato di Truman; il suo successore John Foster Dulles, John McCloy, ora alto commissario per la Germania Ovest; *the justice* Felix Frankfurter, il vero apriporte della Washington degli anni Quaranta. Un suo collaboratore, Jean-Luise Manderau, la definiva «l'orbita Monnet»,[9] la fonte del suo potere e della sua influenza e anche la garanzia di questo dialogo transatlantico di idee

7. Jean Monnet, Robert Schuman, *Correspondance 1947-1953*, Fondation Jean Monnet pour l'Europe, Lausanne, 1986, p. 37.

8. Ivi, p. 36.

9. Jean-Luise Manderau, intervista di Antoine Marés 14 gennaio 1983, Fondo di storia orale, Fondation Jean Monnet pour l'Europe, Lausanne, p. 20.

di integrazione. Nel periodo interbellico una generazione di banchieri e avvocati usciti da precisi e circoscritti percorsi universitari aveva preso in mano le redini del potere nell'anglosfera, e Monnet ne parlava la lingua e ne usava schemi e simboli. La sua influenza si manifestava nei metodi distante dalla politica ma allo stesso tempo ne serviva gli obiettivi. La logistica, le necessità produttive e commerciali, la ricostruzione, queste erano le armi attraverso le quali persone come lui forzavano il gioco della dialettica politica occidentale.

Che le amministrazioni americane dell'epoca fossero interessate a forme più o meno definite di integrazione continentale in Europa occidentale non è una novità.[10] Frapporti cita Arrighi quando dice che gli Stati Uniti miravano «alla ricostruzione dell'Europa a immagine e somiglianza dell'America».[11] Quello europeo diveniva così il partner privilegiato di quel mercato globale inaugurato dal Gatt (General Agreement of Tarifs and Trade, 1947) e spazio di proiezione imperiale statunitense. Però l'errore di Milward è pensare che Monnet fosse semplicemente un tramite di questa intenzione. Il network di Monnet ha dimostrato di agire su più piani nei tanti anni di attività e influenza sulla politica atlantica. Se i governi francese, inglese e americano lo usavano per mantenere un controllo sui processi di integrazione, questi a loro volta venivano usati per veicolare le varie idee riguardo a spazi logistici e di mercato comuni che navigavano l'atlantico in forma di telegrammi e memorandum già a metà anni Trenta. Questo dialogo multilaterale era l'origine del potere di Monnet e il tramite attraverso cui le idee di politica estera messe insieme dai suoi amici divenivano *doctrine*.

Wolfram Kaiser sottolinea come sicuramente «the idea of a Western European customs union» fosse parte delle discussioni preliminari al piano Marshall, ma evidenzia anche che:

> Through transatlantic expert networks, American institutions and individuals exercised informal influence on drafting the Ecsc treaty provisions, especially those concerning competition policy. These various and partly overlapping networks centered on the emergency postwar European Coal Organization

10. Tra i tanti, vedasi David Ellwood, *L'Europa ricostruita. Politica ed economia tra Stati Uniti ed Europa occidentale (1945-1955)*, Bologna, il Mulino, 1994; Geir Lundestad, *The United States and Western Europe Since 1945: From "empire" by Invitation to transatlantic Drift*, Oxford, Oxford University Press, 2003; John Lamberton Harper, *American Visions of Europe: Franklin D. Roosevelt, George F. Kennan, and Dean G. Acheson*, Cambridge-New York, Cambridge University Press, 1994.

11. Giovanni Arrighi, *Il lungo XX secolo*, Il Saggiatore, Milano 1996, p. 387.

(Eco), the US High Commission for Germany, and the French Planning Commissariat headed by Monnet.[12]

A smentire ulteriormente Milward c'è la fondamentale nota del 5 agosto 1943 che Monnet scrisse mentre era ad Algeri.

> Il n'y aura pas de paix si les Etats – continuava – se reconstituent sur une base de souveraineté national avec ce que cela entraine de politique de prestige et de protection économique [...] Si les pays d'Europe se protègent à nouveau les uns contre les autres, il faudra à nouveau construire de vastes armées. Certains pays [...] pourront le faire; à d'autres ce sera interdit [...] L'Europe reposera à nouveau sur la peur. Les pays d'Europe sont trop petits pour garantir à leurs peuples la prospérité que les conditions modernes rendent possible et donc nécessaire. Ils ont besoin de marchés plus importants. Ils doivent également éviter d'utiliser [...] leurs ressources pour maintenir les industries dites « clés » pour la défense nationale. [...] Leur prospérité et les développements sociaux indispensables ne peuvent être assurés que si les Etats d'Europe forment une fédération [...] qui en fait une unité économique unique.[13]

Quasi un anno dopo, nel luglio 1944, Harold Macmillan annota di una conversazione con il francese, anche se non disse dove questa fosse avvenuta (probabilmente a Londra).

> In Monnet's view, the whole future of Europe depended upon the solution of the German problem and the effective reduction [...] of the German war potential. A full United States of Europe is still beyond realization, but he felt that a strong League, possibly combined with interstate trade and monetary arrangements, could be made effective [...]. In this England must take the lead and France must support her. The smaller States – Belgium, Holland, Denmark, the Scandinavian powers, Spain, Italy – must be both contributors to and beneficiaries of this Western system.[14]

Ad agosto, tornato a Foxhall Road, gli arrivò una richiesta di intervista di un giovane giornalista che aveva cominciato a lavorare come assistente redattore di «Fortune Magazine», John Davenport. Quel mese uscì sulla rivista il profilo di *Mr. Jean Monnet of Cognac*.

12. Wolfram Kaiser, James Schot, *Writing the Rules for Europe. Experts, Cartels, and International Organizations*, London, Palgrave MacMillan, 2014, p. 275.

13. Jean Monnet, 5 agosto 1943, AME 33/1/4, Fondation Jean Monnet pour l'Europe, Lausanne.

14. Macmillan, *Macmillan War Diaries*, p. 86.

> Monnet is convinced, that the United Nations, like the League, would be only a 'switchboard' through which nations can communicate with each other. It will involve no real giving up of sovereignty. This is not going to happen on a world scale [...] and let us not blind ourselves this time by the picture of impressive machinery; to be really tough, things need to be done [...] for peace. What are those tough things? For Monnet, as for most Europeans, the toughest questions of all are Germany and European unity. Monnet would like to see Germany shocked and stripped of part of her industrial potential, with possibly the great Ruhr coal and iron fields run by a European authority for the benefit of all nations, including a demilitarized Germany. But this in turn implies a Europe far more unified than before the war. Here he would like to see [...] a true yielding of sovereignty by European nations to some kind of central union [...]. But where to begin? And how far to go? And could England be brought in? For without England, Monnet sees, the concept of a unified Europe turns all too quickly into a Germanized Europe all over again.[15]

2. *Idee francesi e idee europee di Stati Uniti d'Europa*

L'idea di Europa unita non era una novità per il pubblico europeo o americano. Fin dal tramonto dello status di potere universale di papato e impero, una lunga tradizione intellettuale aveva visto in una forma di comunità continentale la soluzione alla continua bellicosità degli stati nazionali. La "pace perpetua" era un concetto di ispirazione sia umanista, poi illuminista, sia cristiana, declinato in varie forme da scrittori, pensatori e filosofi provenienti da ogni parte d'Europa, da Pierre Dubois a Leibniz, a Grozio, William Penn, Jeremy Bentham e Immanuel Kant. Naturalmente il concetto di "europeo" era sempre inserito in una dialettica di alterità, prima in termini di riconoscimento di una supposta superiorità della cultura europea rispetto a quella di continenti progressivamente colonizzati, poi come risposta alla crescita in status e potenza di Paesi come gli Stati Uniti. Monnet aveva un'idea molto meno sciovinista o idealista e molto più novecentesca. Come detto in precedenza, cercare di ricostruire una biblioteca ideale del francese è sicuramente un esercizio interessante, ma potrebbe portare fuori strada, nel tentativo di fare di Jean Monnet il fine pensatore che forse non fu mai. Mayne ci informa che forse non aveva neanche mai

15. John Davenport, *M. Jean Monnet of Cognac*, in «Fortune Magazine», 30, 2 (1944), pp. 121-216.

letto opere degli autori di cui sopra, né era addentro al dialogo politico sull'Europa Unita degli anni Venti e Trenta.[16] Dopotutto in quei decenni era impegnato in tutt'altro e per di più ben lontano da casa.

La stessa locuzione "Stati Uniti d'Europa", che dagli anni Cinquanta in poi divenne quasi un mantra, ha una storia ricca di fonti. Una leggenda vuole che già George Washington avesse predetto un simile futuro in una lettera a Lafayette il 5 marzo 1786, una storia ripetuta più volte (persino da Clifford Hackett[17]), ma spuria.[18] Di sicuro emerge in un momento non lontano dalle grandi rivoluzioni del XVIII secolo e trae forza dalla prorompenza di quelle idee. Quella di una federazione di stati europei era un concetto che si fece strada nel contesto delle varie conferenze sulla pace che si riunirono più volte nella seconda metà del XIX secolo. Fu Victor Hugo a proclamare questo futuro utopico al terzo Congresso Internazionale per la Pace di Parigi nel 1849. Allora l'idea emergeva da una crescente irrequietezza del liberalismo francese di fronte alle strutture create dal Congresso di Vienna, che da una parte nutrivano un rinnovato bonapartismo, dall'altra un idealismo ottimista che vedeva il Paese come nucleo centrale per la risoluzione di quella che veniva percepita come la fonte delle guerre europee, la questione renana.

Prima Angelo Metzidakis,[19] poi Edward Ousselin[20] hanno cercato di rintracciare l'evoluzione di questa idea all'interno dell'opera politica e letteraria di Hugo, tracciando un filo rosso che unisce quella con la storia raccontata qui. La transizione da un paneuropeismo fatto di «grands hommes», conquistatori e re con idee universali di dominio, ad uno di concordia di Popoli e Geni, è evidente soprattutto nei *Miserabili.* «Les sabreurs ont fini, c'est le tour de penseurs»[21] diventa un concetto che poi nel *William Shakespeare* viene tradotto in un richiamo a far posto ai «plus

16. *The Father of Europe,* p. 101.

17. *Ibidem.*

18. Forse frutto dell'inventiva di qualche biografo che ha aggiunto le parole «United States of Europe» alla lettera, consultabile presso la Biblioteca del Congresso a Washington DC. George Washington Papers, Series 2, Letter 1754 to 1799: Letter 13, March 5, 1786, Manuscript/Mixed Material. https://www.loc.gov/item/mgw2.013/.

19. Angelo Metzidakis, *Victor Hugo and the Idea of the United States of Europe*, in «Nineteenth-Century French Studies», 23, 1 (1994), pp. 72-84.

20. Edward Ousselin, *Victor Hugo's European Utopia,* in «Nineteenth-Century French Studies» 34, 1 (2005), pp. 32-43.

21. Victor Hugo, *Les Misérables*, Paris, Editions Gallimard, 2018, p. 277.

grands», misteriosi geni e pensatori dediti a più alti fini di progresso. L'idea di "Stati Uniti d'Europa" è solo la logica estensione di questa rivoluzione estetica e ideologica di Hugo, da realista a bonapartista a, infine, repubblicano liberale. L'epica del progresso umano andava dalla Rivoluzione Francese all'Unità Europea guidata da una rinnovata concordia renana tra Germania (erede della Confederazione del Reno, a guida Prussiana e antiaustriaca) e Francia, con Parigi novella Gerusalemme e capitale europea. «La France, c'est dejà l'Europe».[22] L'idea di un'Europa unita quindi vedeva convivere ideali universali illuministi con un orientamento prettamente franco-centrico, qualcosa che rimase parte del liberalismo francese per molto tempo. La locuzione "Etats Unis d'Europe" continua a comparire in testi e contesti ottocenteschi progressisti,[23] ma è dopo la devastazione della Prima guerra mondiale che riprende forza, soprattutto di fronte alle innovazioni politiche marxiste e democratiche. Se per Francesco Maria Nitti era l'unica risposta al percepito fallimento della Società delle Nazioni,[24] per Lenin e Trotsky perdeva di senso senza prima che la rivoluzione operaia mettesse fine alle velleità imperiali dello stato borghese. Già nel 1915 Lenin aveva pubblicato un articolo in cui dichiarava che «in un regime capitalista, gli Stati Uniti d'Europa sono o impossibili o reazionari».[25] Trotsky, pur essendo d'accordo in principio, aveva ben presente la questione geopolitica che era centrale all'approccio francese all'integrazione europea. «La questione della Ruhr, quindi del metallo e del carburante europeo, [...] sarebbe perfettamente risolvibile nel contesto di Stati Uniti d'Europa».[26]

Monnet era probabilmente al di fuori di questo dibattito, come attestarono i suoi assistenti, però non lo erano i suoi amici e colleghi. Arthur

22. Victor Hugo, *Choses vues*, Paris, LGF/Le Livre de Poche, 2013 p. 336.

23. Sia Proudhon sia Bakunin pubblicarono pensieri in merito dopo che la Lega per la Pace e la Libertà tenne una conferenza a Ginevra nel 1867, ispirata e sponsorizzata da personalità come Garibaldi, Hugo, Quinet e Mill. Vedi Pierre Joseph Proudhon, *The Principle of Federation*, in *Theories of Federalism: A Reader,* a cura di Dimitrios Karmis e Wayne Norman, New York, Palgrave Macmillan, 2005, pp 173-188; Michael Bakunin, *Féderalisme, Socialisme Et Antithéologisme*, in *Selected Writings*, a cura di Michael Bakunin e Arthur Lehning, Londra, Jonathan Cape, 1973.

24. Edward Alden Jewell, *Statesman Tells How America Can Aid the Cause of World Peace, Interview to Francesco Maria Nitti*, in «New York Times», 14 settembre 1924, p. 6.

25. Vladimir Lenin, *On the Slogan for a United States of Europe,* in «Sotsial-Democrat», 23 agosto 1915.

26. Lev Trotsky, *Problemi della rivoluzione in Europa. I primi anni dell'Internazionale comunista*, Milano, Mondadori, 1979.

Salter, nel 1933, pubblicò un saggio dal titolo *United States of Europe*, in cui affermava:

> Zollvereins [customs unions] have often been preached, not infrequently attempted, but never, I think, realized except under conditions of an overwhelming political motive and an extremely close political association between the countries concerned [...]. The commercial and tariff policy of European states is so central and crucial a part of their general policy [...] that a common political authority [...] would be for every country almost as important as [...] the national governments and would in effect reduce the latter to the status of municipal authorities [...] the United States of Europe must be a political reality or it cannot be an economic one.[27]

In quegli anni lo stesso governo francese aveva tentato una via politica al concetto, cercando di usare l'integrazione europea come via alla risoluzione del problema delle relazioni con la Germania e nel tentativo allo stesso tempo di incastonare gli articoli del trattato di Versailles in una struttura politica paneuropea. Il progetto di Aristide Briand presentato alla Società delle Nazioni, che auspicava alla creazione di una federazione, si perse nelle serie di riunioni di commissione della Società e negli eventi che portarono prima all'evacuazione alleata della Renania e poi ai successi elettorali del Partito nazista.[28]

Solo durante e dopo la Seconda guerra mondiale l'idea di un'Europa unita divenne potenzialmente una questione politica. Personalità come don Luigi Sturzo e il conte Coudenhove-Kalergi, combattenti della resistenza come Altiero Spinelli, Ernesto Rossi, Alfred Mozer e Hendrik Brugmans, scrittori come Albert Camus e George Orwell – tutti contribuirono a tenere viva l'idea, però ora anche statisti e politici ne vedevano le potenzialità. Nel mese di ottobre 1942, Winston Churchill aveva già usato l'espressione "Stati Uniti d'Europa" durante una riunione del Gabinetto di guerra e nel marzo 1943 aveva trasmesso un appello per un Consiglio d'Europa postbellico. Poi nel 1946 arrivò il suo famoso discorso all'Università di Zurigo:

27. Arthur Salter, *The United States of Europe and Other Papers*, London, Andesite Press, 2017.

28. Documents relating to the Organisation of a System of European Federal Union, Genève, 15 settembre 1930, VII Political, 1930, VII 4, League of Nations Publications; Vedi anche Conan Fischer, *A Vision of Europe: Franco-German Relations During the Great Depression, 1929-1932*, Oxford, Oxford University Press, 2017.

> If Europe were once united in the sharing of the common inheritance, there would be no limit to the happiness, to the prosperity and glory which its three or four hundred million people would enjoy [...]. What is this sovereign remedy? It is to recreate the European Family or as such of it as we can and provide it with a structure under which it can dwell in peace, in safely and in freedom. We must build a kind of United States of Europe.[29]

Il generale de Gaulle immaginava una federazione strategica ed economica tra Francia, Belgio, Lussemburgo e Paesi Bassi a cui la Gran Bretagna avrebbe potuto aderire. Persino Papa Pio XII aveva suggerito un'unione degli Stati europei ispirati al cattolicesimo. Successivamente, nell'estate 1944 vari leader della resistenza europea elaborarono, a partire dal Manifesto di Ventotene di tre anni prima, la Dichiarazione Federalista. «Solo un'unione federale può garantire la conservazione della libertà e della civiltà nel continente europeo, promuovere la ripresa economica e consentire al popolo tedesco di svolgere un ruolo pacifico negli affari europei».[30]

Alla fine degli anni Quaranta sembrava che qualsiasi fosse la propria ideologia o storia politica, l'idea dell'Europa unita fosse per ogni Paese la precondizione per raggiungere gli obiettivi di politica estera. Nel dicembre 1947 fu istituito un Comitato Internazionale dei Movimenti per l'Unità Europea che organizzò il Consiglio d'Europa all'Aia nel 1948. Più di 750 statisti parteciparono. Al termine dei suoi lavori, il documento finale auspicava un'unione politica ed economica europea, un'Assemblea e una Corte europea dei diritti dell'uomo. Nel maggio 1949 cinque stati, Gran Bretagna, Francia, Belgio, Paesi Bassi e Lussemburgo, dopo negoziazioni su ben meno ambiziosi obiettivi, firmarono lo statuto del neonato Consiglio d'Europa. Il Consiglio d'Europa è stata la prima organizzazione europea ad essere esplicitamente politica. La sua sede è Strasburgo, sulla frontiera franco-tedesca, anche se la Germania non aderì fino al 1951. La sua Convenzione per la protezione dei diritti dell'uomo, sostenuta da una Commissione e da un tribunale, sono monumenti permanenti all'enorme lavoro fatto dai suoi fondatori. Tuttavia, soprattutto a causa della timidezza del governo inglese, proiettato verso la salvaguardia della sua struttura imperiale, il Consiglio non acquisì mai le caratteristiche di un'assemblea con poteri sovranazionali che i teorici

29. Winston Churchill, Universität Zürich, 19 settembre 1946, rede_winston_churchill_englisch.pdf (churchill-in-zurich.ch).

30. Filippo Maria Giordano, *Il progetto di dichiarazione federalista dei movimenti di resistenza europei - 20 maggio 1944*, in «Cittadinanza Europea», 1 (2011), pp 161-170.

di quegli anni dichiaravano come necessari. La sua funzione di lunga durata fu di rendere possibili alcuni piccoli passi di cooperazione da cui partire per i successivi. Come detto in precedenza, Jean Monnet era al di fuori di questo processo. Non era a Ginevra nel 1944, non all'Aia nel 1948, né a Strasburgo nel 1949. Il Manifesto di Ventotene non è nemmeno menzionato nelle sue memorie. Che europeismo era quindi il suo?

3. *L'Europa di Monnet*

Le sue idee non erano segrete, soprattutto dopo il suo arrivo in Nord Africa nel 1943. Si potrebbe quasi dire che prima ancora che il Cfln stabilisse la propria autorità come erede legittimo del governo francese, Monnet era già all'opera per minarla. Il suo tentativo nel trovare il giusto mezzo tra la sovranità nazionale e gli istinti sovranazionali è ciò che gli ha permesso di conciliare le aspirazioni francesi già codificate da Victor Hugo e l'idealismo che aveva portato ai manifesti di Ventotene e Ginevra. Inquadrare questo punto è essenziale per comprendere perché l'integrazione europea è avvenuta nel modo che sappiamo e non in altri. Due note, scritte ad Algeri dopo la creazione del Cfln, oltre alle minute delle riunioni del comitato, riescono a far luce su questo processo.

Monnet aveva presente che la chiave di qualsiasi rinascita postbellica dell'Europa passava per la stabilità democratica in Francia. «La France, seule parmi les Alliés, est inévitablement "européenne" et son sort était lié à celui de l'Europe».[31] Per lui, in una visione ingenua che sottovalutava le dinamiche che già si manifestavano a Casablanca e Tehran, gli altri alleati avevano l'opzione di abbandonare lo scenario europeo per tornare ai rispettivi imperi ed emisferi, la Francia no. Tuttavia, mai come allora si stava aprendo la possibilità che, dopo l'annientamento di Germania e Italia, il suo Paese potesse dievenire la sola "potenza" rimasta sul Continente. «C'est donc seulement de la France que peut venir la conception d'un nouvel ordre européen et l'impulsion qui peut permettre, sinon d'espérer sa réalisation complète, au moins d'essayer d'atteindre un succès partiel».[32]

31. Jean Monnet, "Le développement de la guerre", memorandum, 5 agosto 1943, AME 33/1/4, Fondation Jean Monnet pour l'Europe, Lausanne. Si noti qui la somiglianza dell'affermazione con quella di Victor Hugo un secolo prima.

32. *Ibidem.*

Qui riprendeva esattamente quanto i liberali francesi avevano teorizzato durante i movimenti rivoluzionari degli anni Trenta e Quaranta del XIX secolo. La Francia era il centro e la salvatrice dell'Europa. L'uso di tali parole da parte di un agente con una mentalità così razionale e internazionale come Monnet può avere solo due spiegazioni possibili: l'influenza del continuo dialogo con membri liberali e centristi del governo francese, oppure la consapevolezza che questo fosse il solo linguaggio in cui tradurre le necessità logistiche e produttive dietro una maggiore cooperazione a livello europeo. La stessa operazione è evidente per il Piano di Ricostruzione. La Francia aveva bisogno dell'integrazione delle aree produttive d'Europa, tuttavia l'unico modo per convincere i leader politici era esprimere questa necessità nei termini della tradizione liberale che andava da Hugo a Briand.

La cosa è dimostrata dal fatto che subito dopo questo incipit veniva un programma che andava oltre quello che la politica francese vedeva come "ordine europeo" sotto la propria egida. «Le plus grand danger de la reconstruction européenne et de la paix est la conviction que, par le nationalisme et la souveraineté nationale, les craintes des peuples et les problèmes de l'avenir pourraient encore être réglés [...] Il n'y aura pas de paix en Europe si les Etats se reconstituent sur la base de la souveraineté nationale».[33] Monnet qui prendeva la "trinità" del repubblicanesimo francese del XIX secolo, repubblica, sovranità nazionale, pace, e ne demoliva le fondamenta. Per avere pace la sovranità avrebbe dovuto essere messa completamente in discussione. La nuova entità avrebbe dovuto essere un «État européen de la métallurgie», con il suo centro nella nuova Lotaringia renana, un'istituzione che intelligentemente teneva per il momento fuori il Regno Unito. Questi due concetti saranno le due basi sia della Dichiarazione Schuman sia della Ceca.

La seconda nota andava a definire la relazione di tale entità proprio con gli inglesi e con gli Stati Uniti. Ogni speranza di autonomia e legittimità restava nel tenere l'Europa continentale all'interno e allo stesso tempo all'esterno di ogni costruzione atlantica a carattere angloamericana.[34] La cooperazione con la Gran Bretagna era necessaria e sicuramente possibile, ma la sua esperienza lo aveva convinto che il rapporto da coltivare con il

33. *Ibidem.*

34. Jean Monnet, "Un relèvement national aussi rapide que possible étant le but à attendre", memorandum 8 ottobre 1943, AME 33/1/7, Fondation Jean Monnet pour l'Europe, Lausanne.

governo inglese fosse molto diverso da quanto in programma per gli stati del continente. Qualsiasi fosse il futuro della Germania, una forma di federazione occidentale di Francia e Benelux era necessaria. Nel 1943, quindi, Monnet aveva già una concezione embrionale di un Europa occidentale unita basata sulla messa in comune del carbone e dell'acciaio che escludeva la partecipazione della Gran Bretagna.

È probabile, naturalmente, che la nuova Lotaringia che Monnet immaginava fosse l'inizio di una più grande "entità europea", e che avrebbe potuto includere la Gran Bretagna a un certo punto. Da ciò che può essere dedotto dai documenti, tuttavia, in quel momento gli inglesi non erano inclusi. In una nota precedente basata su una conversazione tra Monnet e Alphand, i due avevano discusso la creazione di una "Unione Economica Europea" che avrebbe coinvolto «il maggior numero di Paesi possibile».[35] Basandosi su concetti economici del liberismo classico, questa entità avrebbe funzionato da grande mercato comune consentendo la specializzazione della produzione su scala continentale, richiedendo anche istituzioni politiche comuni.

«L'objectif serait d'inclure au sein de l'Union tous les États d'Europe sauf l'Urss» Questa affermazione è seguita dalla frase, «le cas particulier des îles Britanniques». Monnet e Alphand sapevano che con ogni probabilità gli inglesi non avrebbero partecipato a pieno titolo. Questa posizione ambigua è ulteriormente enfatizzata più avanti nella nota, dove la reazione britannica all'Unione veniva descritta come «probabilmente ostile», significativamente più negativa di quella americana «probabilmente favorevole» o di quella «forse ostile» sovietica. In altre parole, Monnet aveva già anticipato l'opposizione britannica a piani sovranazionali di integrazione europea. Curiosamente, tuttavia, un passo specula sul fatto che gli inglesi ad un certo punto non avrebbero potuto fare a meno di aderire. Il fatto che Harold Macmillan, che da primo ministro guidò il primo tentativo inglese di adesione alla Cee, fosse anch'egli ad Algeri e che fosse addentro a queste discussioni non può essere solo un caso.

Frederick Fransen ha scritto il miglior resoconto del resto dei documenti di Algeri. Poco prima che Monnet ripartisse per gli Stati Uniti, prese parte a un incontro con de Gaulle, André Diethelm, René Mayer e Alphand. Oltre a discutere la posizione della Francia sull'approccio del Cfln da

35. Hervé Alphand, Quelques éléments pour l'élaboration d'une thèse fransçaise de la reconstruction économique,» 3 agosto 1943, AME 33/2/3, Fondation Jean Monnet pour l'Europe, Lausanne.

usare durante successiva conferenza Unrra, il gruppo trattò la questione della ricostruzione europea. Per la prima volta in modo ufficiale e diretto, Monnet e de Gaulle presentarono ognuno il loro punto di vista su come riformare l'Europa. Da un lato, Monnet sostenne con cautela la possibile divisione politica della Germania, ma nel contesto del suo «ensemble Européen».[36] Significativamente, aggiunse che gli stati tedeschi dovessero essere trattati come pari agli altri membri, però privati di Ruhr e Saar, incorporate in un «stato industriale europeo che fornisse acciaio a tutte le nazioni europee. Alphand la chiama «Lotaringia».[37]

De Gaulle rispose dicendo che il riavvicinamento con la Germania sarebbe stato impossibile in quel momento «Il faut tenir compte des traditions. Après cette guerre, vous ne mettrez plus les Français et les Allemands dans le même».[38] Al contrario, sostenne la creazione di un'unità economica comprendente Francia, Belgio, Lussemburgo, Olanda e forse l'Italia, insieme a Spagna e Svizzera. Le differenze tra i loro due approcci, soprattutto per quanto riguarda la Germania, sono notevoli. La proposta di de Gaulle di annettere la Renania richiama la vecchia nozione di confini naturali degli Stati, che per la Francia significava il Reno a est.

Dopo la riunione del 17 ottobre, Monnet tornò negli Stati Uniti per pianificare gli aiuti di cui la Francia aveva ormai disperato bisogno e per cercare di ottenere il riconoscimento del Cfln. Tra Algeri e il Piano Schuman, Monnet formulò una serie di osservazioni che meglio di ogni resoconto riflettono le sue opinioni sull'Europa, nonché sulla Germania, spesso in relazione al problema del carbone e dell'acciaio. In una conversazione dell'agosto 1944 con Henri Morgenthau, McCloy sostenne quella che definiva la «posizione di Monnet» sulla Saar, che doveva essere internazionalizzata sotto un organismo di controllo congiunto. Lo scopo non era tanto quello di saccheggiare le risorse tedesche, ma di «keep the Germans from going to war again».[39] Secondo Bossuat, nel giugno 1945, Monnet aveva proposto presso il sottosegretario di Stato Will Clayton la creazione di un *dictator* del carbone tedesco sotto l'egida alleata occidentale.[40]

36. "Conversation du dimanche", minuta, 17 ottobre 1943, AME 33/1/8, Fondation Jean Monnet pour l'Europe, Lausanne.
37. Alphand, *Etonnement d'étre*, p. 168.
38. *Ibidem.*
39. Fransen, *The Supranational Politics of Jean Monnet*, p. 91.
40. Bossuat, L*'Aide américain*, p. 56.

Nel febbraio 1946 elaborò una proposta per creare un sistema di autorità basato sul modello della Tennessee Valley Authority e della Columbia River Authority negli Stati Uniti, al fine di sviluppare un network interconnesso di autorità energetiche tra i vari Paesi coinvolti. Queste dovevano essere create per il Reno, così come per il Danubio, l'Elba, l'Oder, e altri. Monnet prevedeva che tali enti dovessero avere il controllo non solo sulle risorse minerarie di questi bacini, ma anche sull'amministrazione delle città, soprattutto se queste prevedevano la presenza di alloggi per i lavoratori.[41] Infine, nel luglio 1947, Monnet scrisse a Bidault allora ministro degli esteri, riguardo al livello della produzione industriale tedesca, che gli americani e gli inglesi volevano ristabilire contro l'opposizione francese. La sicurezza nazionale avrebbe potuto essere assicurata in questo scenario solo legando l'aumento della produzione industriale tedesca ad impegni precisi da parte degli americani e dei britannici sull'occupazione delle valli della Ruhr. «Notre premier objectif doit donc être d'assurer le maintien de l'occupation et son extension à très long terme».[42] La creazione dell'Autorità Internazionale della Ruhr fu la condizione del governo francese per l'accettazione dell'unione delle zone di occupazioni occidentale e la creazione della Germania Ovest durante la Conferenza di Parigi del 1948.[43] In quell'anno Monnet partecipò ai negoziati per la creazione dell'Organizzazione Europea di Cooperazione Economica (Oece), ma rifiutò di essere nominato come suo primo presidente. In quel frangente scrisse una lettera a Robert Schuman, allora primo ministro, delineando la sua opinione sui problemi dell'Europa. In primo luogo, sosteneva che il tipo di iniziativa di modernizzazione in corso in Francia come delineata dal piano Monnet avrebbe dovuto essere esteso a tutta l'Europa. Tuttavia, questo era solo il primo passo. La sua preoccupazione era che se le relazioni tra gli Stati europei non fossero radicalmente cambiate, l'Europa sarebbe rimasta in una posizione di dipendenza nei confronti delle «dinamiche da grande Paese» degli Stati Uniti.[44] La soluzione, scriveva Monnet, era chiara:

41. Jean Monnet, *Avant-projet concernant les négociations à engager par la Erance au sujet de l'Allemagne*, 15 febbraio 1946, AMF 4/3/93, Fondation Jean Monnet pour l'Europe, Lausanne.

42. Jean Monnet, lettera a Bidault, 28 luglio 1947, AMG 20/1/7, Fondation Jean Monnet pour l'Europe, Lausanne.

43. Duchêne, *Jean Monnet*, p. 224.

44. Jean Monnet, Lettera a Robert Schuman, 18 aprile 1948, in Jean Monnet, Robert Schuman, *Correspondance 1947-1953*, p. 37.

Toutes mes réflexions et mes observations m'amènent à une conclusion qui est maintenant pour moi une conviction profonde: l'effort des pays de l'Europe occidentale, pour correspondre aux circonstances, tant le danger qui nous menace que l'effort américain.doit devenir un véritable effort européen que seule l'existence d'une Fédération de l'Ouest rendra possible.[45]

Monnet concludeva la lettera annunciando di aver rifiutato l'offerta di Paul-Henri Spaak di essere nominato presidente del comitato esecutivo dei sedici membri dell'Oece e di non voler accettare nessun altro incarico che «contribuer à l'élaboration d'une véritable Fédération de l'Occident».[46] Lo stesso giorno, Monnet scrisse una lettera simile a Bidault. Monnet di nuovo si dimostra ambiguo riguardo a chi avrebbe dovuto comporre questa federazione. Fransen suppone che visto che nel 1943 la federazione che Monnet aveva in mente era un raggruppamento trilaterale di Stati Uniti, Gran Bretagna (con il Commonwealth) ed Europa (sotto la guida della Francia), egli «Monnet was not writing about his own version of continental Europe, but rather about a broader association of Western countries that emerged a year later with Nato».[47] La lettera di Bidault contiene anche una più amplia riflessione sul ruolo che gli inglesi dovessero avere in un futuro integrato dell'Europa.[48] Anche se il Regno Unito a un certo punto avrebbe dovuto essere incluso non ci si aspettava che fornisse «l'azione dinamica» di cui l'Europa aveva così disperatamente bisogno.[49] In questo senso si comprende il cosiddetto test a cui Monnet sottopose Edwin Plowden, allora capo del Central Economic Planning Staff britannico. Monnet gli aveva menzionato una sorta di unione economica a due per il carbone durante un weekend nella sua casa di Houjourray.[50] Non se ne fece nulla.

Monnet prese il fatto come prova della mancanza di volontà britannica di compiere progressi reali nella creazione di un'unione politica che andasse oltre il Consiglio d'Europa. Forse però la questione più importante che emerse da questo fallimento era legata invece all'oggetto dell'accordo, il carbone. La Francia ne aveva disperato bisogno, e il Regno Unito era

45. *Ibidem.*

46. *Ibidem.*

47. Fransen, *The Supranational Politics of Jean Monnet*, p. 92.

48. Jean Monnet, lettera a Bîdault, 18 aprile 1948, AMF 22/1/6, Fondation Jean Monnet pour l'Europe, Lausanne.

49. *Ibidem.*

50. Edwin Plowden, Intervista per Money Program: Monnet Profile, 5,351/5544 tape-roll- 1951, AMF 22/3/5, Fondation Jean Monnet pour l'Europe, Lausanne.

stato fino al 1940 il principale fornitore. Ma con il contratto prebellico ormai scaduto e con il governo inglese non intenzionato a creare strutture di condivisione delle risorse in tempo di pace, non c'era ora alternativa alla Ruhr. Monnet riprese il suo progetto del 1943 di una nuova Lotaringia nel tentativo di costruire un blocco continentale guidato dai francesi che escludeva gli inglesi, ormai scesi dal treno europeo. Possiamo quindi concludere che quella di Monnet non fosse un'idea americana di Europa. Risulta difficile anche definirla francese. Volendo essere cinici, si potrebbe dire che vedesse nell'integrazione europea l'ennesimo buon affare per il governo che in quel momento serviva. Sicuramente l'idealismo giocò un ruolo importante nell'evoluzione dei progetti di Monnet, ma questi si manifestavano come animati da un europeismo pragmatico e di necessità. Il tramutarlo in buon affare gli servì a venderlo meglio a governi ancora attaccati a idee prebelliche di sovranità nazionale.

Per lui l'Europa era ormai a rischio di rimanere schiacciata tra Stati Uniti e Unione Sovietica, soprattutto dopo l'inizio della crisi coreana. Per mantenere la sua indipendenza, doveva trovare un modo di presentare un fronte unito. La Francia era l'unico Paese rimasto in grado di guidare il processo. I due principali ostacoli erano il probabile ritorno di potenza della Germania e la relazione traballante degli inglesi con il continente. Per risolvere il primo, l'industria tedesca avrebbe dovuto essere sottoposta a controllo internazionale. Gli inglesi si sarebbero tenuti fuori di loro iniziativa. L'affare che Monnet proponeva ai governi europei metteva d'accordo tutti. Alla Germania veniva offerto di tornare nella comunità internazionale alla pari, a patto di sottoporre la sua industria a controlli europei. Alla Francia, che non poteva più permettersi un'unilaterale politica di potenza, sarebbero andati approvvigionamenti garantiti di materie prime, ottenendo prestigio internazionale e soprattutto l'appoggio del governo americano.

4. *Monnet, il piano Schuman e la Ceca*

Intanto nel 1949 la situazione internazionale ormai si andava deteriorando. Dal giugno 1948 al maggio 1949, l'Armata Rossa aveva bloccato Berlino. Il 4 aprile 1949 fu firmato il Patto Atlantico, aggiungendo una garanzia americana al Patto di Difesa di Bruxelles del 1948. Nello stesso anno furono create le due Repubbliche tedesche, Federale e Democratica. Gli americani guardavano l'Europa da una prospettiva globale. Ai loro occhi, più rapidamente le relazioni con le zone occidentali della Germania potevano essere normalizzate, prima avrebbero potuto concentrare la loro piena attenzione sull'Unione Sovietica. In seguito alla creazione della Nato, i tre alleati occidentali iniziarono regolari riunioni dei ministri degli esteri per discutere la questione tedesca.[51] Nella riunione del settembre 1949, esasperato per il continuo trascinarsi delle discussioni a causa del governo francese, il segretario di Stato americano Dean Acheson chiese al ministro degli Esteri Robert Schuman di presentare una proposta alla riunione di Londra dei tre, prevista per maggio1950.[52] L'implicazione era chiara: la Francia non poteva più semplicemente opporsi ai tentativi americani di reintegrare la Germania nella politica europea. Nel gennaio 1950 Schuman aveva incontrato il cancelliere Konrad Adenauer in Germania, ma la visita non aveva portato a nessun accordo. Mentre la data per la conferenza di Londra si avvicinava, Schuman era ancora senza una proposta da portare all'attenzione di ad Acheson. Monnet, quindi, scelse il momento perfetto per introdurre quello che verrà chiamato Piano Schuman, proprio mentre i governi alleati erano alla disperata ricerca di un modo per risolvere questo enorme dilemma diplomatico. Monnet riteneva di aver trovato la formula giusta per chiudere l'affare della sua vita.

Come poeticamente descritto nelle sue memorie, si era ritirato sulle montagne svizzere per contemplare ciò che avrebbe potuto fare per risolvere il problema tedesco.[53] Il piano che Monnet riportò dalle Alpi non differiva in modo significativo dalla Lotaringia che aveva proposto a de Gaulle nel 1943. Nei giorni rimanenti prima della conferenza di Londra chiamò il suo staff al Commissariato per trasformare le sue idee in un progetto realizzabile.[54] Dalla sua concezione fino alla famosa conferenza stampa di Schuman del maggio 1950, passarono solo poche settimane. Al di fuori forse di alcuni funzionari e giornalisti di alto livello, Monnet e Schuman non informarono né consultarono nessuno. Questo elemento fu una delle chiavi del successo del piano.

51. Duchêne, *Jean Monnet*, p. 190.

52. John Gilingham, *Coal, Steel, and the Rebirth of Europe, 1945- 1955.- The Germans and French from Ruhr Conflict to Economic Communiry*, New York, Cambridge University Press, 1991, p. 149.

53. Monnet, *Cittadino d'Europa*, p. 432.

54. Pierre Gerbet, *Genése du plan Sehuman: des origine à la déclaration du 9 mai 1950*, Lausanne, Centre de recherches européenne, 1962, p. 33. Citato in Fransen, *The Supranational Politics of Jean Monnet*, p. 96.

Frederick Fransen ricorda che ci sono nove bozze del testo negli archivi. Lo sviluppo degli eventi suggerisce una traccia su come il pensiero degli autori sia progressivamente mutato. La chiave fu il tipo di offerta che si voleva offrire alla Germania per renderla appetibile. Fino a che non fu tolto dalla versione finale della Dichiarazione Schuman, si poteva trovare questo passaggio: «D'ora in poi, nel Consiglio d'Europa e al O.E.E.C. la Germania sarà trattata su una base di parità con le altre nazioni europee». Subito dopo, la promessa francese di promuovere l'unità tedesca in qualsiasi futuro negoziato internazionale. Lo scambio era chiaro, senza molti fronzoli idealisti. La Germania avrebbe accettato una limitata sovranità in cambio della garanzia francese di trattarla da pari e sponsorizzarne un ritorno sulla scena politica europea. Quella finale è una versione molto meno diretta e specifica.[55] Lo stesso accade per l'obiettivo ultimo della messa in comune delle produzioni di carbone e acciaio.

All'inizio lo si citava come «primo passo di un'Unione franco-tedesca». Poi si era aggiunta la «partecipazione di altri Paesi d'Europa». Nella quinta bozza «l'Europa deve essere organizzata su base federale. un'unione franco-tedesca è un elemento essenziale a tal fine». In quella successiva, l'unione franco-tedesca veniva rimossa, l'imperativo federale ora riguardava tutta l'Europa. Alla fine, la Comunità del carbone e dell'acciaio, invece, venne semplicemente descritta come «il primo nucleo concreto di una Federazione europea». Nessun imperativo, nessuna parola d'ordine. La ragione di questo balletto redazionale è facilmente intuibile. Il gruppo di Monnet camminava sul filo del rasoio. Da una parte la nuova Autorità non doveva essere un guscio vuoto o un nuovo ente intergovernativo. Il loro obiettivo finale, chiaramente, era una politica europea con tutti gli attributi di sovranità di una federazione. Ma questo avrebbe spaventato tutti, incluso il governo francese. Alla fine, l'Alta Autorità che proponevano era molto meno di quanto sognavano. Tuttavia, si volle lasciare la menzione ad un legame ideale più forte per indicare la direzione finale verso cui dirigersi. Lasciarono semplicemente ai posteri la questione dell'interpretazione della parola "federazione".

Il resto del testo contiene delle garanzie davanti alle critiche più ovvie. La versione finale, dopo «il seguente trattato sarà firmato dagli Stati»,

55. La versione finale è accessibile dal sito web dell'Unione Europea: https://european-union.europa.eu/principles-countries-history/history-eu/1945-59/schuman-declaration-may-1950_it.

aveva «e sottoposto alla ratifica dei parlamenti». Inoltre, Monnet aggiunse un paragrafo che dichiarava che l'Autorità era il contrario di un cartello commerciale. Questa era una critica che si prevedeva sarebbe arrivata soprattutto da oltre Atlantico e che avrebbe messo Monnet in una posizione scomoda. Come vedremo più avanti, la soluzione trovata sarà l'ennesimo compromesso tra necessità e ideologia.

Il 20 aprile Monnet iniziò a diffondere copie della proposta a vari ministri e amici.[56] Il 28 aprile ne passò una a Schuman, che stava andando a Metz per il fine settimana. Quest'ultimo lo lesse in treno, e al suo ritorno a Parigi il lunedì successivo, diede la sua approvazione.[57] Per assicurarsi il consenso tedesco, Schuman inviò Robert Mischlich a vedere Adenauer e ottenere la sua reazione. Schuman aveva previsto di presentarlo al Consiglio dei ministri durante la riunione del 9 maggio, ma bisognava attendere la risposta di Adenauer. Questa raggiunse Parigi quando la sessione stava volgendo al termine, con alcuni membri già alla porta, e Schuman dovette richiamarli nella stanza. La proposta passò con poco dibattito, aiutato dal fatto che alcuni membri, in particolare Pleven e Mayer, ne avevano già parlato con Monnet. Quel pomeriggio, Schuman convocò una conferenza stampa affrettata per fare il suo annuncio. Avvenne tutto così in fretta che le troupe del cinegiornale non fecero in tempo ad arrivare. Monnet ricordò che le riprese esistenti furono messe insieme diversi mesi dopo in una finta rievocazione, una messa in scena atta a garantire che l'evento storico fosse registrato anche in video.[58] Ci volle un anno perché il «salto nell'ignoto», come lo stesso ministro degli esteri francese definì il suo piano,[59] assunse caratteri formali e i ministri di Francia, Repubblica Federale Tedesca, Italia, Belgio, Olanda e Lussemburgo[60] firmarono a Parigi il 18 aprile 1951 il trattato che avrebbe portato alla nascita della Comunità Europea del Carbone e dell'Acciaio.

56. Duchêne, *Jean Monnet*, p. 200.

57. Robert Rochefort, *Robert Schuman*, Paris, Cerf, 1968, pp. 269-270.

58. Monnet, *Cittadino d'Europa*, p. 439.

59. Ivi, p. 273. Con queste parole Schuman rispose "tranquillamente" ai giornalisti che all'uscita del Quai d'Orsay lo sommersero di domande inerenti alla dichiarazione appena letta, che prese immediatamente il nome di *Plan Schuman*.

60. I firmatari furono: Robert Schuman (ministro degli Esteri francese), Konrad Adenauer (cancelliere della Repubblica Federale Tedesca), Carlo Sforza (ministro degli Esteri italiano), Paul Van Zeeland e Joseph Meuricie (rispettivamente, ministro degli Affari Esteri e del Commercio del Belgio), Joseph Bech (ministro degli Esteri del Granducato di Lussemburgo) e, infine, Dirk Stikker e Jan Van Den Brink (rispettivamente ministro degli Esteri e dell'Economia olandesi).

Quello che seguì il 9 maggio 1950 fu forse il periodo più intenso per Monnet dai tempi dell'invasione. Incaricato dal governo francese di dirigere i negoziati, egli divenne il centro di tutti gli ingranaggi negoziali che condussero alla nascita ufficiale della Ceca il 23 luglio 1952. E non furono certo anni meno impegnativi quelli immediatamente successivi quando si trovò alla testa dell'Alta Autorità. Essa era il riferimento di esecutivi nazionali, aziende, sindacati e organizzazioni internazionali per tutto ciò che riguardava le attività carbosiderurgiche dei "sei". Formalmente rispondeva a queste caratteristiche: un collegio «composto da nove membri designati per sei anni [...] che avrebbero dovuto esercitare le loro funzioni in completa indipendenza [dagli Stati] e nell'interesse generale della comunità».[61]

Assumendo la gestione di due determinati tipi di merci, l'Alta Autorità andava così a insinuarsi nell'alveo della sovranità statale, affiancandosi (e per certi versi sostituendosi) all'autorità nazionale costituita. Essa non possedeva una personalità giuridica paragonabile a uno Stato-Nazione. All'interno di organismi come l'Oece (l'Organizzazione per la Cooperazione Economica Europea) l'esecutivo della Ceca non poteva replicare quello dei Paesi membri, né aveva formalmente diritto di voto. E tuttavia, a livello pratico essa godeva di un potere d'influenza importante che Monnet cercò di valorizzare nel corso della sua presidenza. Il percorso che portò alla Ceca si mosse su diversi livelli. Da una parte le trattative vere e proprie con i sei Paesi che diedero la loro immediata adesione al Plan Schuman. Delegazioni dei governi, organizzazioni sindacali e gruppi imprenditoriali erano i principali interlocutori con cui Monnet (assoluto e indiscusso riferimento dei negoziati) doveva ricercare un accordo di merito su tariffe, perequazioni, diritti dei lavoratori, commerci ecc. Un secondo piano era relativo al rapporto con la Gran Bretagna, che non accettò la proposta Schuman ma che, allo stesso tempo, non voleva nemmeno essere estranea al progetto. Sia direttamente, sia attraverso il Consiglio d'Europa, di cui invece era importante promotrice, monitorava la situazione e tentava di influenzarla. Un terzo piano, infine, doveva tener conto del ruolo degli Stati Uniti. Se il primo livello è stato analizzato molto a fondo dalla letteratura,[62] gli altri

61. Trattato che stabilisce la Comunità Europea del Carbone e dell'Acciaio, Art. 9 https://eur-lex.europa.eu/legal-content/IT/TXT/PDF/?uri=CELEX:11951K/TXT&from=RO.

62. Per ultimo il volume di *Transnational Networks in Regional Integration: Governing Europe 1945-83*, a cura di Wolfram Kaiser, Brigitte Leucht e Michael Gehler, London, Palgrave Macmillan, 2019.

due hanno bisogno di una riflessione ulteriore alla luce di quanto detto finora e riprendendo la ricerca archivistica di Fransen.

5. *I negoziati*

Se Adenauer da una parte non poteva che compiacersi, gli americani vennero a sapere della questione per caso, come racconta Dean Acheson. Stava andando verso Londra via Parigi e Schuman pensò bene di dirgli della dichiarazione il giorno prima, così da non cogliere il presidente impreparato. In ogni caso nulla fu detto a Downing Street. Gli inglesi seppero della dichiarazione Schuman solo dopo i fatti.[63] È evidente che Monnet decise a un certo punto di non coinvolgere i membri americani del suo "gruppo di amici informati". Questa era una faccenda europea e la Francia doveva esserne protagonista. Forse, in più, voleva evitare di essere visto dal suo governo come un agente esterno, o come bisognoso dell'assistenza del suo amico Dean Acheson per condurre un'operazione che era il cuore della strategia di rinascita della potenza francese.

Il problema vero però rimaneva la Gran Bretagna. Secondo le logiche con cui l'Europa aveva governato i propri rapporti per un secolo e mezzo, la Gran Bretagna era sempre stata il garante dell'equilibrio europeo, perché, nella visione ottocentesca, era necessaria per "bilanciare" la Francia nei confronti degli imperi centrali e poi della Germania. Adesso ogni visione britannica sul proprio ruolo internazionale e sulla propria sovranità erano incompatibili con proposte come il Piano Schuman. I socialisti francesi, come Massigli e lo stesso Schuman, erano convinti di ciò e anche pronti a fare grandi compromessi, persino inserire l'autorità all'interno delle strutture del Consiglio d'Europa, pur di avere una chance di convincere gli inglesi.[64] Monnet si oppose fermamente di indebolire la condizione preliminare per l'adesione ai negoziati, cioè che l'Alta Autorità proposta fosse dotata di poteri sovranazionali.

63. Dean Acheson, *Present at the Creation*, New York, Norton, 1969, 382. Per l'interpretazione degli eventi da parte di Acheson, vedi pp. 382-389. Per la reazione rabbiosa di Bevin vedi pp. 386-387.

64. Frederick Fransen qui cita documenti del Record Group 59 (RG 59), Department of State General Records, U.S. National Archives, College Park (MD); Frederick Fransen, *The Supranational Politics of Jean Monnet*, p. 99.

La questione però rimaneva e la posizione francese si dimostrò più volte incerta. Monnet intanto diceva a McCloy «I do not believe British or Scandinavians can be persuaded to participate until a later stage».[65] Schuman il 23 maggio dichiarò che «non ci sarebbero stati negoziati senza la Gran Bretagna»,[66] in che capacità non era chiaro. Come David Bruce, da due anni ambasciatore americano in Francia, poté riferire ad Acheson, senza gli inglesi la partecipazione di Benelux e Italia era vitale.[67] Ecco che si comprende perché dalle bozze del *plan* fu eliminata ogni menzione di un'unione franco-tedesca. Fosse stata quella l'obiettivo, forse il piano non sarebbe uscito neanche dal Consiglio dei ministri a Parigi. Era il timore di rimanere soli coi Tedeschi a far esitare il governo francese, sarebbe stato molto meglio se per miracolo gli inglesi si fossero convinti a salire a bordo. «It virtually certain (the) plan (would be) politically acceptable if Britain (was) a member, but it is too early to tell the effect of their refusal to joint».[68] Già dopo alcune settimane però, era chiaro che gli inglesi non erano convinti e che non avrebbero partecipato.

> Monnet [...] who is regarded here as very anglophile has no expectation whatever that UK will accept fundamental principles of the plan and believes that an offer of condition(al) adhesion should be rejected.[69]

I biografi, Fransen in testa, citano questo come un colpo di genio di Monnet, quello di essere riuscito a tenere fuori gli inglesi, pur essendo in netta minoranza nell'establishment francese. Dopotutto lui non nutriva illusioni a riguardo. Basta vedere la sua nota del 3 maggio 1950.

> L'Angleterre, même s'il est souhaitable qu'elle collabore avec l'Europe, ne consentira à rien qui pourrait avoir comme conséquence un affaiblissement de ses liens avec les Dominions ou à s'engager en Europe au-delà des engagements pris par l'Amérique.[70]

65. McCloy, Bonn to Secretary of State, 24 maggio 1950, 850.33/2450, box 4944, RG 59, Department of State General Records, U.S. National Archives, College Park (ML).

66. Citato in Fransen, *The Supranational Politics of Jean Monnet*, p. 100.

67. Bruce, Paris to Secretary of State, 26 maggio 1950, 850.33/5-2650, box 4944, RG 59, Department of State General Records, U.S. National Archives, College Park (ML).

68. *Ibidem.*

69. Bruce, Paris to Secretary of State, 1° giugno 1950, 850.33/6-150, box 4944, RG 59, Department of State General Records, U.S. National Archives, College Park (ML).

70. Jean Monnet, "Note de réflexion", 3 maggio 1950, AMI 4/1/1, Fondation Jean Monnet pour l'Europe, Lausanne.

Non sorprende quindi che la si volesse tenere fuori. Gli americani su questo la pensavano come Monnet. Alla firma del trattato Oece nell'aprile 1949, Averell Harriman disse ad Alphand che «les États-Unis cherchent des moyens de soutenir une véritable intégration en Europe. Les Anglais ne veulent pas de cette intégration».[71] La posizione di Monnet presto divenne quella anche del Dipartimento di Stato americano, come dimostra il memo che Acheson inviò all'ambasciata «(I) also believe (it) possible that (a) situation will develop in which strong US influence (should) be exerted to avoid {the) watering down of (the) proposal by one participant (the) British for instance».[72]

Plowden tentò di inserirsi in questi rapporti privilegiati, informando l'ambasciata statunitense che dietro questi progetti di integrazione ci fosse un tentativo di creare un "terzo blocco" alternativo a Usa e Urss. «There is some "third force" thinking in (the) French motivation of (the) plan», ammise dopo aver parlato con Monnet. «Some of (the) French enthusiasm for (the) plan (was) based on (the) belief (that) Germany, not (the) USSR, was ultimately (the) major threat to France».[73] Fin dagli inizi della Guerra fredda, alcuni politici e intellettuali francesi aveva sicuramente sostenuto un ruolo dell'Europa come "terza forza" per contrastare la natura bipolare del conflitto. Tali sentimenti possono essere visti fin dalla posizione di de Gaulle sull'Europa nelle discussioni del 1943 e nelle parole neutraliste di Adenauer nel suo annuncio dell'inizio dei negoziati. Il che si può sicuramente aggiungere alla lista dei motivi dietro i dubbi inglesi riguardo al progetto. Il Dipartimento di Stato prese seriamente la questione, come si evince dai telegrammi che Bruce inviò a Washington. C'era bisogno che venisse fatta una «clear distinction between the idea of European autonomy in an economic sense, i.e., self-sufficiency without extraordinary aid from the US, and the question of so-called European "neutrality"».[74] Dopo aver parlato con Monnet fu Acheson a rispondere direttamente attraverso un memorandum.

71. Hervé Alphand, 15 aprile 1949, AMF 22/2/2, Fondation Jean Monnet pour l'Europe, Lausanne.

72. Acheson, Department of State, "Circular Telegram to Certain American Diplomatic Officers," 2 giugno 1950, 850.33/6-250, box 4944, RG 59, Department of State General Records, U.S. National Archives, College Park (ML).

73. Douglas, London to Secretary of State, 8 giugno 1950, 850.33/6-850, box 4944, RG 59, Department of State General Records, U.S. National Archives, College Park (ML).

74. Bruce, Paris to Secretary of State, 26 maggio 1950, 850.33/2650, box 4944, RG 59, Department of State General Records, U.S. National Archives, College Park (ML).

> There seems to be confusion in "neutralist" thinking and to some extent in other circles between two different ideas of "independence" and "neutrality." It (should) be made abundantly clear at all times that we are seeking to promote as early as possible (the) economic) independence of Europe from American) assistance. (The) idea of "neutrality" appears to stem from (an) unfortunately still wide spread belief (that the) present conflict is (a) national one between (the) USSR and US rather than between (Soviet) imperialism using communism as (an) ideological instrument and (the) free world of which North Atlantic countries are (the) leading moral and material force.[75]

In ogni caso, a seguito di «tense negotiation form May 25 to June 3»,[76] il Regno Unito si chiamò fuori, declinando ogni invito a impegnarsi in un'organizzazione con mire sovranazionali. L'europeismo della leadership inglese si fermava con l'impegno per il Consiglio d'Europa, che rimaneva profondamente incompatibile con le strutture immaginate dal Plan Schuman.

> Dans notre examen il ne nous a pas été possible de trouver une formule qui permette d'organiser une relation organique entre le Haute Autorité et le Comité des Ministres du Conseil d'Europe.[77]

Lo stesso concetto Monnet si trovò a spiegarlo a Macmillan negli stessi giorni.

> What must be sought is a fusion of the interests of the European peoples and not merely another effort to maintain an equilibrium of those interests through additional machinery for negotiation [...]. The Schuman proposals provide a basis for the building of a new Europe through the concretes achievement of a supranational regime within a limited but controlling area of economic effort.[78]

Lo storico Piers Ludlow cita molte ragioni dietro il gran rifiuto inglese.[79] Downing Street riteneva il *plan* compatibile con i propri impegni

75. Acheson, Department of State to American Embassy Paris, 3 giugno 1950, 850.33/52650, box 4944, RG 59, Department of State General Records, U.S. National Archives, College Park (ML).

76. Duchêne, *Jean Monnet,* p. 207.

77. Lettera di Monnet a Robert Schuman, 15 agosto 1950, AMG 5/4/10, Fondation Jean Monnet pour l'Europe, Lausanne; Anche in *Correspondance 1947-1953*, p. 50.

78. Lettera di Monnet a Harold Macmillian, 8 agosto 1950, AMG 5/4/4, Fondation Jean Monnet pour l'Europe, Lausanne.

79. Piers Ludlow, *Dealing with Britain: The Six and the First UK Application to the EEC*, London, Cambridge University Press, 1998, pp 16-19.

imperiali nel nuovo Commonwealth postbellico; nonostante gli evidenti problemi a mantenere una presenza e proiezione di potenza a est di Suez,[80] il Regno Unito non era pronto a rinunciare a un ruolo extraeuropeo di potenza globale, di certo non riteneva di aver bisogno di un'alleanza con la Germania. Di sicuro questi motivi rimasero validi per un certo periodo, almeno fino alla crisi di Suez del 1956. Guardando ai resoconti delle negoziazioni non si può non pensare che queste profonde differenze di visione del mondo contarono molto più delle idiosincrasie della politica estera francese[81] o dello scarso interesse europeista del Partito laburista. Sicuramente Monnet dimostrava di essere molto più a suo agio con i conservatori come Anthony Eden e Harold Macmillan, ma risulta difficile credere che con un governo Tory le negoziazioni del 1950 sarebbero andate diversamente. Ludlow cita anche un aspetto che Monnet sottovalutava. Davanti agli occhi di europeisti puri e meno funzionalisti, anche se quello del 1950 era il primo progetto concreto di integrazione tra Paesi europei, il rischio era che fare l'integrazione attraverso agenzie sovranazionali specializzate si potesse arenare di fronte al primo ostacolo.[82] Anthony Eden era dello stesso avviso e il fallimento della Comunità Europea di Difesa quattro anni dopo non fece altro che confermare queste paure.[83] In quel caso fu proprio il Regno Unito a risolvere la crisi con la creazione dell'Unione Europea Occidentale, che permise un riarmo della Germania all'interno della Nato.

L'incapacità dei britannici di partecipare ai colloqui portò in ogni caso a conclusioni ovvie agli occhi dei diplomatici americani, che vedevano la Francia reclamare il suo posto nel mondo, proprio come Monnet voleva fin dall'inizio. In questo caso si potrebbe quasi ipotizzare che fu proprio l'influenza del francese a impedire al Dipartimento di Stato di comprendere i motivi e i giusti dubbi del Foreign Office. L'ambasciatore Bruce scrisse il 4 giugno che «the natural leader of continental civilization had emerged from her lethargy and spirit of defeatism and had once

80. Già dal 1946 era chiaro che il Paese era tagliato fuori dalla geopolitica della Guerra fredda in Asia e nel Mediterraneo orientale.

81. Una testimonianza in questo senso è in René Massigli, *Une comédie des erreurs. 1943-1956*, Paris, Plon, 1978.

82. Enrico Serra, *L'Italia e la conferenza di Messina*, in *Il rilancio dell'Europa e i trattati di Roma*, a cura di Enrico Serra, Roma, Bruylant, 1989, pp. 93-94.

83. Ludlow, *Dealing with Britain,* p. 19.

again erected a standard to which her neighbors could rally».[84] Il Regno Unito invece, «displayed a vacuum of comprehension and an ineptness of diplomatic intercourse which is quite unusual. This behavior displayes the traditional foreign policy of the UK that assesses European politics in terms of balance of power».[85] Monnet però sapeva che bisognava a quel punto procedere, ed in fretta. Non c'erano stati progressi nella cooperazione europea postbellica, oltre alla creazione di enti consultivi.

> In both Europe and the United States, public opinion would quickly turn sour if no real progress could be made. Creation of (an) over-all political federation is unpractical and even undesirable since the individual differences of nations rendered full surrender of sovereignty impossible. Indeed, this might even result in a weaker Europe if the strengths of diversity were sacrificed.[86]

Ed ecco perché carbone ed acciaio. Non si poteva proporre ai governi d'Europa e ai loro elettorati la costruzione di una federazione europea a cui cedere interamente la propria sovranità. Quindi era necessario usare gradualità.

> Schuman's proposal was put forward as the concrete step toward (the) creation of such an international community of interest in (the) field of coal, iron and steel. (The) coal and steel industries had been chosen for this step because of (the) association in (the) public mind of France and other European countries of (the) Ruhr industries with (Germany's) war potential.[87]

Un'ulteriore questione riguardava il modo in cui la Germania potesse esercitare sovranità nei negoziati del piano Schuman. Poiché la dichiarazione sulla parità di trattamento era stata rimossa, tutto rimaneva aperto. La Germania era formalmente ancora territorio occupato, nell'Ovest controllato dall'Alta Commissione Alleata. Gordon Macready, rappresentante britannico, sosteneva che poiché le industrie del carbone e dell'acciaio della Germania Ovest erano sotto il controllo dell'Alta Commissione, essa avrebbe dovuto avere un rappresentante in tutti i negoziati insieme a quello tedesco. Sia Monnet sia Armand Berard, membro francese presso l'Alta Commissione,

84. Bruce, Paris to Secretary of State, 4 giugno 1950, 850.33/6-450, box 4944, RG 59, Department of State General Records, U.S. National Archives, College Park (ML).

85. *Ibidem.*

86. McCloy, Bonn to Secretary of State, 23 maggio 19S0, 850.33/5.2350, box 4944, RG 59, Department of State General Records, U.S. National Archives, College Park (ML).

87. *Ibidem.*

si dichiararono contrari. L'ente interalleato, sostenevano, avrebbe dovuto comunque a un certo punto approvare qualsiasi trattato. Fino ad allora, secondo Monnet, sarebbe stato meglio per la delegazione francese tenere semplicemente informato l'ente sugli sviluppi e mantenere intatta l'apparenza della sovranità tedesca al tavolo dei negoziati.[88] Questo da una parte era garantito dal continuo scambio tra il francese e gli americani e dall'altro spiega il perché il Dipartimento di Stato fosse al corrente dei progressi prima ancora del Foreign Office. Bruce infatti scriveva così in un memo:

> The US Government should have no official association or even observers with the working committees engaged in the elaboration of this plan at this stage. The full knowledge of such negotiations can be obtained by (the) US without this type (of) representation and in fact we believe that the French will be anxious to keep us currently informed.[89]

Naturalmente la preoccupazione americana qui non era evitare l'imbarazzo del nuovo governo tedesco. Il problema di un ruolo attivo dell'Alto Commissariato nelle negoziazioni era la possibile percezione in Francia di un'indebita interferenza statunitense in affari ritenuti solo europei, soprattutto visto il clima che già circondava il piano di modernizzazione.[90] Alla fine Monnet fu autorizzato a incontrarsi direttamente con Adenauer. Quando Monnet lo vide il 23 maggio 1950, fu per la prima volta nella sua vita. Se c'è un documento che spiega meglio di altri il pensiero di Monnet riguardo al *plan*, quello è il resoconto che scrisse in seguito.[91] Il problema di tutti i tentativi e proposte passati, dai primi europeisti ottocenteschi fino al piano Briand e al Consiglio d'Europa, era il focalizzarsi su confederazioni di distinte sovranità nazionali. Mancava l'elemento sovranazionale.[92] Il XX secolo adesso aveva le armi ideologiche e logistiche per raggiungere l'obiettivo. L'internazionalismo che animò il primo dopoguerra e le necessità dell'interdipendenza economica fornivano gli strumenti non per far rinunciare tout-court gli stati alla loro sovranità in toto, ma gradualmente,

88. Fransen, *The Supranational Politics of Jean Monnet*, p. 106.

89. Bruce, Paris to Secretary of State, 23 maggio 1950, 850.33/5-2350, box 4944, RG 59, Department of State General Records, U.S. National Archives, College Park (ML).

90. *Ibidem.*

91. Ensevue du 23 mai 1950 entre M. Jean Monnet et le Chancelier Adenauer, 81AJ 154, Archives Nationales, Paris, citato in Fransen, *The Supranational Politics of Jean Monnet*, p. 106.

92. *Ibidem.*

per un ben definito «bien commun, pour une tâche précise».[93] Di qui torna alla questione del carbone e acciaio. Questi avevano un valore simbolico oltre che materiale. L'industria pesante nata dalla seconda rivoluzione industriale era diventata sinonimo di insicurezza e guerra. Sganciandola da fini bellici avrebbe «entièrement modifié le climat psychologique». In conclusione:

> Si l'Europe ne gaspille plus son énergie dans des conflits internes, elle atteindra un niveau de vie particulièrement élevé; elle reprendra le rôle principal du point de vue intellectuel, et du point de vue de la civilisation qu'elle avait autrefois dans le monde et qu'elle doit avoir à nouveau; elle jouit d'une diversité-qui est sa richesse-qui manque en Amérique; si elle redécouvre sa prospérité, elle influencera, pour cette raison, l'évolution de l'Amérique elle-même.[94]

Ecco che quindi ritorna la visione ideologica ottocentesca, che nei documenti si alterna a quella classica funzionalista e pragmatica. Se l'Europa avesse messo da parte i conflitti sarebbe diventata di nuovo il faro di civiltà del pianeta, persino per gli americani. La Francia, quindi, doveva guidare l'Europa in una nuova missione civilizzatrice. Rimaneva la questione della neutralità nell'ambito della Guerra fredda, che attirava sia tedeschi sia molti politici francesi, de Gaulle in testa. Si può dire che Monnet avesse qui una visione un po' meno dicotomica sull'argomento. Voleva un'Europa indipendente e integrata, più che neutrale, fuori dall'ombra americana e di nuovo al centro della storia. Ma per il momento non c'era alternativa al fare progetti unicamente all'interno della comunità atlantica e con l'assistenza finanziaria e politica di Washington.

Nonostante fossero il centro del progetto Ceca (nonché il cuore produttivo d'Europa), Francia e Germania Ovest non erano gli unici attori coinvolti e i loro non erano gli unici interessi in ballo. Come fa notare Alan Milward, gli Stati che abbracciarono immediatamente l'iniziativa avevano tutti bisogno di un «larger market for their goods and services than that offered by the narrow confines of their national territories».[95] Olanda e Belgio dipendevano dal commercio estero e dai centri produttivi renani. Essere inseriti all'interno di una struttura come la Ceca poteva fungere da garanzia che per questi rapporti commerciali. L'unico Paese quasi privo di

93. *Ibidem.*
94. *Ibidem.*
95. Milward, *The European Rescue of the Nation-State*, p. 6.

fonti carbonifere era l'Italia. Entrare a far parte di un ente sovranazionale basato sulla condivisione di una risorsa non disponibile, faceva prospettare vantaggi in termini di acquisto notevoli. La produzione nazionale di acciaio inoltre non bastava a soddisfare la forte domanda di edilizia e agricoltura, e ormai l'uso di approvvigionamenti americani aveva già superato di molte volte le previsioni.[96] Poi c'erano i motivi politici, l'onta del ventennio, l'interesse della Democrazia cristiana di tenere il Paese ancorato al blocco occidentale e le spinte europeiste di parte dei movimenti di resistenza, che premevano per non far perdere il treno dell'integrazione europea. Una volta che il Benelux e l'Italia accettarono di aderire e la questione dei britannici era stata risolta, si poterono negoziare gli aspetti più complessi del trattato.

Monnet e Adenauer auspicavano una rapida conclusione. Divenne presto chiaro però che non sarebbe stato così. La riuscita del piano, secondo Monnet, dipendeva dalla velocità delle decisioni, per non rischiare che l'imprevedibile oppure le lungaggini della politica nazionale potessero diluire l'entusiasmo e distrarre l'opinione pubblica. Una tale posizione era condivisa da Bruce e dal Dipartimento di Stato. John Foster Dulles scrisse a Monnet il 23 maggio che «the proposal originally gained momentum because it was not first haggled over by all sorts of committees. 1 think you must keep up the momentum in the same way».[97] Inizialmente, Monnet riteneva che i negoziati potessero concludersi entro agosto. Adenauer e la delegazione tedesca la fine di luglio. In realtà ci volle molto più tempo: il trattato non fu firmato fino al marzo 1951 e non entrò in vigore fino all'agosto 1952.

Tre questioni tennero impegnato Monnet più di altre in quei mesi: la natura dell'Alta Autorità, la Guerra in Corea e il problema dei cartelli.[98] L'organo principale della Ceca doveva essere un'Alta Autorità. Non un governo, assemblea o ministero. Fu scelto "Autorità" per sottolineare il carattere specifico della sua giurisdizione, pur essendo indipendente. "Alta" invece serviva a ricordare l'elemento sovranazionale. Dopotutto il

96. Renato Ranieri, *Il piano Marshall e la ricostruzione della siderurgia italiana a ciclo integrale*, in «Studi Storici», 37, 1, (1996), p. 156. Citato in Frapporti, *Lo spazio logistico dell'Europa Unita*, p. 195.

97. Department of State, Office of the Secretary, 23 maggio 1950, 81/AJ/157, Archives Nationales, Paris.

98. *The Beginnings of the Schuman Plan*, a cura di Klaus Schwabe, Baden Baden, Nomos, 1988.

piano Schuman non mirava alla creazione di un governo europeo, ma di un organismo sovranazionale che aveva come obiettivo solo nel lontano futuro una forma di federazione. Era l'approccio funzionalista che Monnet sperava avrebbe salvato l'integrazione europea dal puntare troppo in alto prima del tempo. Era fondamentale quindi definire presto gli aspetti istituzionali, lasciando poi i dettagli tecnici all'Autorità una volta firmato il trattato. Un'aspetto di cui si occupò personalmente, come in passato, con un approccio personale diretto con i negoziatori.

Tra il 20 giugno e il 27 settembre, il gruppo di lavoro si riunì sei volte per discutere le disposizioni costituzionali dell'Alta Autorità, e ancora una volta il principio sovranazionale necessitò di essere difeso. Dirk Spierenburg, il capo negoziare olandese, voleva che i governi fossero addentro ai lavori dell'autorità, non al di fuori, attraverso un Consiglio speciale dei ministri.[99] Questo faceva eco ai dubbi inglesi, anche se la strategia fu quella di cercare di diluire il sovranazionale all'interno del trattato. Monnet accettò il parere di Spierenburg secondo cui i governi dovevano essere coinvolti a un certo livello e lo reinterpretò. Il Consiglio dei ministri diventava un collegio consultivo attraverso cui l'Alta Autorità poteva interagire con i governi pur mantenendo l'indipendenza attraverso la sua Assemblea Comune. Walter Hallstein, il delegato tedesco, sottolineò il punto che «l'Assemblée Commune reste l'organe par excellence de la fusion des souverainetés et n'a pu être remplacée».[100]

Nel frattempo, Monnet esercitò forti pressioni su Spierenburg per determinare il suo grado di volontà circa un compromesso. La creazione del Consiglio dei ministri bastò per il momento, e il governo olandese accettò il carattere sovranazionale della Ceca, tenendosi l'opzione di ridiscuterne in futuro. Alla fine di luglio le principali questioni istituzionali erano state risolte. Il carattere sovranazionale dell'Alta Autorità era stato assicurato. La creazione di un'Assemblea Comune era stata concordata, almeno in linea di principio. Era quindi incluso anche un Consiglio dei ministri con poteri limitati. Infine, il 5 agosto la delegazione francese presentò una bozza di accordo, sostanzialmente definito per il 27 settembre. Intanto però, l'imprevedibile si mise di mezzo.

99. Conversations sur le Plan Schuman: Réunion du Comité des Chefs de délégation sur les questions institutionnelles», 20 luglio 1950, 81/AJ/132, Archives Nationales, Paris, citato in Fransen, *The Supranational Politics of Jean Monnet*, p. 110.

100. *Ibidem.*

Nel bel mezzo dei negoziati, il mondo fu scosso da un nuovo fattore che Monnet non avrebbe potuto prevedere, ma che modificò radicalmente le possibilità e i limiti dell'integrazione europea. Il 25 giugno la Corea del Nord invase la Corea del Sud. Quasi da un giorno all'altro, l'Europa passò da rappresentare il centro della politica estera di Washington a essere un peso che estendeva precariamente le risorse militari americane. La questione della difesa della Germania ritornava sul tavolo, così da poter permettere agli Stati Uniti di equilibrare i propri impegni in Europa con un maggiore impegno tedesco nella sua difesa. Gli effetti di questa svolta erano duplici. Offrì alla Germania Ovest la speranza di poter accorciare il suo percorso verso la piena sovranità. Questo indeboliva la posizione francese nelle negoziazioni, soprattutto per il controllo di Saar e Ruhr.

Poi ci sono gli effetti sulla politica statunitense. La Guerra di Corea mandò in fumo ogni progetto di ritiro americano dall'Europa. Monnet puntava a una crescente autonomia europea anche in tema di difesa, costruendo sulla base della Ceca, «per armare la sua creatura» dice Frapporti.[101] Ora che la difesa europea volgeva inesorabilmente a essere gestita all'interno delle strutture Nato, depotenziava la portata del piano. La questione del riarmo tedesco era quindi dirimente e non poteva essere lasciata fuori dalle negoziazioni riguardo alla Ceca. Il problema, quindi, fu quello di decidere sulla deconcentrazione dell'industria pesante tedesca.

Questa, prima, durante e dopo la Seconda guerra mondiale, era altamente concentrata nelle mani di poche aziende. Oltre al piccolo numero di concorrenti nel settore siderurgico, la Germania aveva una lunga tradizione di integrazione verticale. Ciò significava che le imprese siderurgiche tedesche potevano possedere e gestire le miniere di carbone. L'Europa non aveva nulla di simile a una legge antitrust, e questi due fattori avevano fatto sì che i cartelli si formassero rapidamente. I tedeschi attribuivano ampiamente il loro successo economico proprio a questi cartelli, mentre al di fuori della Germania, questi erano visti come strumentali per l'ascesa al potere dei nazisti. Una soluzione immaginata durante la guerra, il Piano Morgenthau, dal nome del segretario del Tesoro americano che lo sosteneva, era quella di eliminare l'industria pesante dalla Germania del tutto e trasformarla in uno stato pastorale che ricorda un paesaggio di Casper David Friedrich, soluzione poi ritenuta assurda e non fattibile dal governo inglese. Anche l'Ira aveva come programma lo scorporo dei cartelli

101. Frapporti, *Lo spazio logistico dell'unità europea,* p. 198.

tedeschi. Monnet, quindi, dovette adattare il testo del trattato, inserendo clausole antitrust.[102] La preoccupazione di Monnet era duplice. Da una parte non voleva dare l'impressione che la Ceca diventasse essa stessa un enorme cartello a guida franco-tedesca. Dall'altra c'era la questione che il governo tedesco vedesse nella concentrazione industriale un'opportunità più che un ostacolo. In una intervista a Newsweek, Monnet cercò di spiegare perché la sua creatura non aveva nulla in comune con, per esempio, l'International Steel Cartel del 1926, che si proponeva di «foster closer Franco-German cooperation».[103] Alla domanda «Won't the Schuman Plan itself develop into a super-cartel?» la risposta di Monnet fu:

> The fundamental difference between the High Authority and the European International Steel Cartel was that the cartel was created by the producers, was operated solely for the benefit of the producers, and was responsible only to the producers. The High Authority is created by the governments within the Community as a whole, is to be operated for the benefit of the Community [...]. The purpose of the cartel was to restrict production and maintain high prices [...]. Under the Schuman Plan agreements among producers to achieve those purposes are strictly prohibited.[104]

Quindi in teoria Monnet ammetteva che la comunità potesse comportarsi come un cartello, ma solo in casi di estrema necessità e per un obiettivo comune concordato dai governi, non dalle aziende. Qui si trovava a inserire nel trattato termini di intervento statale che saranno il cuore delle politiche ordoliberali in Germania e in Europa occidentale nei successivi decenni. Risolta la questione antitrust però il problema tedesco diventava ancora più pressante. Da un lato lo smantellamento dei cartelli industriali, dall'altro la richiesta americana di una maggiore produzione pesante in Germania ai fini di riarmo facevano temere i francesi che Bonn ora avesse

102. Questo è stato anche il punto nei negoziati in cui è iniziato il coinvolgimento ufficiale americano. Le disposizioni antitrust del trattato (art. 65 e 66) sono state in realtà redatte da Robert Bowie, un consulente legale presso l'ufficio dell'Alto Commissariato alleato. Il suo ruolo e quello di McCloy a questo punto era così importante che il giorno in cui il trattato fu siglato, Monnet scrisse a McCloy ringraziando lui e Bowie per «lo splendido ruolo avuto nel risolvere la questione del deconcentramento tedesco. Senza il vostro intervento più che amichevole non avremmo ottenuto nulla» (Monnet, lettera a McCloy, 19 marzo 1951, 81/AJ/157. Archives Nationales, Paris).

103. Kaiser, Schot, *Writing the Rules for Europe*, p. 193.

104. Intervista di Monnet a «Newsweek», (25) 1950, AMG 49/1/36, Fondation Jean Monnet pour l'Europe, Lausanne.

una posizione negoziale diversa rispetto a prima dell'estate. Il 7 settembre George Ball (quasi certamente dopo aver parlato con Monnet) incontrò Wayne Jackson del Dipartimento di Stato per riferire le preoccupazioni francesi.

> The basis for this (French concern) is the fear that if the Germans believe they can obtain the removal of the ceiling on steel production and can obtain a very considerable degree of political and economic freedom through their participation in the increased European armaments program, they will lose their interest in the Schuman Plan.[105]

Si rammenti che l'obiettivo tedesco in quegli anni non era di certo quello di cedere sovranità, ma di legittimarla nuovamente attraverso il *plan*. A questo punto, dopo aver tenuto gli americani nell'ombra durante la fase iniziale dei negoziati, Monnet finalmente chiese il loro aiuto.[106] La posizione negoziale francese si era molto indebolita e serviva l'intervento di Washington per convincere i tedeschi a rimettersi al tavolo.[107] Infine, dopo mesi di riunioni informali, le pressioni di McCloy convinsero Adenauer a rompere con i suoi industriali piuttosto che avere una soluzione imposta dagli Stati Uniti.[108] Il 20 marzo i negoziati di Parigi si conclusero con il canto di una canzone composta dalla delegazione belga per l'occasione. Il 18 aprile 1951, tre anni dopo che Monnet disse a Schuman che l'unico nuovo progetto di cui si sarebbe curato sarebbe stata la creazione di una Federazione dell'Occidente, i ministri degli Esteri dei Sei firmarono il trattato. Il 25 luglio 1952, con la ratifica da parte dei parlamenti, si riunirono per designare i membri dell'Alta Autorità e sceglierne la sede. Proprio come con il Comitato di coordinamento franco-britannico e il Commissariat Général au Plan, la presidenza di Monnet fu scontata. Quando Monnet inaugurò l'Alta Autorità a Lussemburgo il 10 agosto 1952, si proponeva di fare molto di più che gestire la

105. Wayne Jackson, memorandum a Perkins, 7 settembre 1950, 850.33/9-750, box 4945, RG59, Department of State General Records, U.S. National Archives, College Park (ML), citato da Fransen, *The Supranational Politics of Jean Monnet*, p. 112.

106. John Gillingham, *Coal, Steel and the Rebirth of Europe*, pp. 259-260.

107. See Bruce, Paris to Secretary of State, 20 gennaio 1951, 850.33/1-2051, box 4747, RG 59; McCloy, Frankfurt to Secretary of State, 20 gennaio 1951, 8J0.33/1-2051, box 4947, RG 59, Department of State General Records, U.S. National Archives, College Park (ML).

108. Acheson, Department of State to American Embassies, 16 marzo 1951, 850.33/3-155 1, box 4947, RG 59, Department of State General Records, U.S. National Archives, College Park (ML).

produzione di carbone e di acciaio dei sei membri della Comunità. E questo è evidente dal discorso inaugurale di Monnet nella carica politica di cui era per la prima volta in vita sua investito:

> In proceeding with the installation of the high authority of the coal and steel community we are performing a solemn act. Each of us has been appointed, not by one of our governments, but by the common consent of the six governments. Thus, we are all of us the common representatives of our six countries.[109] We will perform our duties with complete independence. For the first time, the traditional relations between states are now transformed. The high authority has received from the six states a mandate to take decisions with complete independence. The Common Assembly of the High Authority is the first European assembly entrusted with sovereign powers. The acts of the high authority are subject to review. But such review shall not be by national courts, but by a European court [...] What cannot be challenged is the principle that (these institutions) are supranational – in other words federal – institutions.[110]

Il 21 agosto, meno di due settimane dopo l'inaugurazione dell'Alta Autorità, Monnet volò a Londra. Ritrovò la vecchia conoscenza Roger Makins ad accoglierlo: «Now that you are a fact, we shall have to deal with you».[111] Il suo primo atto fu quello di definire i futuri rapporti della Ceca con il governo inglese. Il Regno Unito ottenne di presenziare come osservatore senza tuttavia alcun diritto di influenza sulle decisioni prese all'interno dell'Alta Autorità. La propensione a mantenere rapporti il più possibile intrecciati tra l'esecutivo della Ceca e il governo di Londra fu però premura di Monnet per tutta la durata del suo incarico. Non a caso il viaggio a Londra fu il suo primo atto pubblico da presidente. Tuttavia, lo sforzo diplomatico più importante di Monnet riguardò un prestito dagli Stati Uniti. Monnet era stato invitato a ricevere una laurea honoris causa dalla Columbia University nel marzo 1952. Raggiunto da John Foster Dulles, gli propose un incontro con Eisenhower, così da aumentare il prestigio internazionale dell'Alta Autorità, oltre a sottolineare la sua indipendenza dalla politica estera dei Sei. Monnet dimostrava di usare l'Autorità come un'e-

109. Il linguaggio qui è identico a quello usato durante la prima riunione del Franco-British Coordinating Committee nel 1939, come nota Fransen, *The Supranational Politics of Jean Monnet*, p. 113.

110. Citato nel Memorandum al Secretary of State, 9 agosto 1952, 850.33/8-952, box 4948, RG 59, Department of State General Records, U.S. National Archives, College Park (ML).

111. Monnet, *Cittadino d'Europa*, p. 283, in inglese nel libro.

manazione del suo approccio informale alla diplomazia. Finalmente aveva una legittimità indipendente attraverso cui portare avanti i suoi progetti di integrazione attraverso il suo rapporto privilegiato con gli americani.

Monnet utilizzò la visita per sollevare la questione di un prestito da parte del governo degli Stati Uniti all'Alta Autorità.[112] Sottolineò che così facendo gli Stati Uniti avrebbero finanziato il Progetto di integrazione europea, non l'ennesimo ente di ricostruzione «The Coal and Steel Community [...] was not only coal and steel, but primarily the beginning of a united Europe».[113] Monnet stava ripetendo qui lo stesso approccio che aveva usato per cercare il riconoscimento del Cfln durante la Seconda guerra mondiale. Il 23 aprile 1953 gli Stati Uniti e l'Alta Autorità firmarono un accordo per il prestito, per un periodo di ventitré anni, di 100 milioni di dollari. L'ex commerciante di cognac, banchiere, faccendiere, consulente, broker, ora statista e investito di un'autorità politica reale, aveva ottenuto la più grande vittoria della sua carriera e non era disposto ad accontentarsi.

112. Dulles to Bruce, 12 giugno 1953, 850.33/6-1253, box 4950, RG 59, Department of State General Records, U.S. National Archives, College Park (ML).

113. Summary minutes, Coal and Steel Community Loan Negotiations, 8 aprile 1954, 50.33/4-854, box 4952, RG 59, Department of State General Records, U.S. National Archives, College Park (ML).

9. Gli ultimi anni, l'eclissi del sovranazionale e i limiti del network

Come già accennato nel capitolo precedente, i negoziati per la creazione della Ceca erano appena iniziati quando gli eventi geopolitici e le realtà della politica interna degli stati ne travolsero obiettivi e ambizioni. Quando la Corea del Nord invase quella del Sud il 25 giugno, Monnet fu uno dei primi a capire che effetti l'evento avrebbe avuto sul già fragile spirito europeista della prima metà del 1950. Come vedremo in quest'ultimo capitolo, l'elemento fondamentale del progetto della comunità, il sovranazionale proiettato verso una forma di federazione europea lascerà in poco tempo spazio a molto meno incisivi trasferimenti di competenze dallo stato nazione, già nei negoziati della mai nata Comunità di Difesa ma soprattutto nei Trattati di Roma. È qui che avviene quello che Milward chiama notoriamente «the European rescue of the nation-state».[1] In più il carattere di blocco indipendente a guida francese, sia nella versione di de Gaulle sia in quella di Monnet, lasciò il posto, post-Suez e con l'amministrazione Kennedy, a uno dei pilastri della costruzione dell'Alleanza atlantica, qualcosa in cui la Gran Bretagna post-coloniale guidata da Macmillan potesse trovarsi a proprio agio, una volta superati i veti francesi.

Il network di Monnet, mostrando tutti i limiti della diplomazia informale ed effimera che ne era la firma, cercò di adattarsi in questi decenni alla natura delle relazioni internazionali e alla loro imprevedibilità, soprattutto dopo la fine del progetto della Ced. La sua missione era ora cercare di rilanciare il progetto dopo Messina tramite la creazione Comitato d'azione

1. Alan Milward, *The European Rescue of the Nation-State*, London, Routledge, 1992.

per gli Stati Uniti d'Europa, e di offrire un contraltare atlantico allo sciovinismo di de Gaulle che minacciava di minare il secondo principio su cui si fondava l'integrazione europea, il metodo comunitario. Soprattutto quest'ultimo punto ebbe conseguenze pesanti sul modo in cui l'unità europea si è poi evoluta.

1. *La Saar, la Ced e i limiti dello spirito comunitario*

Che i pilastri europeisti della Ceca fossero effimeri quanto la diplomazia informale che li aveva sponsorizzati lo si intravide già quando emerse una questione spinosa, il futuro della Saar. Un osservatore poco attento all'epoca avrebbe potuto pensare che il problema con l'istituzione dell'Alta Autorità potesse essere risolto facilmente. Purtroppo, il pragmatismo funzionalista di Monnet poco poteva di fronte al simbolismo e alle faide storiche tra nazioni.

Tra la Francia e la Germania quella relativa alla Saar rimaneva una questione in sospeso che infatti non tardò a emergere in sede di trattative. Tra le regioni carbonifere più importanti d'Europa, con una popolazione a maggioranza tedesca, era diventata nei secoli motivo di attrito tra i due Paesi. Conquistata da Luigi XIV nel 1680, era stata assegnata alla Prussia al congresso di Vienna nel 1815. Dopo la Prima guerra mondiale fu dichiarata una regione a statuto speciale dalla Società delle Nazioni, ma amministrata dalla Francia. La fine della Seconda guerra mondiale aveva riaperto il capitolo della gestione delle sue risorse. Era stato ristabilito il protettorato alleato, con il governo francese intenzionato ad annettere la regione una volta per tutte, privando la Germania di risorse che avrebbe potuto usare per riarmarsi. La Germania Ovest naturalmente ne rivendicava il possesso. George Ball, che, ricordiamo, stava lavorando per Monnet in quegli anni, scrisse quanto il francese fosse preoccupato al riguardo, visto l'approssimarsi della dichiarazione Schuman.[2] Il problema della Saar era quello che più aveva minato il successo del primo incontro tra il ministro degli Esteri francese e il cancelliere Adenauer a inizio 1950. È immaginabile che il gruppo di Monnet vedesse la questione come risolvibile sulla falsa riga di quanto previsto per la Ruhr. Tuttavia quanto emerse in quei mesi dovette farli ricredere. Il tema

2. George Ball, *The Past Has Another Pattern*, New York, Norton, 1982, pp. 82-83.

non era logistico, ma «d'ordine politico».[3] Si decise di sorvolare fino a quando non fu il delegato olandese Dirk Spierenburg a far riemergere la questione, mettendo in difficoltà i negoziatori. Fu Hallstein a mettere in pausa l'argomento, temendo che «avrebbe potuto sancire la fine delle trattative e, quindi, la fine del piano Schuman».[4] Separatamente, infatti, era già pronto un accordo con André François Poncet, ambasciatore francese a Bonn, per lasciare implicito lo status della regione e stralciarlo dal trattato. Monnet scrisse in quei giorni a Schuman che «fortunatamente il delegato olandese non ha insistito».[5]

La Saar diventava quindi per il momento territorio autonomo con diritto a un rappresentante all'assemblea della Ceca.[6] L'idea che cominciò a circolare in quei tempi fu quella di trasformarla in un distretto federale, come il District of Columbia negli Stati Uniti, dove porre la sede dell'Alta Autorità.[7] Schuman stesso arrivò a proporre Saarbrücken come sede della Ceca, cogliendo di sorpresa Monnet ma anche Adenauer. Monnet forse non era contrario in principio, ma sapeva che per salvare ogni principio di sopranazionalità era necessario un trattamento da pari della Germania, tenendo il tema Saar lontano dalle negoziazioni sulla Ceca e posponendo ogni discussione a un accordo bilaterale da sottoscrivere in seguito. La questione della sede delle nuove istituzioni europee però era aperta, con ogni Paese che ne proponeva una diversa per risolvere l'impasse. Lussemburgo fu così un compromesso accettabile per tutti, salvando i tedeschi (e Monnet) dall'imbarazzo. Con l'accordo del 27 ottobre 1956 la Saar fu infine reintegrata nella Repubblica Federale.

A volte, nelle narrazioni storiche della nascita dell'integrazione europea, si perdono di vista questi elementi di tensione partigiana tra stati. In verità, al fine di vendere alla politica francese il *plan*, al gruppo

3. Memorandum di Monnet a Robert Schuman, 30 novembre 1950, AMG 9/2/7, Fondation Jean Monnet pour l'Europe, Lausanne; *Correspondance 1947-1953*, p. 73.

4. Lettera di Monnet a Robert Schuman, 6 dicembre 1950, AMG 10/3/13, Fondation Jean Monnet pour l'Europe, Lausanne.

5. *Ibidem.*

6. Al trattato di Parigi furono aggiunte due lettere di Adenauer e Schuman sulla questione. Si veda lo "Scambio di lettere tra il Governo della Repubblica Federale Tedesca e il Governo della Repubblica Francese relativo alla Sarre", in allegato al "Trattato istitutivo della Comunità Europea del Carbone e dell'Acciaio".

7. Knight a Perkins, memorandum, 10 luglio 1952, 850.33/1052, Box 4948, RG59, Department of State General Records, U.S. National Archives, College Park (ML).

di Monnet fu chiaro fin dall'inizio cosa fosse necessario inserire nella dichiarazione e nel trattato e cosa omettere, che servisse all'Italia oltre al Benelux in assenza della Gran Bretagna per compensare la posizione della Francia rispetto alla Germania, che il problema Saar rischiava di porre fine alle discussioni prima ancora che iniziassero. Tra l'altro le divisioni politiche nell'Assemblea Nazionale furono evidenti fin dall'inizio. Il deputato Adolphe Aumeran propose in commissione parlamentare che ogni decisione sul piano passasse prima per l'approvazione parlamentare.[8] Naturalmente era palese il tentativo di fare ostruzionismo. La proposta non passò per un voto, con la destra, i gaullisti e i comunisti che votarono a favore. Questa fu la stessa "coalizione" che quattro anni dopo avrebbe posto fine alla Ced. Difficile ritrovare uno "spirito europeista" in queste vicende, se non nella retorica pre e post-negoziati.

Questo è il contesto in cui arrivarono gli effetti della Guerra di Corea. Monnet aveva già intravisto il problema a fine giugno. Come ricorda George Ball «for America to intervene in Korea would not only jeopardize the Schuman Plan, but it might also well create panic in Europe and increase American insistence on a larger German role in the West».[9] Aveva capito che la guerra cambiava totalmente le carte in tavola riguardo sia la Ceca sia la ricostruzione tedesca. Se quest'ultima era stata in qualche modo delegata ai francesi attraverso il piano Schuman, ora era nell'interesse statunitense che la Germania ritornasse attiva nella difesa dell'Europa occidentale all'interno dell'ombrello Nato, come affermò Dean Acheson in un discorso al Waldorf Astoria di New York il 12 settembre.

Naturalmente la posizione tedesca nelle negoziazioni della Ceca in quel momento cambiò, come detto in precedenza. Non aveva più bisogno dell'integrazione europea per ritrovare la sovranità, gli americani stavano offrendo una scorciatoia. Monnet capì che era venuto il momento di fare una proposta ancora più ambiziosa per riallineare l'interesse statunitense al suo e quello del governo francese. Di nuovo, la sua soluzione era di "europeizzare" il problema, in questo caso la difesa del continente. Tuttavia, come emerge anche dalle memorie, l'obiettivo primario non era semplicemente creare un esercito europeo o fornire divisioni alla Ceca. Il rischio vero era che l'intera strategia di politica estera francese diventasse irrilevante di fronte agli eventi. Il sovranazionale rischiava di scivolargli tra le dita.

8. Episodio citato da Fransen, *The Supranational Politics of Jean Monnet*, p. 118.
9. Ball, *The Past Has Another Pattern*, p. 91.

La prima nota al riguardo è dell'agosto 1950.[10] Le stesse considerazioni furono inoltrate ad Alphand il 15 dello stesso mese. La difesa doveva essere realizzata «in comune, con organizzazioni comuni, contributi comuni e mezzi comuni».[11] Il 3 settembre inviò una lettera a René Pleven, mettendo su carta quella che per lui doveva essere la strategia di politica estera francese. La Francia rischiava di essere trascinata dalla corrente e di ritrovarsi senza controllo sul riarmo tedesco, mentre era distratta da fallimentari questioni imperiali in Asia.[12] Bisognava presentare una proposta francese per la difesa del continente europeo che includesse i tedeschi in un ambiente controllato da Parigi e non da Washington. Qui si vede anche emergere la paranoia che la politica francese provava di fronte ad una Germania riarmata, anche se all'interno dell'ombrello atlantico, sentimento che Monnet evidentemente condivideva. Per lui permettere ai tedeschi di formare divisioni in autonomia significava prevenire ogni costruzione europea comune. L'unica integrazione continentale possibile era quella guidata e controllata dalla Francia. Eugene Rostow, che conosceva Monnet dai tempi del Lend-Lease, ricordò una discussione avuta a Parigi in quei giorni riguardo al sistema di voto dell'Assemblea della Ceca. Monnet, in un raro momento di nervosismo, avrebbe esclamato «Look, I don't care if we take population or Gross National Product or steel capacity or coal capacity, or whatever as a measure of voting power. All I want is an outcome, so that Italy and Germany voting together will not constitute a majority».[13] La guida francese quindi nella sua mente non poteva essere messa in discussione.

In questo frangente Pleven propose la creazione della Comunità Europea di Difesa. Di nuovo, come immagine pubblica dei suoi piani, Monnet aveva scelto un membro del governo, esattamente come fatto in precedenza con Schuman. Come scrive Frapporti «a distinguere il progetto di Monnet da altri elaborati in quello stesso periodo era la sua prospettiva prevalentemente concentrata sulla difesa *dai* confini statali e non *dei* confini statali».[14] Togliere il tema della difesa come prerogativa unica dei governi nazionali

10. Duchêne, *Jean Monnet*, p. 227.

11. Jean Monnet a Hervé Alphand, 15 agosto 1950, AMI 4/2/9, Fondation Jean Monnet pour l'Europe, Lausanne.

12. Jean Monnet a Pleven, 3 settembre 1950, AMI 4/3/6, Fondation Jean Monnet pour l'Europe, Lausanne.

13. Eugene Rostow, intervista di Leonard Tennyson, 12 novembre 1987, Fondation Jean Monnet pour l'Europe, Lausanne.

14. Frapporti, *Jean Monnet*, p. 232.

era il modo in cui egli sperava di disinnescare il ritorno delle vecchie paranoie e paure di fronte a una Germania che in potenza non aveva bisogno dell'Europa quanto l'Europa avesse bisogno della Germania. Il rischio era che con il ritorno degli eserciti nazionali, i confini sarebbero tornati a essere inviolabili barriere, cosa che avrebbe messo fine a un certo punto anche all'esperienza della Ceca. Il fatto che le negoziazioni di entrambe seguirono processi paralleli ne sottolinea una natura simile nel metodo e nell'ispirazione, anche se diversamente da quelle della Ceca, le trattative della Ced furono presto travolte dagli eventi e dalla fine della breve infatuazione francese per il sovranazionale.

La durezza del dibattito politico nazionale sul tema, le accuse incrociate e l'acrimonia che emerge nelle dichiarazioni aiutano a far capire il perché un tema che occupò per quattro anni la politica europea sia diventato quasi una nota a piè pagina nelle biografie di Monnet. Lui stesso, nelle memorie, parlò di un suo ruolo in disparte, non di primo piano nelle negoziazioni, lasciate ai governi e ai ministeri degli Esteri. Questa è una modestia inusuale per una persona che stava cercando di fissare il proprio ruolo nella memoria comune europea. Anzi, egli ridimensionò anche la sua opinione del progetto, descrivendolo come un passo troppo affrettato, che in quello stadio sarebbe stato dannoso.[15] Le biografie successive hanno reiterato la questione,[16] anche se Fransen ammette che quello della Ced sia un fallimento dell'idea stessa di sovranazionale di Monnet.

Come emerge invece da un'analisi attenta delle fonti, il suo ruolo fu molto meno marginale di quanto raccontato. Anzi, forse proprio il concetto di difesa comune e il modo di negoziare di Monnet fu la ragione dell'ostilità che dimostrò l'élite politica francese di fronte a un progetto che andava molto oltre gli obiettivi dichiarati da Schuman nel 1950. Dopotutto che a essere sconfitta fosse proprio la concezione dell'Europa di Monnet lo dimostra anche l'attacco, personale e sgradevole, che de Gaulle lanciò contro di lui in una conferenza stampa del 1953.[17] Monnet era «l'ispiratore» di un trattato frutto del lavoro di «tecnocrati esterni», un «mostro artificiale», un «Frankenstein», che mirava a privare la Francia della sua indipendenza e

15. Monnet, *Cittadino d'Europa,* pp. 295-298.

16. Duchêne, *Jean Monnet*, p. 258; Roussel, *Jean Monnet,* p. 683; Fransen, *The Supranational Politics of Jean Monnet*, p. 118.

17. Citata da Frank Giles, *The Locust Years, The Story of the French Forth Republic 1846-1958,* London, Secker&Warburg, 1991, p. 177.

sovranità. Cercare di capire l'origine di queste parole, quindi, è la chiave per identificare il vero ruolo di Monnet nel fallimento della Ced.

Il francese aveva in realtà colto prima di molti altri l'effetto dirompente della Guerra di Corea, prima persino di alcuni membri dell'amministrazione Truman. Proprio la sua capacità di mettere in luce gli effetti di medio termine degli eventi lo aveva posto al centro della discussione politica della Francia in più occasioni ormai, dal 1938. Per lui il riarmo tedesco, e quindi ogni ruolo della Germania nella difesa dell'Europa, poteva avvenire solo in due contesti per lui non contraddittori ma concentrici. Il primo era quello dell'integrazione europea e il secondo più ampio quello del Patto Atlantico, tramutato in una "Federazione dell'Occidente". Questa doveva essere composta di tre poli indipendenti, gli Stati Uniti, l'Impero britannico e la Comunità di Difesa dell'Europa occidentale. La sua amicizia con Schuman e Pleven, oltre alla collaborazione preziosa di Alphand e il rapporto privilegiato con le élites di Washington sarebbero state le chiavi del successo di questo progetto transatlantico.

Era stato il confronto con la stessa amministrazione Truman a convincerlo a trasporre il problema del riarmo tedesco dal piano atlantico a quello continentale europeo nel settembre 1950.[18] Nei telegrammi inviati a Schuman e Pleven in quello stesso mese[19] divenne evidente quale fosse il punto di forza dell'operazione di Monnet, cioè il fatto che l'iniziativa non fosse e non dovesse essere alternativa alla Nato, anzi, proprio con questo la Francia sarebbe potuta divenire l'agente acceleratore di una difesa atlantica policentrica. Quindi non un passo troppo affrettato, ma il cardine del progetto europeo, ancora del piano Schuman e la base della creazione di una vera federazione. «La realizzazione di un autentico federalismo europeo e la revisione delle istituzioni di Strasburgo avverrà da subito».[20]

Il piano era ambizioso quanto rivoluzionario. Nel discorso di Pleven all'Assemblea Nazionale il 24 ottobre 1950, si proponeva, prendendo ispirazione dalla Ceca, la fusione materiale della difesa dei Paesi europei sotto un'unica autorità politica e militare, con un ministero della Difesa europeo,

18. *US Policy Regarding Strengthening the Defense of Europe and the Nature of Germany's Contribution Thereto*, Foreign Relations of The United States, 1950 3, Western Europe, NSC 82, Washington, Government Printing Office, 1977, p. 276.

19. Telegramma a Schuman, 16 settembre 1950, AMI 4/4/3; Telegramma a Pleven, 18 settembre 1950, AMI 4/4/4, Fondation Jean Monnet pour l'Europe, Lausanne.

20. Bozza della dichiarazione per un esercito europeo, 28-29 settembre 1950, AMI 4/4/1, Fondation Jean Monnet pour l'Europe, Lausanne.

un'Assemblea Europea e un Consiglio di Difesa Europeo, con rappresentanti dei singoli stati, a supervisione di un budget comune. I problemi iniziarono subito. Il governo tedesco, in una conferenza bilaterale nel febbraio 1951, non era d'accordo con la grandezza minima delle divisioni e pretendeva, prima di ogni cosa, di essere trattato alla pari. I governi del Benelux non erano convinti, e infatti si dichiararono a favore solo verso la fine dell'anno. Inizialmente anche gli americani stessi si dimostrarono dubbiosi riguardo alle intenzioni francesi. La paura, espressa da Dean Acheson, era che il governo francese stesse usando un piano troppo ambizioso e irrealistico solo per ritardare l'inevitabile riarmo tedesco all'interno dell'ombrello Nato.[21] Il convincere gli americani della congruenza tra la Ced e la Nato fu quindi lo sforzo maggiore di Monnet. Le note degli incontri con David Bruce e John McCloy testimoniano un attivo sforzo di persuasione del francese.[22] Fondamentale fu l'incontro con Eisenhower, presente nelle memorie.[23] Lì sottolineò quanto l'unità europea fosse la chiave della difesa Nato nel continente, e come l'Europa avrebbe sviluppato una volontà di difesa solo mettendo in comune l'oggetto di tale difesa, le risorse economiche e produttive della Ceca.

Forse questa è la chiave per comprendere l'impegno che la futura amministrazione Eisenhower mise dietro l'appoggio vigoroso dato alla Ced, non tanto dovuto alla conversione politica raccontata dalle biografie di Monnet, ma a precisi obiettivi strategici di riarmo europeo.[24] In ogni caso ora il prossimo passo era convincere la politica francese, il che si dimostrò un'impresa totalmente differente e, come sappiamo, fallimentare. La posizione americana, condivisa da Konrad Adenauer, era il trattamento alla pari della Germania Ovest. Monnet, nel memorandum inviato a Schuman dopo l'incontro con Eisenhower,[25] presentò la questione

21. Dean Acheson, *Memo*, 26 marzo 1951, Box 10, RG 59, Department of State General Records, U.S. National Archives, College Park (ML).

22. John McCloy, *Memo of Meeting with Monnet, Pleven and Schuman*, 28 ottobre 1950, Box 4, RG 84, Department of State General Records, U.S. National Archives, College Park (ML); David K.E. Bruce, *Diary*, Virginia Historical Society, Richmond (VA), citato in Renata Dwan, *Jean Monnet and the European Defence Community 1950-54*, in «Cold War History», 1, 3 (2004), pp. 141-160.

23. Jean Monnet, *Mémoires*, p. 271.

24. *Definition of US Policy on problems of the defence of Europe and the German contribution*, 30 settembre 1951, Foreign Relations of The United States, 1951 3, Washington, Government Printing Office, 1978 pp. 851-53.

25. Memorandum a Schuman, 8 maggio 1951, AMG 28/1/1, Fondation Jean Monnet pour l'Europe, Lausanne.

come una condizione esplicita di Washington, anche se non era mai stata presentata in tali termini né da Acheson né da Eisenhower. Tuttavia, questo bastò a convincere il governo francese ad approvare un report provvisorio contenente il principio di equità tra nazioni. A quel punto, Monnet lo usò per convincere Acheson della necessità di un esplicito impegno atlantico per gli aspetti federali della Ced, inserendo una nota all'interno della lettera che Schuman inviò al segretario di Stato ad agosto.[26] È evidente il gioco diplomatico messo in atto da Monnet. Gli Stati Uniti volevano una rassicurazione della serietà della proposta da parte della Francia, e dall'altra parte l'appoggio esplicito americano serviva a convincere i più recalcitranti della leadership francese. Monnet si mise al centro di questo telefono senza fili, a mo' di giocoliere costretto in una stanza piena di delicata porcellana. I dubbi e paure francesi furono la ragione per cui fece pienamente uso del suo network americano. L'invito di Bruce a Schuman a un incontro a New York con Acheson sul tema,[27] e il discorso a Roma con cui Eisenhower sottolineò la necessità di una maggiore unità politica europea, portano entrambi la firma evidente dell'intensa attività di Monnet dietro le quinte.

Di fronte alle resistenze e riluttanze dei governi di Parigi e del Benelux, fu necessario essere creativi, e in aiuto di Monnet arrivò Alcide De Gasperi a inizio 1952. Il presidente del consiglio italiano propose l'aggiunta dell'articolo 38 al trattato, che autorizzava l'Assemblea della Ced a discutere le basi di un'organizzazione istituzionale federale, la Comunità Politica Europea, che ne avrebbe preso il posto successivamente, posponendo tutte le discussioni a riguardo a un secondo momento.[28] La *roadmap* dell'iniziativa quindi diveniva un processo in due parti, la creazione delle istituzioni di difesa e poi lo sviluppo a partire da quelle della struttura federale continentale. Legare le due cose forse aveva una necessità ulteriore oltre a quella ideale. Nel marzo 1952 Anthony Eden, il Foreign Secretary brirannico, propose il cosidetto Eden Plan, che mirava a portare le nuove istituzioni dei Sei all'interno delle strutture intergovernative del Consiglio d'Europa. L'obiettivo era quello di garantire a Londra un controllo sulle

26. Lettera ad Acheson, 25 agosto 1951, AMI 8/3/8, Fondation Jean Monnet pour l'Europe, Lausanne.

27. Citato da Dwan, *Monnet and the European Defence Community*, p. 147.

28. Paolo Emilio Taviani, *La comunità europea di difesa: un'occasione perduta*, in «Civitas», 3, 4 (1979), pp. 5-6.

iniziative di integrazione senza farne parte direttamente, mantenendone la natura non federale.[29]

Il trattato, con l'articolo 38, fu firmato nel maggio 1952, ma era necessaria un'azione decisa da parte dei governi dei Sei per respingere ogni tentativo di minare l'elemento sovranazionale delle nuove istituzioni. Monnet si mise al lavoro con il suo gruppo per scrivere una mozione di supporto all'immediata creazione delle strutture politiche della Ced da far approvare al governo francese.[30] L'approvazione arrivò, senza che riuscisse ad accendere molto entusiasmo, tanto che fu Monnet a inviare di sua volontà una copia ad Adenauer, McCloy e De Gasperi. Da colloqui con questi si arrivò alla lettera a Schuman in cui proponeva di non aspettare, e anzi usare l'assemblea della Ceca per sviluppare quanto previsto dell'articolo 38, cercando di organizzare l'elezione diretta del parlamento comune già nel 1953.[31] Questo fu accettato durante l'incontro inaugurale dell'Assemblea Comune della Ceca a settembre, forse tra le più grandi vittorie di Monnet in quegli anni.

Come spiegare però la sua disattenzione nei confronti della ratifica parlamentare del trattato in Francia? La cosa più probabile, come in parte scrive Renata Dwan, è che ritenesse che il periodo tra la firma e la ratifica potesse essere meglio usato per velocizzare il processo di creazione delle istituzioni federali, contando sull'appoggio dei governi e sull'attività dei suoi amici nelle posizioni chiave. L'esperienza della Ceca dopotutto dimostrava che la volontà di andare avanti sul sentiero dell'integrazione europea c'era, e la sua abilità di convincere gli americani gli forniva ulteriori rassicurazioni. Questa era la più potente arma nel suo arsenale, però anche il suo maggiore punto debole in patria. I semi del fallimento erano evidenti agli stessi membri del Dipartimento di Stato a Washington. La Ced era vista sempre di più come un progetto americano e non francese, proprio grazie al gioco delle parti messo in piedi da Monnet. «If an enduring union of the Six is to be established, it must be created because they want it, it must be European in concept and reflect their traditions, not ours».[32] Era

29. Vedi Ludlow, *Dealing With Britain*, p. 54.

30. Bozza di dichiarazione, 25 giugno 1952, AMJ 2/2, Fondation Jean Monnet pour l'Europe, Lausanne.

31. Lettera a Schuman, 9 settembre 1952, AMJ 2/2, Fondation Jean Monnet pour l'Europe, Lausanne.

32. *Memo on US policy on European Institutions*, 15 novembre 1952, Lot file 55, D 105, NARA RG 59, Department of State General Records, U.S. National Archives, College Park (ML).

chiaro in ogni caso che lo sviluppo nel lungo termine di una struttura istituzionale europea era subordinata al riarmo nella mente dell'amministrazione Truman, capovolgendo così la logica del francese. Il suo compito fu quello di convincere quindi Washington del contrario, cioè che ogni difesa europea fosse possibile solo all'interno delle istituzioni che sarebbero state costruite a partire da Ceca e Ced.

L'arrivo dell'amministrazione Eisenhower nel 1953 coronò questo progetto di conversione della politica americana.[33] Il nuovo segretario di stato era John Foster Dulles, il più vecchio amico di Monnet da quel lato dell'Atlantico, e molto più aperto di Acheson ad accogliere il suo punto di vista. Di sicuro non aspettò l'insediamento per aprire i contatti, come dimostra la lettera a McCloy nel dicembre 1952.[34] Sperava in un maggiore impegno per una «truly federal European integration». Nella lettera di congratulazioni a Dulles scrisse «your appointment is a source of hope for all of us. I believe the prompt creation of a United States of Europe is essential and I know how much you share these convictions».[35] Fu la raccomandazione di Monnet a portare alla nomina di David Bruce a osservatore nella Commissione interim della Ced e rappresentante presso la Ceca, con l'incarico ulteriore di seguire il progresso per la creazione della Comunità Politica Europea. Tomlison ne divenne il vice.[36]

Si raggiunse così l'apice dell'influenza del francese sulla politica americana, nello stesso momento in cui perse quella sul governo del suo Paese. Fino ad allora erano stati soprattutto i gaullisti e i comunisti a opporsi alla creazione della Ced. I primi, perché lo ritenevano uno sforzo antifrancese e incompatibile con gli impegni del Paese all'interno della sua struttura coloniale. I secondi per le continue pressioni sovietiche. Proprio dall'impero oltremare arrivarono i colpi allo già scarso entusiasmo dimostrato da socialisti e cristiano-democratici al governo. I problemi a mantenere il controllo dell'Indocina portarono i tre governi succedutisi tra il 1952 e il 1954 a mettere un freno a ogni progetto in Europa. Il collasso del governo di Antoine Pinay nel dicembre 1952, proprio nei

33. Su questo vedi Winand, *Eisenhower, Kennedy*.

34. Lettera a McCloy, 31 dicembre 1952, Box 62 Vol.1, Dulles Private Papers, Mudd Library, Princeton University Library, Princeton (NJ).

35. Telegramma a J.F. Dulles, 24 ottobre 1952, AMH 46/08/13, Fondation Jean Monnet pour l'Europe, Lausanne.

36. Dulles a Eisenhower, 18 febbraio 1953, Dulles Private Papers, in Winand, *Eisenhower, Kennedy*, pp 38-40.

giorni in cui Monnet faceva piani con McCloy e Bruce, tolse al francese il suo maggiore alleato al Quai D'Orsay, Robert Schuman. Se Rene Mayer era un sincero atlantista e amico di Monnet, il suo nuovo ministro degli Esteri, Bidault, non condivideva lo stesso fervore europeista del suo predecessore, e le sue esitazioni non fecero altro che galvanizzare l'opposizione nell'Assemblea Nazionale. Il governo Mayer dovette negoziare l'appoggio delle formazioni gaulliste in Assemblea, che posero come condizione la protezione del carattere nazionale dell'esercito francese. Il loro maggiore timore era che la Germania finisse a guidare la difesa continentale senza ulteriori garanzie.

Di fronte ai continui rovesci nel Sud-est asiatico, la battaglia attorno alla Ced non riguardava più il riarmo tedesco e l'integrazione europea, ma il futuro della Francia come attore globale. In più soprattutto da sinistra arrivavano pressioni perché si garantisse un maggiore controllo democratico dell'uso dell'esercito comune. La proverbiale flessibilità e il pragmatismo di Monnet in questo caso lasciarono il posto a intransigenza, il che si dimostrò alla fine essere la strategia sbagliata. In una lettera a Mayer chiese al presidente del consiglio di non arrendersi di fronte a «spinte nazionaliste», ricordandogli come il pericolo fosse l'isolamento della Francia e il riarmo autonomo della Germania. Il trattato aveva già fatto troppe concessioni ai governi nazionali e si rischiava di mettere fine al progetto della Cpe.[37]

Meyer sapeva però di essere in una posizione rischiosa, e non poté fare altro che annunciare l'intenzione di inserire protocolli aggiuntivi al trattato della Ced che garantissero l'autonomia francese fuori dall'Europa. Quando poi nel marzo 1953 l'Assemblea Comune a Strasburgo pubblicò la bozza di costituzione europea che univa Ceca e Ced in una struttura federale, con parlamento bicamerale, un esecutivo e un consiglio dei ministri nazionali, Bidault spense gli entusiasmi degli altri ministri degli esteri proponendo la creazione di una commissione intergovernativa per studiare ulteriormente la cosa. La veloce creazione della Cpe che Monnet aveva promesso a Eisenhower finiva lì. In patria, intanto, si era formata una coalizione composta dalle fazioni contrarie al riarmo tedesco e da chi poteva anche accettarlo, ma non a spese della sovranità francese nel settore della difesa. Raymond Aron descrive quello avvenuto tra il gennaio 1953 e l'agosto 1954 come «the greatest ideological and

37. Lettera a Mayer, 29 dicembre 1952, AMJ 36/4/2, Fondation Jean Monnet pour l'Europe, Lausanne.

political debate France has known since the Dreyfus affair».[38] Le già citate parole di de Gaulle coronarono il fallimento di Monnet, ormai attaccato frontalmente come mai successo prima, in parlamento e sulla stampa. L'*eminence grise* era il simbolo di un sforzo "straniero" di togliere alla Francia la sua sovranità. Forse è per questo che, come raccontò, preferì mettersi da parte e avere un ruolo periferico negli eventi che seguirono. Scelse di usare l'ultima arma a sua disposizione, la sua potente influenza sulla Casa Bianca e sul Dipartimento di Stato.

Insieme a Bruce e Tomlinson formulò una strategia di pressione sui governi Meyer prima e Lenay dopo, fino al famoso incontro al Nato Atlantic Council del 14 dicembre 1953, in cui Dulles minacciò un «agonizing reappraisal» della politica estera americana riguardo l'Europa se la Francia non avesse ratificato il trattato della Ced. Se Winand e Roussel hanno cercato di distanziare Monnet da questa presa di posizione così netta di Dulles, Dwan ha dimostrato che fu proprio il francese, insieme a Bruce, a esserne l'ispiratore, durante degli incontri avvenuti poco prima della riunione del Nac.[39]

Un approccio così diretto e duro di Washington generò l'effetto opposto a quello desiderato. Le paure espresse dal Dipartimento di Stato sotto Acheson diventarono realtà, agli occhi della politica francese la Ced e la Cpe erano progetti americani e non europei, e così i già tenui entusiasmi della coalizione governativa si spensero. Il nuovo governo di Pierre Mendes France, insediatosi nel giugno 1954 formulò emendamenti al trattato che fossero precondizione alla ratifica da parte dell'Assemblea Nazionale. A tutti gli effetti ogni elemento sovranazionale spariva dal testo. Nel giugno Monnet soffrì di un inizio di ictus, forse proprio di fronte alla pressione crescente.[40] Dal letto di ospedale scrisse una lettera a Mendés France chiedendogli di cambiare idea, ma non ci fu risposta.[41] Insieme a Bruce quindi, chiese a Spaak di fare in modo che la pressione dei cinque forzasse la mano del governo francese durante l'incontro dei

38. Raymond Aron, Daniel Lemer, *France Defeats EDC*, New York, Praeger, 1957, p. 10.

39. Winand, *Eisenhower, Kennedy*, p. 46; Roussel, *Jean Monnet*, pp. 670-672; Dwan, *Jean Monnet and the European Defence Community*, p. 153.

40. Come afferma Duchêne, *Jean Monnet*, p. 367.

41. Lettera a Mendés France, 12 agosto 1954, AMI 26/2/1, Fondation Jean Monnet pour l'Europe, Lausanne.

capi di governo a Bruxelles del 19 agosto.[42] Dopo tre giorni di dibattito, si finì con un nulla di fatto. Bruce a quel punto scrisse una proposta per un nuovo incontro, con anche rappresentanti del Foreign Office.[43] Di fronte al silenzio di Londra e al rifiuto di Mendés France di negoziare, la processione funebre della Ced raggiungeva finalmente l'Assemblea Nazionale. Con 319 voti contro 264, il parlamento francese rigettava ogni ulteriore discussione del trattato, mettendo fine al progetto di difesa comune.

2. *Le ragioni di una scommessa persa*

È possibile che all'inizio a Monnet interessasse poco la questione della difesa in sé. Dopotutto non risultano prove che lui abbia partecipato alla scrittura degli aspetti più tecnici del trattato, anche se rimaneva tra i suoi massimi fautori e ispiratori. Si può però cercare di disegnare un quadro di ciò che è avvenuto nell'evoluzione della visione di Monnet e su cosa, quindi, è andato storto nella sua applicazione.

Come affermato in precedenza l'europeismo del francese non proveniva da attivismo o da una tradizione politica identificabile con le anime che componevano l'assemblea nazionale. Anzi, la sua attività si basava sull'essere un'*eminenza grigia*, in rapporto privilegiato con il cosiddetto "secondo livello" delle istituzioni politiche, alti funzionari e ministri chiave facenti parte di un'élite transnazionale internazionalista e pragmatica. Il suo approccio all'integrazione europea è quindi una traduzione del linguaggio di un certo liberalismo francese in termini di utilità logistica, funzionali prima alla ricostruzione del suo Paese e poi alla messa sotto tutela della Germania all'interno della più ampia struttura atlantica. In questo senso quindi si può pensare che non avesse, almeno fino a luglio 1950, nessun progetto concreto di Europa unita al di là di precisi obiettivi di medio termine di condivisione delle produzioni di carbone e acciaio. Il racconto che segue quindi lo vede inseguire gli eventi e reagire alle crisi tirando fuori dal cilindro un progetto che andava ben oltre gli obiettivi dichiarati. L'integrazione della difesa avrebbe schiacciato

42. Paul-Henri Spaak, *Combats Inacheves, de l'indipendence à l'alliance,* Paris, Fayard, 1969, pp. 286-289.

43. Memorandum di Bruce, 25 agosto 1954, AMI 23/8/16, Fondation Jean Monnet pour l'Europe, Lausanne.

l'acceleratore della costruzione federale continentale come la Ceca non avrebbe mai potuto fare. Questo perché la difesa ha bisogno di strutture politiche, amministrative e burocratiche di gestione e supporto, e queste a loro volta si fondano in una democrazia su una legittimità elettorale. Questo ragionamento è il motivo per cui Monnet e i suoi amici spinsero con così tanto entusiasmo ed energia affinché la politica francese da un lato e il Dipartimento di Stato americano dall'altro si convincessero a portare avanti il progetto. Alla prima si cercarono di vendere la Ced e la Cpe come gli unici strumenti per garantirsi un ruolo nell'inevitabile riarmo tedesco e per salvare le negoziazioni per la Ceca, vitale per la ricostruzione. Ai funzionari di Washington invece la cosa fu presentata come una reale possibilità di creare un pilastro continentale indipendente all'interno della Nato che garantisse allo stesso tempo la partecipazione tedesca alla difesa dell'Europa. La strategia prevedeva quindi di agire a livello ministeriale al fine di far combaciare l'integrazione europea con gli obiettivi di politica estera dei singoli Paesi. Sarebbero stati i leader politici poi a occuparsi di convincere gli elettori.

Tuttavia, risultò difficile l'operazione quando al posto di un progetto tecnocratico e logistico di messa in condivisione delle risorse, come modellato dal piano Schuman, si passò a una ben più ambiziosa struttura federale basata esplicitamente sul principio di sovranità popolare sovranazionale. Sicuramente uno dei fattori determinanti per questa evoluzione così audace fu l'entusiasmo. Dopotutto entrambi i trattati di Ceca e Ced furono firmati, con le istituzioni della prima che iniziarono i loro lavori nel 1952. La sensazione che si potesse osare di più certamente andò a galvanizzare chiunque sognasse un'Europa unita. Un secondo fattore fu sicuramente la fretta. C'era il pericolo, di fronte al precipitare degli eventi della Guerra fredda, che l'attenzione si spostasse altrove e che le nuove organizzazioni europee perdessero slancio lasciando il posto a strutture intergovernative. Dopotutto era quello che era successo con il Consiglio d'Europa nel 1948. Risulta impressionante quindi la velocità con cui le istituzioni della Ceca furono create, come anche l'intenzione di avere un parlamento comune del Cpe già nel 1954. Ciò che però contò più di ogni altra cosa fu il supporto americano. Monnet e i suoi amici dal 1950 al 1954 credevano fermamente che l'appoggio politico, ideologico e finanziario degli Stati Uniti potesse essere la carta vincente per federare l'Europa. Ne erano convinti perché la rete del francese mai come in quegli anni ebbe una tale influenza sulla definizione di obiettivi e modi della politica estera americana. Ciò che manco però è un aspetto che Monnet aveva imparato a ignorare e trattare con sospetto, la dialettica parlamentare.

È paradossale che il progetto che cercò in tutti i modi di portare avanti aveva la sovranità popolare attraverso istituzioni parlamentari al suo centro, elementi della vita democratica da cui lui si era sempre tenuto lontano. Il paradosso forse aiuta meglio di qualsiasi altra cosa a spiegare il suo fallimento. Monnet non cercò mai di aggregare consenso popolare e parlamentare intorno all'Europa unita, preferendo continuare ad agire in modo quasi privato, a livello di ministeri e alti funzionari. Anche se a capo della Ceca, comunque non vedeva il suo ruolo avente una caratterizzazione politica attiva. Non c'è menzione dell'opinione pubblica nei suoi scritti. Dopotutto i progetti a cui aveva lavorato fino ad allora avevano sempre previsto piccoli gruppi di decisori al di fuori delle logiche della dialettica politica che rispondevano a leader individuali, dall'Atmc al Cfln al Commissariat du Plan. La sua continua sottovalutazione dell'elemento parlamentare rifletteva sicuramente ciò che l'esperienza gli aveva insegnato, ma anche la percepita debolezza dell'istituzione dell'Assemblea Nazionale durante la Quarta repubblica. Litigiosa e frazionata, l'impressione era che con una diretta azione di leadership alla fine una maggioranza si sarebbe trovata. Lo disse Monnet stesso al suo vecchio collega George Murnane:

> It is a mistake to claim, as some have, that the EDC and the political authority cannot pass a vote. I do not doubt that there will be a parliamentary majority when the treaties are presented… What is required is leadership and action.[44]

Non era l'unico a pensarla in questo modo, l'impressione era confermata dai memo del Dipartimento di Stato. Tuttavia, anche se fosse stato vero che l'Assemblea Nazionale fosse in quegli anni un'istituzione cauta, divisa e reazionaria, incapace di creare consenso intorno a così ambiziose idee di integrazione, il suo sostegno era in ogni caso necessario. Questo, insieme all'incapacità di Monnet di pensare se non in termini di rete e influenza, lasciarono il francese disarmato di fronte agli eventi politici del 1953 e 1954. Charles de Gaulle si dimostrò molto più abile nell'interpretare la situazione politica e soprattutto il malessere degli ambienti militari di fronte a una percepita doppia disfatta, in Indocina e in Europa.[45] Fu infine l'intransigenza dimostrata da Monnet di fronte

44. Lettera a Murnane, 7 luglio 1953, citata in Roussell, *Jean Monnet*, pp. 665-7.
45. Per un'analisi si veda Julian Jackson, *A Certain Idea of France*, pp. 428-432.

alle iniziative dei governi Meyer, Pinay e soprattutto Méndes France tra i motivi principali del fallimento della Ced, insieme a un fatale errore di calcolo sulla capacità americana di influenzare la politica nazionale in Europa. Di sicuro questa contribuì a tenere vivo il progetto per tre anni, ma da sola non poteva nulla di fronte alla crisi di credibilità che la creatura di Monnet soffrì nell'opinione pubblica francese. Quando l'influenza divenne aperta minaccia, gli Stati Uniti si tramutarono da carta vincente a principale difetto del piano. Per Monnet la disfatta fu cocente, ma più di tutti a perdere fu il concetto di sovranazionale. Da quel momento in poi l'Europa non sarebbe unita se non gradualmente, in maniera funzionale a rendere appetibili piccole e progressive rinunce di sovranità nazionale. Il francese annunciò le sue dimissioni dalla Ceca all'inizio del 1955 per potersi concentrare su due obiettivi: dare forma all'élite internazionale che ormai si era creata intorno a lui e aiutare gli americani a definire la partnership atlantica nel lungo termine.

3. *Il Comitato d'Azione e l'Atlantic Partnership*

Dopo una sconfitta così pubblica e definitiva, il capitale politico di Monnet in Francia si era dissipato. Non si troverà mai più nella posizione di potere di cui aveva goduto nel 1943 o dal 1946 al 1953. Come scrive Pascal Fontaine, era venuto il momento di fare un passo indietro e considerare gli effetti di lungo termine della catastrofe.[46] Quello che mancava era un modo per coinvolgere i parlamenti nazionali nel processo di una progressiva integrazione della comunità, mettendo da parte per il momento l'uso spregiudicato e audace dell'elemento sovranazionale. Un'area dove era possibile provare a continuare il lavoro era di nuovo quella energetica. Per comprendere cosa portò Monnet dalla Ced a Euratom è necessario considerare almeno tre elementi. La tecnologia atomica civile era qualcosa di relativamente nuovo, e dunque era caratterizzato da meno conflitti tra poli di interesse e strenui difensori dello status quo. In più l'elemento rivoluzionario della tecnologia, il suo potenziale di trasformare completamente l'industria energetica e il suo enorme costo la rendevano qualcosa di difficilmente sviluppabile a livello di singolo Paese.

46. Pascal Fontaine, *Le Comité d'Action pour les Etats-Unis d'Europe de Jean Monnet*, Lausanne, Centre de recherches européennes, 1974, p. 22.

Il secondo aspetto era geopolitico. Non bisogna dimenticare l'obiettivo che Monnet aveva dato all'integrazione di carbone e acciaio già nel 1943, cioè quello di rivoluzionare le relazioni europee a tal punto da rendere una guerra impossibile. Una comunità sull'energia atomica è solo il passaggio logico successivo a questo ragionamento.[47] Il terzo aspetto è quello relazionale. Monnet poteva anche aver perso ogni capitale politico a Parigi, ma la sua rete di amicizie in Europa e negli Stati Uniti era ancora viva e costituiva ora la sua unica base di potere. Un'area che implicava accordi commerciali e trasferimenti tecnologici come quella atomica sembrava aver bisogno esattamente delle capacità di influenza di Jean Monnet.

Tuttavia, ormai anche le élites europee si muovevano in un'altra direzione, una che all'inizio lui non appoggiava. Il cosiddetto "rilancio" del movimento europeista aveva un elemento che più di altri interessava ed entusiasmava i governi europei, la creazione di una Comunità Economica, proposta per la prima volta dal ministro degli Esteri olandese Johan Beyen. Monnet era inizialmente poco convinto dal progetto inizialmente, e si sforzò di tenerlo separato da Euratom il più possibile.[48] Naturalmente col senno di poi è impossibile non giudicare poco previdente il giudizio del francese in questo caso. Dopotutto l'energia atomica non si rivelò quella rivoluzione che era stata annunciata, anche a livello industriale, e con la perdita di importanza del carbone a vantaggio del petrolio, in quel momento non c'era alternativa al cercare di ottenere l'integrazione attraverso la creazione di un mercato unico. Ma come Fransen sottolinea,[49] vi era un motivo più profondo dietro il ragionamento di Monnet. Il suo obiettivo dal 1950 era di rendere l'Europa occidentale indipendente e unita sotto l'egida francese, economicamente e soprattutto politicamente. L'integrazione dei mercati avrebbe trascinato i Paesi europei in lunghi dibattiti tecnici sui più svariati aspetti di applicazione del trattato senza portare in ogni caso alla creazione di una vera federazione. Dopo tre quarti di secolo potremmo quasi dire che avesse ragione. Ci vollero quarant'anni per ottenere il mercato unico, dopo decenni di dibattiti e lotte per rimpiazzare barriere non tariffarie e misure protezionistiche con standard e regole comuni.

47. Che comunque di nuovo, nonostante le intenzioni e i proclami, portò ad un risultato magro. Per ottenere il consenso del governo francese alla creazione di istituzioni europee sull'energia atomica, non fu possibile evitare che il Paese sviluppasse un proprio separato programma di armi nucleari.

48. Duchêne, *Jean Monnet*, p. 297.

49. Fransen, *The Supranational Politics of Jean Monnet*, p. 124.

Paul Henri Spaak in ogni caso era determinato a rilanciare il processo di integrazione, e l'occasione arrivò con la conferenza dei Sei a Messina nel giugno 1955. La rinascita dell'integrazione europea però segnò anche la fine della vita pubblica di Jean Monnet. Come condizione al ritiro delle dimissioni dall'Alta Autorità della Ceca, chiese garanzie sulla serietà del suo governo a continuare sulla strada tracciata nel 1950. Ma ormai non era più nella condizione di negoziare. Il governo di Edgar Faure fece orecchie da mercante e Monnet lasciò definitivamente.[50] Senza più un ruolo pubblico, ora poteva concentrarsi sul creare una piattaforma che avrebbe potuto sostenere l'integrazione europea in un modo che gli era più congeniale, attraverso un lavoro elitario di rete. L'11 ottobre 1955 pubblicò l'annuncio della creazione del Comitato d'Azione per gli Stati Uniti d'Europa. Vi facevano parte leader di partiti politici, industriali, pensatori e sindacalisti. Non si può non avere l'impressione che mirasse a creare una sorta di un'assemblea europea alternativa, separata dal dibattito politico nazionale. Tuttavia, il modo in cui operò il comitato era piuttosto diverso dagli altri gruppi di lavoro che aveva creato e diretto in passato. Somigliava molto di più ai think tank che si erano sviluppati nell'anglosfera nel primo dopoguerra. Proprio come aveva fatto in passato, Monnet fece attività di lobby per reclutare membri da Paesi d'Europa anche fuori dai Sei, promuovendo iniziative per discutere dei documenti programmatici scritti dai suoi colleghi. Una volta che un documento raggiungeva il consenso del comitato attraverso il voto, era sua cura inviarne una copia alla stampa e ai suoi amici americani. Queto fece sì che si venisse a creare una rete multilaterale atlantica di circolazione di idee scritte, elemento che diede alle neonate istituzioni europee anche utili canali alternativi di dialogo. Monnet stava plasmando la dialettica tecnico-politica europea a immagine e somiglianza del suo metodo.

Tuttavia, diversamente dal passato, le persone che ne facevano parte non erano alti ufficiali che agivano di propria iniziativa negoziando capitale politico all'interno di una rete. Essi erano rappresentanti che firmavano a nome di organizzazioni esterne. In più quello che producevano non erano iniziative concrete di politica estera o industriale, come poteva essere il caso del gruppo di Foxhall Road o del Commissariat du Plan, ma documenti d'opinione e programmatici. Se anche erano ispirati dagli stessi principi contenuti in documenti come la Dichiarazione Schuman, mancavano

50. Duchêne, *Jean Monnet*, p. 280.

dell'appello risoluto a prendere parte a precisi corsi d'azione che avevano caratterizzato i proclami di inizio anni Cinquanta. «European integration after 1954 was, indeed, of a different species».[51]

Un aspetto di cui le biografie si occupano poco è la fonte dei finanziamenti per il Comitato d'Azione, soprattutto a favore del Centro di Ricerca a Losanna che poi divenne la Fondazione Jean Monnet per l'Europa, tra i più grandi archivi sulla storia dell'integrazione europea e fonte principale di questa ricerca, che aggiunge un altro elemento alla straordinaria natura atlantica dell'ultima creatura di Monnet. Lui non riceveva salario per il suo lavoro, anzi, con le proprie finanze copriva i deficit e costi extra. Erano gli stessi membri a finanziare le attività, soprattutto sindacati tedeschi.[52] Il francese aveva messo in chiaro che non avrebbe accettato fondi dai governi europei ma solo da fondazioni e enti personali e privati, per garantire l'indipendenza della sua creatura (non a caso ospitata in Svizzera). Poi nel 1958 arrivarono due notizie che cambiarono lo scenario di azione di Monnet e del suo nuovo think tank. I disordini in Algeria e i malumori nell'esercito avevano portato Charles de Gaulle a essere capo del governo di unità nazionale incaricato di scrivere la nuova costituzione che mettesse fine alla percepita inadeguatezza e debolezza della quarta repubblica. A simboleggiare il nuovo corso della politica francese sotto il nuovo regime gaullista, il commento (o monito) del generale a Etienne Hirsch, il nuovo capo di Euratom: «nous ne sommes plus dans l'ère où M. Monnet donnait des ordres».[53] Tuttavia quell'anno arrivò anche una buona notizia, una donazione dalla Ford Foundation, ancora oggi tra le più grandi fondazioni no-profit del mondo, di 150.000 dollari (corrispondente a più di un milione e mezzo di dollari odierni). L'iniziativa era venuta da Shepard Stone, direttore dell'ufficio affari internazionale della Fondazione dal 1954, dopo aver lavorato per l'Alta Commissione degli Stati Uniti in Germania. A reclutarlo dal «New York Times» nel 1949 ci aveva pensato John McCloy, che aveva bisogno di una persona che parlasse fluentemente il tedesco,[54] con contatti nella classe dirigente del Paese. McCloy aveva lasciato Bonn nel 1952 per divenire capo della banca Chase e *trustee* della

51. Fransen, *The Supranational Politics of Jean Monnet*, p. 125.

52. Wells, *Jean Monnet, Unconventional Statesman,* p. 212.

53. Duchêne, *Jean Monnet*, p. 315.

54. Stone aveva una laurea magistrale in storia conseguita ad Heidelberg nel 1930 e un dottorato presso l'università di Berlino nel 1933.

Ford proprio nel 1958. L'obiettivo primario dell'organizzazione in Europa era la lotta al comunismo, ma l'amicizia di Monnet con McCloy fece sì che alcuni fondi fossero utilizzati anche per l'integrazione europea. Dopotutto i membri della Fondazione e quelli del Comitato d'Azione a volte coincidevano, internazionalisti che «understood the dependency of the United States on Europe as well as Europe's on the US».[55] I fondi della Fondazione servirono soprattutto a pagare i salari di preziosi collaboratori di Monnet, come Max Kohnstamm, che lasciò la carriera diplomatica per diventare vicepresidente del Comitato, Jacques Van Helmont, segretario generale, e i giornalisti Richard Mayne e François Duchêne, incaricati di scrivere gran parte dei documenti. A dirigere il centro di ricerca e documentazione ci pensò Henri Rieben, professore dell'Università di Losanna, a cui tra l'altro la Ford concesse un finanziamento di 25.000 dollari per lo studio dell'integrazione europea. La donazione al Comitato fu rinnovata nel 1960, 1963 e 1965, andando a cementare anche materialmente il legame tra Monnet e i suoi amici nelle stanze dalle porte girevoli del potere politico e finanziario americano.

Gli obiettivi di breve termine del Comitato furono due in periodi distinti. Il primo fu generare consenso intorno alle risoluzioni di Messina. In seguito, poi ai trattati di Roma del 1957, e soprattutto all'arrivo al palazzo dell'Eliseo di Charles de Gaulle, una nuova fase si aprì per il Comitato. Il veto all'entrata della Gran Bretagna nella Cee e la famosa crisi della sedia vuota portarono Monnet a cercare di evitare lo smantellamento delle istituzioni europee da parte del generale. Per fare questo, i documenti pubblicati divennero un modo per presentare un punto di vista "europeo" dei problemi del continente, di fronte alle logiche intergovernative che erano alla base delle nuove istituzioni comunitarie. L'era delle grandi idee era in ogni caso finita, bisognava salvaguardare sia il processo di integrazione in sé sia l'eredità morale e politica di uno dei suoi padri fondatori. Monnet in ogni caso negli anni Sessanta cercò di spostarsi su un altro piano, tentando di usare l'influenza in ambienti angloamericani di cui ancora godeva per cementare il ruolo dell'Europa nelle relazioni tra i due lati dell'Atlantico.

Ma prima di fiondarsi nel suo ultimo progetto, arrivò una notizia che lo costrinse a volare a Washington alla fine di maggio 1959. John Foster Dulles era morto per un cancro e la moglie Janet chiese a Monnet di essere

55. Shepard Stone, Intervista di Leonard Tennyson, 23 luglio 1982, Fondation Jean Monnet pour l'Europe, Lausanne.

uno dei portatori della bara al funerale al cimitero nazionale di Arlington, l'unico straniero, a testimonianza ancora una volta del rapporto speciale tra lui e l'élite che governava gli Stati Uniti ormai da tre decenni. L'ammirazione e affetto che Monnet provava per Dulles sono evidenti nelle parole da lui usate nelle memorie: «l'uomo (Dulles, *n.d.a.*) che ho conosciuto e amato era simile a molti altri, ma più grande e più retto della maggior parte degli altri».[56] Non dimenticò mai che fu Dulles ad aiutarlo finanziariamente negli anni Trenta, a raccomandarlo nel mondo della finanzia americana, o a finanziare Monnet, Murnane & Co dopo l'avventura cinese. La loro amicizia trovava fondamento nella convinzione che l'integrazione europea fosse il miglior modo per garantire il non ripetersi degli orrori delle due guerre mondiali. Dulles era diventato così il mezzo attraverso cui influenzare e dirigere la politica estera dell'amministrazione Eisenhower.

Il legame con gli Stati Uniti dopotutto era il cuore dell'attività pubblica e privata di Monnet. Non è possibile raccontare la sua storia senza nominare Bullitt, Frankfurter, Acheson, Dulles, McCloy, Harriman e tanti altri. Bossuat ricorda come per lui il legame tra Europa e America fosse intimo, basato sul valore comune della libertà individuale alla base delle due grandi rivoluzioni del XVIII secolo.[57] Il lavoro negli anni Cinquanta aveva come obiettivo quindi quello di trasformare le due sponde dell'Atlantico in autentici partner nella Guerra fredda. Questa "partnership" è qualcosa che emerge continuamente nelle conversazioni con i suoi amici in quegli anni. Nell'intervista di Brown Wells a Kohnstamm nel 2005 questi sottolinea quanto per Monnet «being an Atlanticist and a European were the same thing».[58] Dopo il funerale di Dulles, inviò una lettera a Eisenhower proprio sottolineando questo legame e come potesse tradursi all'interno delle logiche della Guerra fredda. «We need a partnership between the United States and a United Europe, in order to negotiate from a position of strength with the Soviet Union, in order to build up a long-term relationship between Russia and the West that might one day become an association».[59] In questa partnership la comunità europea

56. Monnet, *Cittadino d'Europa,* p. 78.

57. Gerard Bossuat, *Conclusion generale*, in *Jean Monnet, L'Europe et les chamins de la paix*, p. 499.

58. Max Kohnstamm, intervista di Sherrill Brown Wells, 19 novembre 2005, Fondation Jean Monnet pour l'Europe, Lausanne

59. Lettera ad Eisenhower, 14 agosto 1959, Eisenhower papers, Eisenhower Presidential Library, Abilene (KS), citata in Wells, *Jean Monnet*, p. 222.

avrebbe agito come un'unità, in un dialogo tra pari, soprattutto una volta che la Gran Bretagna fosse riuscita a entrare nella Cee, come auspicò poi in una lettera ad Adenauer nel 1962, forse in risposta all'annunciato piano Fouchet di de Gaulle l'anno prima, che proponeva nei fatti un'integrazione europea senza istituzioni sovranazionali.[60]

L'arrivo di Kennedy alla Casa Bianca fu motivo di speranza per Monnet, anche se come vedremo i tragici eventi di inizio anni Sessanta e l'ormai ingombrante ombra di de Gaulle segnarono la fine anche dell'ultimo grande progetto del francese. L'amministrazione Kennedy fu l'ultima ad coinvolgere numerose amici di Monnet, a tutti i livelli, specialmente nel Dipartimento di Stato. Intorno a George Ball, ora sottosegretario agli affari economici si formò un nuovo gruppo di funzionari che avevano avuto modo di lavorare in più istanze ai progetti statunitensi in Europa. Erano chiamati gli "Atlanticists", o "the Club", con Ball come "High Priest". Tra loro Averell Harriman, David Bruce, Robert Schaetzel, che aveva lavorato con Kohnstamm all'accordo tra l'Atomic Energy Commission americana ed Euratom, poi passato al congresso, Arthur Hartman, il vice di Schaetzel, John Tuthill, liaison con le istituzioni europee e l'ammiragilio John M. Lee del dipartimento della Difesa. Dean Acheson era tornato come presidente della Advisory Committee della Nato e principale consigliere di politica estera insieme a John McCloy.[61] Per l'occasione Monnet resuscitò alcune relazioni che aveva intessuto a inizio anni Quaranta nella capitale americana. Tramite Eugene Rostow, avvocato e funzionario del programma Land Lease, incontrò il fratello di lui, Walt, vice assistente alla presidenza per questioni di sicurezza nazionale. Walt e la moglie Elspeth furono più volte ospiti dei Monnet.

Ball utilizzò a piene mani le risorse del Comitato d'Azione ancora prima che Kennedy vincesse le elezioni. Quando il governatore dell'Illinois Adlai Stevenson fu incaricato di mettere insieme un programma di governo per i primi cento giorni, a Ball fu chiesto di ideare misure per rafforzare i legami con l'Europa. Naturalmente questi chiese l'aiuto di Schaetzel, Kohnstamm e Monnet. Il testo conteneva un piano per una «policy for partnership between a united Europe and America within a strong Atlantic

60. Lettera ad Adenauer, 16 gennaio 1963, citata da Richard Mayne, *Father of Europe*, p. 181.

61. Winand, *Eisenhower, Kennedy*, p. 147.

Community».[62] Una volta al dipartimento di stato, i contratti con Marjolin, Hirsch e Hallstein furono continui, sempre tramite Monnet e il Comitato. Nel gennaio 1960, fu Ball a introdurre Monnet a George Bundy, principale consigliere di sicurezza nazionale alla Casa Bianca.

> Ball had totally embraced Monnet's central thesis that European integration was an exorable process. He believed that the United States could prepare for it or be overrun by it. Americans, he warned the President, should act boldly and not sit back and be passive witnesses to the development of a closed, autarchic, incestuous continental system.[63]

Questo è il concetto che Monnet passò, tramite Ball, al nuovo segretario di stato Dean Rusk. C'era bisogno di una «comprehensive economic policy in common with the allies, the only hope for ensuring domestic prosperity and securing a free world».[64] Il frutto di questo sforzo fu il Trade Expansion Act del 1962, che andava a ripensare completamente la politica commerciale americana nell'Atlantico. Includeva la riduzione delle barriere tariffarie, la condivisione di brevetti e l'assenza di restrizioni. Ball riteneva che questo fosse anche un modo furbo per incrementare il contributo degli europei alle spese dell'industria militare e quindi della loro difesa. Ma gli oppositori di una tale apertura erano molti, da entrambi i lati dell'Atlantico. Kennedy stesso non era così tanto interessato ai processi di integrazione europea come Eisenhower. Era stato al di fuori di quel dibattito bellico e postbellico che aveva sviluppato una fede incrollabile nell'inevitabilità e necessità assoluta dell'integrazione europea che dimostravano invece i membri del Club. Di fronte anche al calo del surplus del commercio americano a partire dal 1957, l'impressione di molti era che il mercato comune europeo fosse un concorrente, non un alleato.

Per vendere a Kennedy l'idea, quindi, serviva qualcuno con esperienza e accesso, ed ecco che Acheson ritornava utile. Durante gli anni dell'amministrazione Eisenhower, Monnet aveva dimostrato di contare molto più su Dulles, causando anche molti imbarazzi alla Casa Bianca, che aveva sposato con entusiasmo tutti i progetti falliti o quasi del francese, dalla Ced

62. Walt Rostow. *Kennedy's view of Monnet and vice versa*, in Douglas Brinkley, Richard Griffiths, *John F. Kennedy and Europe*, Baton Rouge (LA), Louisiana State University Press, 1999, p. 281.

63. David Di Leo, *George Ball and the Europeanists in the State Department*, in Douglas Brinkley, Richard Griffiths, *John F. Kennedy and Europe*, p. 263.

64. *Ibidem*.

a Euratom. Dean Acheson non aveva la stessa fiducia cieca di Dulles, ma condivideva il principio dietro gli sforzi di Monnet, e forse era molto più consapevole di altri dell'utilitarismo spregiudicato che guidava il francese nelle sue amicizie. Quando ricevette la lettera di Monnet subito dopo la vittoria di Kennedy, scherzando con Joseph Alsop, un tempo anche lui ospite a Forxhall Road, commentò che «I knew I was once more back in the influential White House circle in the moment Monnet was using me again to advance his united Europe cause».[65] Una volta notato che insieme alla lettera c'era un regalo, forse una bottiglia di cognac, aggiunse «Monnet is the only man I enjoy being bribed by. He knows how to understate with flair».[66]

Evidentemente funzionò, perché tramite Acheson Monnet ottenne accesso allo studio ovale nel marzo 1961, dopo un'intensa attività di lobby che incluse, oltre a Ball, anche i ritrovati Philip e Katherine Graham, proprietari del «Washington Post». Un resoconto dell'incontro, il primo di tre riguardo Nato, Cee e Algeria, ce lo dà Monnet stesso nelle sue memorie.

> A Washington compresi che la sua autorità si affermava in tutti i campi e ritrovai l'atmosfera dei tempi di Roosevelt: si discuteva dappertutto; si preparava ogni questione con una consultazione molto aperta, quindi arrivava il momento della decisione, e quella apparteneva al pre-sidente. Kennedy si rivelò fin dai primi giorni energico e coraggioso. L'Europa sarebbe stata il suo problema: la scelta dei suoi consiglieri non lasciava dubbi. Tra tutti i presidenti americani, Kennedy era certamente quello che, per educazione e cultura, era più incline a capire i problemi dell'Europa. Ma questa inclinazione non sarebbe stata sufficiente a porlo subito al centro dei nostri problemi, se non si fosse fidato dei suoi consiglieri che ne avevano una profonda conoscenza, e tra questi in particolare, George Ball. Proprio grazie a lui il presidente si era fatta un'idea sul significato profondo delle nuove istituzioni europee e sulla loro importanza per l'equilibrio di questa parte del mondo che occorreva raftorzare prima di intavolare il dialogo con l'Est. Mi erano bastate poche ore per avere la certezza che l'America era pronta ad accettare un vasto disegno europeo e a porre in un contesto politico, che poteva essere comune, gli inevitabili contrasti economici.[67]

Monnet continuò a tornare a Washington, città dove era sempre a suo agio, molto più che a Parigi, per incontrare Kennedy di nuovo a giugno,

65. Brinkley, *Dean Acheson and Jean Monnet: On the Path to Atlantic Partnership*, in *Monnet and the Americans*, p. 88.
66. *Ibidem.*
67. Monnet, *Cittadino d'Europa,* p. 343.

e poi Rusk, Rostow, Ball e Acheson. Ad aprile, a casa di quest'ultimo, portò una bozza di risoluzione del Comitato di Azione sulla sostituzione della parola "Community" con "Partnership" dopo Atlantic, così che Ball potesse studiare il modo di inserirla nella nuova dottrina di politica estera del Presidente. Nel discorso del 4 luglio 1962 di questi a Philadelphia, in cui proponeva il suo "Grand Design", si notano molte delle idee del Club ispirate da Monnet. L'unità europea era la chiave del successo americano. Gli Stati Uniti e l'Europa erano i due pilastri della «Atlantic Partnership». «We see in Europe a partner with whom we can deal on a basis of full equality in all the great and burdensome tasks of building and defending a community of free nations».[68]

Oltre all'evidente influenza che il gruppo di Monnet dimostrava ogni volta di avere sulla politica estera di Washington, è possibile tracciare anche un'evoluzione del pensiero del francese che gradualmente si adatta non solo agli eventi imprevedibili di quegli anni, ma anche al modo di pensare e ai piani di chi sedesse in quel momento nello studio ovale. Il traffico di influenza era infatti multilaterale, e la cosa divenne chiara soprattutto sul tema della Gran Bretagna. A fine anni Cinquanta era ormai evidente che il Paese non avrebbe avuto un ruolo solitario sulla scena mondiale, e infatti la politica di Kennedy nel promuovere i binari paralleli dell'unità europea e della partnership atlantica si basava sull'adesione britannica alla Cee. Questo era un progetto avversato da Charles de Gaulle, che infatti bloccò entrambi i tentativi del 1961 e 1967. Il generale era ancora convinto, come nel 1943, che i progetti integrazione erano vitali a ridare prestigio e status di potenza alla Francia, a due condizioni, che il suo impero coloniale rimanesse intatto e che la Gran Bretagna ne fosse esclusa. La strategia negli anni Sessanta quindi era di rifondare il processo di integrazione sull'asse franco-tedesco, minando l'elemento sovranazionale della Cee per creare una "Europe des patries". Se questo obiettivo non fu raggiunto, quello di tenere fuori i britannici dalla comunità fu una grande vittoria diplomatica del governo francese, soprattutto considerando lo sforzo opposto americano, e di Monnet.

Quest'ultimo ormai, anche influenzato dalle sue amicizie d'oltreoceano, aveva idee molto divergenti sull'argomento rispetto a quanto scriveva durante la guerra e fino al 1950. All'epoca, come detto precedentemente, il suo progetto era di un'Europa indipendente, un ponte tra l'asse anglosasso-

68. John F. Kennedy, *Public Papers of the Presidents of the United States: John F. Kennedy 1962*, Government Printing Office, Washington D.C., 1967, pp. 537-539.

ne e l'Unione Sovietica. Per la fine del decennio quest'idea era scomparsa. Ora l'Europa Unita era un pilastro dell'Alleanza atlantica, da elemento indipendente che disinnescasse la Guerra fredda era diventata un attore attivo di quest'ultima. Questo si riflette anche sulla questione inglese. Sicuramente quando fu scritta la dichiarazione Schuman, non era prevista la partecipazione di Londra. L'Impero britannico, nella mente degli europeisti liberali, faceva parte di quella ideale "Federazione dell'Occidente", democratico e capitalista, contro il fronte sovietico, ma lo sforzo di integrazione continentale rimaneva un affare francese.

Il Foreign Office assunse in ogni caso una posizione ambigua rispetto ai progetti sovranazionali di Monnet. Pur auspicando un moderato europeismo, sia il partito laburista sia quello conservatore vedevano con sospetto una reale unità europea guidata da Parigi, che avrebbe messo in crisi il ruolo del Paese in Europa e anche la "special relationship" con gli Stati Uniti. Il piano Eccles e poi Eden, presentati nel 1950 e nel 1952 proponevano un ritorno alla cooperazione riguardo carbone e acciaio sotto l'egida del Consiglio d'Europa, abbandonando ogni velleità sovranazionale. Monnet aveva reagito con forza di fronte a questi tentativi, anche scrivendo una lettera dura a Macmillan nell'agosto 1950:

> I feel I must say quite frankly that it is misleading to refer to this document (the Eccles plan) as a version of the Schuman proposals. The document seems in fact to represent the denial of those distinctive principles which make the Schuman proposals a decisive step towards the building of a united Europe and a peaceful world. The document which your friends are putting forward does not offer the creation of a new economic community but merely a mechanism for coordination among national states under voting arrangements which would give the overwhelming voice to Great Britain. At the same time, I shall never cease to hope for the ultimate association of Great Britain in the carrying out of the Schuman proposals.[69]

La parola *association* rende l'idea di come Monnet pensasse al rapporto tra il Paese e la nuova comunità europea. Associazione, non adesione. La Gran Bretagna avrebbe aiutato l'unità europea ma da fuori, come partner. Nella nota del maggio 1950 scriveva, in maniera molto lucida, che in ogni caso Londra non avrebbe mai accettato un piano che metteva in discussione i suoi legami stretti con i domini e le colonie, al contrario il massimo che

69. Lettera a Macmillan, 8 agosto 1950, 81/AJ/158, Archives Nationales, Paris.

poteva fare era supportare il progetto come stava facendo Washington.[70] Sapeva che invitare il Paese a partecipare avrebbe fatto fallire il piano fin dal principio, anche se era un'idea che sia Bruce sia Acheson non condividevano.[71] La soluzione di Monnet fu di offrire alla Gran Bretagna lo status di Paese associato alla Ceca. La parola riemerge poi altre volte in relazione al Paese negli anni Cinquanta anche dopo la fine dei progetti sovranazionali, incluso Euratom.

Tutto ciò cambiò nel 1960, per più ragioni probabilmente. Dopo la crisi di Suez e soprattutto il famoso discorso del cosiddetto "Wind of Change" di Macmillan a Cape Town il 3 febbraio 1960, il processo di decolonizzazione dell'Impero britannico stava raggiungendo il suo apice. La Gran Bretagna ora si trovava a un bivio, e l'adesione alla Cee diventava una scelta sempre più attraente, soprattutto di fronte ai magri risultati della European Free Trade Association creata in alternativa alle comunità europee continentali. La crisi di Suez aveva anche cambiato i rapporti con Washington, che ormai vedeva la partecipazione inglese ai progetti di unità europea essenziale per una vera partnership atlantica. In più, la messa da parte di ambiziosi progetti sovranazionali a favore di un molto più digeribile principio intergovernativo rendeva la questione molto più accettabile sia per il Foreign Office sia per Monnet. Fu George Ball a mettere per iscritto questo cambio di prospettive, sia nel discorso che Kennedy fece al Congresso nel giugno 1960, in cui diceva che bisognava superare le «schismatic economic rivalries between the continent and Britain», sia nelle note che inviava a Monnet, «the missing piece in the European jigsaw map was Great Britain».[72] Anzi, fu proprio Ball, scavalcando l'amico, a incoraggiare il governo britannico a chiedere l'adesione alla Cee.[73]

Il 31 luglio 1961 quindi il governo Macmillan annunciava l'intenzione di aderire alle tre comunità continentali. A inizio mese la risoluzione del Comitato d'Azione aveva salutato con favore lo sviluppo: l'adesione sarebbe dovuta avvenire senza riserve o eccezioni. Paradossalmente così l'Europa di

70. Jean Monnet, *note de reflexion,* 3 maggio 1950, AMI 4/1/1, Fondation Jean Monnet pour l'Europe, Lausanne.

71. Telegramma di David Bruce ad Acheson, 22 giugno 1951, 850.33/6-2251, box 4944, RG59, Department of State General Records, U.S. National Archives, College Park (ML).

72. Ball, *The Past Has Another Pattern,* p. 209.

73. Ivi, p. 212; Foreign Relations of The United States, 1961-63, 13, Washington, Government Printing Office, 1994, pp. 1-249.

Monnet sognata dal 1943 al 1953 era ufficialmente finita. Tuttavia anche il nuovo corso della politica europea di Monnet e dei suoi amici americani si dovette scontrare con la realtà della politica francese sotto il regime gaullista. Monnet era ormai convinto che per raggiungere l'obiettivo della partnership in Occidente, l'elemento vitale fosse risolvere la questione britannica. Come dimostrano documenti recentemente scoperti nei National Archives a Kew, se ormai la sua posizione in patria era debole e fuori dalle stanze del potere, cercò in ogni caso di usare il suo rapporto storico con Macmillan e l'influenza del Comitato per guidare il tentativo di Downing Street di entrare nella Cee. Contrariamente a quanto affermò nelle sue memorie, cercò subito di ottenere un incontro a Londra con il primo ministro, come testimonia una nota consegnata all'ambasciata inglese a Parigi il 4 luglio 1961, dopo un incontro fortuito a Cambidge la settimana prima. Lo stile di Monnet è inconfondibile anche in queste brevi lettere scritte di suo pugno. «It has been a long time since we met, longer that I care to think since Algiers». Una volta richiamato alla memoria il lavoro svolto insieme in passato, ricordò a Macmillan da dove derivava la sua utilià dicendo «I have now returned from my visit to the United States», e quindi «would be delighted to come and see you again in London any time that would suit you after the 15th of July».[74]

Ma i tempi erano cambiati. In una nota al suo segretario, Philip de Zulueta, Macmillan chiese «do you think I should see him? He is of course a very old friend from war days I think it might be useful, though if it gets known it will be much criticized».[75] Evidentemente un incontro tra i due avrebbe generato reazioni soprattutto da parte francese. «I don't like the idea, such a visit would seem to me to be likely to give rise to great speculation».[76] Anzi, nella risposta per Monnet preparata dalla segreteria e inviata «discreetly», fu aggiunto «I must admit it might be embarrassing for both of us if you were to come to London at this time, especially to see me».[77] Probabilmente, oltre alla reazione francese, si temeva anche di dare l'impressione in patria di aver bisogno di Monnet per gestire il processo

74. Lettera a Macmillan, 4 luglio 1961, PREM 11-3796, Box Macmillan-M, National Archives, Kew, London.

75. Nota per De Zulueta, 8 luglio 1961, PREM 11-3796, Box Macmillan-M, National Archives, Kew, London.

76. Risposta di De Zulueta, 9 luglio 1961, PREM 11-3796, Box Macmillan-M, National Archives, Kew, London.

77. Lettera a Monnet, 10 luglio 1961, PREM 11-3796, Box Macmillan-M, National Archives, Kew.

di adesione. In ogni caso per Downing Street sarebbe stato utile incontrare il francese, perché «he will neverthless certainly have ideas about the possibility of negotiations with the Six and might, the Prime Minister feel, be a useful ally».[78] L'imbarazzo di questi scambi è forse il motivo per cui non c'è menzione nelle memorie. Il problema delle apparenze in ogni caso rimaneva. Bisognava trovare un pretesto che giustificasse la presenza di Monnet a Londra che non coincidessero con l'annuncio pubblico di Macmillan a fine mese. «Would it be possibile for you to find some reasonable excuse and then come for a quiet talk here without publicity?».[79] Dal Foreign Office intanto arrivava una nota confidenziale che promuoveva la cosa come «good idea, if done discreectly».[80] Il pretesto fu trovato attraverso i contatti alla Lazard's Bank, tra cui Lord Hampden, vecchia conoscenza di De Zulueta. Monnet telefonò il 20 luglio autoinvitandosi a casa sua per una settimana di supervisione dei suoi conti nella banca inglese. Lord Hampden, sapendo il vero motivo della visita, chiese il parere di Downing Street prima di rispondere. In una piccola nota manoscritta, Macmillan declinò. Troppo presto, sarebbe uscito fuori sulla stampa, era meglio rimandare all'autunno. Intanto Edward Heath, all'epoca Lord Privy Seal e responsabile dei negoziati, incontrò Monnet più volte a Parigi, senza però che il fatto fornisse agli inglesi un vantaggio tangibile. I problemi, durante il negoziato, emersero riguardo tre temi: il ruolo del Commonwealth nel mercato comune, la politica agricola inglese ed Efta.[81] Per motivi di politica interna il governo britannico aveva bisogno di risolvere a livello tecnico questi aspetti prima di firmare il trattato. Per Monnet era un grave errore, perché sapeva che de Gaulle stava cercando solo motivi per porre un veto unilaterale e questi punti gliene fornivano molti. Cosa che sicuramente disse a Macmillan quando riuscirono finalmente a incontrarsi, l'8 ottobre del 1961 a pranzo a Chequers. Portò insieme a lui i nuovi documenti programmatici del Comitato d'Azione, promettendo in ogni caso pieno supporto. Nell'agosto De Zulueta aveva chiesto al Foreign Office, nella persona di Michael Wilmshurst, di indagare sulla posizione ufficiale

78. Nota di De Zulueta per il Foreign Office, 10 luglio 1961, PREM 11-3796 Box Macmillan-M, National Archives, Kew, London.

79. Lettera a Monnet, 11 luglio 1961, PREM 11-3796, Box Macmillan-M, National Archives, Kew, London.

80. Sir Pierson Dixon, Confidential Note, 12 luglio 1962, PREM 11-3796, Box Macmillan-M, National Archives, Kew, London.

81. Piers Ludlow, *Dealing with Britain,* pp. 79-106.

di Monnet e soprattutto dell'«unofficial body which he still runs».[82] La risposta, tre giorni dopo, dava agli inglesi un'idea piuttosto vaga delle intenzioni del francese, anche perché evidentemente non voleva esporsi in quel momento. In ogni caso,

> his so-called committee has a considerable amount of influence in the Six both on the stage and behind the scenes. This derives from Monnet's talent in attracting supporters who are influential in their own walks of life. Of course, if General De Gaulle were to disappear, the influence of M. Monnet would be likely to increase still further.[83]

Nelle biografie e nelle *Memorie*, la posizione di Monnet in realtà emerge chiaramente, cioè che il Regno Unito dovesse entrare nella Cee immediatamente e senza riserve, il resto lo si sarebbe discusso all'interno delle istituzioni comunitarie. Questo avrebbe isolato de Gaulle mettendolo in un angolo, magari costringendolo a far uscir fuori le vere ragioni strategiche e geopolitiche della sua contrarietà, mettendolo in rotta di collisione con la Casa Bianca. Se di questo non c'è traccia nelle lettere scambiatesi in quei mesi, è probabile che Monnet abbia usato parole non dissimili nel suo incontro privato con Macmillan. Come ebbe a dire anche a Heath un anno dopo, «it is the time for the negotiations to be taken out of the hands of the commission and handled by political leaders».[84] Ma il problema non era solo de Gaulle. Entrare nella Cee senza condizioni avrebbe tradito lo spirito con cui il governo aveva proposto alla Camera dei Comuni l'adesione, promettendo che soprattutto le questioni riguardanti il Commonwealth sarebbero state risolte in via prioritaria. Come Edward Heath scrisse a Macmillan, in un resoconto di una conversazione con Monnet,

> I made a special point of emphasising that your electoral position would not be weakened if Britain did not go into the common market, because you would then emphasise you opinion that it was the right policy, but not at the expense of vital British and commonwealth interests which you were pledged to defend.[85]

82. De Zulueta a M. Wilmshurst, 14 agosto 1961, PREM 11-3796, Box Macmillan-M, National Archives, Kew, London.

83. Wilmshurst, Nota confidenziale, 17 agosto 1961, PREM 11-3796, Box Macmillan-M, National Archives, Kew, London.

84. Heath a Macmillan, 14 novembre 1962, PREM 11-3796, Box Macmillan-M, National Archives, Kew, London.

85. *Ibidem*.

In più Monnet contribuì nel suo piccolo a complicare il fragile equilibrio all'interno del partito conservatore, usando il canale che aveva appena stabilito con Downing Street per promuovere progetti troppo prematuri. A dicembre 1961 inviò un documento che proponeva una Federal Reserve europea, che avrebbe messo in comune le riserve monetarie della Cee al fine di agire come un fondo monetario della comunità complementare al Fondo Monetario Internazionale. L'idea non dispiaceva in linea di principio a Macmillan, che prese a chiamarlo Monnet Plan e lo inviò al Tesoro per una valutazione.[86] L'intenzione era arrivare all'incontro con Kennedy a fine anno con una serie di proposte di lungo termine che cementassero il ruolo inglese nella nuova partnership atlantica. La risposta però fa emergere tutti i dubbi che l'establishment inglese aveva nei confronti della costruzione europea. «The question arises what next?».[87] Era evidente l'intenzione di Monnet di creare le basi di una «common european currency», alternativa al dollaro e alla sterlina, e la cosa non poteva avvenire in quel momento. Nel corso del 1962 gli incontri si fecero molto meno frequenti con Heath, mentre cessarono del tutto con Macmillan. L'entusiasmo iniziale per il supporto del francese si tramutarono in fastidio, soprattutto verso la fine dell'anno, quando Heath chiese a Downing Street se ci fosse un modo di far smettere membri del Comitato come Max Kohnstamm di fare discorsi su una «inevitable federation in Europe» come quello fatto il giorno prima a Chatham House.[88]

Il veto di Charles de Gaulle, annunciato il 14 gennaio 1963, pose in ogni caso fine a qualsiasi ulteriore discussione. Duchêne scrive che mai Monnet fu visto così furioso come dopo aver ricevuto la notizia.[89] Ludlow specula che se Macmillan avesse seguito il consiglio del francese già nel 1961, il generale non avrebbe avuto motivo di rifiutare la proposta.[90] Ciò che è sicuro, come afferma Alfred Grosser, è che Parigi quel mese mise fine a ogni progetto di Grand Design di Kennedy.[91] Anche la proposta di Robert

86. Macmillan a Frank Lee, 1° dicembre 1961, PREM 11-3796, Box Macmillan-M, National Archives, Kew, London.

87. Frank Lee a Macmillan, 8 dicembre 1961, PREM 11-3796, Box Macmillan-M, National Archives, Kew, London.

88. Heath a Macmillan, 15 novembre 1962, PREM 11-3796, Box Macmillan-M, National Archives, Kew, London.

89. Duchêne, *Jean Monnet*, p. 326.

90. Ludlow, *Dealing with Britain,* p. 246.

91. Alfred Grosser, *The Western Alliance: European-American Relations Since 1945,* New York, Continuum Press, 1980, p. 208.

Bowie e David Bruce di una Forza Missilistica Multilaterale (Mlf) sotto l'ombrello Nato finì nel nulla di fronte alle obiezioni di Bundy. Inimicarsi la Francia ulteriormente attraverso iniziative che minavano il programma di deterrenza nucleare del Paese, avrebbe messo ancora più in discussione il futuro dei rapporti atlantici. Monnet ebbe infine un'ultima occasione per influenzare la politica europea della Casa Bianca durante l'annunciata revisione di questa nel febbraio 1963. Nel tentativo di cementare il rapporto tra gli Stati Uniti e la Germania veniva proposta una visita di Kennedy a Berlino in quell'anno. Monnet spinse Bruce e Acheson a convincere il presidente ad accettare l'invito di Willy Brandt ma anticipando la visita a giugno. Così avrebbero sottratto a de Gaulle la scena, relegando il programmato viaggio del generale a Bonn in secondo piano.[92]

4. *Epilogo*

Ogni ulteriore piano però morì con il presidente il novembre di quell'anno a Dallas. Monnet e de Gaulle si incontrarono al funerale, fianco a fianco nella processione lungo Constitution Avenue a Washington. Dopo la cerimonia, testimoni li videro discutere animatamente nei corridoi del Dipartimento di Stato.[93] Arthur Schlesinger ha poi affermato che «though Kennedy had the greatest affection and respect for Jean Monnet, he was not tied to Monnet's formula, or those of anyone else».[94] Il Grand Design non divenne mai un progetto reale di politica estera, così come l'Atlantic Partnership. Lo stesso Acheson cominciò a trovare l'ottimismo che Monnet continuava a professare «annoying».[95] «Monnet seemed to overestimate the possibilities of the Grand Design and Atlantic Partnership and deluded himself about the possibilities of the Mlf and also underestimated his rival Charles de Gaulle».[96]

Per il resto del decennio Monnet continuò comunque ad andare a Washington a trovar i suoi amici, anche per cercare di tenere vivo l'interesse americano per l'integrazione europea. Katherine Graham scrisse di

92. Winand, *Eisenhower, Kennedy,* pp. 335-340.

93. Robert Schaetzel, intervista di Sherril Brown Wells, 15 agosto 1990. Citata in Wells, *Jean Monnet*, p. 229.

94. Arthur Schlesinger, *A Thousand Days*, New York, Fawcett Premier, 1965, p. 78.

95. Brinkley, *Dean Acheson and Jean Monnet,* p. 94.

96. *Ibidem.*

quanto le facesse piacere rivederlo, soprattutto dopo che Philip morì nel 1963, «the thrill for me of being with him never disappeared as long as he lived, he is energetic and interesting. I especially loved the way he used the English language and his insightful comments on the American political scene».[97] Robert Bowie racconta invece come spesso si trovò ad andare a trovare i Monnet in Francia, e di come stranamente amassero così tanto il cibo americano che una volta trovò la cantina piena di fagioli tostati di Boston, ordinati con corriere espresso.[98]

Monnet continuò per il resto della sua vita a sostenere l'integrazione europea attraverso il Comitato d'Azione e l'incessante propaganda di politici e diplomatici parte della sua rete di amici. Questa si ampliò alla fine degli anni Sessanta con l'arrivo di Pietro Nenni e Valery Giscard D'Estaing, Proprio con quest'ultimo si trovò a parlare della necessità di non permettere agli inglesi di rinegoziare i termini della propria partecipazione alla Cee, dopo l'entrata del Regno Unito al terzo tentativo nel 1973. Klaus Schwabe scrive che Monnet continuò a credere che il Paese, soprattutto nel caso di una riunificazione tedesca, avrebbe portato un benvenuto equilibrio di fronte a un indebolimento della posizione francese.[99] Si ritrovò poi coinvolto in una serie di proposte di riforma monetaria, basate sul già citato Monnet Plan, ma nessuna di esse vide la luce. Nel complesso, il lavoro di Monnet dopo aver lasciato l'Alta Autorità, ebbe risultati contrastanti. Tuttavia, la sua ostinata determinazione a mantenere le conquiste dei primi anni contribuì probabilmente a impedire il collasso totale dell'idea sovranazionale durante l'assalto gollista, e ispirò altri sostenitori dell'integrazione europea nei decenni a venire. Al momento della creazione del Consiglio Europeo nel 1974, Monnet aveva 86 anni e la sua salute cominciava a traballare. In occasione del venticinquesimo anniversario del Piano Schuman, il 9 maggio 1975, scrisse ai membri del Comitato d'Azione annunciando il suo scioglimento. Nel frattempo, anche di fronte a difficoltà finanziarie legate alle spese della sua continua attività di lobby, si fece convincere da François Fontaine a scrivere le sue memorie, dopo aver

97. Katherine Graham, intervista di Leonard Tannyson, Fondation Jean Monnet pour l'Europe, Lausanne.

98. Robert Bowie, intervista di Sherrill Brown Wells, citata in Wells, *Jean Monnet*, p. 234.

99. Klaus Schwabe, *Monnet, la quesion allemande et l'ostpolitik*, in *Une dynamique europeenne: Le Comité d'Action pour le Etats-Unis d'Europe*, Lausanne, Fondation Jean Monnet pour l'Europe, 2011.

venduto le sue quote dell'azienda di famiglia. Come ebbe a dire a Tuthill, era consapevole che non tutti suoi progetti avevano dato i frutti sperati. La Ced era stata uccisa nella culla, Euratom era rimasto solo un centro di ricerca, la Partnership Atlantica non aveva mai lasciato lo studio ovale e la sala da pranzo di Dean Acheson. Tuttavia era convinto che le élite di Stati Uniti ed Europa dovessero continuare a parlarsi per continuare a nutrire valori comuni e soprattutto la pace. «At least peace between France and Germany has been secured».[100] Lo era, ed è un risultato non scontato a cui lavorò per tutta la vita.

Il 2 aprile 1976 il Consiglio Europeo lo proclamò Cittadino onorario europeo. Tre anni dopo, all'età di 90 anni, morì. Nel 1988, nel centenario della sua nascita, su iniziativa di François Mitterrand le sue ceneri furono trasferite al Panthéon di Parigi insieme ad alcuni dei più grandi statisti francesi.

100. Conversazione con Tuthill, citata da Scherrill Brown Wells, *Jean Monnet*, p. 237.

Considerazioni finali

Novembre 1952. I primi lavori della Ceca sono in corso, il progetto di porre fine alla millenaria faida sul possesso della valle del Reno creando un mercato unico è una realtà. La Francia è ancora una volta la potenza dominante almeno sulla parte occidentale del continente, con l'aiuto degli Stati Uniti e con il tacito consenso del Regno Unito. È quindi vero, infine, come ha detto problematicamente Milward, che l'integrazione europea non è la realizzazione di un ideale utopico intorno allo spirito di Ventotene, ma il modo in cui gli Stati-nazione dell'Europa occidentale sono stati soccorsi, grazie al genio di pochi individui che hanno trovato nella logistica la risposta al dilemma franco-tedesco.

Jean Monnet è forse il più problematico di questi. Rispondendo a un telegramma inviato dal segretario di Stato John Foster Dulles congratulatosi per l'enorme successo della Ceca e la nomina a presidente, il francese aveva inviato una nota accompagnata da una bottiglia di cognac.[1] Sembra ironico, dopo tutti quegli anni di servizio in ruoli così diversi per i quali era profondamente sotto qualificato, che una delle costanti della sua vita sia sempre rimasta quel liquore color ambra. Non è un caso che questo lavoro cominci proprio da lì, da quella regione di Cognac che fornì al giovane Jean la forma mentis e i primi contatti con l'imprescindibile mondo angloamericano.

1. Jean Monnet a John Foster Dulles, 22 novembre 1952, AMG 59/2, Fondation Jean Monnet pour l'Europe, Lausanne.

Una delle domande che sicuramente più di tutte emerge alla fine di questa straordinaria storia è: qual è la qualifica che meglio descrive Monnet? Per la maggior parte dei suoi amici e colleghi la risposta era evidente e facilmente inquadrabile. Per Monnet si pongono molti dilemmi e problemi di approccio. Forse il modo migliore di rispondere alla domanda è fare un confronto con l'altra figura che torreggia nella storia europea nello stesso periodo, Charles de Gaulle. Entrambi gli uomini sono stati definiti "statisti" nella storiografia, entrambe le carriere così tanto variegate e difficili da ridurre a una semplice professione. Entrambi erano persone di potere e di azione, con una visione di lungo periodo per il proprio Paese, un senso di scopo che andava oltre il guadagno personale, una capacità unica di influenzare gli eventi politici intorno a loro, oltre a quella di ispirare. Ma l'influenza che esercitavano, la loro filosofia e metodo, provenivano da fonti così diverse che risulta difficile considerarli entrambi nella stessa definizione classica di "statista". De Gaulle era un leader politico e militare, un oratore, uno scrittore con uno stile per nulla comune. Monnet non era niente di tutto ciò, il suo potere non derivava dalle fisse strutture dello stato, ma da un mosaico di relazioni e connessioni con persone che avevano accesso a quelle strutture. La creatività e la flessibilità delle sue idee derivavano non da uno studio teorico della filosofia politica occidentale o della scienza economica, ma dal continuo confronto con queste persone, e proprio queste caratteristiche rendevano i suoi progetti così attrattivi. La sua fede nel potere dell'economia nel permettere a diversi interessi di incontrarsi trascendendo le ideologie è l'elemento che lo pone anni luce lontano dalla concezione della politica del generale. Il culto dello stato, così comune per ogni persona formatasi nelle tradizionali Grands Écoles francesi, non aveva nessun'attrattiva per Monnet. La sua fascinazione per gli Stati Uniti l'aveva convinto che il valore della libertà individuale e della democrazia come spazio di continua negoziazione di interessi andasse oltre ogni destino manifesto nazionale.

È evidente quindi che l'appellativo "statista" non è sufficiente, neanche accompagnato da *unconventional*, aggettivo suggerito da Wells. Dal vocabolario professionale economico ci viene in aiuto la parola "broker", ed è interessante provare ad applicare questo concetto al lavoro che la rete di Monnet svolse all'interno delle relazioni internazionali atlantiche dal 1914 al 1963. Un broker, un mediatore, è solitamente caratterizzato dalla capacità di mediare tra interessi diversi, di creare canali di comunicazione tra attori, di tessere una rete di relazioni tra *stakeholder*. Se visto attraverso questa lente, possiamo comprendere molto meglio qual è il ruolo di Jean Monnet e dei suoi amici nella storia raccontata in queste pagine.

Se James McGregor Burn distingue tra «leadership transazionale» e «trasformante»,[2] Duchêne suggerisce che Monnet appartenga sicuramente alla seconda, identificando nel francese caratteristiche che Burn associa a figure come Gandhi, o Roosevelt. Questo rappresenta solo una parte della storia, e forse il biografo, in questo imitato da Roussel e Wells, lascia che l'immagine di Monnet come Padre dell'Europa influenzi e ispiri la sua narrazione, soprattutto degli anni di formazione. Come abbiamo visto, il tentativo di molti di fare di Monnet un politico, andando anche a ricostruire una sua possibile biblioteca ideologica, si scontra con l'aspetto assolutamente transazionale della sua influenza e azione.

Un'altra espressione che qui si è deciso di usare è "imprenditore politico", come definita da Christopoulos. Nella sua definizione il politologo greco applicava alla politica le caratteristiche dell'intermediazione commerciale. Dal vendere cognac a vendere cooperazione sovranazionale, si potrebbe quasi riassumere così l'esperienza di Monnet. Difatti, l'aspetto più curioso e straordinario della carriera del francese è stato come un venditore sconosciuto di liquori sia riuscito a essere una delle più significative eminenze grigie della storia europea e atlantica del XX secolo. Forse proprio per questo potremmo descriverlo come una persona molto più rara e consequenziale di un semplice statista.

Monnet lasciò la scuola a 16 anni per lavorare nell'azienda di famiglia. L'esperienza gli aveva insegnato l'importanza di applicare metodo e costanza, oltre a rispettare le fasi diverse di processi complessi: appendere le viti su tralicci meticolosamente disposti, far fermentare i succhi delle uve per settimane, distillare due volte, quindi conservare il prodotto finale in botti di rovere ordinatamente disposte in cantine scure per un periodo dai due anni a cinque decenni o più. Come venditore di un prodotto così prezioso e laborioso, assorbì le basi della finanza e del commercio. La Casa Monnet era in competizione con le superpotenze Hennessy e Martell. Ma i commercianti di cognac dipendevano dalla cooperazione per ampliare il mercato globale a beneficio di tutti. Un ambiente favorevole al commercio era un bene comune. Era un'etica che si adattava al temperamento di Monnet. In un settore del genere le relazioni erano tutto, crearle, nutrirle e raccoglierne i frutti era un lavoro paziente e complesso che lui poi applicò

2. James McGregor Burn, *Leadership*, London, Harper Collins, 1982.

sempre, quando si trattò di coltivare e sponsorizzare il suo grande progetto di portare una pace duratura in Europa, colmare il vuoto lasciato dal declino della politica estera francese nel dibattito internazionalista, essere la voce della Francia a Washington quando il Paese aveva cessato di esistere, agire da ponte di cooperazione tra l'Europa occidentale e gli Stati Uniti. Tutto questo attraverso una rete attentamente e instancabilmente costruita di imprenditori politici che la pensavano allo stesso modo, provenienti da ambienti che Monnet non aveva mai frequentato sulla base di titoli e competenze, la politica, le banche e il diritto su entrambe le sponde dell'Atlantico.

La modernizzazione, riteneva il francese, era più che lo sfruttamento di nuove tecnologie per migliorare l'industria, i trasporti e le comunicazioni; significava doversi adattare ai modi in cui le singole nazioni erano ormai interdipendenti, in una matassa sempre più fitta di transazioni economiche. Ecco perché il suo europeismo è stato definito pragmatico e di necessità. Ma come abbiamo visto, negli ultimi decenni di attività di Monnet, un'idea più strutturata e di lungo periodo per l'Europa prese forma, al di là delle necessità logistiche del contingente. Un processo iniziato ad Algeri e a Washington, coincidente col periodo in cui le sue frequentazioni provenivano meno dal mondo degli affari e più da quello della politica europea emersa dalla lotta al nazifascismo.

L'intuizione più grande del francese, insieme alla sua rete, fu però quella "atlantizzazione" del processo di integrazione europea che solo un rapporto solido con gli Stati Uniti poteva garantire. Questa è una delle costanti di questa storia, qualcosa che andava ben oltre i mandati ufficiali e gli incarichi affidati a queste persone, un processo che aveva vita propria, estraneo ai corridoi della politica estera dei Paesi occidentali fino al momento in cui non fosse inevitabile apporre il sigillo dello stato a questi visionari progetti di integrazione.

Ricordiamo dopotutto che durante la guerra Monnet era negli Stati Uniti in rappresentanza del British Supply Council, quindi al servizio dello sforzo bellico inglese. Il suo cementare il rapporto con la comunità cosmopolitica e progressista che orbitava intorno alla Casa Bianca lo portò a ritagliarsi un ruolo storico molto più ampio. L'arrivo ad Algeri su incarico di Roosevelt rappresenta quindi una transizione politica che ha ripercussioni di lungo termine. Gli Stati Uniti cominciarono a prendere il posto del Regno Unito come contraltare alla politica europea della Francia e a sviluppare una peculiare *special relationship*. L'aiuto che Frankfurter e

Monnet diedero all'amministrazione Roosevelt nel ridisegnare la politica americana verso la Francia fece da garante a questo processo, una delle chiavi per la costruzione di un dopoguerra diverso dal primo. Monnet però non era un agente degli americani, infatti ironicamente andò a tradire il mandato ufficiale datogli da Roosevelt. Egli era parte di un'internazionale con piani chiari per il futuro che molte divergevano da quelli dei governi in carica, che si trovava in una posizione privilegiata e in un momento storico straordinario che le permise di sperimentare e programmare.

Monnet andò quindi a ricoprire un vuoto, questa è una delle costanti della sua attività politica. Non fu un vettore di un'origine esogena del processo di integrazione europea, come vorrebbe una certa narrazione complottista, ma agì da agente di uno scambio transatlantico che gli garantì accesso privilegiato alla politica americana come nessun altro dei suoi connazionali, in un momento in cui cominciava un progressivo e inevitabile ritiro del Regno Unito dagli affari europei, soprattutto dopo il 1948. Quello è il momento in cui andò a crearsi un asse Parigi-Washington di cui la rete di Monnet fu chiave e vettore, un canale di fiducia che aiutò nella traduzione dei progetti di integrazione europea in parti integranti della politica estera negli Stati Uniti sul Vecchio Continente. L'atlantizzazione del processo di integrazione è quindi la più importante impresa di Monnet, perché ne ha garantito i primi successi, segnandone però allo stesso tempo la debacle e stallo successivi.

Il suo grande piano per l'Europa andava infatti molto oltre ciò che l'Unione Europea ha costruito e ottenuto finora. Fransen lo chiama «modello a cerchi concentrici dell'integrazione europea»,[3] con linee non geografiche, ma fatte di concetti economici, storici e geopolitici. Tuttavia, sarebbe più opportuno vedere il modello come una serie di insiemi e sottoinsiemi, con connessioni multiple tra loro, qualcosa che rispecchierebbe di più il modo di pensare il mondo del francese. Al centro di questo schema c'è sicuramente la Francia, guida morale del continente e centro gravitazionale del processo di integrazione, esattamente come la vedeva Victor Hugo e il liberalismo ottocentesco. Il Paese è il protagonista del progetto più importante di Monnet, la riappacificazione franco-tedesca. L'unione dei due Paesi, solo cinque anni dopo la fine del nazismo, era molto più che una comunione di interessi. Era un legame nuovo e dalla portata storica, il fondamento reale della nuova Europa. Il rapporto speciale tra i due Paesi

3. Fransen, *The Supranational Politics of Jean Monnet*, p. 137.

cambiava tutto nelle logiche di equilibrio nel continente, e sicuramente l'aver posto le basi per questa evoluzione è la più grande vittoria personale di Monnet. Intorno a questo troviamo il cerchio dei Sei, da inserire in una struttura costituzionale sovranazionale, con tutte le caratteristiche di una federazione democratica che un giorno potesse chiamarsi "Stati Uniti d'Europa". Ma questo cerchio si trova in una struttura più complessa con a fianco altre due entità, gli Stati Uniti d'America e il Commonwealth, tutti insieme parte di una Federazione dell'Occidente. La cooperazione e l'associazione dei popoli liberi e democratici avrebbe dimostrato una tale comunione di scopo e destino da portare inesorabilmente alla fine delle tensioni con il blocco sovietico. Solo in un secondo momento questo grande piano transatlantico si trasformò da progetto in grado di risolvere la Guerra fredda a strumento della stessa, con la proposta della Partnership Atlantica e l'assorbimento di un Regno Unito orfano dell'impero all'interno della Cee.

Questo grande schema non è ricavabile da alcun documento o pubblicazione che mettesse in tale ordine le idee di Jean Monnet. Anzi, lui si guardò dal mettere mai su carta queste idee in modo così esplicito, in modo da usare questo o quel concetto per ottenere di volta in volta un risultato sperato. L'uso spregiudicato di queste idee veniva dal fatto che lui non stesse cercando di rifondare l'Europa come i firmatari del Manifesto di Ventotene o i partecipanti della conferenza di Messina. Rimase al di fuori del grande dibattito sulle varie di forme di integrazione, federazione, confederazione, lega, unione. Lui stava cercando, insieme ai suoi amici, di negoziare un ruolo del continente in un mondo postbellico che cercava di provincializzarlo. Non era solo un padre fondatore dell'Europa unita, ma il suo broker più efficace, parte di quella generazione di broker che teneva le redini degli *Atlantic crossings* descritti abilmente da Daniel Rodgers.

La sognata e progettata relazione di questa Europa con il mondo anglosassone introduce quindi un'ulteriore riflessione sull'aspetto "atlantico" dell'attività di rete di Monnet, che ci porta ad andare a inquadrare metodologicamente e idealmente il luogo geografico e la comunità di individui dentro il quale questa avvenne. La parola "atlantico" si riferisce naturalmente a un concetto che è sia spaziale sia ideologico, un tema che ha innescato un notevole sforzo storiografico per definire metodologicamente gli studi transatlantici. Alla base la convinzione che l'Atlantico sia un costrutto allo stesso tempo culturale e politico, il risultato di un processo di invenzione spaziale da parte di forze storicamente identificabili. Mariano dichiara, «is the sense of 'we-ness' based on shared traditions and value a mere rhetorical device aimed at legitimizing interests and policies or is it rather a constitutive part of these interests and policies?».[4] L'analisi della rete Monnet ci offre la possibilità di aggiungere una risposta alla domanda. La lettura delle fonti d'archivio rivela che nella costruzione dello spazio atlantico, le considerazioni razionali riguardanti gli interessi nazionali e privati, la sicurezza, le iniziative commerciali e la strategia a lungo termine erano spesso accompagnate da simboli e metafore transnazionali integrali a tali considerazioni. L'analisi di network ci consente di immaginare questi gruppi, nati all'interno della crescente e giovane burocrazia che lavorava per i ministeri degli Esteri di Inghilterra, Stati Uniti e, in parte, Francia, formatisi nei corridoi di Versailles e della Società delle Nazioni, come piccole comunità in cui l'ideale transatlantico viene inventato, plasmato e nutrito.

La visione transatlantica si fa quindi *forma mentis*. Fare parte di una rete come quella di Monnet significava agire e pensare con una mentalità specifica, ridefinendo e ampliando lo spettro di soluzioni ai problemi che emergevano nella sfera nazionale. Era abbastanza ovvio per Monnet pensare in termini atlantici la questione della sovranità francese nel 1943, così come il problema del salvataggio finanziario dell'Austria nel 1923. La stessa mentalità era condivisa da molti, soprattutto negli Stati Uniti, parte della generazione che Priscilla Roberts identifica come la terza generazione di *influencer* della politica estera americana, quella al potere durante gli anni Quaranta, formata dalla generazione precedente convertita dagli eventi della Prima guerra mondiale alle virtù dell'internazionalismo prima wilsoniano e poi roosveltiano. Soprattutto l'approccio generazionale è un altro elemento chiave dell'analisi come spiegato in queste pagine. Le élites transatlantiche sono ovviamente sotto-comunità piccole e peculiari all'interno della generazione del 1914. Erano in gran parte élite maschili e bianche, con persone provenienti da Ox-bridge e Ivy League. Dopo aver servito nella guerra, avevano lavorato per studi legali della costa orientale, banche di New York e Londra, istituti accademici e media. Sono stati istruiti e formati da persone come Frankfurter e Brandeis, «white patricians with a certain admixture of assimilated German Jews».[5] Monnet non condivideva lo stesso background di queste persone, alto borghesi, ricche

4. *Defining the Atlantic Community*, a cura di Marco Mariano, London, Routledge, 2010, p. 3.

5. Roberts, *The Transatlantic American Foreign Policy Elite*, p. 166.

e istruite. Pertanto, il suo più grande successo nei primi anni fu quello di essere accettato come parte di questo mondo per puro merito dell'esperienza durante la Prima guerra mondiale e il tempo trascorso a Wall Street. Inoltre, l'assenza di una voce francese all'interno di questo nuovo spazio politico transatlantico, gli diede la possibilità unica di divenire il *favourite Frenchman* a Londra e Washington, una cosa che metteva in imbarazzo le istituzioni del suo Paese ogni volta. Per realizzare il proprio potenziale, questa comunità divenne, nei corridoi e nelle stanze degli studi legali americani e delle banche britanniche, un gruppo con piena coscienza di sé, che colse l'occasione della guerra per trasformare il mondo, plasmandolo a propria immagine. Forse questa è anche la radice dei suoi limiti storici. Questi uomini sono andati a esercitare un'influenza sproporzionata soprattutto sulla politica estera degli Stati Uniti. Non è una coincidenza, dopotutto, che Monnet fosse amico intimo di ogni *Wise Man* degli anni Quaranta.[6] L'elettorato non si trovò a poter scegliere tra chiare alternative politiche come vorrebbe la dialettica democratica di uno stato liberale. Ciò segnò la fine del successo di questo network nel momento in cui, soprattutto in Francia, la politica riprese per sé le redini dello stato nazione dopo il primo slancio di integrazione. Le idee di cooperazione da quel momento sarebbero servite unicamente al suo salvataggio, di nuovo in secondo piano di fronte alle rinate logiche di potenza.

A volte, nel discorso politico moderno, la parola "atlantico" è usata per descrivere iniziative europee filoamericane, o tentazioni eurofile della politica estera americana, andando a ignorare la natura di uno dei prodotti più straordinari del XX secolo. L'Atlantico non è soltanto uno spazio dove avviene lo scontro tra il nuovo e il vecchio mondo. È una comunità unica, dove non solo il passato e il futuro si incontrano, ma anche varie definizioni di potere nazionale, regionale e globale, internazionalismo e nazionalismo, istanze di conservazione degli imperi in declino e tentazioni sovranazionali. Questo immaginario è ricordato in molti dei documenti citati in questo lavoro, ma soprattutto in un discorso di John Foster Dulles del 1948:

> What is that Americans want? Not world mastery, a place to dump our surplus goods. American hopes as regards to Europe are precisely the opposite of those which unfriendly sources impute to us. We want Europe to have so much political strength that neither the United States nor any other power

6. Walter Isaacson, Evan Thomas, *The Wise Men, Six Friends and the World They Created*, New York, Simon&Schouster, 1986.

whatsoever will ever be able to use Europe for purposes alien to the free development of Europe itself. We want Europe to be sufficiently united so that, practically, we can work with it. We want a Europe which will again produce great literature, music and art and such religious movements as have in the past, inspired, and enriched the world.[7]

Ciò che Dulles qui descrive non è solo un'alleanza, ma qualcosa che assomiglia molto da vicino al tipo di relazione stabilita all'interno della rete cresciuta intorno a Jean Monnet.

Questo gruppo può essere facilmente inquadrato all'interno di ciò che Kenneth Wiesbrode chiama il «again fashionable concept of transformations in history and politics».[8] Queste persone hanno reso possibile un momento eccezionale di trasformazione nella storia della civiltà occidentale e hanno avuto successo nei loro progetti di cooperazione internazionale principalmente attraverso le lezioni apprese durante gli anni tra le due grandi guerre. La più importante di queste era che sarebbe stato meglio lasciare le grandi strategie ai politici e ai leader, ai generali e ai presidenti, con davanti mappe di troppo piccola scala. I diplomatici, i banchieri, gli avvocati, i broker sapevano che il mondo sarebbe sempre rimasto un luogo complicato, grande e intricato. Essere parte di questa comunità significava che c'era sempre un altro problema da gestire, un partito da placare, un lavoro da fare, aeroplani da produrre, leggi da respingere, un conflitto da risolvere. Alla fine, per queste persone, l'unico obiettivo era sempre lo stesso: non commettere il più grande peccato per un broker, così come per un diplomatico, ovvero presumere di avere il privilegio di confondere mezzi e fini. La loro motivazione era semplice: servire il loro Paese, i loro interessi personali e, utilizzando strumenti di cooperazione che stranamente riflettevano il modo in cui i loro personali network funzionavano, preservare la pace.

7. Discorso davanti all'American Club di Parigi, 18 novembre, 1948, BOX 26, John Foster Dulles Papers, Mudd Library, Princeton Library, Princeton (NJ). Una copia del discorso fu inviata a Jean Monnet prima dell'evento per un commento, AMG 63/7/3, Fondation Jean Monnet pour l'Europe, Lausanne.

8. Kenneth Weisbrode, *Old Diplomacy Revisited: A Study in the Modern History of Diplomatic Transformations,* New York, Palgrave Pivot, 2014, p. 138.

Bibliografia

Acheson, Dean, *Present at the Creation: My Years in the State Department*, New York, W.W. Norton & Company, 1987.

Adamthwaite, Anthony, *Grandeur And Misery: France's Bid for Power in Europe, 1914-1940*, A&C Black, 2014.

Artaud, Denise, *La question des dettes interalliées et la reconstruction de l'Europe (1917-1929)*, Lille, Atelier de reproduction des theses, Universite de Lille, 1978.

Auberer, Benjamin, *Murder, Intrigue, Sex and Internationalism. Novels about the League of Nations*, in *The League of Nations: Perspectives from the Present,* a cura di Haakon A. Konomou e Karen Gram-Skjoldager, Aarhus, Aarhus University Press, 2019, pp. 211-222.

Balinska, Marta A., *For the Good of Humanity*, New York, Central European University Press, 1998.

Ball, George W., *The Past Has Another Pattern: Memoirs*, New York, Norton, 1982 (prima edizione).

Becker, Josef, Knipping, Franz, *Great Britain, France, Italy and Germany in a Postwar World, 1945-1950*, Boston (MA), De Gruyter, 2011.

Béziat, André, *Franklin Roosevelt et la France (1939-1945): La diplomatie et l'entêtement*, Paris, Editions L'Harmattan, 1998.

Blasier, Cole, *The United States, Germany, and the Bolivian Revolutionaries (1941-1946)*, in «The Hispanic American Historical Review», 52, 1 (1972), pp. 26-54.

Borzel, Tanja A., *Organizing Babylon. On the Different Conceptions of Policy Networks*, in «Public administration», 76 (1998): 253-273.

Bosco, Andrea, *From Empire to Atlantic "System": The Round Table, Chatham House and the Emergence of a New Paradigm in Anglo-American Relations,* in «Journal of Transatlantic Studies», 16, 3 (2018), pp. 222-246.

Bossuat, Gérard, *Jean Monnet. La mesure d'une influence*, in «Vingtième Siècle, revue d'histoire», 51 (1996), pp. 68-84.
— *Jean Monnet, banquier, 1914-1945: intérêts privés et intérêt général; journee d'études du 10 décembre 2010*, a cura di Gérard Bossuat, Paris, Comité pour l'Histoire Économique et Financière de la France, 2014.
— *Jean Monnet et l'economie,* Bruxelles, Peter Lang, 2018.
Boyce, Robert, *The Great Interwar Crisis and the Collapse of Globalization*, London, Palgrave Macmillan, 2009.
Burns, James MacGregor, *Leadership*, New York, HarperCollins, 1978.
Building Postwar Europe: National Decision-Makers and European Institutions, 1948-63, a cura di Anne Deighton, London, Palgrave Macmillan, 1995.

Cecil, Robert Gascoyne, *A Great Experiment, an Autobiography*, New York, Oxford University Press, 1941.
Christopoulos, Dimitrios C., *Relational Attributes of Political Entrepreneurs: A Network Perspective*, in «Journal of European Public Policy», 13, 5 (2006), pp. 757-778.
Clavin, Patricia, *The Austrian Hunger Crisis and the Genesis of International Organization after the First World War*, in «International Affairs», 90, 2 (2014), pp. 265-278.
Cogan, Charles G., *Charles de Gaulle. A Brief Biography with Documents*, Boston (MA), Bedford-St. Martin's, 1995 (prima edizione).
Coppolaro, Lucia, *Trade and Politics Across the Atlantic: The European Economic Community (EEC) and the United States of America in the GATT: Negotiations of the Kennedy Round (1962-1967)*, Department of History and Civilization PhD Thesis, Firenze, European University Institute, 2006.

Danchev, Alex, *Very Special Relationship*, London, Brassey's, 1986.
Droux, Joëlle, *Children and Youth: A Central Cause in the Circulatory Mechanisms of the League of Nations (1919-1939)*, in «Prospects», 45, 1 (2015), pp. 63-76.
Du Réau, Élisabeth, *Edouard Daladier et Le Problème de La Sécurité de La France: 1933-1940*ssis, Paris I Panthéon Sorbonne, 1987.
— *L'Idée d'Europe au XX*[e] *siècle: Des mythes aux réalités*, Bruxelles, Editions Complexe, 2008.
Duchêne, François, *Jean Monnet: The First Statesman of Interdependence*, London, Norton, 1994.

Experiencing Europe: 50 Years of European Construction 1957-2007, a cura di Wilfried Loth, Baden-Baden, Nomos Publishers, 2009.
Europe in Exile: European Exile Communities in Britain, 1940-1945, a cura di Martin Conway e José Gotovitch, New York, Berghahn Books, 2001.

Ferguson, Niall, *The Square and the Tower: Networks, Hierarchies and the Struggle for Global Power*, London, Penguin Books, 2018.

Ferro, Maurice, *De Gaulle et l'Amérique, Une Amitié Tumultueuse*, Paris, Plon, 1973.

Fink, Carole, Frohn, Axel, Heidekin, Jürgen, *Genoa, Rapallo, and European Reconstruction in 1922*, Cambridge, Cambridge University Press, 2002.

Fosdick, Raymond Blaine, *Letters on the League of Nations,* Princeton (NJ), Princeton University Press, 2016.

Fransen, Frederic J., *Supranational Politics of Jean Monnet: Ideas and Origins of the European Community*, Westport (CT), Greenwood Press, 2001.

Gelfand, Lawrence E., *The Inquiry; American Preparations for Peace, 1917-1919*, New Haven (CT), Yale University Press, 1963.

Goldstein, Erik, *Winning the Peace: British Diplomatic Strategy, Peace Planning, and the Paris Peace Conference, 1916-1920*, Oxford, Oxford University Press, 1991.

Gordon, Wendell, *The United Nations at the Crossroads of Reform*, London-New York, Routledge, 2016.

Graham, Katharine, *Personal History*, New York-London, Vintage, 2011.

Great Britain, France, Germany and Italy and the Origins of the Eec, 1952-1957, a cura di Ennio Di Nolfo, Berlin-New York, De Gruyter, 1992.

Guasconi, M. Eleonora, *L'Europa tra continuità e cambiamento. Il vertice dell'Aja del 1969 e il rilancio della costruzione europea*, Firenze, Polistampa, 2006.

Guderzo, Massimiliano, *Interesse nazionale e responsabilità globale. Gli Stati Uniti, l'Alleanza atlantica e l'integrazione europea negli anni di Johnson 1963-69*, Firenze, Aida, 2002.

Haberman, Frederick W., *Peace. Nobel Lectures*, New York, Elsevier Publ. Co, 1972.

Hackett, Clifford P., *Monnet and the Americans: The Father of a United Europe and His U.S. Supporters*, Washington (DC), Jean Monnet Council, 1995.

— *The Father of Europe: The Life and Times of Jean Monnet*, Washington (DC), Jean Monnet Council, 2018 (prima edizione).

Haglund, David G., *Roosevelt as "Friend of France" – But Which One?*, in «Diplomatic History» 31, 5 (2007), pp. 883-907.

Haight, John McVickar, *American Aid to France, 1938-1940*, New York, Atheneum, 1970.

Hewitson, Mark, D'Auria, Matthew, *Europe in Crisis: Intellectuals and the European Idea, 1917-1957*, New York-London, Berghahn Books, 2012.

The History of the European Union: Origins of a Trans- and Supranational Polity 1950-72, a cura di Wolfram Kaiser, Brigitte Leucht e Morten Rasmussen, Abingdon, Routledge, 2008.

Hitchcock, William I., *France Restored: Cold War Diplomacy and the Quest for Leadership in Europe, 1944-1954*, Chapel Hill (NC), University of North Carolina Press, 1998.

Howard, Michael, *The Invention of Peace: Reflections on War and International Order*, New Haven (CT), Yale University Press, 2000.

Hungdah, Su, *The Father of Europe in China: Jean Monnet and Creation of the CDFC (1933-1936)*, in «JEIH Journal of European Integration History» 13, 1 (2007): pp. 9-24.

Hurstfield, Julian G., *America and the French Nation, 1939-1945*, Raleigh (NC), University of North Carolina Press, 2012.

Isaacson, Walter, Thomas, Evan, *The Wise Men: Six Friends and the World They Made: Acheson, Bohlen, Harriman, Kennan, Lovett, McCloy,* New York, Simon and Schuster, 1988.

Jackson, Julian, *A Certain Idea of France: The Life of Charles de Gaulle*, London, Allen Lane, 2018.

James, Marquis, James, Bessie R., *The Story of Bank of America: Biography of a Bank*, Washington (DC), Beard Books, 2002.

Janeway, Eliot, *The Struggle for Survival: A Chronicle of Economic Mobilization in World War II*, New York, Weybright and Talley, 1968.

Jean Monnet, l'Europe et Les Chemins de La Paix. Actes du Colloque de Paris du 29 au 31 Mai 1997, a cura di Gérard Bossuat e Andreas Wilkens, Paris, Publications de la Sorbonne, 1999.

Jean Monnet: The Path to European Unity, a cura di Clifford P. Hackett e Douglas Brinkley, New York, Palgrave Macmillan, 1992.

Jeremy, David J., *Dictionary of Business Biography: S-Z*, London, Butterworth-Heinemann, 1986.

Johnson, Gaynor, *Lord Robert Cecil: Politician and Internationalist*, London-New York, Routledge, 2016.

Jordan, Grant, Schubert, Klaus, *A Preliminary Ordering of Policy Network Labels*, in «European Journal of Political Research» 21, 1 (1992), pp. 7-27.

Kaiser, Wolfram, *Christian Democracy and the Origins of European Union*, Cambridge, Cambridge University Press, 2007.

Kaiser, Wolfram, Klaus Patel, Kiran, *Multiple Connections in European Cooperation: International Organizations, Policy Ideas, Practices and Transfers 1967-1992*, «European Review of History» 24, 3 (2017).

Kaspi, André, *La Mission de Jean Monnet à Alger Mars-Octobre 1943,* Paris, Editions Richelieu-Publications de la Sorbonne, 1971.

— *La Libération de la France: Juin 1944-Janvier 1946*, Paris, Librairie Académique Perrin, 1995.

Kersaudy, François, *Churchill and De Gaulle*, Paris, Tempus Perrin, 2016.
Keynes, John Maynard, *The Economic Consequences of the Peace*, a cura di Paul A. Volcker, New York, Skyhorse publishing, 2007.
— *The Collected Writings of John Maynard Keynes,* a cura di Elizabeth Johnson e Donald Moggridge, London, Royal Economic Society, 1978 (edizione online Cambridge University Press, 2012).
Keynes, John Maynard, Giorgio La Malfa, *Sono un liberale? e altri scritti*, Milano, Adelphi, 2011.
Klaus Patel, Kiran, *Widening and Deepening? Recent Advances in European Integration History*, in «Neue Politische Literatur», 64, 2 (2019), pp. 327-357.

Langer, William L., *Our Vichy Gamble*, New York, Alfred A. Knopf, 1947.
Lemercier, Claire, *Formal Network Methods in History: Why and How?*, in *Social Networks, Political Institutions, and Rural Societies*, a cura di Georg Fertig, Turnhout, Brepols, 2015, pp. 281-310.
Leucht, Brigitte, *Expertise and the Creation of a Constitutional Order for Core Europe: Transatlantic Policy Networks in the Schuman Plan Negotiations,* in *Transnational Networks in Regional Integration*, pp. 18-37.
Lipgens, Walter, Loth, Wilfried, *Die Anfänge der europäischen Einigungspolitik 1945-1950*, vol. I, *1945-1947*, Stuttgart, Klett-Cotta, 1988.
Loth, Wilfried, *Building Europe: A History of European Unification*, Berlin-Boston (MA), De Gruyter Oldenbourg, 2015 (prima edizione).
Ludlow, N. Piers. *Dealing with Britain: The Six and the First UK Application to the EEC*, London, Cambridge University Press, 1998.
— *Widening, Deepening and Opening Out: Towards a Fourth Decade of European Integration History*, in *Experiencing Europe*, pp. 33-44.
— *Roy Jenkins and the European Commission Presidency, 1976-1980: At the Heart of Europe (Security, Conflict and Cooperation in the Contemporary World)*, Basingstoke, Palgrave Macmillan, 2016.
Lundestad, Geir, *Empire by Integration: The United States and European Integration, 1945-1997*, Oxford, Oxford University Press, 1998.

Macmillan, Harold, *War Diaries: Politics and War in the Mediterranean, January 1943-May 1945*, London, Palgrave Macmillan, 1984.
MacQueen, Norrie, *The Sins of the Fathers? From League of Nations Mandates to United Nations Peacekeeping*, Oxford, Taylor&Francis, 2018.
Mariano, Marco, *Defining the Atlantic Community: Culture, Intellectuals, and Policies in the Mid-Twentieth Century*, London-New York, Routledge, 2010.
Martin, Garret Joseph, *General de Gaulle's Cold War: Challenging American Hegemony, 1963-68*, New York, Berghahn Books, 2013.
Materializing Europe: Transnational Infrastructures and the Project of Europe, a cura di Alexandder Badenoch e Andreas Fickers, Palgrave Macmillan, 2010.

May, Ernest R., *Strange Victory: Hitler's Conquest of France*, New York, Hill and Wang, 2001.

Mazower, Mark, *Changing Trends in the Historiography of Postwar Europe, East and West*, in «International Labor and Working-Class History», 58 (2000), pp. 275-282.

— *Minorities and the League of Nations in Interwar Europe*, in «Global Minority Rights», 2 (2017), pp. 17-33.

— *Reconstruction: The Historiographical Issues*, in «Past & Present», 210 (2011), pp. 17-28.

Milward, Alan, *The European Rescue of the Nation State*, London-New York, Routledge, 1999.

— *The Reconstruction of Western Europe, 1945-51*, Berkeley (CA), University of California Press, 1984.

Milward, Alan, Lynch, Frances M.B., Romero, Federico, Ranieri, Ruggero, Sørensen, Vibeke, *The Frontier of National Sovereignty: History and Theory 1945-1992*, London-New York, Routledge, 2015.

Monnet, Jean, *Cittadino d'Europa: 75 anni di storia mondiale*, Milano, Rusconi, 1978.

— *Mémoires*, Paris, Fayard, 2011.

— *Memoirs*, a cura di Righard Mayne, trad. di Roy Jenkins, London, Third Millennium Publishing, 2015.

Moreau, Emile, *Souvenirs d'un gouverneur de la banque de France: histoire de la stabilisation du franc (1926-1928),* Paris, Libr. de Médicis, 1954.

Murphy, Bruce Allen, *The Brandeis/Frankfurter Connection: The Secret Political Activities of Two Supreme Court Justices*, New York, Oxford University Press, 1982.

Nolan, Mary, *The Transatlantic Century: Europe and America, 1890-2010*, Cambridge, Cambridge University Press, 2012.

Nuenlist, Christian, *Globalizing de Gaulle: International Perspectives on French Foreign Policies, 1958-1969*, Lanham (MD), Lexington Books, 2011.

Oppenheim, Lassa, *The League of Nations and Its Problems*, BoD-Books on Demand, 2018.

Orde, Anne, *British Policy and European Reconstruction After the First World War*, Cambridge, Cambridge University Press, 2002.

Pandazis, Delphinel, *Jean Monnet et ses mémoires*: *le coulisses d'une longue entreprise collective (1952-1976)*, Lausanne, Antipodes, 2018.

Parmar, Inderjeet, *Foundations of the American Century: The Ford, Carnegie, and Rockefeller Foundations in the Rise of American Power*, New York, Columbia University Press, 2015.

Pedersen, Susan, *The Guardians: The League of Nations and the Crisis of Empire*, Oxford, Oxford University Press, 2015.

Petricioli Marta, *Une Occasion Manquee? 1922: la Reconstruction de l'Europe*, Bern, Peter Lang, 1995.

Political Choice: Institutions, Rules And The Limits of Rationality, a cura di Roland M. Czada e Adrienne Windhoff, Boulder, Westview Press, 1991.

Pruessen, Ronald W., *John Foster Dulles: The Road to Power*, New York, Free Press, 1982.

Rhodes, Rod A.W., *Power-Dependence, Policy Communities and Intergovernmental Networks*, Colchester, University of Essex, 1985.

— *Policy Networks: A British Perspective*, in «Journal of Theoretical Politics», 2 (1990), pp. 293-317.

Rieben, Henri, Camperio-Tixier, Claire, Nicod, Françoise, *A l'écoute de Jean Monnet*, Lausanne, Fondation Jean Monnet pour l'Europe, 2004.

Risse-Kappen, Thomas, *Bringing Transnational Relations Back In: Non-State Actors, Domestic Structures and International Institutions*, Cambridge, Cambridge University Press, 1995.

Roberts, Priscilla, *The Transatlantic American Foreign Policy Elite: Its Evolution in Generational Perspective*, in «Journal of Transatlantic Studies», 7, 2 (2009), pp. 163-183.

— *Lord Lothian and Anglo-American Relations, 1900-1940*, Dordrecht, Republic of Letters Pub, 2010.

Rodgers, Daniel T., *Atlantic Crossings: Social Politics in a Progressive Age*, Cambridge (MA), Harvard University Press, 1998

Rogers, David L., Whetten, David A., *Interorganizational Coordination: Theory, Research, and Implementation*, Ames (IA), Iowa State University Press, 1982.

Roosevelt, Elliott, *As He Saw It*, New York, Duell, Sloan & Pierce, 1946.

— *F.D.R., His Personal Letters, 1928-1945,* New York, Duell, Sloan & Pierce, 1950.

Roussel, Eric, *Jean Monnet, 1888-1979*, Paris, Fayard, 1996.

Sayers, Richard S., *The Bank of England 1891-1944: Appendixes*, Cambridge, Cambridge University Press, 1976.

Schwabe, Klaus, *Jean Monnet: Frankreich, die Deutschen und die Einigung Europas*, Baden Baden, Nomos, 2016.

Sherwood, Robert E., Miscamble, Wilson, Gellman, Irwin F., *Roosevelt and Hopkins: An Intimate History*, New York, Enigma Books, 2008.

Sluga, Glenda, *Internationalisms: A Twentieth-Century History*, Cambridge, Cambridge University Press, 2016.

Smith, Martin J., *Pressure, Power and Policy: State Autonomy and Policy Networks in Britain and the United States*, Pittsburgh (PA), University of Pittsburgh Press, 1994.

Soutou, Georges-Henri, *L'or et Le Sang: Les Buts de Guerre Économiques de La Première Guerre Mondiale*, Paris, Fayard, 1989.

Spiering, Menno, Wintle, Michael, *Ideas of Europe since 1914: The Legacy of the First World War*, Basingstoke, Palgrave Macmillan, 2002.

— *European Identity and the Second World War*, Basingstoke, Palgrave Macmillan, 2011.

Stevenson, David, *With Our Backs to the Wall: Victory and Defeat in 1918,* Cambridge (MA), Belknap Press of Harvard University Press, 2013.

Stoker, Gerry, *Governance as Theory: Five Propositions*, in «International Social Science Journal», 68 (2018), pp. 15-24.

Tilly, Charles, *Trust and Rule*, in «Theory and Society», 33, 1 (2004), pp. 1-30.

Toniolo, Gianni, *Central Bank Cooperation at the Bank for International Settlements, 1930-1973*, Cambridge, Cambridge University Press, 2007.

Tournès, Ludovic, *La fondation Rockefeller et la naissance de l'universalisme philanthropique américain*, in «Critique international», 35, 2 (2007), pp. 173-197.

Transnational Networks in Regional Integration: Governing Europe 1945-83, a cura di Wolfram Kaiser, Brigitte Leucht e Michael Gehler, London, Palgrave Macmillan, 2010.

Ugland, Trygve, *Jean Monnet and Canada: Early Travels and the Idea of European Unity*, Toronto, University of Toronto Press, 2011.

Van Creveld, Martin, *Supplying War: Logistics from Wallenstein to Patton*, Cambridge, Cambridge University Press, 2004.

Van Merrienboer, Johan, *Mansholt: A Biography*, Bruxelles, Peter Lang, 2011.

Van Waarden, Frans, *Dimensions and Types of Policy Networks,* in «European Journal of Political Research» 21, 1 (1992), pp. 29-52.

Wall, Irwin M., *United States and the Making of Postwar France, 1945-1954,* Cambridge, Cambridge University Press, 2009.

Walters, Francis P., *A History of the League of Nations*, Westport (CT), Greenwood Press, 1986.

Weindling, Paul, *Philanthropy and World Health: The Rockefeller Foundation and the League of Nations Health Organisation*, in «Minerva» 35, 3 (1997), pp. 269-281.

Weisbrode, Kenneth, *The Atlantic Century: Four Generations of Extraordinary Diplomats Who Forged America's Vital Alliance with Europe*, Cambridge (MA), Da Capo Press, 2009.

Wells, Sherrill Brown, *Jean Monnet: Unconventional Statesman*, Boulder (CO), Lynne Rienner Publishers, 2011.

Williams, Andrew, *Failed Imagination: New World Orders of the Twentieth Century*, Manchester, Manchester University Press, 1999.

— *Why Don't the French Do Think Tanks? France Faces up to the Anglo-Saxon Superpowers, 1918-1921*, in «Review of International Studies» 34, 1 (2008), pp. 53-68.

— *France, Britain and the United States in the Twentieth Century, 1900-1940: A Reappraisal*, Basingstoke, Palgrave Macmillan, 2014.

Winand, Pascaline, *Eisenhower, Kennedy and the United States of Europe*, London, Palgrave Macmillan, 1993.

Wohl, Robert, *The Generation of 1914*. Cambridge (MA), Harvard University Press, 1981.

Yago, Kazuhiko, *The Financial History of the Bank for International Settlements*, London-New York, Routledge, 2012.

Indice dei nomi

Finito di stampare
nel mese di settembre 2024
da The Factory s.r.l.
Roma